U0568160

# 碑別字新編

修訂本

秦公　劉大新　編著

文物出版社

**圖書在版編目（CIP）數據**

碑别字新編/秦公，劉大新編著．-修訂本．-北京:
文物出版社，2016.1（2019.7重印）

ISBN 978-7-5010-4523-5

Ⅰ.①碑… Ⅱ.①秦… ②劉… Ⅲ.①碑刻-漢字-异體字-匯編 Ⅳ.①H124.1

中國版本圖書館CIP數據核字(2016)第015883號

# 碑别字新編（修訂本）

編　　著：秦　公　劉大新

責任編輯：許海意
責任印製：張道奇

出版發行：文物出版社
地　　址：北京市東直門内北小街2號樓
郵　　編：100007
網　　址：http：//www.wenwu.com
郵　　箱：web@wenwu.com
製版印刷：北京雍艺和文印刷有限公司
經　　銷：新華書店
開　　本：787mm×1092mm　1/16
印　　張：53.5
版　　次：2016年3月第1版
印　　次：2019年7月第2次印刷
書　　號：ISBN 978-7-5010-4523-5
定　　價：260.00圓

# 關於碑别字的認識

蘇士澍

記得一九九五年，文物出版社和中央電視臺合作，組織了第三届中國書法篆刻電視大獎賽。終評階段，一件作品引起了評委們的爭執：有的説寫得很好，既繼承了傳統，又展示了個性，應該得一等獎；有的人不同意，却從另一個角度發難，説有錯字，是硬傷，應該槍斃。這樣，一件作品面臨着奪冠登頂和跌入冷宫截然不同的兩種命運。一時間，空氣幾乎爲之凝結。

這時，解決問題的關鍵『法寶』出現了。有人拿出了一本文物出版社出版的《碑别字新編》，從裏邊找出證據説，古人就有這麽寫的，不是錯字。於是，問題解決了，那件作品獲得了一等奬。這是一段佳話，那個參賽者因爲獲奬，得到鼓舞，更加勤奮，從此步入書壇，成了書法家。

事情看似有了比較理想的結果。可一直縈繞在我的心頭是，碑别字都是對的嗎？都可以成爲今天書寫的標準嗎？

説到碑别字，大家很容易想到常説的錯别字。記得一位老師很清楚地告訴我，錯别字有錯字和别字兩種。所謂錯字就是因爲筆画增减而寫出的字，本無其字，因錯而出；别字是本有其字，誤用他處，而出謬誤。那麽，碑别字和今天的錯别字有何關係呢？

帶着這個問題我請教了劉大新先生，他告訴我碑别字就是以碑刻爲載體而呈現出來的别字。不僅包括異體字、俗體字，還有大量隨意增減筆畫、部件、改變結構的字，還有在鐫刻過程之中因漏刻、誤刻筆畫而形成的字。我明白了，碑別字既不能用今天的錯字代替，也不能和今天的别字畫等號。它有一個屬於自己的範疇。

劉大新先生進一步闡述説明碑別字産生的原因，是由於古代地域的文化交流，促進了文字的發展，新詞彙的出現，導致文字數量劇增，一些問題也隨之出現。

首先，我國幅員遼闊，人口衆多，歷史悠久，交通不便，方言殊異，加之社會多有動蕩，分兵割據，戰爭頻繁，文字疏於統一管理。南北朝時期尤以爲甚，由於政治分裂，南北阻隔，各種書體同時應用，文字使用極爲混亂，文人墨客在書寫時或妄加筆畫，或自造簡字，於是俗訛、異體之字不斷滋生。直到唐代，才有了整理異體、辨别俗訛、統一文字的文化舉措，爲後世文字的演變打下了良好的基礎。

漢字書體在人們的實踐使用過程中，根據人們的需要，也在不斷地演變、進化。往往是篆、隸、草、楷並存，相互影響，甚至於在同一篇作品裏，篆、隸、草、楷各種書體摻雜并用，魏晉南北朝時期尤爲突出。

有些變異合理又省便的别字，在使用過程中逐漸爲人們所接受，并廣泛流行於世，但大部分的別字隨着時間的流逝，只是曇花一現，成爲過眼雲煙。

總之，碑別字的形成原因是極其複雜的，尤其是那些與正字差異較大的別字，更是多種因素相互影響造成的，因此要想讀懂古代碑刻銘文，必須要具備一定的歷史知識以及文字學、訓詁學、書法源流、漢字書寫技法、碑刻知識等，才能解開它們訛變的軌跡，正確辨識它的本來面目。

其實，不只是在碑刻中有別字出現，即古代遺留下來的墨蹟（包括法帖）中，也有大量的別字。只是現在人們的注意力還没有關注到這裏。

真是與君一席話，勝讀十年書。劉先生的話不是泛泛而論，而是多年研究的結果。也許在我們聽來是侃侃而談，對他來説則是多年心血的結晶。

啓功先生在世時很關注這一問題，他曾經對秦公先生説，你是搞碑帖的行家，而且又有充足的資料，有條件把碑別字的研究搞下去。於是，秦公先生找到劉大新先生，共同編寫了《碑別字新篇》一書，經過近十年的不懈努力，一九八四年在文物出版社出版。書名由啟功先生親定，并撰寫了序言，董壽平老先生也爲之寫了序言。

此後由於不斷有大量的碑刻資料被發現，前後共參閲碑刻拓本及實物達數千種，又於一九九五年出版了《廣碑別字》一書。啓功先生再次作序，以示鼓勵。

現在屈指算來，又過去二十年了，因當時只印製了一千册，此後不斷有讀者來電來函要求再版。

今天董壽平先生、秦公先生、啓功先生先後仙逝，劉大新先生則不負衆望，對以往的成果進行修訂，今天重新出版此書，可謂功莫大焉。

劉大新先生請我爲新書作序，盛情難卻，寫了以上的文字，難免貽笑大方。惟請劉大新先生、專家、學者和廣大讀者多多指教。

此書的出版也是對啓功、董壽平、秦公三位大師的緬懷。

乙未年夏日于京華

# 《碑别字新編》序一

啓功

趙政身與鮑魚同腐，而有三事爲後世所艷談，曰：『書同文，車同軌，行同倫。』倫軌如何，今已不得而考，唯同文之書，一似有金石可按者。然余嘗并列權、量、詔版、名山刻石以觀之，其字每相出入，初不見一律盡同之概。此無他，字形雖一，而人手不同，即出一人之手，亦或因時而異。乃知書之同文，僅具一時政令而已。

迨至今隸既興，其用歸于簡便。於是六朝別字，詭異紛繁，每使考文辨字者，望而興嘆。有清趙氏撝叔，首有《六朝別字記》之作。顧其書爲未竟之手稿。其後上虞羅氏復有《碑別字》之輯，所著之別字，已十百倍趙氏之稿。有功學林，爲讀者之助久矣。

地不愛寶，近世出土碑誌日繁。吾友秦公同志，日親金石，夙具深心，每見異體之字，輒隨手摘録，積累日豐，竟又倍羅書而有餘，亟慫恿其清寫出版。蓋不獨爲讀碑之助，亦足爲探究文字演變者之鑒。

吾於此又悟，文字孳乳，生生不息，欲求其一成不變，其勢實有不能者。但使輪廓可尋，縱或點畫增減，位置移易，亦不難推繹而識之。今人常言『方塊字』，其方圓功罪，吾所不知，惟念漢字流傳數千年，自甲骨金文，以至聯綿狂草，人得而讀者，正以有塊可尋耳。

今后文字，有塊無塊，吾所不能預知，惟知自今以前，塊之爲用大矣哉，以能按之而通別字也。是爲序。

一九八四年一月

# 《碑别字新編》序二

董壽平

記碑版别構字，始自宋共適《隸書》，歷元、明而稍有增益。惟其見於當時之著録者，大抵一鱗半爪，其輯爲專書則始於清邢澍《金石文字辨異》。顧其書採集未爲宏富，上虞羅振鋆仿吴玉搢《别雅》之例輯成《碑别字》五卷，至羅振玉乃續輯《碑别字補》五卷，又合併前書成《增訂碑别字》五卷，洎後其子羅福葆復增輯《碑别字續拾》一卷。至此，碑别字蒐集之數已逾五千字，頗補邢氏所未備。

碑版之别構字，歷代殊多有之，其間惟以北朝及唐代爲甚。羅氏《增訂碑别字》爲碑版文字辨異之專著，對於祖國文字之研究與資鑑，具有重要的價值。因自清末問世以來，誠爲治學者證經訂史之一助。惟是書雖復一再增輯而字數猶未能大備，蓋古刻之傳于世者殆難數計，而當代發見於丘隴窟穴者亦屢出不窮，自非博見之士潛心致力於斯者，莫能善其字。吾友秦公，治碑帖學廿載，或辨真贋；或勘異同；或别拓本之先後；或評書跡之優劣。讀碑之餘，每得别字輒詳考録，歲時既久，積稿盈尺，乃立志編著《碑别字新編》一書。因而廢寢忘食，堅持不懈，窮五年之功力，盡平日搜集之材料，博采慎擇，輯成兹編。是書於傳世碑版，上起秦漢下逮民國，計收别字一萬三千餘，其數倍於羅氏舊著，以資專業應用，庶裨益學者，良非淺鮮也。

余性嗜金石，素與同好，今秦公以所輯手稿見示，披讀之餘，爰誌數語以爲序。

一九八四年一月

# 《廣碑別字》序

啓功

字辨正俗，至唐代顔氏元孫《干禄字書》，可謂析入毫芒。而作書者隨手爲字，雖其子侄若魯公固曾手録《字書》以上石者，其所書碑版，堂堂俱在，諦審點畫，亦未能逐字必從其正。異代書家以至經生、令史所書，上至綸言制誥、金口雷音，亦不克一一求其盡雅盡正如顔氏《字書》所指者，而況信手操觚若簿録、零丁，又安能必其一無俗別者乎！

吾聞趙政之法，以書同文爲后世所艷稱。詳校諸遺刻，字蹟點畫固有未盡劃一者，若瓦量詔版，參差尤不鮮見，乃知所謂同文，無非聊以自怡，而愚黔首之一端耳。

且夫所謂劃一，又有功令未見明著，而世行簡劄又累見不一見者，似正非正，并不減於國諱、家諱者。有清末葉，公私文牘，若羣不能作群，恐君與羊平；伏不能有點者，恐人作犬伏者。俗愈薄則諱愈奇，而清祚於是不久矣。如此之類，似別非別，又顔氏《干禄字書》、趙氏《六朝別字記》、羅氏《碑別字》無所措手者矣。

吾友秦公先生湛深古石刻之學，留心碑版中別體之字，搜羅記録，爲《碑別字新編》一書，不佞曾忝為之序矣。今距前書付刊，又十餘年。秦公先生隨手劄録古刻中之別體字又積若干，成玆續編，爲《廣碑別字》一書。今行將出版，下徵一言，因再貢芻蕘，以爲他日三編之券可乎？

竊謂碑版之刻，其文字正别固由書人，而石工奏刀，於點畫或遺或略，則非盡由書丹者之筆誤也。且近百年來，地不愛寶，若楚之竹简、晉之盟书、儒经、诸子、賵册，醫方。又若敦煌吐魯番所出六朝、隋、唐釋道諸藏經，綜計字數，并不減於歷代石刻。又兼影印之術大行，東瀛所傳天平以來抄本古籍，今日迻讀，每見東邦别字之罕爲中土所見，有須亟爲識别者。昔與趙萬里先生談及此事，先生亦以爲古墨蹟中之異文别體頗有須加輯録者，并不減於碑版也。不佞功今已垂老，無能爲役，敢以敬告秦公先生，既有綜理文物之便，以其餘暇，兼及古墨蹟中之異體别字而盡録之，以成三編、四編，乃至多編，其於迻讀古籍之助，又顔氏以來，趙、羅諸家所未嘗涉及者，其功之巨，可勝計哉！不佞以燭跋餘光，是敢與并世讀者跂而待之者！

一九九五年八月，啓功時年八十又三

# 凡例

一、本書係《碑别字新編》（一九八五年文物出版社出版）基礎之上，又收録了歷代近三千余種碑石中之别字增輯而成。旨在向考古、語言文字工作者、書法家以及廣大書法、碑帖愛好者提供的一部有益工具書。

二、本書所録之别字採自碑、碣、墓誌、摩崖、造像、石經、石闕、經幢、墓莂、浮圖、磚等。上起秦漢，下訖民國。

三、全書共收字頭三千五百餘字，重文别字二萬一千三百餘字。

四、本書所收録别字係人工摹寫，注重筆畫結構，字形大小視編排需要作適當處理，非原石字體面貌，不免有些失真，但并不影響了解該字的概貌。

五、本書字頭按筆畫排列；所收别字按朝代先後分别排列於各該字頭下，并一一註明出處。

六、書後附《筆畫檢字表》，可供讀者查閲。《筆畫檢字表》内的字頭是根據《中華大字典部首索引》的部首順序排列的。如：『扌』爲『手』、『文』爲『攴』、『氵』爲『水』、『犭』爲『犬』、『辶』爲『辵』、右『阝』爲『邑』、左『阝』爲『阜』等等。筆畫計數也是根據《中華大字典部首索引》而來的。如『扌』爲三畫、『文』爲四畫、『氵』爲三畫、『犭』爲三畫、『辶』爲四畫，『阝』爲三畫等等。與現在通行的規范筆畫檢索方法稍有差别。因此，建議讀者在某一畫的字表中没有找到要查的字，可到畫數相鄰的字表中查找。

# 碑別字新編 修訂本

## 一畫

**乙**

乚 晉好大王碑　乙 齊李清爲李希宗造像記　乙 唐南安縣令王基墓誌　乚 清張槐生墓誌銘

## 二畫

**九**

九 君梓墓誌

**乃**

乃 漢魯峻碑　乃 魏范陽王元悔墓誌　乃 隋張達墓誌　乃 隋陳常墓誌　乃 隋梁邕墓誌

**八**

八 隋蘇順墓誌

**卜**

卜 魏元鷙妃公孫甋生墓誌　卜 清張槐生墓誌

人　万　丈　三　凡　久

人 唐右衛率府親府親衛上騎都尉王杰墓誌
𠆤 清張雲谿墓誌

三畫

万 遼北大王墓誌
丈 清張雲谿墓誌
三 齊房周陁墓誌
凡 魏魏靈藏造像記
凡 魏高輝太夫人墓誌
凡 魏元欽墓誌
凡 唐東京大弘道觀三洞先生張乘運云宮墓誌
久 唐亳州録事參軍博陵崔公夫人李氏墓誌
久 唐陪戎校尉太原王昴墓誌

乞 也 于 亡 勺 口 弓

乞 漢樊敏碑 乞 漢魯峻碑

也 東漢公羊傳磚 巴 晋王浚妻華芳墓誌 也 魏元子直墓誌

于 隋正議大夫口緊墓誌

亡 齊牛景悅造像 亡 齊比丘尼員空造像 亡 隋羅寶奴造像 亡 隋李君瑩造像記 亡 唐七品宮誌石

云 唐九品宮人墓誌

杓 陳劉猛進墓誌 夕 隋劉尚食墓誌

口 魏吴樹造像

弓 唐關道愛墓誌 弓 唐正議大夫使持節武州諸軍事行武州刺史上柱國公孫思觀墓誌

山 子 女 土 才 不

㞢 漢張衡四愁篇刻石 㞢 魏曹植飛龍篇刻石 山 魏奚真墓誌 山 魏奚真墓誌 上 唐張君夫人秦氏墓誌 山 唐孔桃栓墓誌 凵 唐新城府別將張翼墓誌

学 魏薛孝通墓誌

女 唐大理正喬公夫人馮氏墓誌

土 唐柳公權書金剛經 士 唐朝議郎上柱國豪州定遠縣令高仁墓誌

才 隋蕭瑾墓誌 才 唐朝議郎新安郡婺源縣令上柱國范仙嶠墓誌

## 四畫

不 漢韓仁銘 不 漢石經論語 不 齊畢文造像 下 周天和年十七人造像

中　丹　之　五　亢　仁

**中**　中 漢夏承碑　中 漢仙人唐公房碑　宋 漢戚伯著碑　中 魏張滿墓誌　中 齊李夫人崔宣華墓誌

**丹**　月 漢孔彪碑　舟 魏皇甫驎墓誌　丹 唐文林郎夫人張氏墓誌銘

**之**　疋 魏范陽王元誨墓誌　坐 魏比丘道瓊記銘　㞢 魏嵩高靈廟碑　山 魏常岳等造像記　乂 魏王基墓誌　久 魏王昌墓誌　㞢 隋張志相妻潘善利墓誌　之 唐舒饒二州別駕梁玄敏墓誌　之 唐録事公蕭思一墓誌

**五**　㐅 隋正議大夫口緊墓誌

**亢**　亢 漢韓勑碑側　亢 魏霍揚碑　亢 魏元誕墓誌　亢 齊李琮墓誌　亢 隋諸葛子恒造像

**仁**　仁 魏恒州大中正于景墓誌　仁 隋卜仁墓誌　仁 隋宋仲墓誌

仄 仇 今 仍 仏 公 分

仄 魏冀州刺史元昭墓誌 仄 唐宣威將軍左驍衛河南府永嘉府折衝都尉上柱國王元墓誌

仇 魏崔懃造像 仇 龍門仇文慶造像題名

今 齊崔實先造像

仍 魏曲陽男高廣墓誌 仍 魏潁川太守元襲墓誌 仍 魏冀州刺史元珍墓誌 仍 魏司空穆泰墓誌

仍 魏孫遼浮圖銘 仍 魏閭伯昇墓誌 仍 魏青州刺史元湛墓誌

仏 隋佛弟子王蘭□造像

公 唐溫君夫人李氏墓誌

分 元新建祖師行祠報恩碑記

兮　允　元　切　刈

兮 漢鄐閣頌　兮 魏元寧墓誌　兮 魏內司楊氏墓誌　兮 隋元夫人崔暹墓誌　兮 唐朝散大夫守吉州長史上柱國疋婁思墓誌　兮 唐京兆韋氏室女都師墓誌

允 隋唐該墓誌　允 唐荊州大都督長林縣令韓仁楷墓誌

元 唐關道愛墓誌　元 唐渤海李氏一娘子墓誌

切 魏杜文雅造像記　切 魏比丘道寶記　切 魏法轉造像　切 齊法義優婆姨等造像　切 齊王馬居造像　切 唐張安花造像　切 唐王進墓誌　切 唐荊州大都督府長林縣令韓仁楷墓誌　切 唐朝議郎行弋陽郡定城尉上柱國岳澄墓誌

刈 魏伏夫人昝雙仁墓誌　刈 唐鄭子尚墓誌　刈 唐左威衛洛汭府隊副上柱國韓德信妻程夫人墓誌

化 魏三級浮圖頌　化 魏元頊墓誌　化 陳陳叔榮墓誌　化 隋宋仲墓誌

匹 漢武榮碑　匹 魏杜文雅造像記　匹 魏丘哲妻鮮于仲兒墓誌　匹 隋故新鄭縣令蕭瑾墓誌銘

匹 隋唐該墓誌　匹 隋奉誠尉□君墓誌　匹 隋梁郡太守劉德墓誌　匹 唐獨孤仁政碑　匹 唐張興墓誌　匹 唐王訓墓誌　匹 唐袁氏故柳夫人墓誌　匹 唐靖丁年墓誌　匹 唐朝散郎守內寺伯飛騎尉成忠墓誌　匹 唐朝議郎行中書主書上柱國段萬頃墓誌

凶 唐明州刺史韋頊墓誌　凶 唐趙州司馬參軍趙晃墓誌　凶 唐左金吾衛大將軍渤海高如詮墓誌

升 晉樂安光碑誌　升 魏冀州刺史元昭墓誌　升 齊李夫人崔宣華墓誌　升 隋故陳常墓誌銘　升 隋龍藏寺碑　升 唐黃素墓誌　升 唐蒲州虞鄉縣丞王安墓誌　升 唐信安縣主元思忠墓誌

友　屯　天　夫　天

升 唐通議大夫使持節寧州諸軍事寧州刺史上柱國裴撝墓誌　卄 唐宣德郎杭州鹽官主簿陳敬忠墓誌

友 魏元壽安墓誌　犮 魏元緒墓誌　友 魏元禮之墓誌　友 魏寇憑墓誌　发 隋賈珉墓誌

友 唐大達法師塔銘　叉 隋河陰縣主簿張濬墓誌　发 唐許州司馬楊孝弼墓誌

乇 隋□犯秤墓誌　乇 唐興州司馬王游藝墓誌　乇 唐左威衛和州香林府折衝都尉朝議大夫陶英夫人張氏墓誌

兲入 魏比丘道瓚記　天 唐汴州浚儀縣梁煥墓誌　天 唐雲麾將軍行左龍武軍翊府中郎將李懷墓誌

兲 明處士陸禮墓誌

夫 漢永壽三年山東嘉祥宋山畫像石題記

叐 漢武氏石闕銘　友 魏司馬景和妻墓誌　天 魏元誨墓誌　天 魏元譚妻司馬氏墓誌　戈

**伩** 唐柳氏殤女墓誌　後漢青州刺史弘農楊敬千墓誌

**王** 魏元彬墓誌　**𡈼** 唐焦璀墓誌　**壬** 唐陽平郡路隱及夫人陳氏墓誌

**尤** 魏李璧墓誌　**元** 魏青州刺史元湛墓誌　**尢** 清孫霞飛傳

**巳** 齊張起墓誌

**弌** 隋雍長墓誌

**弓丨** 魏元遥墓誌　**弖人** 隋豆盧寔墓誌　**弖人** 隋王世琛墓誌　**引人** 隋卜仁墓誌　**弖人** 唐寶室寺鐘銘

**引** 唐汝陰郡司法參軍姚希直墓誌

**𢖩** 隋張固妻蘇恒墓誌　**𡿨** 偽周邢彥褒墓誌

方　斤　比　曰　月　文　支　斗

方 漢景君碑陰　方 唐處士皇甫政墓誌　方 唐朔方節度十將游擊將軍左內率府率臧曄墓誌

斤 隋阮景暉造像

比 齊比丘尼惠遠為七婦造像

曰 君禕墓誌　曰 唐中大夫守晉陵郡別駕千乘倪彬墓誌

囧 魏司馬悅墓誌

文 唐銀青光祿大夫守工部尚書贈荊州大都督崔泰之墓誌

克 大周北京飛騰五軍都指揮使銀青光祿大夫贈左饒衛將軍石金俊妻太夫人元氏墓誌

斤 漢韓勑碑　斗 齊高叡修寺碑　升 唐法琬法師塔銘　升 唐張安生墓誌　升 唐寧州刺史裴

撝墓誌

斗 唐朝散大夫上柱國穎州汝陰縣令史侍賓墓誌

斗 唐東都留守左衛飛騎尉上輕都尉華守上柱國譙郡曹慶故上黨樊氏夫人合祔墓誌

无 漢沛相楊統碑

无 漢西狹頌

无 魏奚智墓誌

殳 魏笱景墓誌

毛 隋口和墓誌

氏 魏蘇屯進墓誌

氏 魏甯想墓誌

氏 齊叱列延慶妻尔朱元靜墓誌

氏 周賀屯植墓誌

氏 隋寇遵考墓誌

氏 唐七宮人九品墓誌

水 魏元氏趙夫人墓誌

丈 齊董洪達造像記

孤 魏張玄墓誌

八 隋甯贙碑銘　父 隋白仵貴墓誌

斤 魏元寧墓誌　片 魏張寧墓誌　斤 魏皇甫驎墓誌

身 魏上尊號表　犽 魏張玄墓誌　衣 齊比丘惠瑍造像　不 隋悉長盛造橋碑

戈 魏太中大夫元玕墓誌

玊 漢孔宙碑　王 漢魯峻碑　壬 漢魯峻碑陰　弜　𡵂 魏比丘道寶記　丞 北徐州劉道景等造像

壬 隋賈珉墓誌

# 五畫

旦 隋張固妻蘇恒墓誌

丕 齊元子邃墓誌

𠀍 漢楊震碑陰

卋 漢永元六年宣化磚銘

世 魏昭玄沙門大統僧令法師墓誌

世 齊李盛暨夫人劉氏墓誌

丗 隋故足嚴墓誌銘

世 隋張儉墓誌

廿 唐河陽軍節度押衙張亮墓誌

丘 魏比丘知因造像

北 唐朝議郎行吉州盧陵縣令李智墓誌

丙 唐郤府君夫人馬氏墓誌銘

丱 魏淮南王元顯墓誌

卄 隋魏郡太守張軻墓誌

主　乎　乏　仗　仙　佗

主、 魏胡也進墓誌 宔 齊畢文造像

乎 魏鄭羲碑 乎 唐王進墓誌

乏 隋張軻墓誌 乏 唐趙君妻裴夫人墓誌

仗 晉王浚妻華芳墓誌

仙 僊 漢尹宙碑 仚 魏皇甫驎墓誌 仙 魏李仲璇碑 僊 魏楊胤墓誌 仚 齊隣赤砵造像記

僊 周華岳頌 僊 隋龍藏寺碑 僊 隋河東郡首山舍利塔碑 僊 唐宗聖觀碑 僊 唐王仲建墓誌 僊 唐宗聖觀碑 僊 魏長孫士亮妻宋氏墓誌

佗 唐定遠將軍守左衛嬀泉府左果毅都尉陳秀墓誌

代　令　以　兄　冉　刊

代
伐 齊法懃禪師塔銘

令
仌 隋皇甫深墓誌
仒 隋陳常墓誌
仐 唐銀青光祿大夫守工部尚書贈荊州大都督崔泰之墓誌

以
厶厶 魏公孫略墓誌
厶厶 魏元鸞墓誌
㠯 魏于景墓誌
𠄐 唐程郁造橋碑
㕥 唐王爽墓誌
从 唐孔桃栓墓誌
从 唐文林郎新喻縣丞胡儼墓誌
以 唐朝議大夫京苑總監上柱國河東縣開國男姚勱墓誌
从 唐孔桃栓墓誌
从 唐孔桃栓墓誌
吙 民國梁耀漢烈士紀念碑

兄
兄 魏武昌王妃吐谷渾氏墓誌
兄 魏席貿暢墓誌
兄 齊張龍伯造像
兄 隋韋略墓誌

冉
苒 魏安康伯元均墓誌
苒 隋陳叔明墓誌
冄 唐張玄弼墓誌銘

刊
刋 漢西狹頌
刋 晉張朗碑
刋 魏金城郡主墓誌
刋 魏元鸞墓誌

功　北　匹　卯

功 魏孫秋生造像　切 魏于纂墓誌　功 隋口順墓誌　功 魏元懌墓誌　协 唐左光禄大夫蔣國公屈突通墓誌　切 唐陪戎校尉太原王勗墓誌　㓛 唐泗州司馬苗善物墓誌

北　北 唐安建墓誌　比 唐郭府君夫人馬氏墓誌　北 唐黔州石城縣主簿鄭遵墓誌　北 周洛州上柱國秦府君及妻張夫人墓誌　兆 唐朝議郎行蒲州桑泉縣丞輕車都尉路惲墓誌　北 唐新城府別將張翼墓誌　北 給事郎行太平公主邑司錄事柱國韓思墓誌

迊 隋元英墓誌　迊 唐大泉寺三門記

卯 魏王方略造像　卯 魏元保洛墓誌　卯 魏元緒墓誌　卯 魏趙洪祚造像　卯 魏來舍令造像　卯 魏張保守墓表　卯 魏王光二年高昌張保守墓表　卯 魏王遷墓誌　卯 齊道興造像并治疾方

冬 去 句 叩 叫 可

卯 齊法義卅人造像　卯 齊夏侯顯穆造像　卯 隋元仁宗墓誌銘　卯 隋梁邕墓誌　卯 唐姜行本碑　卯 唐張壽墓誌　卯 唐叔術生墓誌　卯 唐顏瓌墓誌　卯 遼馬直溫妻張氏墓誌

冬 唐新城府別將張翼墓誌　冬 宋鄭驤墓室題記

去 唐秘書省著作左郎崔衆甫墓誌

句 魏金城郡主墓誌

叩 漢校官碑

叫 魏叔孫固墓誌　叫 魏于景墓誌

可 漢婁壽碑

# 史 右 司 四 外

史 隋宫人五品程氏墓誌 史 唐京兆韋氏室女都師墓誌

右 唐右威衛兵曹參軍王冷然墓誌

司 晉王浚妻華芳墓誌 司 魏七兵尚書寇治墓誌 司 魏七兵尚書寇治墓誌 司 隋隨州司倉參軍王劍達墓誌 司 裴治造像記 司 唐王郅墓誌 司 唐涼國公府長史上騎都尉張達墓誌

司 唐潁州潁上縣令獨孤守義墓誌 司 唐吳王府騎曹參軍張信墓誌

四 漢元初三公山碑 四 漢鄐閣頌 四 魏建興郡端氏縣水碓昇合村邑子造像 四 齊孫槃龍妻明姬墓誌 四 唐崔契臣墓誌

外 漢魯峻碑 外 魏隗天念墓誌 外 魏比丘僧智造像 外 魏韓顯宗墓誌 外 魏元寧墓誌

## 央 孕 究 尼 左

**央**

外 齊董洪達造像　外 唐樊奴子造像　外 唐張善墓誌

央 魏王僧墓誌　央 魏元飄妃李瑗華墓誌

**孕**

孕 齊臨淮王像碑　孕 唐夫人竹氏墓誌　孕 唐封滋墓誌　孕 唐張軌墓誌　孕 唐韓恢墓誌

孕 唐處士王儉墓誌　孕 唐張起墓誌　孕 唐馮直滋妻張氏墓誌

**究**

究 魏元壽安墓誌

**尼**

尼 漢孔謙碣　尼 魏孔羨碑　尼 比丘尼世僧造像　尼 齊董洪達造像記　尼 唐圭峰禪師碑

尼 佛說天公經

**左**

左 魏穆亮墓誌　左 齊諸葛始興造像　左 隋劉則墓誌　左 唐王操墓誌　左 唐新城府

巧　市　布　介　平　幼

巧 漢鄐閣頌　巧 魏姚伯多造像　巧 魏內司楊氏墓誌　巧 齊法義優婆姨等造像記　巧 齊劉碑造像　巧 齊是連公邢阿光墓誌

市 隋唐直墓誌

布 漢校官碑　布 魏元繼墓誌　布 齊宋買造像　布 隋陳常墓誌

介 唐鄭州刺史源光俗故夫人鄭氏墓誌

平 武平年趙桃等造像　平 唐文林郎新喻縣丞胡儼墓誌

幼 魏尔朱紹墓誌　幼 魏元昭墓誌　幼 魏穆亮妻元洛神墓誌　幼 魏元暐墓誌　幼 齊毛叉擢造像　幼 隋明雲騰墓誌　幼 隋梁邕墓誌　幼 唐焦璀墓誌　幼 唐王郅妻崔氏墓誌

弘 唐吏部常選王爽墓誌 弘 唐泉州龍溪縣尉李君墓誌

弘 隋滕王子楊厲墓誌 弘 隋范安貴墓誌 弘 隋口爽墓誌 弘 遼馬直溫妻張氏墓誌

打 清石城會盟碑

必 唐李公夫人劉氏墓誌

戊 魏闞杜僧惠朗造像記 戊 魏李文遷造像 戊 魏張寧墓誌 戊 魏元嵩墓誌 戊 魏比丘僧演造像 戊 魏車朗造像 戊 齊楊顯叔造像 戊 齊高獻國妃敬氏墓誌 戊 齊諸維那卌人造太子像 戊 北周佛弟子百廿八人造像碑 戊 永安年樂陵太守李文遷造像 戊 隋宋睦墓誌 戊 隋鄧州舍利塔下銘 戊 隋田光山妻李氏墓誌 戊 唐李萬通及妻徐氏造像

# 旦未本正母民

旦 魏任城文宣王太妃馮墓誌　旦 唐齊州禹城縣令隴西李庭訓夫人崔上真墓誌

耒 西魏尹天興造像　朩 唐亡宮墓誌

夲 漢白石神君碑　夲 唐大智禪師碑

正 魏義橋石像碑　正 魏臨潼造像　正 魏巨始光造像

母 魏臨潼造像　毋 隋李君警造像記　毋 唐竹妙墓誌

民 漢魯峻碑　民 漢校官碑　民 漢淮源廟碑　民 漢景君碑　民 苻秦廣武將軍碑　民 魏敬史君碑　民 魏元彥墓誌　民 魏王僧墓誌　民 齊比丘惠瑍造像　民 北周賀屯植墓誌

民 隋范高墓誌　民 隋曹海凝墓誌　民 隋梁智造像　民 隋蔡仕謙造像

永 晋爨寶子碑
永 晋華芳墓誌
永 晋司馬芳碑
水 魏曲陽修德寺玉佛造像銘
永 魏李僧保造像
永 魏張寧墓誌
永 魏元文墓誌
永 魏丘哲墓誌
永 魏比丘僧略造像
永 魏王神虎造像
永 武定唐小虎造像
永 永安年樂陵太守李文遷造像
永 隋宮人典綵朱氏墓誌
永 隋李則墓誌
永 隋口夫人王光墓誌
永 唐河東縣令李徹墓誌
永 向清墓誌

犯 魏元悰墓誌
犯 唐宣州參軍事許堅墓誌

玉 漢楊統碑
玉 隋元景暉造像
玉 隋雍長墓誌
玉 隋賈逸墓誌

瓦 漢張景碑
瓦 魏三級浮圖頌
瓦 齊道興造像
瓦 唐周護碑

甘 魏齊郡王元祐墓誌
甘 明登封郡主朱氏墓誌

用 甲 申 瓜 穴 玄 石

**用** 𠕒 隋宋仲墓誌 𠕓 唐周公祠碑

**甲** 甲 魏富平伯于纂墓誌 𤰊 魏秦洪墓誌 鉀 周强獨樂為文帝造像記 罒 隋首山舍利塔銘

**申** 申 隋阮景暉造像

**瓜** 衣 隋禮部侍郎陳叔明墓誌 爪 隋參軍張禮墓誌 花 唐建陵縣令席泰墓誌 爪 唐國子生李魚墓誌

**穴** 宂 唐左清道率府錄事參軍于公夫人裴氏墓誌

**玄** 玄 唐右戎衛翊衛徐買墓誌

**石** 右 魏義橋石像碑 [石 variant] 齊石信墓誌 [石 variant] 明涿州石經山琬公塔院碑

矢 生 禾 丞 自

矢 魏皇帝東巡碑 矢 隋王弘墓誌 天 大周朝請大夫行鄧州穰縣令上護軍南玄暕墓誌

主 魏佛弟子傅聖頭姊妹造像

禾 漢張景碑

## 六畫

氶 漢戚伯著碑 丞 魏涼州刺史元維墓誌 烝 魏李璧墓誌 丞 齊高叡為父母造像

烝 齊比列延慶妻尒朱元靜墓誌 烝 隋劉寶墓誌 烝 隋馮忱妻叱李綱子墓誌 丞 唐朝散郎守內寺伯飛騎尉成忠墓誌 烝 唐承奉郎雲騎尉行并州錄事朱照墓誌 氶 唐魏懿墓誌 丞 唐范仙嶠墓誌

囟 魏博陵元公李夫人墓誌

文 唐雲麾將軍宋儼墓誌銘

亥 高昌國墓誌　亥 齊張景暉造像　亥 唐峽州司馬張積墓誌　亥 故推誠奉儀翊戴功臣開府儀同三司檢校太尉左驍衛上將軍御史大夫符彥林墓誌　亥 宋長江口北縣梅溪揮樓鸞洪水題字碑

亦 魏魏靈藏造像記　亦 魏義橋石像碑　亦 魏張寧墓誌　亦 魏山徽墓誌　亦 唐石台殿中侍御史王齋丘墓誌　亦 唐楊氏墓誌

仰 宋爨龍顏碑　仰 魏三級浮圖頌　仰 魏張猛龍頌　仰 魏沙門僧璨造像　仰 魏龍驤將軍元引墓誌　仰 魏寇憑墓誌　仰 魏路文助造像　仰 魏比丘惠榮造像　仰 魏于祚妻和醜仁墓誌　仰 魏曇衮造像　仰 魏靜度造像　仰 魏慈香造像　仰 魏吳樹造像　仰 齊高歲為

伊　伉　企　任　仲

亡父造像 𠇓 齊宋敬業造像 仰 齊張龍伯造像 𠇓 齊宋買造像 仰 常岳等造像 仰 隋甯

贊碑 仰 隋蕭翹墓誌 仰 隋楊秀墓誌 仰 明陳母王孺人墓誌 仰 清濰縣城隍廟碑

仲 漢夏承碑 仲 魏三級浮圖頌 仲 隋宋仲墓誌

任 魏元液墓誌

企 隋諸葛子恒造像

伉 魏元公夫人薛氏墓誌 伉 魏元顥妃李元姜墓誌 伉 齊王憐妻趙氏墓誌 伉 隋張壽妻禮氏

墓誌 伉 唐秦愛墓誌 伉 唐給事郎行太平公主邑司録事柱國韓思墓誌

伊 隋□静墓誌

伏 漢白石神君碑
伏 魏賈瑾墓誌
伏 隋寇熾墓誌
伏 隋陳常墓誌
伏 程元洛殘造像

休 魏張玄墓誌
休 魏張猛龍碑
休 魏司馬昞墓誌
休 魏司馬元興墓誌
休 魏乞伏銳造像
休 魏三級浮圖頌
休 魏彭城武宣王妃李氏墓誌
休 魏蘇屯墓誌
休 魏元勰妃李媛華墓誌
休 隋修七帝寺碑

全 漢張遷碑
全 漢郙閣頌
全 魏鄭義碑
全 魏司馬昇墓誌
全 隋宋永貴墓誌

共 魏根法師碑
共 齊劉碑造像

充 唐正議大夫使持節武州諸軍事行武州刺史上柱國孫思觀墓誌
充 唐朝議郎守楚州長史源溥墓誌

兆 苻秦廣武將軍碑
兆 魏高湛墓誌
兆 魏梁州刺史元演墓誌
兆 魏元端妻馮氏墓誌銘

兆 魏荀景墓誌
兆 魏元定墓誌
兆 魏元寧墓誌
兆 隋關明墓誌
兆 隋造龍華碑
兆 隋唐直墓誌
兆 隋□順墓誌
兆 隋劉明墓誌
兆 唐孫公亡夫人李氏墓誌
兆 唐西廟堂碑
兆 唐仇道朗墓誌
兆 唐安府士曹蘊叔節墓誌
兆 唐李府君夫人安平鄉君呂華墓誌
兆 唐神和府折衝鄭法明夫人李氏墓誌

兇 楊吳天祐十二年殘墓誌
兇 唐法雨寺碑
兇 唐李休墓誌
兇 唐京兆府宣化府折冲攝右衛郎將横野副使樊庭觀墓誌
兇 唐北京飛勝五軍都指揮使銀青光祿大夫檢校司空贈左驍衛將軍石金俊墓誌

先 遼馬直溫妻張氏墓誌
先 唐番禺府折衝都尉紀于丞基墓誌

光 魏薛孝通墓誌
光 齊元子邃墓誌
光 隋開皇九年洛陽出土殘造像
光 唐王明墓誌

册

冊 魏元恭墓誌
冊 魏昭儀胡明相墓誌
冊 魏公孫略墓誌
冊 齊高百年墓誌
冊 隋曾植碑銘
冊 隋伍道進墓誌
冊 隋范安貴墓誌
冊 唐蘇璩墓誌
冊 偽周處士劉通墓誌
冊 唐張仁墓誌
冊 唐盧承業墓誌
冊 唐平陽路昭墓誌
冊 唐梓州銅山縣尉弘農楊承福墓誌
冊 唐幽府士曹參軍孟裕墓誌
冊 唐處士賈君夫人杜氏墓誌
冊 唐陝州司户張君陳夫人墓誌
冊 唐伏盈縣令龐敬墓誌
冊 唐隋左龍驤驃騎王協墓誌
笧 唐横野軍副使樊庭觀墓誌
冊 明武略將軍潘得墓誌銘

再

再 齊李清為李希宗造像
再 齊高建妻王氏墓誌
再 隋宋睦墓誌
再 唐曲阜縣文宣王廟記
再 唐高君夫人崔績墓誌
再 唐冀州刺史息武君欽載墓誌
再 唐推誠奉義翊戴功臣開府儀同三司檢

校太師右金吾衛上將軍王守恩墓誌

冉 宋鄭州衛內指揮使銀青光祿大夫檢校工部尚書安崇禮墓誌

冰 晉爨寶子碑

冰 魏司馬昇墓誌

冰 隋張濤妻禮氏墓誌

近 宋爨龍顏碑

匠 魏劉領群造均塔銘

匠 魏劉雙造像

匠 隋員天威造像

斤 元山西萬榮縣太趙村稷王廟舞廳碑

匡 漢夏承碑

匡 隋寇奉叔墓誌

迋 唐真化寺如願律師墓誌

迋 唐張嘉福墓誌

印 梁程虔墓誌

印 唐新使院石幢記

印 唐張君政墓誌

危 魏陽城洪懋等造像

危 魏陳天寶造像

危 魏元端墓誌

危 隋奉城尉李君墓誌

危 周人爲司宮臺內給事蘸永墓誌

危 唐王大劍墓誌

危 唐銀青光祿大夫定州刺史上柱國尔朱義深墓誌

同　列　合　名　向　后

同 魏兗州刺史元彌墓誌
同 魏叔孫固墓誌
同 周賀屯植墓誌
同 唐上柱國李起宗墓誌

列 唐京兆□思道墓誌銘
列 偽周三原縣令盧行毅墓誌
列 唐禹城縣令李庭訓墓誌
列 唐處士張海墓誌
列 唐銀青光祿大夫守工部尚書贈荆州大都督崔泰之墓誌
列 唐朝議郎行衛尉寺丞柳順墓誌
列 唐大理寺評事封無遺墓誌

合 唐大中大夫隰州司馬慕容思廉墓誌

名 漢曹全碑
名 魏元寧墓誌
名 隋王世琛墓誌
名 隋陳常墓誌

向 清泰安關帝廟建殿題字

后 魏敬史君碑
后 魏元略墓誌
后 隋蔡夫人張貴男墓誌
后 隋段威墓誌

吏　吊　因　屹　字

吏 魏鞏縣石窟後石壁七言詩摩崖　吏 隋崔上師妻封依德墓誌

悌 漢張壽碑　弔 晋爨寶子碑　弔 魏元欽墓誌　卬 魏元平墓誌　予 魏顯祖嬪侯氏墓誌

弔 魏公孫略墓誌　吊 隋楊秀墓誌　币 唐石州刺史劉穆墓誌　令币 唐潞州屯留縣令溫府君李夫人墓誌

弔 唐襄州長史韋麟墓誌

囙 漢衡方碑　曰 魏孝文帝弔比干文　囚 隋郭休墓誌　圡 隋關明墓誌　囙 隋□弘朴墓誌

因 隋□韶墓誌　口 唐朱陽縣開國男代郡和智全墓誌

乞 唐元君夫人來氏墓誌

字 魏薛孝通墓誌　字 唐傅思諫墓誌

如 在 把 地 夙

舡 魏寇州築城碑

花 苻秦廣武將軍□産碑 𠃊 魏世宗嬪司馬氏墓誌 在 魏元周安墓誌 一仕 魏丘哲妻鮮于仲兒墓誌 左 魏劉洛真造像 圣 唐右威衛兵曹參軍王泠然墓誌

把 唐處士孟師墓誌 岊 唐羅瑞墓誌

墬 漢無極山碑 坩 魏曹真碑 玴 魏穆纂墓誌 地 唐新城府別將張翼墓誌

夙 魏元暉墓誌 夙 魏富平伯于纂墓誌 夙 魏元祐妻常季繁墓誌 夙 魏于景墓誌 夙 魏張敬造石柱像記 夙 齊劉碑造像 夙 隋荀夫人宋玉艷墓誌 夙 隋寇嶠妻薛氏墓誌 夙 隋□鍾葵墓誌 夙 唐潘鄉墓誌 夙 唐隋左龍驤驃騎王協墓誌 夙 唐張騷墓誌 夙 唐滄州東光縣

丞公士王進墓誌

唐萬州司法參軍王韶墓誌

魏涼州刺史元維墓誌

魏元融墓誌

魏元端妻馮氏墓誌

唐萬州司法參軍王韶墓誌

清張雲鵠墓誌

漢馬氏二十四娘符咒刻石

魏呂望表

魏皇甫驎墓誌

魏鄭羲碑

魏石門銘

魏孝文帝弔比干文

魏銀青光祿大夫于纂墓誌

魏奚真墓誌

魏高貞碑

齊劉顗買地券

齊周洪造像

周費氏造像

周顏那末造像

隋甯贊碑

隋密長盛造橋碑

隋首山舍利塔銘

隋盧文構墓誌

隋寇熾妻姜敬親墓誌

隋豆盧寔墓誌

梁王慕韶墓誌

唐等慈寺碑

唐李岸及夫人徐氏墓誌

唐張騷墓誌

奸　好　妃

夷 唐處士張慶之墓誌銘
夷 唐游擊將軍信義府右果毅都尉韓暹墓誌
夷 唐韓王府兵曹參軍延陵縣開國公陸紹墓誌
夷 大周使持節文州諸軍事文州刺史陳黎墓誌
夷 唐朝議大夫使持節密州諸軍事守密州刺史上柱國元希古墓誌
夷 唐盧楚兒墓誌
夷 唐朝散大夫守巴州別駕上柱國朱庭瑾墓誌
夷 唐富春孫恪夫人黃平郡程氏墓誌

奸 魏司馬元興墓誌
奸 魏元襲墓誌
奸 隋梁瓌墓誌
奸 唐河陽軍節度押衙張亮墓誌銘
奸 唐括州遂昌縣令張先墓誌

好 魏元禮之墓誌
好 唐涼國長公主碑

妃 漢曹全碑

妄　宅　宇　守　安

妄 齊宋買造像　妄 隋張伻暨夫人東門氏墓誌

宅 晉元康六年李達地券磚銘　宅 魏比丘道瓚記　宅 魏兗州刺史元獮墓誌　宅 魏昭玄沙門大統僧令法師墓誌　宅 唐大理寺評事封無遺墓誌

宇 魏杜文雅造像　宇 魏安定王造像　宇 魏元誕墓誌　宇 魏孝廉奚真墓誌　宇 齊元賢墓誌銘

守 齊梁龍村邑子七十人造浮圖記　守 唐七宮六品墓誌

安 魏元凝妻陸順華墓誌　安 魏李謀墓誌　安 魏李蘭墓誌　安 魏大儒管寧碑　安 隋甯贊碑　安 唐鄭恕己墓誌銘　安 唐處士王顗墓誌　安 唐彭城劉氏幼子墓誌　安 宋鄭州衙內指

# 年

揮使銀青光祿大夫檢校又部尚書安崇禮墓誌

年 漢魯峻碑陰　年 漢曹全碑　年 魏魏雝樞銘　年 晉成晃碑　年 晉樂生墓誌　年

晉徐君夫人管氏墓誌　年 魏岐法起造像　年 魏樂安哀王元悅墓誌　年 魏于纂墓誌　年 魏元

敷墓誌　年 魏太監孟元華墓誌　年 魏元恭墓誌　年 魏奚智墓誌　年 魏元寶月墓誌　年

魏昭玄沙門大統僧令法師墓誌　年 梁惠光和尚塔銘　年 齊房紹興造像　年 齊是連公妼阿光墓誌

年 齊比丘法朗造像　年 周時珍墓誌　年 隋姚佰兒造像　年 隋仲思那造橋碑　年 隋羅

寶奴造像　年 年 隋段模墓誌　年 隋口和墓誌　年 隋尔朱敞墓誌　年 隋故楊暢墓誌銘

年 隋橋紹墓誌　年 唐比丘妙英造像　年 唐薛剛墓誌　年 唐亡宮六品墓誌　年 唐前

飛騎尉楊達墓誌

式 唐南州刺史杜舉墓誌

式 大周文林郎上柱國董本墓誌

式 唐五品亡宮墓誌

式 唐處士楊約墓誌

式 唐宮人六品墓誌

式 唐宮人六品墓誌

式 唐八品亡宮誌文

式 魏元伏寶墓誌

式 魏元靈曜墓誌

式 魏元彬墓誌

式 隋荀夫人宋王艷墓誌

式 唐翟惠隱墓誌

式 唐太子詹事源光乘墓誌

式 隋上儀同三司黎陽鎮將程鍾墓誌

式 唐河陰縣主簿南陽張濬墓誌

式 唐朝議郎行通事舍人京兆杜公諱元□夫人崔氏墓誌

式 唐河陰縣主簿南陽張濬墓誌

戌 魏比丘道寶記

戌 魏樂安王元緒墓誌

戌 魏高宗嬪耿壽姬墓誌

戌 魏比丘尼統慈慶墓誌

戌 魏鄱陽王妃墓誌

戌 魏覺法端造像

戌 魏元湛妻王令媛墓誌

戌 魏元思墓誌

戌

# 戎

- **戎** 魏元倅墓誌
- **戎** 齊江阿歡造像
- **戎** 齊牛景悅造像
- **戎** 齊在孫寺造像
- **戎** 齊朱曇思造像
- **戎** 齊李仕芝造像
- **戎** 齊天統年比丘法暈造像
- **戎** 北周佛弟子百廿八人造像碑
- **戎** 隋李景崇造像
- **戎** 隋李領萬造像
- **戎** 隋王曜墓誌
- **戎** 隋崔上師妻封依德墓誌
- **戎** 隋信州舍利塔下銘
- **戎** 隋宋睦墓誌
- **戎** 唐臨高寺碑
- **戎** 唐魏處旻造像
- **戎** 唐張寶墓誌
- **戎** 唐蒲州縣令李徹墓誌
- **戎** 唐左清道率府錄事參軍于公夫人裴氏墓誌
- **戎** 高昌朱書墓誌
- **戎** 高昌麴君墓誌
- **戎** 元張弘綱墓誌
- **戎** 漢孔宙碑
- **戎** 苻秦脩鄧太尉祠碑
- **戎** 魏寇演墓誌
- **戎** 魏元液墓誌
- **戎** 魏元寶月墓誌
- **戎** 魏元優墓誌
- **戎** 魏劉賢墓誌
- **戎** 唐朝散大夫行鄧州司馬盧思莊墓誌

# 收

- **收** 魏恒州大中正于景墓誌
- **收** 魏正平太守元仙墓誌
- **收** 魏王偃墓誌
- **收** 魏兗州刺史元獅墓

扣 早 旭 曲 曳

誌

𢻱 魏銀青光祿大夫于纂墓誌 𢻱 魏平州刺史元靈曜墓誌 𢻱 隋賈珉墓誌 收 隋杜夫人鄭善妃墓誌 𢻱 唐玄武丞楊仁方墓誌

扣 唐蕭貞亮墓誌

𣅿 唐呼論縣令□他墓誌

㫜 魏比丘僧演造像

𠚍 漢韓勑碑陰 曲 齊劉碑造像 曲 唐曲阜文宣王新門記 𠚍 唐沈士公墓誌 𠚍 魏李次等合邑百人造石像碑

曳 魏孝文帝弔比干文 曳 魏公孫猗墓誌 曳 隋董美人墓誌 曳 隋皇甫誕碑 曳 唐朝議郎

有 汚 朱 朶 朽

上柱國豪州定遠縣令楊高仁墓誌

有 魏桑乾太守宋虎墓誌 有 魏奉朝請梁邕墓誌 有 齊是連公妻邢氏墓誌 有 唐新城府別將張翼墓誌 有 唐右威衛兵曹參軍王泠然墓誌

汚 唐處士太原王翱墓誌

朱 唐故隋朝散大夫牛君夫人申好墓誌

朶 唐薛王傅上柱國司馬銓墓誌

朽 魏南石窟寺碑 朽 魏韓顯宗墓誌 朽 魏元平墓誌 朽 齊李清為李希宗造像 朽 齊雹水村五十人造像 朽 隋造龍華碑 朽 隋弘秤墓誌 朽 唐康叔鄉及夫人墓誌 朽 唐信義府

死　　　　此　　　　次

右果毅都尉韓暹墓誌　杨 唐朝請郎行司農寺大倉丞騎都尉劉慎墓誌銘　扚 唐故南齊隨郡王曾孫蕭陵蕭紹遠墓誌

⿰言欠 魏汝南太守寇演墓誌　⿰言欠 魏元保洛墓誌　次 魏元繼妃石婉墓誌　⿰冫尺 魏恒州刺史韓震墓誌陰

⿰谷欠 齊董洪達等造像　⿰冫又 周賀屯植墓誌　次 周王令猥造像碑

此 漢衡方碑　⿰山匕 漢樊敏碑　此 漢鄭固碑　⿰山乚 漢會稽冢地刻石　光 漢郙閣頌　此 漢武梁祠畫像題字

⿰止止 魏中岳嵩陽寺碑　⿰口巴 魏公孫叔造像　北 常岳等造像　此 隋阮景暉造像記

⿰山匕 隋楊暢墓誌　芒 唐宗聖觀碑　比 唐磁州千佛碑

⿱夕匕 安徽亳縣曹操宗族墓磚卅二號　死 齊周洪造像　⿰歹匕 清濰縣城隍廟碑　⿰歹巴 宋陳氏之殤墓

汎 汏 汝 牝 牟 缶 老

誌銘

汎 隋蕭汎墓誌
汎 隋程諧墓誌

汏 隋翟突娑墓誌

汝 魏呂望表

牝 唐奉車都尉段璋墓誌

牟 魏清信女劉造像題記
牟 隋梁環墓誌
牟 唐柳公權書金剛經

缶 魏廣陽王妃墓誌
缶 唐孔桃栓墓誌

老 漢孔宙碑
老 漢張壽碑
老 漢武梁祠畫像題字
老 晉處士成晃碑
老 魏故王僫墓誌銘

考 魏三級浮圖頌 考 魏元子直墓誌 考 魏穆纂墓誌 考 魏韓顯祖造像 考 魏姚伯多造像

考 唐同州華池府別將李琦墓誌 考 周道氏馬洛子造像

考 唐桂州刺史孫成墓誌 考 唐大聖真觀楊法師生曜墓誌 考 唐京兆府宣化府折衝攝右衛郎將橫野軍副使樊庭觀墓誌

肉 漢史晨後碑 宍 魏孫遼浮圖銘 宍 唐齊士員造像

而 漢韓勑碑 而 宋張銮第一山題名 而 唐番禺府折衝都尉紀手氷基墓誌 而 唐上護軍朝議郎行邛州蒲江縣令蕭慎墓誌

羽 唐濟南郡禹城縣令李庭訓墓誌

网 北周李元海等兄弟七人造像

聿 隋劉明暨夫人梁氏墓誌

臣 唐處士余當墓誌

旧 魏李挺墓誌

至 魏元寧墓誌 至 齊元賢墓誌 至 隋劉多墓誌 至 唐汝陰郡汝陰縣令裴琨墓誌銘

舛 魏徐州刺史王紹墓誌 舛 魏齊郡王元簡墓誌 舛 唐國子司業開休元墓誌 舛 唐玄武丞楊仁方墓誌 舛 唐右軍衛沙州龍勒府果毅都尉上柱國張方墓誌

舟 魏馬都愛造像 舟 魏元顯墓誌 舟 隋孫龍伯造天宮義井記 舟 隋內承奉劉則墓誌 舟

色　艾　血　行

唐高士楊崇墓誌

月 唐李文墓誌

色 晉王浚妻華芳墓誌

㐌 魏元融墓誌

邑 魏曹植四思篇刻石

色 魏元平墓誌

色 隋寇遵考墓誌

色 隋尚食侯氏墓誌

色 隋甯贊碑

艾 魏元愔墓誌

艾 唐程邨造橋碑

艾 唐故夫人張氏墓誌

艾 唐通議大夫使持節寧州諸軍事寧州刺史裴撝墓誌

血 魏張猛龍碑

血 魏皇甫驎墓誌

血 魏乞伏寶墓誌

血 魏元舉墓誌

四 齊法懃禪師塔銘

洫 唐□孝基墓誌

行 魏王僧墓誌

行 隋姚泰墓誌

行 隋劉淵墓誌

西

□ 漢楊孟元畫像石墓題字

□ 魏元保洛墓誌

□ 魏丘哲墓誌

□ 魏寇演墓誌

□ 齊元子邃墓誌

卬

□ 晉王浚妻華芳墓誌

邛 隋蕭濱墓誌

□ 隋宮人司計劉氏墓誌

□ 唐姬推墓誌

□ 唐鄭尊師墓誌

卭 唐處士佘當墓誌

□ 唐前飛騎尉楊達墓誌

□ 唐常州無錫縣令楊府君夫人王俱夷墓誌

印 唐正議大夫使持節相州諸軍事守相州刺史上柱國河南賀蘭山務溫墓誌

□ 唐朝議郎上柱國豪州定遠縣令楊高仁墓誌

□ 唐左領軍衛執戟李品品墓誌

□ 唐河東裴氏室女王其墓誌

## 七畫

亨

□ 唐京兆府涇陽縣尉范陽盧踐言墓誌

□ 唐宣武軍節度押衙兼侍御史河東柳延宗墓誌

伯 似 伽 但 位 低 佐

伯 漢戚伯著碑 佰 魏高樹造像 伯 齊張起墓誌

似 隋□弘秤墓誌

迦 隋覺城寺碑像願文

但 常岳等造像 但 唐薛義墓誌 但 唐柳公權書金剛經

位 漢戚伯著碑 位 魏元寧墓誌 位 隋宋仲墓誌 位 隋楊厲墓誌 位 唐濟南郡焉城縣令李庭訓墓誌

低 漢景君碑 低 齊宋買造像

佐 魏于景墓誌 佐 隋劉則墓誌

佛　佞　克　免

佛 宋元嘉廿五年□熊造像 佛 北魏仇生造像 佛 魏邑主造像訟 佛 魏楊豐生造像 佛 魏女佛弟子曹全造像 佛 魏比丘僧略造像 佛 魏王法現造像 佛 齊張靜安等造像 仏 齊張龍伯造像

佞 魏吳郡王蕭正表墓誌

剋 魏女尚書王僧男墓誌 克 魏王誦妻元貴妃墓誌 克 魏赫連悅墓誌 尅 魏華州刺史乞拔墓誌 克 魏高貞碑 克 隋趙朗墓誌 克 唐張珍墓誌 克 唐銀青光祿大夫守工部尚書贈荊州大都督清河郡開國公上柱國崔泰之墓誌

勉 魏寇憑墓誌 免 魏孫遼浮圖銘 兔 隋曹植碑

兵　初　作　別　助　劭

兵 漢孔彪碑　乒 魏元則墓誌　兵 周裴鴻碑　兵 唐恒山封禪之銘

初 漢張遷碑　初 魏王基碑　初 魏西河王元悰墓誌　初 魏張猛龍碑　初 魏司空穆泰墓誌

初 魏元昭墓誌　初 魏王夫人元華光墓誌　初 隋□和墓誌　初 唐定州唐縣丞柳正確墓誌

初 唐張才墓誌

作 唐孔桃栓墓誌　作 唐贈綿州司馬白義寶墓誌

別 晉爨寶子碑　別 魏元湛妻薛慧命墓誌　別 周聖母寺造像記　別 隋郭休墓誌

助 唐高道不仕房有非墓誌　助 清張雲谿墓誌　助 唐渭州刺史將作少匠孟玄一墓誌

劭 唐處士王楨墓誌

㷍 唐樊覽墓誌
劬 唐處士朱通墓誌
甸 魏燕州治中從事侯掌墓誌
匣 僞周洛陽宮總監諸君夫人王氏墓誌
䢃 唐左威衛洛汭府隊上柱國韓德信妻程夫人墓誌
匣 唐四從伯中散大夫檢校太子左贊善大夫李文奬墓誌
卯 魏青州刺史元暐墓誌
治 唐荊州大都督長林縣令騎都尉呂黎韓仁楷墓誌
君 漢安徽亳縣墓磚
君 魏王夫人元華光墓誌
君 魏王呂墓誌
君 隋張伊暨夫人東門氏墓誌
君 唐游擊將軍張叔子墓誌
君 唐楊伯龍墓誌
名 唐朝散郎騎都尉行太常寺永康陵令侯忠墓誌

君 唐王夫人墓誌
吝 明七姬墓誌

吠 魏元瞻墓誌

否 唐張文珪造像

含 魏楊大眼造像
含 魏韓顯祖造像
含 魏顯祖嬪侯夫人墓誌
含 魏胡昭儀墓誌
含 魏元文墓誌
含 隋淳于儉墓誌
含 隋宮人御女唐氏墓誌
含 唐九成宮醴泉銘
含 唐彭城劉夫人墓誌
含 唐高道不仕房有非墓誌
含 唐文林郎新喻縣丞胡儼墓誌銘
含 唐何摩訶墓誌
含 唐使持節文州諸軍事文州刺史陳黎墓誌
含 唐處士河南元襄墓誌
含 唐晉昌唐氏張五墓誌
含 唐京兆韋氏室女都師墓誌

吴 魏巨始光造像 吴 魏元液墓誌 吴 隋梁瓌墓誌 吴 唐沈士公墓誌

尾 齊李清為李希宗父子造像 尾 隋仲思那造橋碑 尾 唐龐德威墓誌

局 魏樂安王元緒墓誌 局 魏崔勤墓誌 局 魏元寶曜墓誌 局 魏杜文雅造像 局 魏劉平周造像 局 齊石永興造像 局 隋元公墓誌 局 隋羊本墓誌 局 隋儀同三司王護墓誌 局 隋李盛墓誌 局 隋息州梁安郡守侯肇墓誌 局 唐劉節墓誌 局 唐河陰縣主簿張濬墓誌 局 唐王進墓誌 局 唐黔州洪杜縣丞并夫人上官氏墓誌 局 唐□忠墓誌 局 唐劉公夫人楊琁墓誌 局 唐長城縣令强偉墓誌 局 唐陪戎副尉韓懷墓誌

岌 魏元繇墓誌

岑 峕 弃 吾 吕 吹 宋 尪

| 尪 | 宋 | 吹 | 吕 | 吾 | 弃 | 峕 | 岑 |
|---|---|---|---|---|---|---|---|
| 明孔孺人丘氏墓誌 | 隋符盛胡夫人墓誌 | 唐新城府別將張翼墓誌 | 唐趙思忠墓誌 | 唐張泉墓誌 | 唐王文隲夫人趙氏墓誌 | 唐中州羅山縣令王素臣墓誌 | 唐王通墓誌 |

夾 唐相州臨漳縣令范陽盧曒墓誌

圻 隋右翊衛大將軍張壽墓誌

均 魏元順墓誌

均 隋孔神通墓誌

坐 唐宣州參軍事許堅墓誌

坐 唐通議大夫使持節寧州諸軍事寧州刺史上柱國裴撝墓誌

坐 唐左羽林軍長史姚重曒墓誌

坑 魏呂望表

坑 魏張滿墓誌

坑 魏元延明墓誌

坑 鄉比丘法朗造像

坑 隋造龍華碑

壯 魏元寶月墓誌

壯 魏郭顯墓誌

壯 隋張貴男墓誌

壯 隋雍長墓誌

壯 隋元禕墓誌

壯 隋呂胡墓誌

壯 隋王紹仙墓誌

壯 唐洪州都督府兵曹參軍黃承緒墓誌

妒　妖　妝　妣　孛　孝

妬 周強獨樂造像

妖 魏元彧墓誌
妖 魏元悌墓誌
妖 魏元伏寶墓誌
妖 唐樊興碑
祅 唐游擊將軍蕭貞亮墓誌

粧 齊董洪達造像
糚 唐涼國長公主碑

妣 齊王良伯弟造像

孛 齊唐邕寫經碑

孝 魏兖州刺史元綽墓誌
孝 魏元瓚墓誌
孝 魏道人僧暈造像銘
孝 魏博陵元公李夫人墓誌
孝 魏晉陽男元孟輝墓誌
孝 隋郭休墓誌
孝 元新建祖師行祠報恩碑記

宏　岊　岐　巡　巫　希

宏 魏吐谷渾璣墓誌

岊 唐大夏縣主簿張弘墓誌

岐 齊石信墓誌

岐 隋賈珉墓誌

巡 漢白石神君碑

巡 漢孔宙碑陰

巡 魏張滿墓誌

巡 魏元昭墓誌

巡 唐朝議大夫前鳳翔節度副使檢校尚書兵部郎中兼御史中丞楊思立墓誌

巫 梁蕭憺碑

巫 魏呂望表

巫 魏廣陽王妃墓誌

巫 唐趙夫人姚氏墓誌

巫 唐張君夫人秦氏墓誌

巫 唐梁義方墓誌

巫 唐隴西郡夫人闞氏墓誌

巫 廣妬神頌

希 晉辟雍頌

希 魏造像記

希 魏魏靈藏造像記

希 魏皇甫驎墓誌

希 唐燈臺頌

希 唐廣明元年道德經

幢
希 唐臧希晏碑

序 苻秦廣武將軍碑
序 魏女尚書王僧男墓誌
序 魏陸紹墓誌
序 隋楊秀墓誌
序 隋豆盧寔墓誌
序 隋宮人徐氏墓記
序 唐胡録墓誌
序 唐隴西李嘉珍墓誌
序 唐向清墓誌

延 漢孔宙碑
延 魏劉洛真造像
延 魏于景墓誌
延 魏元偃墓誌
延 魏故鄯乾墓誌銘
延 魏陳天治造像
延 齊趙桃□妻造像記
延 齊宋敬業造像
延 隋宮人陳花樹墓誌銘
延 唐頓丘李公夫人劉氏墓誌
延 唐黃君夫人劉氏龕銘
延 唐韓玄墓誌
延 唐杜山威造像
延 唐韓王府兵曹陸紹墓誌
延 唐楚州長史源公夫人樂安蔣婉墓誌

廷 魏元譚墓誌
廷 魏元彬墓誌
廷 齊司馬遵業墓誌
廷 唐台州刺史陳皆墓誌
廷

弄

唐前延王府户曹參軍李君故妻京兆韋夫人墓誌 弄 隋陳叔明墓誌 弄 宋西京左藏庫使河陽兵馬鈐轄致仕上輕車都尉任城郡開國侯魏孝孫墓誌 弄 清南宮縣學記

弄 魏孝文帝弔比干文 弄 魏西陽男高廣墓誌 弄 魏安康伯元均墓誌 弄 魏乞伏寶墓誌 弄 魏元譿墓誌 弄 魏王紹墓誌 弄 魏元寶建墓誌 弄 周强獨樂爲文帝造像 弄 隋姜明墓誌 弄

弄 隋尉氏女墓誌 弄 隋寇遵考墓誌 弄 隋皇甫深墓誌 弄 隋馬稱心墓誌 弄 隋□德將墓誌 弄 唐宋懷智墓誌

弟

弟 晉王俊妻華芳墓誌 弟 魏岐法起造像 弟 魏姚伯多造像 弟 魏王夫人元華光墓誌 弟 魏比丘僧智造像 弟 魏曇如造像 弟 魏李晏造像 弟 弟 魏吉長命造像碑 弟 魏鄧貴

乾德造觀音像銘

第 齊天統劉陛造像

弟 隋張伴墓誌

苐 唐吳槃墓誌

伇 魏元顯墓誌

役 魏元茂墓誌

伇 魏元瞻墓誌

伇 隋元君墓誌

伇 隋王夫人成公墓誌

伇 唐右千牛府鎧曹參軍□且墓誌

伇 宋河南郡君元氏墓誌

彤 唐驃騎將軍孫遷墓誌

彤 唐少府監織染署令太原王府君妻張法式墓誌

㘽 魏冀州刺史元昭墓誌

城 魏顯祖成嬪墓誌

成 魏元寳墓誌

戌 魏元保洛墓誌

戊 齊比丘惠瑍造像

戊 齊保定元年殘造像

𢦏 齊崔賓先造像

戍 齊魯轂得造像

戊 周郃道生造像

成 大周傅思諫墓誌

成 唐京兆真化府折衝都尉車益墓誌

# 我

我 漢鄭固碑　我 漢孔宙碑　我 漢衡方碑　我 漢校官碑　我 漢張遷碑　我 漢劉碑　漢故趙

我 北涼沮渠安周碑　我 晉沛國相張朗墓碑　我 唐七宫九品墓誌　我 大唐故七宫八品志石

我 漢子游殘石　我 漢□燦墓石

# 戒

戒 漢置孔廟百石卒史碑　戒 晉王浚妻華芳墓誌　戒 魏杜文雅造像　戒 魏元詳墓誌

戒 齊比丘惠瑍造像　戒 周曹恪碑　戒 隋梁邕墓誌　戒 唐東謁妻侯氏墓誌　戒 唐荆州大都督府長林縣令騎都尉昌黎韓仁楷墓誌

# 扶

扶 魏李仲璇修孔廟碑　扶 魏司空公元瞻墓誌　扶 隋張壽墓誌　扶 隋元公墓誌　扶 唐李輔光墓誌

扶 唐崔君夫人獨孤氏墓誌

扼 把 抑 投 抗

扼 唐王孝踰并夫人孫氏墓誌

把 隋郭達墓誌 把 唐張君政墓誌 把 唐佛弟子母丘海深造像

抑 魏義橋石像碑 抑 魏任城文宣王太妃馮氏墓誌 抑 齊元賢墓誌 抑 唐等慈寺碑 抑 唐盧君夫人崔氏墓誌 抑 唐盧承業妻李灌頂墓誌

投 魏穆纂墓誌 投 魏元顥墓誌 投 魏元壽安墓誌 投 魏王誦墓誌 投 魏張敻造像

投 隋常景墓誌 投 隋張壽墓誌 投 隋張儉墓誌 投 隋雍長墓誌 投 唐尉氏縣楊內則墓誌 投 唐中大夫守桂州刺史兼御史中丞孫成墓誌

抗 魏元液墓誌 抗 魏比丘法生造像 抗 齊叱列延慶妻尒朱元靜墓誌 抗 隋伍道進墓誌銘

扺 唐劉元超墓誌　扺 唐憫忠南重藏舍利記　扺 唐温君夫人李氏墓誌

斨 唐隋左龍驤驃騎王協墓誌　㧭 唐處士洛州河南縣成朗墓誌

攸 漢衡方碑　攸 魏敬史君碑　攸 魏刁遵墓誌　攸 魏俊儀男元周安墓誌　攸 魏高湛墓誌

攸 魏李洪演造像　脩 魏元澄妃馮令華墓誌　攸 魏石育墓誌　攸 齊董洪達造像

攸 隋寇軍司録元鍾墓誌　攸 隋暴永墓誌　攸 隋苟夫人宋王豔墓誌　攸 唐張夫人喬氏墓誌

忌 漢武梁祠畫像題字　忌 漢三老諱忌日記　忌 魏呂望表　忌 魏高道悦墓誌

忒 唐蘭陵蕭慱墓誌　忒 唐處士太原王翺墓誌

志 魏元欽墓誌　志 隋王通墓誌　志 唐處士井隋襄墓誌

忘 魏東安王太妃墓誌

忘 隋口夫人王光墓誌

忘 大周魏州莘縣太原王養及夫人成氏墓誌

忘 唐中大夫戶部侍郎兼御史大夫諸道鹽鐵運等使清河張滂墓誌

忼 魏元誨墓誌

改 漢景君碑

改 魏義橋石像碑

改 魏比丘僧智造像

改 魏山徽墓誌

改 魏叔孫協墓誌

改 魏巨始光造像

改 隋豆盧寔墓誌

改 唐劉玄豹夫人高氏墓誌

改 唐張騷墓誌

攻 漢鄐閣頌

攻 唐京兆府涇陽縣尉范陽盧踐言墓誌

步 魏韓震墓誌陰

步 魏奚智墓誌

步 魏元仙墓誌

步 魏李希宗墓誌

步 隋寇奉叔墓誌

步 唐盧玢墓誌

步 唐徐氏妻劉夫人墓誌

步 唐鄧州司倉張鈞墓誌

步 唐監門校尉陳叔度

墓誌

求 大周上騎都尉姚思玄墓誌

求 漢張遷碑

求 魏魏靈藏造像

求 齊高叡修寺碑

求 隋豆盧寔墓誌

汴 唐王君妻梁氏墓誌

汴 唐處士王寶墓誌

沂 齊陋赤齊造像

沂 唐太原王振墓誌

沃 齊皇甫琳墓誌

沃 唐王君夫人李清禪墓誌

沃 唐朝請大夫尚書司勳郎中吉渾墓誌

沆 唐任紫宸墓誌

沈 隋肥鄉令蕭翹墓誌

沈 偽周襄州刺史許公夫人王氏墓誌

沈 唐左衛翊衛陳思墓誌

没 魏温泉頌

没 魏元端墓誌

没 魏元思墓誌

没 魏元恭墓誌

没 魏元子永墓誌銘

# 沛 沉 沔 材 杜 灼

没 魏穆纂墓誌
沒 魏韓震墓誌
沒 魏元誕墓誌
沒 魏元繼墓誌
没 隋謝岳墓誌

没 隋張儉墓誌
没 隋□鐘葵墓誌
没 唐至孝右率府翊衛清河崔歆墓誌

沛 隋息州梁安郡守侯肇墓誌
沛 唐康君夫人曹氏墓誌

沉 唐朱達墓誌
沉 唐傅思諫墓誌

沔 魏刁遵墓誌
沔 魏元璨墓誌
沔 唐尚書吏部郎中張仁禕墓誌

材 唐徵士朝散大夫許州司馬楊孝猶墓誌
材 唐居士李知誌石文

杜 唐杜府君墓誌

灼 魏王誦妻元氏墓誌
灼 魏鄯乾墓誌
灼 魏王夫人元華光墓誌
灼 唐裴夫人墓誌

災 隋謝岳墓誌 災 唐劉通墓誌 災 唐朝請大夫行鄧州穰縣令上護軍南玄暕墓誌

灾 漢裴岑紀功碑 灾 齊中獐墓誌

牡 隋車騎將軍爾朱端墓誌

牢 漢史晨奏銘 牢 魏長孫士亮妻宋靈妃墓誌 牢 隋尉富娘墓誌 牢 隋爾朱端墓誌

狂 漢衡方碑

狄 魏王偃墓誌 狄 魏李蕤墓誌 狄 魏李彰墓誌 狄 隋□夫人諱月相墓誌

矣 漢校官碑 矣 魏司馬昇墓誌 矣 魏穆亮妻元洛神墓誌 矣 魏元靈曜墓誌 矣 齊赫連子悅妻閭炫墓誌 矣 隋唐該墓誌 矣 隋楊秀墓誌 矣 唐衛州司馬王善通墓誌 矣 唐朝議郎前行

魏州司法參軍事上柱國元素墓誌

皁 梁王慕韶墓誌

秀 漢三公山碑　秀 漢衡方碑　秀 魏元彧墓誌　秀 齊梁伽耶墓誌

秙 魏奚智墓誌　私 魏高道悅墓誌　私 隋董夫人衛美墓誌　私 隋寇遵考墓誌　和 唐張對墓誌

私 唐清河郡夫人張氏墓誌　私 唐朝散大夫國子司業開休元墓誌　私 唐滄州東光縣令許行本墓誌

私 唐朝請郎行司農寺大倉丞騎都尉劉慎墓誌　私 唐儒林郎守陳州司兵參軍鄭憬墓誌

男 隋蔡仕謙造像　男 唐李承嗣造像　男 唐京兆真化府折衝都尉車益墓誌

究 漢樊敏碑　究 隋陳常墓誌

肓　芍　系　芒　良　豕　采

**肓** 隋元禕墓誌　**肓** 唐鄭玄果墓誌　**盲** 僞周焦松墓誌　**肓** 唐桓君夫人張氏墓誌　**肓** 唐朝議郎行蒲州桑泉縣丞輕車都尉路惲墓誌

**芍** 隋藴慈墓誌

**系** 魏王僧墓誌　**糸** 唐王頊夫人陳氏墓誌　**奚** 魏王悅郭夫人墓誌　**傒** 魏孝廉奚真墓誌

**芒** 唐張府君夫人喬娥墓誌　**芒** 唐處士張師墓誌

**良** 唐中大夫守晉陵郡別駕千乘倪彬墓誌

**豕** 周賀屯植墓誌

**采** 魏瀛州刺史元欽墓誌　**采** 隋魏郡太守張軻墓誌

身　足　走　迅　見　辛

**身**

漢鄭固碑

漢景君碑

漢曹全碑

北涼沮渠安周碑

魏元保洛墓誌

魏趙珚造像

齊惠慶造像

隋仲思那造橋碑

唐張貞墓誌

大周同州白水縣令下博孔元墓誌

**足**

漢三公山碑

魏皇甫驎墓誌

**走**

齊朱曇思造像

**迅**

魏穆纂墓誌

隋□弘稱墓誌

偽周韋城縣主簿梁鍪墓誌

**見**

唐新城府別將張翼墓誌

**辛**

魏孝文帝弔比干文

魏義橋石像碑

魏比丘普朗造像

齊比丘惠瑍造像

辰　酉　里　邑

唐王夫人墓誌

辛 唐張善墓誌

辛 唐南州刺史杜舉墓誌

辛 唐李翼墓誌

辰 苻秦廣武將軍□產碑

辰 大代華嶽廟碑

辰 魏元纂墓誌

辰 齊蘇慈造像

辰 齊佛弟子逢苟爲孫耶利造像

辰 隋員天威造像

辰 隋段元宿造像記

辰 隋王弘墓誌

辰 隋□弘枰墓誌

辰 唐翟惠隱墓誌銘

酉 漢永初三年八月磚銘

酉 隋王善來墓誌

酉 唐南州刺史杜舉墓誌

里 隋陳常墓誌

里 唐鳳翔節度押衙楊瞻墓誌

邑 魏孔羨碑

邑 北周匹婁歡墓誌

邑 隋高緊墓誌

邑 唐禹城縣令李庭訓墓誌

邑 唐邢德政墓誌

# 那

那 魏皇甫驎墓誌
那 魏昭玄沙門大統僧令法師墓誌
那 魏韓顯祖造像
那 魏比丘惠敢造像
那 魏元誕墓誌
那 齊董洪達造像
那 齊梁罷村邑子七十人浮圖記
那 齊賈墥村邑義母人等造像
那 隋皇甫深墓誌
那 唐處士何盈墓誌
那 唐口口門衛長史安定皇甫慎墓誌
那 宋山西萬榮縣橋上村後土廟舞台碑

# 邦

邦 漢鄭固碑
邦 漢景君碑
邦 魏刁遵墓誌
邦 魏崔敬邕墓誌
邦 魏元平墓誌
邦 魏公孫猗墓誌
邦 魏陸紹墓誌
邦 魏穆泰墓誌
邦 魏霍揚碑
邦 魏高貞碑
邦 魏王楨墓誌
邦 魏于景墓誌
邦 齊傅華墓誌
邦 隋肥鄉令蕭翹墓誌
邦 隋故黎陽鎮將程鐘墓誌銘
邦 隋翟突娑墓誌
邦 隋宮人常泰夫人房氏墓誌
邦 隋馮夫人李玉婍墓誌
邦 隋劉珍墓誌

邪 隋明雲騰墓誌 耶 唐許樞夫人王氏墓誌 邪 唐杭州交州縣主□□殘墓誌 邪 唐張季戎墓誌

邪 唐處士康哲墓誌 耶 唐管城縣令楊主進墓誌

谷 漢曹全碑 谷 漢楊君石門頌 谷 魏義橋石像碑 谷 魏元襲墓誌 谷 隋張濤妻禮氏墓誌

谷 唐驍騎尉皇甫璧墓誌

耶 漢戚伯著碑 耶 晉鄭舒妻劉氏墓誌 耶 齊法懃禪師塔銘 耶 寶梁經

赤 漢景君碑陰

## 八畫

並 隋仲思那造橋碑 並 韓明比丘尼智妃造像

乖　事　亟　亞　享

乖 周岐山縣令姜明墓誌

乖 唐王君夫人鄭氏墓誌

事 漢臧伯著碑

事 晉王浚妻華芳墓誌

事

事 苻秦廣武將軍□產碑

事 魏吳高黎墓誌

事 魏富平伯于纂墓誌

事 魏甯氏墓窟畫像題字

事 唐故游擊將軍行華州永豐鎮副張淑子墓誌銘

事 明宋克書七姬墓誌

亟 魏王僧墓誌

亟 齊是連公邢阿光墓誌

亟 隋張壽墓誌

亟 隋七宮人六品□氏墓誌銘

亟 隋禮氏墓誌

亟 唐封邱縣令白知新墓誌

亟 唐張居士墓誌

亟 唐周曆墓誌

亞 漢尹宙碑

亞 魏劉玉墓誌

亞 魏王誦墓誌

亞 唐燕紹墓誌

享 唐左光祿大夫段瑗墓誌

享 唐孟氏妻麻夫人墓誌

享 唐亡宮九品墓誌

享 唐正議大夫使

京　佩　佳　佻

持節相州諸軍事守相州刺史上柱國河南賀蘭山務溫墓誌

京 漢孔彪碑　京 漢戚伯著碑　京 魏高道悅墓誌　京 魏元定墓誌　京 隋故牛暉墓誌銘

京 唐縉雲郡司馬賈崇璋夫人陸英墓誌

佩 魏敬史君碑　佩 魏元靈曜墓誌　佩 大周朝請郎行石州方山縣令騎都尉申守墓誌　佩 宋金

紫光祿大夫檢校司空左衛將軍□兼御史大夫上柱國南陽郡開國侯吳元載墓誌　佩 元張和綱墓誌

佳 齊暴誕墓誌　佳 隋韓祐墓誌　佳 唐李彥墓誌　佳 唐史信墓誌　佳 唐亡宮五品誌文一首

佻 唐張孚墓誌

侑　使　來　例　侍　侚　供

侑 魏汝陽王元眸墓誌　侑 唐李靖碑

使 魏鄭義碑　使 魏李謀墓誌　使 魏康富及子天長造義井佛像記　使 隋宮人司仗程氏墓誌

来 漢史晨碑銘　来 漢衡方碑　來 魏李仲璇修孔廟碑　来 魏孝文帝弔比干文　耒 隋宮人姜氏墓誌

來 隋高緊墓誌　倈 唐劉元超墓誌　來 清泰安嶽帝廟建殿題字

例 魏乞伏寶墓誌　例 唐□□□行冀州參軍張本墓誌

待 魏元端墓誌　侍 魏元詮墓誌

侚 唐安山縣令羅君副墓誌

供 魏常岳等造像

侔 唐通君閤夫人墓誌 侔 唐朝議郎前行魏州司法參軍事上柱國元素墓誌

依 齊宋敬業造像 依 齊法義優婆姨等造像頌 依 周華嶽廟碑

凭 唐易縣錄事樂安郡孫少矩墓誌

具 北周天和年十七人造像 具 唐鄭州衙内指揮使銀青光祿大夫檢校工部尚書兼御史大夫上柱國安崇禮墓誌銘

兩 漢鄐閣頌 兩 魏受禪表 兩 魏北海王元詳墓誌銘 兩 魏元廣墓誌 兩 齊李清為李希宗文子造像記 兩 隋張囧妻蘇恒墓誌銘 兩 唐楊藝墓誌 兩 偽周金池府折衝都尉楊亮墓誌

其 漢郭泰碑 其 魏曹真碑 其 魏元仙墓誌 其 魏蕭正表墓誌 其 魏張整墓誌 其

典

典 齊㑹赤齊造像　典 齊元子邃墓誌　典 隋阮景暉造像　典 後漢蒼山畫像石題記

典 漢孔宙碑　典 漢衡方碑　典 漢孔龢碑　典 漢孔彪碑　典 漢朝侯小子碑　典 魏鄭羲下碑

典 魏嵩高靈廟碑　典 魏城陽王元鸞墓誌　典 魏元誨墓誌　典 魏昭玄沙門大統僧令法師墓誌

曲 魏元廣墓誌　典 齊李清報德象碑　典 隋寇遵考墓誌　典 隋賈珉墓誌　典 唐紀泰山銘

兒

児 魏元茂墓誌　皃 魏晉豐縣造亮壽佛像　皃 齊法義優婆姨等造像頌　児 隋姚佰兒造像記

皃 隋董夫人衛美墓誌銘

兔

莵 魏臨淮王元彧墓誌　莵 魏元睟墓誌　莵 魏元詮墓誌　兎 齊高叡修寺碑　莵 齊高獻國

妣敬氏墓誌

兕 齊高僧護墓誌

兕 隋劉明墓誌

兕 唐司馬興墓誌

兕 唐上騎都尉掌思明之銘

兕 唐張弘秀墓誌

光 漢孔宙碑

兕 魏劉懿墓誌

兕 魏臨淮王元彧墓誌

兕 唐等慈寺碑

究 漢韓勅碑

究 魏刁遵墓誌

究 魏賈使君碑

究 魏元凝妻陸順華墓誌

究 魏穆亮墓誌

究 齊李清為李希宗造像

究 齊梁伽耶墓誌銘

究 齊臨淮王象碑

究 隋石裏村造橋記

究 唐慕容氏女墓誌

究 唐禹城縣令李庭訓墓誌

究 唐通議大夫使持節興州諸軍事興州刺史上柱國劉寂墓誌

究 唐兗州瑕丘縣主簿馬君夫人董氏墓誌

到 隋陳叔明墓誌

到 唐王君妻梁氏墓誌

到 唐右威衛兵曹參軍王冷然墓誌

到 唐宣武軍節度

制　刷　券　剎　刺

押衙兼侍御史河東柳延宗墓誌

制 魏寇憑墓誌　制 魏王偃墓誌　制 齊宋買造像　制 齊高潤墓誌　制 隋嚴元貴墓誌

制 唐戴令言墓誌

刷 齊元賢墓誌

券 南漢馬氏二十四娘買地券

剎 魏敬史君碑　剎 魏孫遼浮圖銘　剎 隋諸葛子恒造像　剎 隋龍藏寺碑　剎 唐蔣王內人安太清造像

刺 魏汾州刺史元彬墓誌　刺 魏司馬元興墓誌　刺 魏吳郡王蕭正表墓誌　刺 魏東平王元略墓誌

## 劾　刻

**刻** 墓誌 刻 魏魚玄明塼誌 刻 魏大中正長孫囧墓誌 刻 齊是連公邢夫人墓誌 刻 齊堯峻墓誌 刻 隋龍山公墓誌 刻 隋□靜墓誌 刻 隋□真墓誌 刻 隋韓祐墓誌 刻 唐武騎尉張孙墓誌 刻 唐京兆□恩道墓誌 刻 宋右侍禁焦宗說墓誌 刻 魏巨始光造像 刻 魏文江造像 刻 唐香山寺比惠澄功德記 刻 唐王君會及妻楊氏造像記 刻 唐處士王公夫人程氏墓誌 刻 僞周明威將軍王建墓誌 刻 唐龍游縣尉索義孙墓誌 刻 唐明威將軍守右鷹揚衛貴安府折衝都尉上柱國王建墓誌 刻 唐南陽張公夫人王氏墓誌 刻 明潘得妻傅淨光墓誌銘

**劾** 劾 魏高道悅墓誌

券　函　卹　卷　卺　卑

券 唐光禄苗卿家人吴孝恭墓誌

函 唐巫州龍標縣令崔志道墓誌

卹 唐陪戎副尉韓懷墓誌

卷 魏女尚書馮女郎墓誌　卷 魏杜文雅造像坿刻高王經

卺 魏馮邕妻元氏墓誌　卺 魏李挺妻劉兒墓誌　卺 隋羊本墓誌　卺 隋張志相妻潘善利墓誌

卺 唐高平郡公劉夫人楊氏墓誌銘　卺 唐京兆府涇陽縣尉盧踐言墓誌　卺 唐向晋墓誌　卺 唐監門校尉陳叔度墓誌　卺 梁昌黎韓夫人王氏墓誌

卑 漢西狹頌

卒 漢孔廟置百石卒史碑

𠦜 魏孝文帝弔比干文

卆 隋宮人司計劉氏墓誌

卆 隋宮人鮑氏墓誌

卒 隋宮人六品朱氏墓誌

卆 隋蕭汎墓誌

卆 唐□□翊衛陳思墓誌

卆 唐玄武丞相仁方墓誌

卒 唐上騎都尉張德墓誌

卒 唐傅思諫墓誌

卒 唐故南鄉隨郡王曾孫蕭陵蕭紹遠墓誌銘

卒 唐處士梁方及夫人張氏墓誌

卆 元張弘綱墓誌

卓 魏敬史君碑

卓 魏元誘墓誌

卓 魏元誘墓誌

逴 唐隋并州司兵張義墓誌

協 魏顯祖嬪侯夫人墓誌

恊 魏秦洪墓誌

恊 唐吏部常選內貢奉竹敬敬墓誌

協 唐仙州別駕張仁方墓誌

叔 齊高潤墓誌

叔 唐太府丞兼通事舍人左遷潤州司士參軍源府君夫人崔氏墓誌銘

叔 唐朝議郎

前行魏州司法參軍事上柱國元素墓誌 㩪 唐忠翊戴功臣光祿大夫檢校太保使持節和州諸軍事行知州刺史孫漢筠墓誌 㩪 宋推官符君妻王氏墓誌 叔 明逸民陳平洲墓誌

取 唐處士張才墓誌

受 魏元鑒曜墓誌 受 周道民李元海兄弟造天尊像 受 隋甯贙碑

周 僞周魏州莘縣尉王君夫人成氏墓誌

呪 魏杜文雅造像蚪刻高王經 呪 隋佛說觀世音經

呼 漢烏還哺母刻石 嘑 漢樊敏碑 呼 魏劉愛女口等造像 呼 魏元寧墓誌 呼 隋郭達墓誌 呼 隋羊瑋墓誌 呼 隋宮人司仗馮氏墓誌 呼 唐沈士公墓誌 呼 唐趙郡李氏女墓誌

命 和 咎 呱 屆 固 坦

命 晉呂望表 命 晉好大王碑 命 魏元朗墓誌 命 魏元毓墓誌 命 齊成世猷造像記

命 齊秦夜伽造像 命 周聖母寺造像 命 隋盧文構墓誌 命 命過□世寶等造像殘題名

和 隋爾朱敞墓誌 和 隋元夫人崔遲墓誌 和 唐唐州長史劉密墓誌

咎 魏高道悅墓誌 咎 魏李超墓誌 咎 唐嗣曹李戢墓誌

呱 唐宣威將軍左驍衛河南府永嘉府折衝都尉上柱國王元墓誌

屆 唐贈綿州司馬白義寶墓誌

固 隋常懷感造像 固 唐王美暢夫人長孫氏墓誌

坦 常岳等造像

坰 魏南安王楨墓誌
坰 唐處士張義墓誌
垂 漢校官碑
垂 漢夏承碑
垂 漢衡方碑
垂 漢張遷碑
垂 漢景君碑
垂 漢故孔龢碑
垂 漢樊敏碑
垂 漢孔宙碑
垂 魏皇甫驎墓誌
垂 魏中岳廟碑
垂 魏彭城武宣王妃李氏墓誌
垂 魏程哲碑
垂 魏武宣王妃吐谷渾氏墓誌
垂 魏王基墓誌
垂 魏秦洪墓誌
垂 周强獨樂爲文帝造像
垂 隋張通妻陶貴墓誌
垂 隋鄧州舍利塔下銘
垂 隋寇奉叔墓誌
垂 隋梁埴墓誌
垂 隋□和墓誌
垂 隋張伻墓誌
垂 隋馬穉墓誌
垂 唐杜君妻崔素墓誌
垂 唐閬州司馬鄭賓墓誌
垂 唐關君夫人王氏墓誌
垂 唐上方感化寺故監寺遺行銘
垂 唐故夫人唐氏墓誌
垂 唐荆州大都督府長林縣令騎都尉呂黎韓仁楷墓誌
垂 明孫母朱氏墓誌
垂 明登封郡主朱

氏墓誌

# 夜

夜 漢許阿瞿畫像碑

夜 北涼沮渠安周碑

夜 苻秦修鄧太尉祠碑

夜 齊太公呂望表

夜 隋楊秀墓誌

夜 唐王君夫人趙郡李氏墓誌

夜 唐張善墓誌

夜 唐朝散大夫行左春坊藥藏郎上柱國張金才墓誌

夜 唐朝請大夫行鼎州三原縣令盧行毅墓誌

夜 唐隴西李嘉珍墓誌

# 奄

奄 魏東安王太妃墓誌

奄 魏寇憑墓誌

奄 魏李渠蘭墓誌

奄 魏山暉墓誌

奄 魏李憲墓誌

奄 魏王夫人元華光墓誌

奄 魏元凝妻陸順華墓誌

奄 唐封明府夫人崔氏墓誌

奄 唐渭州利爾鎮將上柱國李文疑墓誌

奄 唐李氏故夫人彭城劉氏墓誌

奄 唐聖真觀觀主鄧遇真誌銘

奄 唐前試大理評事兼監察御史孫公亡妻隴西李氏墓誌

奄 唐京北真化府折衝都尉車益墓誌

奇 齊畢文造像 奇 唐處士索行墓誌 奇 唐康智墓誌 奇 唐張客墓誌 奇 唐嶲州邛水

梁開平年穆弘墓誌

奈 魏劉賢墓誌

奉 魏公孫略墓誌 奉 齊平等寺碑 奉 隋華墓誌 奉 隋宮人房氏墓誌

妻 漢朱巖妻郄碑銘 妻 魏司馬景和妻墓誌 妻 魏張元祖造像 妻 魏郭顯墓誌 妻 魏元

遥墓誌

妻 魏高思明造像 妻 魏孫昂碑誌 妻 魏長孫伯年妻陳平整墓誌 妻 魏高舉墓誌

妻 魏李長壽妻陳暈造像 妻 魏王光造像 妻 魏樊奴子造像 妻 魏佛弟子趙氪生造像

妻 魏姚伯多造像 妻 魏王歡欣造像 妻 太寧高業夫妻造像 妻 妻 北周李元海等兄弟

七人造像

妻 齊趙桃□妻造像

妻 齊道氏馬洛子造像

妻 隋袁子才造像

妻 隋顏海妻為亡父母造像

妻 唐樊道德造像

妻 唐趙宏慶造像

妻 唐燕懷王造像

妻 唐盧君馮氏墓誌

妻 唐劉德潤墓誌

妻 唐佛弟子仲海雲妻及女比丘尼果兒造像

妻 唐呂文倩墓誌

妻 鄭令妃殘造像

妻 袁清妻李造像

妻 張僧國等造像

姊 漢武梁祠畫像題字

姊 魏劉雙造像

姊 遼馬直溫妻張氏墓誌

始 魏奚智墓誌

始 魏李蕤墓誌

始 晉孟府君墓誌

姒 魏元氏故蘭夫人墓誌

姓 漢急就磚文

姓 魏元簡墓誌

孟　孤　宕　宗　官

孟 漢景君碑陰
孟 苻秦廣武將軍碑
孟 魏司馬景和妻墓誌
孟 魏元璨墓誌
孟 魏韓法成造像
孟 齊劉碑造像
孟 齊孟阿妃造像
孟 齊道興造像
孟 隋淳于儉墓誌
孟 唐清河郡夫人張氏墓誌
孟 唐樊奴子造像
孟 唐蕭紹遠墓誌

孤 魏城陽王元鸞墓誌
孤 魏王誦墓誌
孤 隋宮人朱氏墓誌
孤 唐隋朝散大夫牛君夫人申好墓誌
孤 唐居士李知石文
孤 唐天山縣南平鄉狐氏墓誌
孤 唐柳公權書金剛經

宕 魏元延明墓誌

宗 魏太監孟元華墓誌
宗 魏韓顯宗墓誌

官 漢校官碑額
官 漢魯峻碑
官 魏恒州刺史韓震墓誌
官 齊□弘稱墓誌
官 唐撫州法

宙　定　宛　居

曹參軍李彙墓誌

宙 齊李清為李希宗造像

定 漢張遷碑 定 漢韓勑碑 定 宋爨龍顏碑 定 魏元定墓誌 定 魏山徽墓誌 定 周賀屯植墓誌 定 隋張通妻陶氏墓誌 定 唐唐州司馬上柱國閻基墓誌 定 唐金州西城縣令梁嘉運墓誌

宛 魏王誦妻元氏墓誌 宛 魏元壽安妃盧墓誌 宛 齊靜明造像 宛 唐處士李清墓誌 宛 唐朝議郡周紹業夫人趙璧墓誌 宛 唐宣義郎行左衛騎曹參軍攝監察御史崔實墓誌 宛 唐河南府鞏洛府折衝騎都尉張旻墓誌

居 魏比丘道寶記 居 魏元乂墓誌 居 魏秦洪墓誌 居 隋□弘稱墓誌 居 唐張泉墓誌

居 唐滄州東光縣令許行本墓誌 尻 唐靖策墓誌 居 唐李嘉珍墓誌

屋 魏元融墓誌

弧 唐并州司兵張義墓誌 弧 唐宣節尉張萬喜墓誌 弧 唐吳王府騎曹參軍張信墓誌 弧 唐清河張悠墓誌

弦 唐處士武懷亮墓誌

底 隋陳叔明墓誌

店 唐渭州利爾鎮將上柱國李文疑墓誌

庚 漢永建食堂題字 庚 漢劉元臺買地券 庚 魏鄴縣男唐耀墓誌 庚 魏元侔墓誌 庚

## 府

庘 魏元遥墓誌 庘 魏元維墓誌 庘 魏源磨耶壙誌 庳 魏曲陽修德寺玉佛造像銘 庘 齊張龍伯造像 庘 齊孫槃龍妻明姬墓誌 庘 齊竇泰墓誌 庘 隋馬穉妻張妻墓誌 庘 隋劉則墓誌

庘 晉徐文德改葬記 庘 唐清信女尚玉親造像 庘 唐皇甫府君墓誌 庘 唐處士米通墓誌

庚 唐同州孝德府右果毅都尉東海于府君夫人王媛墓誌 庚 唐宣義郎行涇州陰盤縣尉騎都尉周義墓誌

府 魏鞠彥雲墓誌 府 魏皇甫驎墓誌 府 魏汝南太守寇演墓誌 府 魏元尚之墓誌 府 魏寇臻墓誌 府 魏元保洛墓誌 府 隋張伻墓誌 府 唐鄧州參軍胡寶墓誌 府 唐雅州名山縣尉王大義墓誌 府 府

## 岡

罡 魏東平王太妃墓誌 崐 魏司空王誦墓誌 崐 魏鄯乾墓誌 堈 魏李璧墓誌 崐 魏元

朗墓誌 嵒 魏元羽墓誌 嵒 魏元禮之墓誌 𡸃 魏高道悅墓誌 嵒 齊靜明造像 岡 齊造

像訟 岡 齊鄭道昭太基山題字 嵒 隋曾海凝墓誌 嵒 唐段會妻呂氏墓誌 嵒 唐劉玄豹

夫人高氏墓誌 岡 唐王訓墓誌 嵒 唐支懷墓誌

岩 唐陪戎副尉安度墓誌 岩 唐文林郎王貞墓誌

岫 唐左光祿大夫段瑗墓誌

岱 魏七兵尚書寇治墓誌 岱 魏元緒墓誌 岱 魏李璧墓誌 岱 魏郭神通造像 岱 唐于

孝顯碑 岱 唐翟惠隱墓誌

岳 魏比丘道寶記 岳 魏元嵩墓誌 岳 魏叔孫協墓誌

岾 唐翊衛大督羅瑞墓誌

岻 唐朝議郎前行魏州司法參軍事上柱國元素墓誌

岸 梁天保劉子瑞造像 岸 魏石門銘 岸 魏比丘道瓊記 岸 魏燕州刺史元颺墓誌 岸 齊劉碑造像 岸 齊靜明造像 岸 齊高湝墓誌 岸 齊江阿歡造像 岸 隋李君瑩造像 岸 隋孫龍伯造天宮義井記 岸 隋韋略墓誌 岸 唐宴石淙詩 岸 唐比丘妙英造像

帙 唐柳尚善墓誌

帚 唐張君夫人秦氏墓誌

帛 魏元寧墓誌 帛 魏兗州刺史元珝墓誌

幸　麦　彼　往　征

幸 漢曹全碑 幸 漢伯興妻殘碑 幸 魏李挺墓誌 幸 隋豆盧寔墓誌 幸 隋故蕭翹墓誌銘

幸 唐玄秘塔碑

麦 唐故夫人宋玉娘墓誌

彼 魏杜文雅造像 彼 魏宫内太監劉阿素墓誌 彼 魏穆纂墓誌 彼 魏内司□光墓誌 彼

魏孫遼浮圖頌 彼 魏李謀墓誌 彼 齊劉碑造像 彼 唐吕君夫人李氏墓誌

往 魏元毓墓誌 往 魏秦洪墓誌 往 隋劉多墓誌 往 隋爾朱敞墓誌 往 唐戴令言墓誌

往 明涿州石經山琬公塔院碑

征 魏義橋石像碑 征 魏根法師碑 征 魏樂安王太妃馮墓誌 征 魏汝陽王元賥墓誌 征

徂　承　抱　披

徂　魏元子永墓誌　征　隋暴永墓誌　伲　唐故夫人唐氏墓誌　㴵　唐太中大夫邕府都督陸思本夫人元氏墓誌

伹　魏李璩蘭墓誌　徂　魏王基墓誌

承　魏張猛龍碑　𠄶　魏元彬墓誌　承　魏鄯乾墓誌　承　魏兗州刺史元珝墓誌　承　魏王夫人元華光墓誌　承　魏元廣墓誌　承　魏崔承宗造像　承　魏章武王元彬墓誌　承　齊雋敬碑銘　承　左馮翊太守□□六世孫合宗造四面像記　承　唐七宮八品墓誌　承　唐朝散大夫行左春坊藥藏郎上柱國張金才墓誌　承　唐梁郡喬崇敬墓誌

抱　魏敬史君碑　抱　隋處士范高墓誌　抱　唐朝議郎行中書主書上柱國段萬頃墓誌

披　齊李清為李希宗造像

抵 拂 拒 拔 拖 拘 拚

**抵**

抎 唐平陽賈政墓誌

抎 唐太原王項墓誌

**拂**

拂 魏鞠彥雲墓誌

**拒**

拒 隋昌國惠公寇奉叔墓誌

拒 隋陳叔明墓誌

**拔**

抜 魏張寧墓誌

扷 魏吐谷渾璣墓誌

抜 隋劉德墓誌

抜 隋馬少敏墓誌

柭 唐張藥墓誌

扷 唐西道縣令劉攬墓誌

抜 唐左領軍衛執戟李㑥㑥墓誌

柭 唐李系墓誌

**拖**

扡 隋中散大夫□公静墓誌

**拘**

拘 唐吏部常選滎陽鄭璔墓誌

**拚**

拚 唐楊客僧墓誌

忝　忠　念　忽　怏　怖

忝 唐朝請大夫行鼎州三原縣令盧行毅墓誌 忝 唐朱陽縣開國男代郡和智全墓誌 忝 唐右威衛兵曹參軍王冷然墓誌

忠 魏高道悅墓誌 忠 梁羅周敬墓誌 忠 唐傅思諫墓誌 忠 唐處士井隱襄墓誌 忠 唐邢思賢墓誌 忠 唐新城郡樊太君墓誌

念 漢郙閣頌 念 魏孫遼浮圖銘 念 魏元愔墓誌

忽 魏元禮之墓誌

怏 唐大弘道主三洞法師侯敬忠墓誌

怖 漢史晨奏銘 怖 隋張濤妻禮氏墓誌

怛　性　悅　爭　版　戾　房

怛 唐河南府兵曹何寂墓誌

性 唐上柱國高邈墓誌

悅 唐郭寶誌銘

爭 漢韓勑碑　爭 隋□和墓誌　爭 唐朝散大夫元勇墓誌　爭 唐信州遼城府左果毅劉府君墓誌

版 唐潘卿墓誌

戾 魏元恭墓誌　戾 魏女尚書王僧男墓誌　戾 魏太監劉華仁墓誌　戾 唐兗公頌　戾 唐錦州刺史趙潔墓誌　戾 唐宮官司設墓誌　戾 清方履籛墓誌

房 漢仙人唐公房碑　房 漢校官碑　房 魏三級浮圖頌　房 魏元祐墓誌　房 魏元昉墓誌

## 所

所 齊房紹興造像　所 齊王憐妻趙氏墓誌　所 隋宮人六品御女唐氏墓誌

所 晉爨寶子碑　所 晉汲令王君文石獅題字　所 北涼沮渠安周碑　所 魏吳屯爲亡妻郭僧造像

所 魏叔孫固墓誌　所 魏王悅妻郭夫人墓誌　所 魏比丘道寶記　所 魏岐法起造像　所 魏奚智墓誌

所 魏李謀墓誌　所 齊張龍伯造像　所 齊天保□□殘造像　所 北徐州劉道景造像記

所 周道氏馬洛子造像　所 隋員天威造像　所 隋盧文構墓誌　所 隋□韶墓誌　所 隋蔡仕謙造像

所 唐南川縣主墓誌　所 唐楊府君夫人烏氏墓誌　所 唐玄武丞相仁方墓誌　所 唐王進墓誌

所 唐七宮五品誌文一首

## 殁

殁 漢孔宙碑　殁 漢婁壽碑　殁 漢朝侯小子碑　殁 周時珍墓誌　殁 隋羊本墓誌　殁

殀 殈 於

隋賈珉墓誌

殀 唐張奬墓誌

殀 唐詹事府司直孫公夫人隴西李氏墓誌

殀 唐崔公夫李氏墓誌

殀 唐崔公夫人李氏墓誌

殀 唐京兆府宣化府折衝攝右衛郎將橫野軍副使樊庭觀墓誌

漢樵敏碑

於 漢景君碑

於 漢張遷碑

於 宋京兆府小學規

於 魏比丘道寶記

於 魏章武王元斌墓誌

於 魏關勝誦德碑

於 魏暉福寺碑

於 魏奚智墓誌

於 魏宮一品張安姬墓誌

於 魏元端墓誌

於 魏元子永墓誌

於 魏輕車將軍元寧墓誌

於 魏元彥墓誌

於 魏元璽曜墓誌銘

於 隋高緊墓誌

於 隋張伾墓誌

於 唐游擊將軍康磨伽墓誌

於 唐顏瓌墓誌

於 偽周處士劉通墓誌

於 偽周張矩墓誌

氓 晋爨宝子碑 氓 唐傅思谏墓志

氛 魏嵩阳寺碑 氛 魏元融墓志 氛 魏笱景墓志 氛 齐僧道略造像 氛 齐姜纂造像

氛 隋张俭墓志 氛 隋刘德墓志 氛 唐陇西李嘉珍墓志

昂 魏尔朱袭墓志 昂 魏元徽墓志 昂 魏元诱妻薛伯徽墓志 昂 魏于景墓志 昂 魏元谌墓志 昂 齐窦泰墓志

昂 唐韩承墓志 昂 唐汤阴县主王府君墓志

昆 魏女尚书王僧男墓志 昆 隋卢文机墓志 昆 唐张宽墓志

昇 魏傍蒙娥等卅一人造像

昊 唐许州扶沟县主簿荥阳郑道妻李夫人墓志

昉 漢西岳華山廟碑

明
朙 魏三級浮圖頌
眀 魏王光造像
朙 魏李挺妻劉幼兒墓誌
明 齊靜明造像
眀 隋郭寵墓誌
朙 唐文宣王廟新門記
朙 唐姚懿碑
朙 唐法琬禪師塔銘
朙 唐康大農墓誌
朙 唐東陽縣令桑貞墓誌
朙 唐仇道朗墓誌
朙 唐邢德政墓誌
朙 唐中大夫上柱國行婺州東陽縣令桑貞墓誌
朙 有唐故李氏故陳留解夫人墓誌

昃 魏李憲墓誌

易
昜 漢校官碑
昜 齊是連公妻邢夫人墓誌
易 唐朝請大夫陳護墓誌

昔
昔 魏臨淮王元彧墓誌
昔 魏王紹墓誌
昔 魏奉朝請梁邕墓誌
昔 隋董穆墓誌
昔 隋張

## 朋

受墓誌

唐將士郎房懷亮墓誌

魏女尚書馮女郎墓誌

魏員外散騎侍郎元恩墓誌

魏寇霄墓誌

隋楊德墓誌

唐處士何盛墓誌

唐蕭俱興墓誌

唐魏王府廐牧丞路徽墓誌

## 服

吳禪國山碑

晋辟雍頌

魏比丘僧智造像

魏恒州大中正于景墓誌

魏元液墓誌

北周佛弟子百廿八人造像碑

隋寇奉叔墓誌

隋韓祐墓誌

隋右武侯大將軍范安貴墓誌

唐朝散大夫守同州長史京兆韋公夫人孫媿墓誌

## 政

漢武梁祠畫像題字

魏李蕤墓誌

魏公孫略墓誌

魏元緒墓誌

隋騰王子楊厲墓誌

隋劉多墓誌

唐寧州刺史裴撝墓誌

或 河 沼 治 泓 法 泡

或 魏嵩高靈廟碑 或 魏冀州刺史元子直墓誌 或 魏元寧墓誌 或 隋常景墓誌 或 隋張伊墓誌 或 唐楊佰隴墓誌 或 或 唐宮官司設墓誌 或 唐華州鄭縣主簿李景陽墓誌

河 魏員外散騎侍郎元恩墓誌 河 魏元鑒墓誌 河 魏閭伯昇墓誌 河 魏元融墓誌

沼 隋晋王祭酒車誅墓誌

治 魏涼州刺史元維墓誌 治 魏吴樹造像

泓 唐衛夫人墓誌

法 晋好大王碑 法 齊靜明造像 法 隋鄧州舍利塔下銘 法 唐中岳沙門釋法如禪師碑

泡 魏比丘道寶記 泡 齊法義優婆姨等造像

波 魏元誕墓誌

泥 隋元夫人姬氏墓誌 泥 唐柳尚善墓誌 泥 唐舒王府典軍王仁墓誌 泥 唐梓州遂昌縣令張光墓誌銘 泥 唐幽州范縣令楊基墓誌

洋 僞周文安縣主王德墓誌

泯 魏石育墓誌

決 魏桑乾太守宋虎墓誌

牀 魏元瑬墓誌 牀 齊王憐妻趙氏墓誌 牀 寶梁經 牀 唐右衛率府親衛上騎都尉王杰墓誌

牀 唐張君妻鷹門縣田氏墓誌 牀 宋蘇軾石床題字

杭　東　杶　松　枉　析

杭 唐雍州美原縣丞王景之墓誌

東 漢韓勅碑陰　東 符秦廣武將軍碑　東 魏中岳嵩陽寺碑　東 齊姜纂造像　東 隋口順墓誌

杶 漢無極山碑

松 隋馮夫人李玉婍墓誌　松 唐明州刺史韋墳墓誌　松 唐郭通墓誌　松 唐新城府別將張翼墓誌

枉 漢甘陵相口博殘碑

析 魏冀州刺史元昭墓誌　析 魏江陽王元乂墓誌　析 魏東平王元略墓誌　析 魏富平伯于纂墓誌

析 魏元宥墓誌　析 齊是連公妻邢夫人墓誌　析 隋嚴元貴墓誌

枕 隋燕王府録事段夫人墓誌

桄 唐特進行虔王傅扶風縣開國伯上柱國蕭日榮墓誌

牧 唐濟瀆廟北海壇祭器碑陰

菓 齊宋買造像

果 唐蕭元昚造像

果 唐文林郎張金剛墓誌

杲 唐呼論縣開國公新林府果毅

□陁墓誌

枝 魏元恭墓誌

枝 隋楊居墓誌

技 隋梁郡太守劉德墓誌

枝 唐東平呂秀夫人霍氏合祔墓誌銘

牧 魏趙郡王元毓墓誌

收 魏和邃墓誌

敉 魏劉王墓誌

投 隋嚴元貴墓誌

牧 隋郭達墓誌

牀 唐玄武丞楊仁芳墓誌

物 魏東平王元略墓誌 物 隋寇軍司録元鍾墓誌 物 隋羊本墓誌 物 隋梁坦墓誌 物 唐朝議郎行益州大都督府士曹參軍李延祐墓誌

狀 魏陽平王太妃李氏墓誌 狀 魏李相海造像 狀 齊宋買造像 狀 常岳等造像 狀 齊臨淮王象碑

狐 魏江陽王元乂墓誌 狐 隋啟法寺碑 狐 唐張思言墓誌

狗 齊道興造像

武 漢校官碑 武 漢曹全碑 武 魏鞠彥雲墓誌 武 魏丘哲墓誌 武 魏唐耀墓誌 武 魏昭玄沙門大統僧令法師墓誌 武 魏臨潼造像 武 魏巨始光造像 武 魏劉賢墓誌 武 魏李

僧元墓誌

武 魏鞠彥雲墓誌

武 魏曲陽修德寺天佛造像銘

武 東魏武定唐小虎造像

武 齊游達摩造像

武 齊佛弟子逢苟為孫耶利造像

武 唐梁有意墓誌

武 唐昭陵石刻像座題名

武 唐趙府君董氏王氏合祔墓誌

武 唐荊州大都督府長林縣令騎都尉昌黎韓仁楷墓誌

**歧** 唐孫師歧墓誌

**炎** 齊比丘尼慧造像

**穸** 唐東平呂秀夫人霍氏合祔墓誌

**穹** 唐郴州司士參軍王公度墓誌

穹 唐上谷郡司功參軍張肅珪墓誌

穹 唐楚州長史源公夫人樂安蔣婉墓誌

玩 的 知 社 祀 秉

翫 魏比丘僧智造像　翫 魏元瓊墓誌　翫 隋劉相墓誌

的 魏于祚妻和醜仁墓誌

知 魏元睟墓誌　知 隋口鍾葵墓誌　知 隋韓祐墓誌

社 魏司空穆泰墓誌

祀 周賀屯植墓誌　祀 隋曹海凝墓誌　祀 唐處士張洛墓誌

秉 魏呂望表　秉 魏奚智墓誌　秉 魏王悅墓誌　秉 齊高叡修寺碑　秉 隋孔河陽都尉墓誌

秉 隋元褘墓誌　秉 隋蕭瑾墓誌　秉 隋宋仲墓誌　秉 隋范高墓誌　秉 隋張達墓誌

秉 唐盧玢墓誌　秉 唐翊府中郎將李懷墓誌　秉 唐高士朱君信墓誌　秉 秉 唐栢虔玉墓誌

甿　盲　盱　直　育　肥

甿　唐東光縣令許行本墓誌
甿　唐通議大夫使持節寧州諸軍事寧州刺史上柱國裴撝墓誌

盲　齊平州刺史司馬夫人造像

盱　唐李永造像

直　魏皇甫驎墓誌
直　魏李彰墓誌
直　魏公孫猗墓誌
直　魏寧朔將軍□□□墓誌
直　魏穆亮墓誌
直　隋范安貴墓誌
直　隋藏質墓誌
直　隋□鍾葵墓誌
直　唐永直府隊副張羊墓誌銘
直　唐處士李清墓誌
直　遼韓佚墓誌

育　大周北京飛勝五軍都指揮使銀青光祿大夫檢校司空石金俊墓誌

肥　魏王基墓誌
肥　隋元公墓誌
肥　唐處士□琳墓誌
肥　唐故隋黃梅縣尉韓政墓誌

# 肱 肴 肺 舍 虎

肱（魏三級浮圖頌） 肱（齊高叡修寺碑） 肱（隋平正張景墓誌）

肴（漢孔彪碑） 肴（魏呂望表） 餚（唐處士張洛墓誌）

肺（唐陳蘭英墓誌）

舍（魏鄯乾墓誌） 舍（魏于景墓誌） 舍（魏元固墓誌） 舍（周賀屯植墓誌） 舍（隋荀夫人宋玉艶墓誌） 舍（唐趙州司馬參軍趙晃墓誌）

虎（後漢蒼山畫像石題記） 虎（漢竇憲碑） 虎（魏俊義男元周安墓誌） 虎（魏馬振拜造像） 虎（魏韓震墓誌陰） 虎（魏巨始光造像） 虎 虎 虎 虎 虎（魏邑子虎嵩等木刻造像題記） 虎（魏定州刺史元周安墓誌銘） 虎（東魏武定小虎造像） 虎（唐齊比丘惠瑍造像） 虎（隋暴永墓誌）

羌　虯　竺　芟　芭　花

虎 隋梁瓌墓誌
虎 隋伍道進墓誌
虎 隋龍藏寺碑
虎 隋高緊墓誌
虎 隋張受墓誌

虎 唐朔州順義軍節院使張君墓誌

羌 唐楚州司馬桓歸秦墓誌

虯 魏高湛墓誌
虬 魏王悅墓誌
虯 魏延和八年孟子墓表
虯 唐敬善寺石像銘

竺 唐不空和尚碑

芟 漢曹全碑
芟 魏元壽安墓誌
芟 隋甯贙碑

芭 齊宋敬業造像

花 魏李興造像
花 唐蓑夫人墓誌

芳 魏王紹墓誌 𦬊 隋劉德墓誌 芳 唐張君政墓誌

糾 魏房悅墓誌 糺 隋諸葛子恒造像 糺 唐皇甫誕碑

臾 齊道興造像 臾 隋鮑宮人墓誌

罔 漢楊震碑 罔 北涼沮渠安周碑 罔 晉沛國相張朗墓碑 罔 魏魏靈藏造像 罔 魏高猛妻元瑛墓誌 罔 魏𢮿州築城碑 罔 齊臨淮王象碑 罔 唐柳尚善墓誌 罔 唐契苾銘 罔 唐中牟縣丞樂玄墓誌

罕 齊畢文造像 罕 隋徐州總管爾朱敞墓誌 罕 唐田仁墓誌

臥 魏元伏寶墓誌 臥 齊□狃秤墓誌 臥 唐柳公權書金剛經

表　迎　邯　邳　邵　邸

表 漢魯峻碑陰　表 魏義橋石像碑　表 魏西河王元悰墓誌　表 魏丘哲妻鮮于仲兒墓誌　表 魏元彥墓誌　表 齊感孝頌　表 隋馬少敏墓誌　表 隋符盛胡夫人墓誌　表 唐汴州浚儀縣梁煥墓誌

迎 魏太尉府諮議參軍元弼墓誌　迎 魏元鑒墓誌　迎 魏元詮墓誌　迎 唐高元裕碑　迎 唐龐履溫脩寺碑　迎 唐還少林寺神王勅碑　迎 唐樊奴子造像　迎 唐王宏墓誌

邯 漢華山廟碑

邳 漢韓勅碑陰　邳 漢孔宙碑陰　邳 漢孔彪碑　邳 唐元子上妻鄭氏墓誌

邵 唐太原王待徵墓誌

邸 魏邸珍碑　邸 隋劉相墓誌　邸 唐樂永墓誌

金 漢曹全碑
金 漢張衡四思篇刻石
金 魏比丘道璸記
金 魏三級浮圖頌
金 魏中山王元熙墓誌
金 魏吳郡王蕭正表墓誌
金 魏山徽墓誌
金 魏穆纂墓誌
金 魏于祚妻和醜仁墓誌
金 魏叔孫固墓誌
金 齊董洪達造像
金 齊法懃禪師塔銘
金 齊王憐妻趙氏墓誌
金 隋薛寶興墓誌
金 隋王哀墓誌
金 隋高嗣墓誌
金
金 隋郭王墓誌
金 唐孫君夫人宋氏墓誌
金 唐文林郎新喻縣丞胡儼墓誌
金 唐幽州范縣令楊基墓誌
金 唐新城府別將張翼墓誌

雨 魏陽城洪懋等造像

門 魏廣陽王妃墓誌
門 魏元靈曜墓誌
門 隋薛保興墓誌
門 隋橋紹墓誌

長 晉司馬芳碑
長 魏宋景妃造像
長 魏李相海造像
長 魏閭伯昇墓誌
長 魏臨潼造像

# 阜阬阿陂附

阜 齊李清報德像 阜 隋段濟墓誌 阜 唐張騷墓銘 阜 唐九品亡宮人墓誌 阜 唐劉德閏墓誌

阜 大周岷山刺史張仁楚墓誌

阜 造文龍山碑象記 阜 隋禮部侍郎陳叔明墓誌 阜 唐上儀同進儀墓誌 阜 唐游擊將軍吳孝墓誌

阜 唐顏環墓誌 阜 唐桓彥墓誌 阜 唐洛陽縣淳俗鄉君劲姬墓誌 阜 唐常德墓誌

阬 阬 清方履籛墓誌

阿 周李元海造天尊像記

陂 唐中大夫上柱國行婺州東陽縣令桑貞墓誌

附 魏元彬墓誌 附 隋羊本墓誌

# 九畫

亭 魏元崇業墓誌

亮 宋元嘉廿五年□熊造像

亮 魏孝文帝弔比干文

亮 魏司馬王亮造像

亮 魏元壽妃麴氏墓誌

亮 隋謝岳墓誌

侯 魏王偃墓誌

侯 魏張始孫造像

侯 魏元恩墓誌

侯 魏元恩墓誌

侯 隋張仕岳造像

侯 隋徐智竦墓誌

侯 隋寇熾妻姜敬親墓誌

侯 唐臺州刺史陳皆墓誌

侯 唐契苾銘

侯 唐宣義郎周紹業墓誌

侯 大周朝請大夫行司禮寺主簿趙睿墓誌

侯 唐衛義夫人渤海高氏墓誌

侣 魏侯海墓誌

侵 魏李仲琁脩孔廟碑 侵 魏義橋石像碑 侵 魏王誦妻元貴妃墓誌 侵 魏元子永墓誌 侵 魏元端墓誌 侵 魏元液墓誌 侵 魏元顯墓誌 侵 隋程諧墓誌 侵 隋羊瑋墓誌 侵 唐宮官司設墓誌 侵 唐洛汭府故隊正李表墓誌

便 齊員外郎馬少敏墓誌 便 隋□知秤墓誌

係 魏元祐妻元季蘩墓誌 係 隋尉富娘墓誌

促 魏和邃墓誌 促 唐濟南郡禹城縣令李庭訓墓誌

俄 隋齊郡丞□直墓誌 俄 隋張景略墓誌 俄 唐銀青光祿大夫守工部尚書贈荊州大都督清河開國公上柱國崔泰之墓誌

## 俊

俊 魏高盧墓誌
俊 魏元茂墓誌
俊 魏長孫瑱墓誌
俊 齊毛叉擢造像
俊 隋元公墓誌
俊 隋伍道進墓誌
俊 隋范安貴墓誌
俊 隋洺州南和縣灃水橋碑
俊 唐姚孝寬墓誌
俊 唐燕君夫人姜氏墓誌
俊 唐蒲州虞鄉縣丞王安之墓誌
俊 唐文林郎支敬倫墓誌
俊 唐處士宋感及夫人甘氏墓誌

## 俗

俗 魏義橋石像碑
俗 魏司空王誦墓誌
俗 魏元彥墓誌
俗 魏元悅墓誌
俗 魏劉玉墓誌
俗 齊逢哲墓誌
俗 隋豆盧寔墓誌
俗 隋嚴元貴墓誌
俗 隋劉寶墓誌
俗 隋賈珉墓誌
俗 隋劉相墓誌
俗 唐上輕車都尉馬懷墓誌
俗 唐前飛騎尉楊達墓誌
俗 唐李祖墓誌

## 俛

俛 唐盧玢墓誌
俛 唐許士端墓誌

俜 唐處士張府君夫人梁氏墓誌

保 魏元保洛墓誌 保 魏岐法起造像 保 魏元夫人趙光墓誌 保 齊房紹興造像 保 隋王榮墓誌

保 隋任顯墓誌

俟 唐玄昭監張明墓誌 俟 唐劉節墓誌 俟 唐中書侍郎贈衛尉卿河內司馬府君妻范陽郡盧氏墓誌

俟 唐僕射王進威墓誌

俠 魏元端墓誌 俠 魏王僾墓誌 俠 魏秦洪墓誌 俠 齊堯峻墓誌

信 漢韓勑碑側題名 信 魏張猛龍碑 信 魏元端墓誌 信 隋宋仲墓誌 信 唐李才仁墓誌

俞 唐輕車都尉强偉墓誌

则 前 劲 勃

則 隋淳于儉墓誌

前 漢夏承碑 前 魏元端墓誌 前 隋曺植墓誌 前 隋甯贙碑 前 隋元鍾墓誌 前 隋關明墓誌 前 隋□順墓誌 前 唐樂高墓誌

勁 魏元凝妻陸順華墓誌 勁 隋任軌墓誌 勁 隋張儉墓誌 勁 唐河南慕容曉墓誌 勁 唐李系墓誌銘 勁 大周文林郎楊訓墓誌 勁 大周處士崔德墓誌 勁 唐朝議大夫行兗州龔丘縣令上柱國程思文墓誌 勁 唐朝散郎行河南虞鄉縣尉李翼墓誌

勃 漢魯峻碑 勃 魏敬史君碑 勃 魏高湛墓誌 勃 魏皇內司墓誌 勃 魏高宗嬪耿壽姬墓誌 勃 齊高建妻王氏墓誌 勃 唐孫幼墓誌 勃 唐大理寺評事封無遺墓誌 勃 唐渤海嚴氏墓

勑 勇 勉 甪 冒 冠

誌銘

勑 漢永壽三年山東嘉祥宋山畫像石題記 勑 魏奚智墓誌 勑 魏元液墓誌 勑 齊比丘法朗造像記

勇 魏廣州長史翟夫人姜氏墓誌 勇 唐薛義君墓誌 勇 唐張才墓誌 勇 唐寧州刺史裴撝墓誌

勇 唐丁贇墓誌銘 勇 唐處士成小軍墓誌

勉 晉王浚妻華芳墓誌

甪 唐泉州龍溪縣尉李君墓誌

冒 魏青州刺史元日墓誌

冠 漢景君碑 冠 宋爨龍顏碑 冠 魏楊大眼造像 冠 魏敬史君碑 冠 魏華山王妃公孫氏

墓誌

冠 魏鄭道忠墓誌　冠 魏杜照賢造像　冠 魏司馬紹墓誌　冠 魏張整墓誌　冠 隋龍華碑

冠 隋宮人尚寢衣魏氏墓誌　冠 隋□世琛墓誌　冠 隋儀同三司王護墓誌　冠 隋扶溝縣令郭君墓誌

冠 隋□順墓誌　冠 隋雍長墓誌　冠 唐張君政墓誌　冠 唐魏公先廟記　冠 唐隴西趙摩墓誌

冠 唐通議大夫使持節興州諸軍事興州刺史上柱國劉寂墓誌

厚 漢孔宙碑陰　厚 漢西狹頌　厚 漢韓勑碑陰　厚 漢黃腸陽殘石　厚 晉成晃碑銘

厚 魏丘哲墓誌　厚 魏元祐墓誌　厚 齊司馬遵業墓誌　厚 齊叱列延慶妻爾朱元靜墓誌銘

厚 隋段模墓誌　厚 唐紀泰山銘　厚 大周宮人墓誌　厚 唐鄧州刺史封公故夫人趙國贊皇郡君李氏常精進墓誌

郤 魏薛孝通墓誌

即 魏高貞碑

即 魏王誦妻元貴妃墓誌

即 魏太監孟元華墓誌

即 隋蕭瑾墓誌

南 魏淮南王元顯墓誌

南 魏丘哲妻鮮于仲兒墓誌

南 魏元朗墓誌

南 魏元保洛墓誌

南 魏元始和墓誌

南 魏穆纂墓誌

南 魏南石窟寺碑

南 魏洛州刺史李頣墓誌

南 齊石永興墓誌

南 齊是連公邢夫人墓誌

南 周聖母寺造像

南 周同琋氏造像

南 隋楊秀墓誌

南 隋張伴墓誌

南 隋符盛胡夫人墓誌

南 唐八關齋會報德記

南 唐張七娘造像

南 唐君禕墓誌

南 唐亡宮九品墓誌

南 唐益州都督府戶曹參軍姚遷墓誌

南 唐河南府湞梁府折衝都尉李湊墓誌

敘 隋高緊墓誌

咨 魏章武王妃盧墓誌
咨 魏孫遼浮圖銘
咨 唐華嶽精舍昭應碑

咷 漢孔彪碑
咷 魏元彝墓誌
咷 魏元緒墓誌

咸 漢曹全碑
咸 漢永元二年東當刑徒磚銘
咸 魏元壽安墓誌
咸 魏巨始光造像
咸 吳尋陽長公主墓誌
咸 唐劉德閏墓誌

咽 魏兗州刺史元獮墓誌
咽 魏高廣墓誌
咽 隋張喬墓誌
咽 大周孫師岐墓誌
咽 大周田志承墓誌
咽 唐行節愍太子庫丞洛陽賈栖納墓誌

哀 漢許阿瞿畫像碑
哀 晉爨寶子碑
哀 晉處士成晃碑
哀 魏章武王妃盧氏墓誌

哀 魏皇甫驎墓誌
哀 魏王夫人元華光墓誌
哀 隋宮人五品程氏墓誌
哀 隋騰王子楊厲墓誌

哀 隋薛保興墓誌 哀 唐封邱縣令白知新墓誌 哀 唐衍獨造像記 哀 唐樂君彥墓誌 哀 唐黄

君夫人劉氏龕銘 哀 唐太府寺主簿楊迥墓誌 哀 唐□建達墓誌 哀 唐朝議郎前行曹州司法參上柱國

李宏墓誌

品 隋阮景暉造像

哉 漢夏承碑 哉 漢張壽碑 哉 漢許阿瞿畫像碑 哉 漢永壽三年山東宋山畫像石題記 哉

晉爨寶子碑 哉 魏司馬景和妻墓誌 哉 魏石門銘 哉 魏邑子六十人造像 哉 魏故元端墓誌銘

哉 齊法懃禪師塔銘 哉 隋賈珉墓誌 哉 隋唐該墓誌 哉 隋羊本墓誌 哉 隋□鍾葵

墓誌 哉 唐葉慧明碑 哉 唐孔子廟堂碑 哉 唐高岑墓誌 哉 唐處士餘當墓誌 哉 唐段

# 度

公夫人常氏墓誌

𢦏 唐京兆真化府折衝都尉車益墓誌

𢦏 唐楊氏馬壽墓誌

𢦏 唐上騎都尉王式墓誌

𢦏 唐七宮九品墓誌

𢦏 唐七宮九品墓誌

𢦏 唐義豐縣開國男崔宜之墓誌

𢦏 唐新城府別將張翼墓誌

𢦏 有唐左武尉翊衛中郎將賜紫金魚袋上柱國隴西李君夫人榮循墓誌

𢦏 唐宣州宣城縣府范陽盧宏并夫人崔氏墓誌

𢦏 清曲阜孔廟孔子贊記

度 漢白石神君碑

度 漢武梁祠畫像題字

度 漢三老趙寬碑

度 魏三級浮圖頌

度 魏皇甫驎墓誌

度 魏元瞻墓誌

度 魏穆纂墓誌

度 魏王誦墓誌

度 魏比丘靜度墓誌

度 魏元凝妻陸順華墓誌

度 魏元緒墓誌

度 魏元定墓誌

度 魏正光四年姬伯度墓誌磚銘

度 齊石信墓誌

度 齊比丘員度門徒造像

度 隋陽瑾墓誌

度 隋唐直墓誌

度 隋陳叔榮墓誌

客 唐新使院石幢記　客 唐李戢妃鄭氏墓誌　客 唐宋州宋城縣尉閻士熊墓誌

客 唐處士張海墓誌　客 唐朝請郎行石州方山縣令騎都尉申守墓誌

宣 漢張遷碑　宣 漢魯峻碑　宣 唐上騎尉王式墓誌　宣 唐安山縣令羅君副墓誌

室 魏杜文雅造像　室 魏元始和墓誌　室 隋寇遵考墓誌　室 隋馮忱妻叱李綱子墓誌　室 唐上柱國孫通墓誌　室 吴尋陽長公主墓誌　室 唐韓承墓誌　室 大周亡宮六品墓誌　室 唐武騎尉楊寶墓誌銘

宧 魏張整墓誌　宧 魏元欽墓誌　宧 魏元仙墓誌　宧 隋虎賁內郎將關明墓誌　宧 隋楊秀墓誌　宧 隋蕭翹墓誌　宧 唐翊衛大督羅端墓誌

峙 民國梁耀漢烈士紀念碑

峞 唐處士河東裴珣夫人祖氏墓誌

帝 魏燕州刺史元颺墓誌 帝 魏元定墓誌 帝 魏趙法祚造像 帝 魏元定墓誌 帝 齊宋敬業等造像 帝 齊法儀兄弟王惠愚造像 帝 周呂僧哲造像 帝 唐上開府董葵墓誌

帥 漢景君碑 帥 漢鮮于璜碑 帥 唐前飛騎尉楊達墓誌

封 漢無極山碑 封 梁程虔墓誌 封 魏邢巒妻元純陁墓誌 封 隋甯贙碑 封 隋陳叔明墓誌 封 唐劉元超墓誌 封 唐處士張海墓誌

奏 魏樂安王妃馮氏墓誌 奏 魏元秀墓誌 奏 魏元恩墓誌

奐 魏元湛妃王令媛墓誌 奐 隋宮人何氏墓誌 奐 唐臨高寺碑 奐 唐杭州司戶呼延君夫人

張氏墓誌

唐處士賈仕通墓誌

唐處士張洛墓誌

梁上清真人舊館壇碑

魏孝文帝弔比干文

魏元誘妻薛伯徽墓誌

魏元端墓誌

齊韓永義造佛龕之銘

隋員天威造像

隋段模墓誌

唐劉夫人楊氏墓誌

唐封温墓誌

唐潘鄉墓誌銘

漢景君碑

漢淮源廟碑

魏元恭墓誌

元照公塔銘

魏東安王太妃墓誌

魏王僧墓誌

魏穆亮墓誌

魏姚伯多造像

隋梁瓌墓誌

隋宮人典綵朱氏墓誌

隋宮人司璽元氏墓誌

隋申穆墓誌

唐游擊將軍吴孝墓誌

唐李虎墓誌

唐益州導江縣主簿飛騎尉張行恭墓誌

唐永直府隊副張羊墓誌銘

唐隋并州司兵張義墓誌

唐銀青光禄大夫和州刺史上柱國瑯琊縣開國伯顏謀道墓誌

姚 漢曹全碑陰
姚 魏司馬元興墓誌
姚 齊楊娥造像
姚 隋阮景暉造像
姚 隋姚辯碑
姚 唐結九品往生社碑
姚 唐名州司兵姚君夫人李氏墓誌
姚 唐順陵碑題字
姚 唐上殤姚氏墓誌
姚 明壽宮香泉武應光暨元配穢氏繼室段氏緱氏秦氏合葬墓誌

姜 魏廣州長史寇君夫人姜氏墓誌
姜 魏元融妃盧貴蘭墓誌

姨 唐臨清驛長孫氏造像碑

姪 魏長孫瑱墓誌

姬 漢鄭固碑
姬 梁梁坦墓誌
姬 魏司馬景和妻墓誌
姬 魏宮媛侯夫人墓誌
姬 魏顯祖嬪侯夫人墓誌
姬 魏鞏伏龍造像
姬 魏臨潼造像
姬 魏元顥墓誌
姬 魏元纖妃石婉墓誌銘

# 姻

姫 魏孝文帝弔比干文
姫 魏白水縣主姬伯慶銘
姫
姫 魏陳榮歡造像
姫 齊劉碑造像
姻 周呂僧哲造像
姻 周李元海等兄弟七人造像
姻 左馮翊太守□□六世孫合宗造四面像
姻
隋宮人席氏墓誌
姫 唐王仲建墓誌
姫 唐裴寬墓誌
姫 唐孫夫人墓誌
婞
姫 唐薛王府兵曹王令墓誌
姫 唐竇公夫人楊縈墓誌銘
姫 唐亡宮六品誌石
姫 明七姬墓誌
姻 晉徐夫人管洛墓誌
姻 隋寇熾妻姜敬親墓誌
姻 隋王世琛墓誌
姻 隋蕭球墓誌
姻 唐優婆姨朱曾有墓誌
姻 唐皇甫府君墓誌

# 姿

姿 魏李仲璇脩孔廟碑
姿 魏員外散騎侍郎元恩墓誌
姿 魏道佑九十人造像
姿 魏李相海造像
姿 魏太監孟元華墓誌
姿 魏巨始光造像
姿 魏貴華恭夫人墓誌
姿 齊元賢墓誌
姿 齊潘

景暉等七十人造像

姿 唐王美暢夫人長孫氏墓誌

威 魏元禮之墓誌

威 魏元虔墓誌

威 隋甯贙碑

威 隋李則墓誌

威 隋盧陵太守楊通墓誌

威 隋□弘秤墓誌

威 隋陳叔明墓誌

威 高昌朱書墓誌

威 楊昊天祐十二年殘墓誌

威 唐張瓌墓誌

威 唐太府寺主簿楊洵墓誌

威 唐安令盧墓誌

垢 唐信法寺碑

幽 漢夏承碑

幽 魏豫州刺史司馬悅墓誌

幽 魏元□妃吐谷渾氏墓誌

幽 魏貴華恭夫人墓誌

幽 魏元澄墓誌

幽 隋薛寶興墓誌

幽 唐李術墓誌

幽 唐蔑夫人墓誌

幽 唐魏王府參軍毛景墓誌

幽 唐强山監錄事成德墓誌

幽 唐朝散郎守内寺伯飛騎尉成忠墓誌

幽 唐頻州頻上縣令獨狐守義墓誌

幽 唐游騎將軍上護軍坊思臣府左果毅都尉暢善威墓誌 幽 唐梁郡喬崇敬墓誌 幽 唐吳興郡長城縣尉李公故夫人河東裴氏墓誌

建 漢景君碑 建 魏建興郡端氏縣水碓昇合村邑子造像 建 魏元始和墓誌 建 魏道人僧暈造像銘

建 魏寇治墓誌 建 齊比丘僧法延造像 建 齊宋顯伯造塔銘 建 隋故平安郡守謝岳墓誌銘

建 唐京兆府涇陽縣尉范陽盧踐言墓誌 建 元新建祖師行祠報恩碑記

廻 魏比丘僧智造像 廻 左馮翊太守□□六世孫合宗造四面像 廻 魏元璨墓誌

待 漢戚伯著碑

徊 魏石門銘 徊 唐玄武丞相仁方墓誌

律 漢樊敏碑 律 魏鄭義碑 律 隋寇遵考墓誌 律 隋張受墓誌

後 齊董洪達造像 後 隋造龍華碑 後 隋龍山公墓誌 後 隋豆盧寔墓誌 後 隋處士范高墓

誌 後 隋梁瓌墓誌 後 隋雍長墓誌 後 隋茯盛胡夫人墓誌 後 唐關道愛墓誌 後 唐涇

陽縣令梁秀墓誌 後 唐七宮六品誌石 後 唐□女美墓誌 後 唐張伽墓誌 後 唐七宮五品誌

文一首 後 唐濟南郡禹城縣令李庭訓墓誌

彥 漢楊震碑陰 彥 魏程哲碑 彥 魏范思彥墓誌 彥 魏寇霄墓誌 彥 北魏元彥墓誌銘

彥 魏元楨墓誌 彥 齊比丘惠瑛造像 彥 唐驃騎將軍孫遷墓誌 彥 唐張寶墓誌 彥

唐茂州刺史竇季餘墓誌 彥 唐文安郡文安縣尉太原王府君夫人渤海李氏墓誌

拜 漢張遷碑　拜 漢曹全碑　拜 漢西狹頌　拜 漢楊著碑　拜 魏皇甫驎墓誌　拜　拜 魏太公呂望表　拜 魏元遥墓誌　拜 魏和邃墓誌　拜 魏元璨墓誌　拜 魏高廣墓誌　拜 魏孝文帝弔比干文　拜 齊天保七年造無量聲佛記　拜 齊高百年妃斛律氏墓誌銘　拜 佛說天公經　拜 隋韓祐墓誌　拜 隋王衮墓誌　拜 隋張壽墓誌　拜 唐崔孝公墓誌　拜 唐上護軍朝議郎行邛州蒲江縣令蕭慎墓誌　拜 元王德常去思碑　拜 清馬君生墓誌

拭 隋光州司户參軍張虔墓誌

拯 魏敬史君碑　拯 魏司空穆泰墓誌　拯 魏宕昌公暉福寺碑　拯 齊平等寺碑　拯 隋張喬墓誌　拯 唐大達法師塔銘　拯 唐程邨造橋碑　拯 唐澧州司户參軍卜元簡墓誌　拯 唐陸大亨

拾 持 掛 指 按 挑

墓誌

極 唐衛尉寺丞柳順墓誌

拾 漢張景碑

拾 宋鄭驤墓室題記

持 魏高宗嬪耿氏墓誌

持 魏山徽墓誌

持 魏元融墓誌

持 魏寇演墓誌

持 齊元賢墓誌銘

掛 隋造龍華碑

掛 隋劉相墓誌

指 隋田光山夫人李氏墓誌

指 唐居士李知志石文

按 唐京兆府宣化府折衝攝右衛郎將野軍副使樊庭觀墓誌

挑 清張崑崖墓誌

捜 思 急 怨 恠 恢

捜 唐金紫光祿大夫檢校司徒使持節單州諸軍事單州刺史兼御史大夫上柱國趙鳳墓誌

思 晋王浚妻華芳墓誌 思 王子椿書經 思 齊彭城王攸造寺功德碑 思 隋元鐘墓誌 思 隋蕭瑾墓誌 思 唐紀泰山銘 思 唐沈士公墓誌 思 唐亡宮六品墓誌 思 宋張敬德墓誌

急 唐撫州法曹參軍李稟墓誌 急 宋殿中丞清河張曙墓誌

怨 魏元瞻墓誌 怨 魏元暐墓誌 怨 隋堂美人墓誌 怨 隋卞鑒墓誌 怨 唐太原縣開國男王守琦墓誌 怨 唐隴西趙摩墓誌 怨 唐南和縣令□彥墓誌

恠 齊李夫人崔宣華墓誌

恢 漢楊君石門頌

恤 魏比丘尼統慈慶墓誌
恤 隋□和墓誌
恤 隋韋略墓誌

恨 魏李洪演造像

恒 魏楊胤墓誌
恒 周賀屯植墓誌

爰 漢張遷碑
爰 魏郭顯墓誌
爰 魏元暉墓誌
爰 魏長平縣男元液墓誌
爰 魏盧州長史寇君夫人妻氏墓誌
爰 北齊武平獨孤氏墓誌
爰 唐賈元叡墓誌
爰 唐王君妻梁氏墓誌
爰 唐處士郭壽墓誌
爰 唐隋左龍驤驃騎王協墓誌
爰 唐隴西趙摩墓誌
爰 唐朱敬之妻盧子玉墓誌

鶣 唐張才墓誌

扃 魏元天穆墓誌
鉤 魏王僧墓誌
扃 魏元秀墓誌
扃 魏司馬悅墓誌
扃 魏馮邕妻元氏

墓誌

扃 隋申穆墓誌

扃 隋禮部侍郎陳叔明墓誌

扃 隋屯田侍郎柳君夫人蕭氏墓誌

鍋 唐張軫墓誌

扃 唐安定胡質墓誌

扃 唐東宮千牛右衛勛一府校尉房仁懸墓誌

扃 唐亡宮九品墓誌

扃 唐忻州定襄縣令杜安墓誌

殃 魏內司□光墓誌

殄 魏巨始光造像

殄 齊徐之才墓誌

殄 唐大中大夫隰州司馬慕容思廉墓誌

施 晉王闓之墓誌

施 魏呂望表

施 魏關勝誦德碑

施 魏元度墓誌

施 齊比丘員度門徒等造像

施 隋張囧墓誌

毖 唐華嶽精舍昭應碑

毗 魏元璨墓誌　毗 隋薛保興墓誌　毗 唐大法師行記

昝 魏伏夫人昝雙仁墓誌

曐 魏比丘道寶記　星 魏元玕墓誌　曐 齊唐邕寫經碑　星 隋元公夫人姬氏墓誌　星 隋員天威造像　星 隋楊德墓誌

暎 魏張玄墓誌　暎 魏元□妃吐谷渾氏墓誌　暎 魏岐法起造像　映 魏李璧墓誌　暵 齊高建妻王氏墓誌　映 隋尉富娘墓誌　暎 隋燕王府錄事段夫人墓誌　暎 唐武騎尉楊寶墓誌　暎 唐隴西趙摩墓誌　映 唐上騎都尉王式墓誌　暎 唐朝議郎行益州大都督府士曹參軍李延祐墓誌　昳 唐□州參軍元子上妻滎陽鄭八娘墓誌

昏　春　是　昶　曷

昏 魏邑義信士女等五十四人造像　昏 魏高宗嬪耿氏墓誌　昏 魏張玄墓誌　昏 唐傷氏墓誌

春 漢孔謙碣　春 漢光祿大夫曹參墓誌　春 魏王夫人元華光墓誌　春 魏秦州刺史元寶月墓誌

春 隋田光山妻李氏墓誌　春 僞周處士劉通墓誌　春 唐□□□行冀州參軍張本墓誌

是 漢戚伯著碑　是 漢孔龢碑　是 漢白石神君碑　是 晉張郎碑　是 魏石門銘　是 北徐州劉道景造像　是 唐韓承墓誌

昶 齊在孫寺造像

曷 東漢公羊傳磚　曷 晉爨寶子碑　曷 魏孝文帝弔比干文　曷 隋張盈墓誌　曷 唐朝議大夫壽州長史安陽邵承墓誌

故 魏司馬昞墓誌　故 大代華嶽廟碑　故 魏于祚妻和醜仁墓誌　故 魏元鸞墓誌　故 魏杜文雅造像　故 魏雋蒙娥等卌一人造像　故 周賀屯植墓誌　故 周李進輝造像　故 大隋張喬墓誌銘　故 唐處士康愁墓誌　故 唐朝議大夫使持節伊州諸軍事伊州刺史上柱國衡義整墓誌　故 宋吳助墓誌銘

段 齊在孫寺造像　段 齊司馬遵業墓誌　段 隋龍山公墓誌　段 隋段模墓誌　段 隋段濟墓誌　段 隋李則墓誌　段 隋肅球墓誌　段 隋郭顯墓誌　段 唐將仕郎段洽墓誌

炬 唐姚元之造像

泉 漢楊君石門頌　泉 魏涼州刺史元維墓誌　泉 魏鄯縣男唐耀墓誌　泉 魏桑乾太守宋虎墓誌

泉 魏李挺墓誌 泉 魏李超墓誌 湶 魏趙俊然等百人造像 湶 齊諸葛始興等造像 泉 隋豆盧寔墓誌 泉 隋□順墓誌 泉 隋宋仲墓誌 泉 唐太原王夫人墓誌 泉 唐南和縣令張孝墓誌 泉 唐左龍驤驃騎王協墓誌

陌 唐李表墓誌

洛 魏小劍戍主元平墓誌 洛 魏員外散騎侍郎元恩墓誌 洛 魏李超墓誌 洛 魏元倪墓誌

洛 隋羊本墓誌 洛 隋張儉墓誌 洛 隋□静墓誌

洞 唐游石室新記

洟 唐王孝瑜并夫人孫氏墓誌

洪 魏敬史君碑 洪 魏袁□等五十人造像 洪 魏司馬景和妻墓誌 洪 齊比丘尼慧承造像

洮 唐朝議郎行魏州司法參軍上柱國元素墓誌

洼 唐范相墓誌

洽 魏河州刺史乞伏寶墓誌 洽 唐驍騎尉皇甫璧墓誌

派 魏江陽王元乂墓誌 派 齊冠軍將軍陽昕墓誌 派 隋卞鑒墓誌 派 唐將陵縣令張伯墓誌

派 唐文林郎新喻縣丞胡儼墓誌 派 唐沈士公墓誌 派 唐張府君夫人齊娥墓誌

流 漢韓勅碑 流 隋馮忱妻叱李綱子墓誌 流 隋□順墓誌 流 唐秀岳銘 流 唐張善墓誌

流 唐上柱國李起宗墓誌 流 晏袤題魏李苞通閣道摩崖

枯 唐張氏故成公夫人墓誌
枯 唐亡宮九品墓誌

枵 魏元氏趙夫人墓誌
枵 魏隗天念墓誌

柄 唐工部尚書崔泰之墓誌

柒 唐營繕監左右校署令宣德郎張仁師夫人關氏墓誌

染 魏陸紹墓誌
染 隋明雲騰墓誌

柔 魏孝文帝弔比干文
柔 魏皇甫驎墓誌
柔 魏元廣墓誌
柔 魏元佯墓誌
柔 魏元鷙妃公孫甑生墓誌
柔 魏富平伯于纂墓誌
柔 魏丘哲妻鮮于仲兒墓誌
柔 魏世宗宣武帝李嬪墓誌
柔 隋鮑宮人墓誌
柔 隋張儉墓誌
柔 唐王文鷹夫人趙氏墓誌
柔 唐王君夫人李氏墓誌
柔 唐高

岑墓誌 柔 唐隋朝散大夫牛君夫人申好墓誌 柔 唐袁夫人墓誌 柔 唐上騎尉王式墓誌 柔 唐天官文林郎周君故妻公孫平墓誌 柔 唐滄州東光縣令許行本夫人清河崔氏合葬墓誌 柔 唐滎陽鄭進墓誌

柔 唐楚州長史源公夫人樂安蔣婉墓誌 柔 明王季子室人牛氏墓誌

柝 漢朱龜碑

柝 隋段威墓誌

柩 晉賈充妻郭槐柩銘 柩 魏高祖嬪趙充華墓誌 柩 魏刁遵墓誌 柩 周時珍墓誌 柩 隋呂胡墓誌 柩 隋郭王墓誌 柩 隋韓叔鸞墓誌 柩 隋梁坦墓誌 柩 隋虎賁郎將鄧昞墓誌

柩 偽周會州刺史公士尉神柩銘 柩 唐司戶桓銳墓誌 柩 唐張通墓誌 柩 唐永興縣尉周著墓

誌

抠 唐宋璋墓誌

柾 唐萊州長史王君夫人橋氏墓誌

柩 唐右臺侍御史王齊丘墓誌

揠 唐秦士寧妻王氏墓誌

柩 唐文林郎新喻縣丞胡儼墓誌

抠 唐承奉郎雲騎尉行并州錄事朱照墓誌

柩 唐桂州都督府倉曹許義誠墓誌

抠 唐河南府新安縣令張旻墓誌

柩 高昌朱書墓誌

柬 唐張軌墓誌

柬 唐張玄獬墓誌

柱 唐京兆府涇陽縣尉范陽盧踐言墓誌

柳 齊道興治疾方

栁 齊赫連子悅妻閭炫墓誌

栁 隋張伴墓誌

柳 唐鴻慶寺碑

柳 唐南和縣令張彥墓誌

柳 唐上柱國邊真墓誌

柳 唐清水縣男李濬墓誌

柳 唐唐遜夫人楊娑歸墓誌銘

栁 唐和智全墓誌

柳 唐常州司法軍事柳崇約故太夫人京兆杜氏墓誌

柳 唐右威衛將軍上柱國王景曜墓誌

柵 魏元端墓誌

牲 唐馬君起墓誌

癸 晉元康元年李達地券磚銘 癸 魏王方略造像 癸 魏鞠彥雲墓誌 癸 魏元簡墓誌 癸 魏賈景造像 癸 齊曾犢生造像 癸 周賀屯植墓誌 癸 隋李領萬造像 癸 隋梁邕墓誌 癸 隋唐世榮墓誌 癸 隋盧文構墓誌 癸 唐程某墓誌 癸 唐金紫光祿大夫檢校尚書右僕射左監門衛將軍兼御史大夫上柱國劉光贊墓誌

發 唐般若波羅蜜多心經

穿 魏潁川太守元襲墓誌 穿 隋梁郡太守劉德墓誌

## 宊　宅　疫　珊　珍

**宊** 魏敬史君碑　**宊** 魏元融墓誌　**宊** 魏兗州刺史元弼墓誌　**宊** 魏元保洛墓誌　**宊** 隋易州易縣固安陵雲鄉氏造像　**宊** 隋范安貴墓誌　**宊** 唐張琮碑　**宊** 唐楊氏君夫人烏氏墓誌　**宊** 偽周康智墓誌　**宊** 唐鄴郡安陽縣牢趙佺墓誌

**宅** 唐恒王府典軍王景秀墓誌　**宅** 唐處士奚弘敬墓誌　**宅** 唐左屯營進奏判官游騎將軍守左武衛中郎將賜紫金魚袋左武軍宿衛弘農郡楊擇史墓誌　**宅** 唐朝請大夫尚書司勳郎中吉渾墓誌

**疫** 明司子忠淑人王氏墓誌

**珊** 趙暉造像

**珍** 漢韓勑碑陰　**珍** 漢張遷碑陰　**珍** 漢永壽三年山東嘉祥宋山畫像石題記　**珍** 魏根法師碑

皇 魏王方略造須彌塔記　皐 魏王夫人元華光墓誌　皐 魏奚真墓誌　𡈼 魏北海王元詳造像

皇 齊牛景悦等造石浮圖記　皇 齊比丘尼靜恭靜文等造像　皇 齊張道貴墓誌　皇 隋員成威造像

皇 隋李領蔦造像　皇 隋佛弟子蔡顯勝造像

皆 漢永壽三年山東嘉祥宋山畫像石題記　皆 金石宋璧墓誌　皆 齊堯峻妻獨狐氏墓誌

皈 唐處士王君墓誌

瓮 唐處士王公夫人程氏墓誌

矜 漢校官碑　矜 魏陽平王太妃李氏墓誌　矜 魏顯成嬪墓誌　矜 隋太僕卿元君墓誌　矜 唐孔宣公碑　矜 唐吴廣碑

祆 祈 祉 秋 科 秔

祆 唐白州龍豪縣令呼延章墓誌、祆 唐幽府士曹參軍孟裕墓誌 祆 唐河南府氾水縣丞邢倨夫人景氏墓誌銘

祈 唐三洞法師侯尊墓誌

祉 魏汝陽王元賥墓誌 祉 隋陳叔榮墓誌、祉 唐上護軍朝議郎行邛州蒲江縣令蕭慎墓誌

秋 魏周哲墓誌 秋 秋 魏兗州刺史元彌墓誌 秋 魏顯祖嬪侯骨氏墓誌 秋 齊李清爲李希宗造像

科 魏元子正墓誌 科 魏元秀墓誌 科 魏程哲碑 科 唐吳縣丞杜榮墓誌 科 唐鄭府司馬杜才墓誌 科 唐顏環墓誌 科 唐故隋黃梅縣尉韓政墓誌 科 唐丞務郎崔誠墓誌 科 唐通議大夫鄂州刺史上柱國盧翊墓誌 科 唐右威衛兵曹參軍王冷然墓誌

秔 唐廣平郡宋氏夫人墓誌

界 漢王當買地券 堺 魏張神龍等百人造像 界 魏合邑廿人等造像 界 齊劉世寬造像 堺 齊張景暉造像 男 齊徂徠山映佛崖刻經 堺 隋造龍華碑 畧 隋□太妻夏樹造像 界 隋內奉承劉則墓誌 界 隋李鎮萬造像 界 唐陳天養妻魏氏造像 畧 唐高君主簿造像 界 唐趙祖福造像

界 唐河間邢君故夫人劉達墓誌

畏 齊徐徹墓誌 畏 隋陳叔榮墓誌

甚 晉荀岳暨夫人劉氏墓誌 甚 唐歷城縣令庫狄通墓誌

相 隋張景略墓誌 相 僞周徐澄墓誌 眛 唐工部尚書崔泰之墓誌 相 唐邢德政墓誌

盼 齊董洪達造像 盻 齊比丘惠瑍造像 昐 齊馮暉賓造像 肦 隋王氏成公墓誌 盼 唐太

省　眄　眇　眉　看　　盈

原縣開國男王公素墓誌

省 安徽亳縣漢代字磚　省 魏于景墓誌　省 魏王紹墓誌　省 元芮城永樂宮聖旨碑記

眄 魏趙郡王元毓墓誌

眇 魏元悅墓誌

眉 魏三級浮圖頌

看 齊元賢墓誌　看 隋王世琛墓誌　看 隋卜仁墓誌　看 唐還神王師子記　看 唐洛陽趙

夫人墓誌　看 唐李夫人墓誌　看 元龍興寺長明燈錢記

盈 漢白石神君碑　盈 漢西鄉侯碑　盈 魏三級浮圖頌　盈 魏劉根造像　盈 魏元公夫人薛

（周王）氏墓誌

盈 魏西河王元悰墓誌

盈 魏元顥墓誌

盈 魏李謀墓誌

盈 齊魏懿墓誌

盈 周王令猥造像碑

盈 隋荀夫人宋王艷墓誌

盈 隋宋仲墓誌

盈 唐姚彝碑

盈 唐戴令言墓誌

盈 唐景教流行中國碑

盈 唐張才墓誌

## 胄

胄 魏皇甫驎墓誌

胄 魏呂望表

胄 魏女尚書王僧男墓誌

胄 魏元寧墓誌

胄 魏和邃墓誌

胄 魏山徽墓誌

胄 魏輕車將軍元盆墓誌

胄 魏張黑女墓誌

胄 隋口弘稱墓誌

胄 唐鄭玄果墓誌

胄 唐上柱國孫通墓誌

胄 唐程雄墓誌

胄 魏閻儀同墓誌

胄 唐朝議郎行益州大都督府士曹參軍事李廷祐墓誌

## 背

背 清石城會盟碑

胙 魏鄭羲下碑

胡 漢武梁祠畫像題字　⿰足胡 唐石鼓經呪

胤 晉張朗碑　胤 魏元懌墓誌　胤 魏寇臻墓誌　胤 魏元□妃吐谷渾氏墓誌　胤 魏富平伯于纂墓誌　胤 魏司馬景和墓誌　胤 魏元壽安墓誌　胤 魏寇偘墓誌　胤 齊李清爲李希宗造像　胤 齊靜明造像　胤 齊李仕芝造像　胤 隋甯贙碑　胤 唐段公夫人常氏墓誌　胤 唐吳達墓誌　胤 唐登仕郎丁范墓誌　胤 唐常州無錫縣令楊陶墓誌　胤 唐田志承墓誌　胤 唐魏州莘縣尉太原王養及夫人中山成氏墓誌　胤 唐忻州定襄縣令杜安墓誌　胤 唐游擊將軍行華州永豐鎮副張淑子墓誌　胤 唐贈綿州司馬白義寶墓誌　胤 唐蘭陵蕭夫人墓誌　胤 唐朝議郎使持節光州諸軍事守光州刺

史李潘墓誌

胥 漢韓勑碑 胥 漢朱龜碑 胥 漢郎中趙菿碑 胥 梁蕭憺碑 胥 魏袁□五十人造像 胥 魏鄭道忠墓誌 胥 齊邑主百人造像 胥 周賀氏造像 湑 周華岳頌 胥 唐程郕造橋碑

郇 魏溫泉頌

者 隋王弘墓誌

虐 漢魯峻碑 虐 漢楊君石門頌 虐 魏元瞻墓誌 虐 魏元顯墓誌 虐 魏孝文帝弔比干文陰 虐 魏元寶月墓誌 虐 魏元徽墓誌 虐 魏肆州刺史和邃墓誌 虐 齊高建墓誌 虐 唐曹州離狐縣丞盖蕃墓誌 庀 唐滑州司法參軍范陽盧初墓誌

美 漢曹全碑
美 魏元賄墓誌
美 魏高貞碑
美 魏元朗墓誌
美 魏元崇業墓誌
美 魏山徽墓誌
美 魏富平伯于纂墓誌
美 魏元祐妻常季繁墓誌
美 齊崔頠墓誌
美 齊元賢墓誌
美 隋李則墓誌
美 隋仲思那造橋碑
美 隋劉淵墓誌
美 隋皇甫璨墓誌
美 隋趙朗墓誌
美 隋王仲墓誌
美 唐郎官石柱
美 唐王慶墓誌
美 唐多寶塔碑
美 唐定襄縣令張楚璋墓誌
美 唐右拾遺崔舟義墓誌
美 唐劉德閏墓誌
美 唐朝散大夫賜緋魚袋守同州長史京兆韋公夫人樂安縣君孫婉墓誌
美 宋保大軍節度推官符補之妻太原王夫人墓誌

虺 魏元範妻鄭氏墓誌
虺 唐路基妻河東解氏墓誌

苑 唐祖氏夫人張朧墓誌
苑 唐左衛勳府勳衛上柱國元思亮墓誌
苑 唐宣義郎行左衛騎曹參軍攝

監察御史四鎮節度判官崔夏墓誌 苑 唐正議大夫守殿中監致仕上柱國賜紫金魚袋太原王翼墓誌 苑 唐邢

思賢墓誌 苑 偽周水衡監丞王貞墓誌 苑 宋河南郡君元氏墓誌

苒 唐張善墓誌 苒 唐正議大夫使持節武州諸軍事行武州刺史上柱國公孫思觀墓誌 苒 唐皇甫賓

亡妻楊麗墓誌 苒 唐江夏李氏室女墓誌

苗 魏元馗墓誌 苗 隋楊厲墓誌 苗 偽周田志承墓誌 苗 偽周涇陽縣尉杜君夫人趙氏墓誌

若 魏義橋石像碑 若 若 若 魏比丘道瓚記 若 魏元颺妻王氏墓誌 若 齊比丘惠琎造

像 若 唐右威衛兵曹參軍王冷然墓誌

苦 魏邑公造像記 苦 魏王誦墓誌 苦 魏汝南王元悅造像 苦 魏比丘惠暉造像 苦 魏米

英

舍令造像 苦 齊宋顯伯造塔銘 苦 齊宋敬業崔海等造像 苦 齊天保九年造像題記 苦 隋仲思那造橋碑 昔 隋寇遵考墓誌 苔 唐翟府君夫人墓誌 昔 唐張弘秀墓誌

英 魏程哲碑 英 魏張猛龍碑 英 魏高洛周造像 英 魏兖州刺史元緒墓誌 英 隋段模墓誌 英 隋口欽墓誌 英 隋燕王府錄事段夫人墓誌 英 唐騎都尉王氏故妻墓誌 英 唐結几品往生社碑 英 唐翟惠隱墓誌 英 唐處士張洛墓誌 英 唐文林郎新喻縣丞胡儼墓誌 英 英 唐張騭墓誌 英 唐舒王府典軍王仁墓誌 英 唐管思禮墓誌 英 唐冀州棗強縣令贈隋州刺史裴同墓誌 英 常岳等造像

苻

苻 魏清信女高思鄉造像

茂　范　茅　衿　紀

茂 晉石尠墓誌　茂 魏內司□光墓誌　茂 魏第一品張安姬墓誌　茂 魏翟揚碑　茂 魏懷朔鎮都大將叔孫協墓誌　茂 齊李清為李希宗造像　茂 齊靜明造像　茂 隋楊厲墓誌　茂 唐成君夫人劉氏墓誌　茂 唐龐德威墓誌　茂 唐盧承業妻李灌頂墓誌　茂 唐顏瓌墓誌　茂 唐國子司業開休元墓誌　茂 唐神和府折衝鄭法明夫人李氏墓誌

范 魏元華嬪盧氏墓誌　范 齊李琮墓誌　范 唐李元墓誌　范 唐相州臨漳縣令范陽盧曒墓誌

茅 隋曹植碑　茅 魏咸陽太守劉玉墓誌　茅 唐上柱國高邈墓誌

衿 魏定州刺史元湛墓誌　衿 魏元斌墓誌　衿 隋郭通墓誌　衿 隋賈珉墓誌

紀 唐慕容麗墓誌　紀 唐河陰縣主簿南陽張濬墓誌

約 紅 紇 紈 紉 衍 致

約 漢詔書殘碑
約 漢樵敏碑
約 魏元夫人陸孟輝墓誌
約 唐朝散大夫巴州刺史張信墓誌

紅 唐亡宮九品墓誌

紇 唐楊佰龍墓誌

紈 隋徐州總管爾朱敞墓誌

紉 魏三級浮圖頌

衍
衍 魏汝陽王元睟墓誌
衍 魏富平伯于纂墓誌
衍 魏元璨墓誌
衍 隋主簿張濬墓誌

衍 隋吳野人造四面十二堪像
衍 隋呂胡墓誌
衍 唐軒轅鑄鼎原銘

致 漢西狹頌
致 漢曹全碑
致 漢郙閣頌
致 漢孔宙碑
致 漢景君碑銘
致 晉辟雍頌

貞　負　赴　迢　迥

鼓 魏杜文雅造像　皷 魏安豐王妃馮氏墓誌　鼓 魏王夫人元華光墓誌　鼓 北魏劉賢墓誌銘

皷 齊房周陁墓誌　皷 隋關明墓誌

貞 魏正平太守元仙墓誌　貞 隋李則墓誌　貞 唐鄭鄴府司馬杜才墓誌　貞 唐徵士朝散大夫許州司馬楊孝猗墓誌

負 常岳等造像

赴 齊司馬遵業墓誌　赴 隋王袞墓誌

迢 唐孫君夫人宋氏墓誌

迥 漢魯峻碑陰　迥 唐桂州都督府君曾許義誠墓誌　迥 唐靖千年墓誌　迥 僞周明威將軍王建

墓誌

迴 唐鄧州真羅縣丞張德操墓誌

迫 唐苗弘休墓誌

迭 魏樂安哀王元悅墓誌

述 魏叔孫協墓誌　述 齊魏懿墓誌　述 隋卞鑒墓誌

軌 魏元順墓誌　軌 隋任軌墓誌　軌 隋董美人衛美墓誌　軌 隋馬穉心墓誌

軍 魏李苞開通閣道題名　軍 晉魏雛柩誌　軍　軍 魏元保洛墓誌　軍 北魏張整墓誌銘

軍 魏隗天念墓誌　軍 齊元賢墓誌　軍 隋張通妻陶貴墓誌

酋 魏皇甫驎墓誌　酋 魏桑乾太守宋虎墓誌

重 魏元鸞墓誌 重 唐劉節墓誌

郊 唐呂思禮墓誌 郊 唐泗州司馬叔苗善物墓誌

陋 唐老君石像碑

陌 魏元斆墓誌

降 晉辟雍頌 降 晉當利里社殘碑 降 魏高貞碑 降 魏高湛墓誌 降 魏王夫人元華光墓誌 降 魏公孫猗墓誌 降 魏元茂墓誌 降 魏王基墓誌 降 魏元寶月墓誌 降 魏元仙墓誌 降 魏元朗墓誌 降 魏元定墓誌 降 魏貴華恭夫人墓誌 降 魏司空穆紹墓誌 降 隋蕭翹墓誌 降 隋梁瓌墓誌 降 常岳等造像 降 唐郭思訓墓誌 降 唐魏州華縣太原王養及

禹 漢孔宙碑陰 禹 魏樂子善造像碑 降 唐前左衛翊衛裴君夫人李秀秀墓誌 夫人中山成氏墓誌

韭 齊道興造像

面 齊比丘尼如靜造像 面 齊法儀造像 面 隋虎賁內郎將關明墓誌 面 唐東海神廟碑

首 齊陋赤齊造像 首 周賀屯植墓誌 首 隋張通妻陶貴墓誌

革 魏寇臻墓誌 革 魏元緒墓誌 革 唐宋聖觀碑 革 唐晉祠銘 革 唐大泉寺三門記

革 唐相州湯陰縣令王君德墓誌 革 元山西萬榮縣太趙太村稷王廟舞廳碑

韋 漢張遷碑 韋 漢武榮碑

音　香　風　飛

音 魏李挺墓誌　音 唐楊君夫人韋氏墓誌

香 漢西嶽華山廟碑　香 魏荀景墓誌　香 隋首山舍利塔記　香 唐李和墓誌

風 漢夏承碑　風 漢熹平殘碑　風 漢琴亭侯爲支人李義買地券　風 苻秦廣武將軍□産碑

風 魏皇甫驎墓誌　風 魏張猛龍碑　風 魏司馬昞墓誌　風 魏元緒墓誌　風 魏兗州刺史元獮墓誌　風 魏李蕤墓誌　風 齊高攸碑　風 隋關明墓誌　風 唐龍復溫碑　風 唐吏部常選張頵墓誌　風 唐游擊將軍劉盛墓誌　風 唐李祖墓誌　風 唐仙州别駕張仁方墓誌　風 唐晏褒題漢開通褒斜道摩崖　風 魏元誘妻薛伯徽墓誌

飛 晉張朗碑　飛 北涼沮渠安周碑　飛 魏溫泉頌　飛 魏朱永隆等造像　飛 魏王僧墓誌

飛 魏元勰妃李媛華墓誌
飛 魏元雲妃李氏墓誌
飛 魏元子直墓誌
飛 魏元禮之墓誌
飛 魏兗州長史穆君墓誌
飛 齊姜纂造像
飛 齊竇泰墓誌
飛 齊比丘法顯等五十人造像
飛 周強獨樂為文帝造像
飛 隋段模墓誌
飛 隋馮忱妻叱李綱子墓誌銘
飛 隋段模墓誌
飛 唐杜君妻崔素墓誌銘
飛 唐磁州千佛碑
飛 唐汴州封丘縣令張才墓誌
飛 唐南州刺史杜舉墓誌
飛 唐王明墓誌

食 梁程虔墓誌
食 隋護澤公寇遵考墓誌
食 唐恒州真定縣丞姚如衡墓誌

## 十畫

乘 漢郙閣頌
乘 魏鞏伏龍造像
乘 魏赫連悅墓誌
乘 魏王偃墓誌
乘 北魏元顯墓誌銘
乘 齊唐邕寫經碑
乘 齊比丘惠瑍造像
乘 隋韓祐墓誌
乘 隋張濤妻禮氏墓誌
乘 唐張

修　俯　俱　俶

興墓誌

乘 唐劉濬墓誌

乘 唐奉車都尉段璋墓誌

修 魏司馬昇墓誌

脩 齊元賢墓誌

脩 隋龍華碑

修 隋元鍾墓誌

脩 隋故羊本墓誌銘

修 隋羊瑋墓誌

脩 唐郎官石記

脩 唐朝議大夫使持節伊州諸軍事伊州刺史上柱國衡義整墓誌

修 唐朝散郎行薛王府國令上輕車都督張嘉福墓誌

脩 唐右領軍衛將軍上柱國新城縣開國伯薛璿墓誌

脩 元萬榮縣太趙村稷王廟舞廳石□

俯 大代華岳廟碑

俯 齊李清為李希宗造像

俱 漢韓勑碑

俱 魏王光造像

俱 魏元端墓誌

俱 齊江阿歡夫妻造像

俱 隋姚佰兒造像

俶 魏元欽墓誌

俶 唐開府儀同三司太子太師致仕蔡國公贈侍中宋彥筠墓誌

# 俾　倏　倜　借　值

俾 魏呂望表　俾 唐嗣曹王李戢墓誌　俾 唐李戢妃鄭氏墓誌　俾 清張紉綱墓誌

倏 周趙智侃墓誌　倏 唐文林郎王君夫人墓誌　倏 唐夏侯瓚前妻樊後妻董合葬墓誌　倏 唐李元素墓誌　倏 唐楊智積墓誌　倏 唐左衛勳府勳上柱國元思亮墓誌　倏 唐前河南府福昌縣丞隴西李孔明夫人劉氏墓誌　倏 唐正議大夫守殿中監致仕上柱國賜紫金魚袋太原王翼墓誌

倜 偽周楊順墓誌

借 齊李坦造像

值 魏馬都愛造像　值 魏元鑽遠墓誌　值 魏鄭羲下碑　值 齊趙道德墓誌　值 周王令猥造像碑

值 隋嚴元貴墓誌　值 隋王世琛墓誌

倦 周張滿澤妻郝氏墓誌

倪 魏高猛妻元瑛墓誌　倪 齊靜明造像　倪 隋張濤妻禮氏墓誌

倫 隋段模墓誌　倫 唐使持節文州諸軍事文州刺史陳察墓誌

俟 唐處士王寶墓誌

兼 魏元遥墓誌　兼 魏元詳墓誌　兼 魏元順墓誌　兼 魏元欽墓誌　兼 魏元誨墓誌

兼 魏于祚妻和醜仁墓誌　兼 魏劉賢墓誌　兼 隋宮人司仗馮氏墓誌　兼 隋寇熾妻姜敬親墓誌　兼 隋周德墓誌　兼 唐周志遠造像　兼 大周朝議大夫行婺州武義縣令元玄慶墓誌銘

剛 漢景君碑　剛 漢樊敏碑　剛 魏劉根造像　剛 魏廉富及子天長造佛像記　剛 齊李清為

李希宗造像

罰 齊比丘惠瑍造像

罰 唐段沙彌造像

罸 唐新使院石幢記

罰 唐苑貞約墓誌

罰 唐幽州范縣令楊基墓誌

罰 唐沈士公墓誌

罰 唐前徐州録事參軍太原王庭王故夫人博陵崔金剛墓誌

罸 唐北京飛勝五軍指揮使銀青光祿大夫檢校司空兼御史大夫上柱國贈左驍衛將軍石金俊妻河南郡太夫人元氏墓誌

剁 大周魏州莘縣尉太原王養及夫人中山成氏墓誌

勍 唐張宗墓誌

勍 唐韓君潘夫人墓誌

尋 唐靖千年墓誌

冢 漢史晨後碑

冢 魏李夫人墓誌

冤 魏元子永墓誌

# 冥

冥 漢韓勑後碑 冥 漢楊君石門頌 冥 北涼沮渠安周碑 冥 魏太中大夫元玕墓誌 冥 魏孝文帝弔比干文 冥 魏三級浮圖頌 冥 魏李超墓誌 冥 魏元永墓誌 冥 魏元子□妃吐谷渾氏墓誌 冥 魏元仙墓誌 冥 魏元湛妻薛慧命墓誌 冥 齊姜纂墓誌 冥 齊西門豹祠堂碑 冥 齊比丘尼慧承造像 冥 隋段模墓誌 冥 隋馬穉墓誌 冥 唐魏邈妻趙氏墓誌 冥 唐右監門中郎將高嶸墓誌 冥 魏任城王元彝墓誌 冥 東魏徽北將軍鄧恭伯夫人崔令姿墓誌 冥 唐夫人長孫氏墓誌 冥 唐武騎尉楊寶墓誌 冥 唐銀青光祿大夫檢校太子賓客盧翊墓誌 冥 唐夏侯瓘前妻樊後妻董合葬墓誌 冥 唐五精銘

# 厝

厝 唐王郅妻崔氏墓誌 厝 厝 聖武年長孫夫人陰堂文 厝 唐向晉墓誌銘

原 漢衡方碑　原 魏西陽男高廣墓誌　原 魏洛州刺史李頤墓誌　原 隋郭王墓誌　原 唐桑乾太守宋虎墓誌　原 唐張七娘造像　原 唐陽城縣丞王君夫人陰氏墓誌　原 唐程某墓誌　原 唐蒲州虞鄉縣丞王安之墓誌　原 唐鄭鄠府司馬杜才墓誌　原 唐隋奉車都尉姑臧段瑋墓誌　原 唐右臺殿中侍御史王齊丘墓誌　原 唐定遠將軍守左衛嬀泉府左果毅都尉陳秀墓誌

涼 魏王昌墓誌　涼 魏巨始光造像　涼 隋王成墓誌　涼 隋宮人尚食侯氏墓誌　涼 隋宮人田氏墓誌

凌 隋張喬墓誌　凌 唐段公夫人常氏墓誌　凌 唐前國子監太學生武騎尉崔韶墓誌

湅 魏貴華恭夫人墓誌

叟 唐上開府董葵墓誌

負 隋薛寶興墓誌

負 唐中大夫戶部侍郎兼御史大夫諸道鹽鐵轉運等使清河張滂墓誌

唐 魏元寧墓誌

唐 大代華嶽廟碑

唐 隋馬穉墓誌

唐 唐段沙彌造像

唐 唐韓寶才墓誌

唐 唐周公祠碑

唐 唐王進墓誌

唐 唐趙壽墓誌

唐 唐西京海寺法僧惠蘭造像

唐 唐亡宮人四品墓誌

唐 唐羅君預墓誌

唐 僞周雝狐縣丞高像護墓誌

唐 唐處士井隱襃墓誌

唐 唐封州司馬董力墓誌

哢 唐明徵君碑

哭 魏冀州刺史元昭墓誌

哭 魏邢巒妻元純陁墓誌

哭 魏元壽安妃盧蘭墓誌

哭 隋嚴元貴

括　唌　唏　圃　函

墓誌

哭 隋曾海凝墓誌

哭 隋豆盧寔墓誌

哭 隋王世琛墓誌

哭 唐顏惟貞家廟碑

哭 唐嗣

曹王李戢墓誌

括 魏兗州刺史元獮墓誌

括 魏銀青光祿大夫于纂墓誌

括 齊靜明造像

括 齊元

賢墓誌

括 隋王榮墓誌

括 隋徐州總管爾朱敞墓誌

唌 唐河南府新安縣令張炅墓誌

唏 唐河陽軍節度押衙張亮墓誌

唏 唐右衛率府親府親衛上騎都尉王杰墓誌

圃 魏司空公元瞻墓誌

函 魏南安王楨墓誌

函 唐焦璀墓誌

函 唐尼廣惠塔銘

函 唐內寺伯成忠墓誌

函 偽周

屐　展　弱　座

上騎都尉李琮墓誌

屐 唐狀嵩山靈勝詩

展 漢華山碑　展 魏元液墓誌　展 隋高緊墓誌　展 唐王和墓誌　展 唐瀛州河澗縣令樂建墓誌　展 唐討擊使試太子通事舍人南昇墓誌　展 宋河南郡君元氏墓誌

弱 大代華岳廟碑　弱 魏元顯祖成嬪墓誌　弱 隋橋紹墓誌　弱 唐處士張楚墓誌　弱 唐爛州蕭使君男墓誌　弱 唐汾州長史沈浩豐墓誌　弱 唐李表墓誌　弱 唐趙處章墓誌　弱 唐處士趙軌墓誌　弱 唐蒲州猗氏縣令口隆基墓誌　弱 唐天平軍節度隨軍將仕郎試左內率府兵曹參軍李惟一墓誌

座 唐張寶墓誌　座 唐潞州屯留縣令溫府君李夫人功德山墓誌

庫 隋劉則墓誌

庭 宋劉懷民墓誌

庭 魏孫秋生造像

庭 魏元□妃吐谷渾氏墓誌

庭 隋故苟夫人宋玉艷墓誌銘

庭 隋張伻墓誌

庭 唐馬君起造像

庭 唐大夏縣主簿張弘墓誌

庭 唐度支郎中彭君夫人侯氏墓誌

庭 唐江華郡太守和守陽墓誌

庭 唐龍標縣令崔志道墓誌

庭 唐魏州莘縣尉王君夫人成氏墓誌

庭 唐王通墓誌

庭 唐王卿故任夫人墓誌

庭 唐東都掖庭宮司簿王氏之墓誌

庭 唐南齊隋郡王曾孫蕭陵蕭紹遠墓誌

庭 唐金紫光祿大夫檢校尚書右僕射左監門衛將軍劉光贊墓誌

宰 唐延王府户曹丁韶墓誌

宰 唐元司徒汪惟賢夫人祁氏墓誌

害 漢武榮碑

害 魏元欽墓誌

害 魏元融墓誌

宴 晋好大王碑 宴 魏宕昌公暉福寺碑 宴 齊軌禪師造像記 宴 唐龐德威墓誌 宴 唐楊藝墓誌 宴 唐故夫人張肅墓誌 宴 唐宮人六品墓誌

宵 魏張猛龍碑 宵 魏晋州刺史元恭墓誌 宵 齊上洛縣男元子邃墓誌

家 後漢蒼山畫像石題記 家 漢孔謙碣 家 魏南石窟寺碑 家 魏張僧安造像 家 魏元顥墓誌

家 魏元寶建墓誌銘 家 隋張儉墓誌 家 隋雍長墓誌 家 隋徐州總管爾朱敞墓誌

宸 晋爨寶子碑 宸 魏元肅墓誌 宸 唐大中大夫使持節房□□□房州刺史上柱國魏縣開國子盧全操墓誌

容 漢西狹頌 容 魏杜文雅造像記 容 魏元寶月墓誌 容 魏貫良造像 容 齊朱曇思造塔記 容 齊等慈寺殘造塔記 容 常岳等造像記 容 隋甯越郡甯贙碑 容 隋杜乾緒造像

峨　峯　峻

峨 漢衡方碑 峨 漢曹全碑

峯 魏瀛州刺史元欽墓誌 峯 魏元子直墓誌 峯 魏王誦墓誌 峯 魏郭顯墓誌 峯 魏元斌墓誌 峯 魏元仙墓誌 峯 魏王紹墓誌 峯 魏金城郡君墓誌 峯 齊畢文造像 峯 齊李清報德像碑 峯 齊元賢墓誌 峯 齊平原縣令張明府楊夫人墓誌 峯 大隋處士范高墓誌銘 峯 唐宴石淙詩 峯 唐張伽墓誌 峯 唐夫人唐氏墓誌 峯 唐左衛率府翊衛王晟墓誌

峻 魏恒州大中正于景墓誌 峻 魏臨淮王元彧墓誌 峻 魏司馬昇墓誌 峻 魏穆亮墓誌 峻 魏元順墓誌 峻 魏元毓墓誌 峻 魏元璨墓誌 峻 隋龍華碑 峻 隋□□墓誌 峻 隋韓祐墓誌 峻 隋卞鑒墓誌 峻 唐左光祿大夫段瑗墓誌 峻 唐王岐墓誌 峻 唐東宮門大夫長孫

家慶墓誌
峻 唐張才墓誌
峻 唐文林郎仵愿德墓誌
峻 唐處士王韜墓誌
峻 唐樂君彥墓誌
峻 唐米遠墓誌
峻 唐楚州山陽縣令張君夫人翟慶□墓誌
峻 唐韓子墓誌
峻 唐武騎尉楊寶墓誌

島 唐棗強縣令裴同墓誌
嶋 魏司空公元瞻墓誌

師 漢韓勑碑
師 漢魯峻碑陰
師 漢衡方碑
師 漢竇憲碑
師 魏寇演墓誌
師 魏元寧墓誌
師 魏丘哲墓誌
師 魏臨潼造像
師 魏賈元美造像
師 齊比丘尼靜恭造像
師 齊法義卅人造像
師 齊元子邃墓誌
師 齊造丈八大象訟
師 齊劉操造像
師 隋韋略墓誌
師 唐聖武年長孫氏夫人陰堂文

席 漢夏承碑
席 魏高湛墓誌
席 魏元詳墓誌
席 魏元子直墓誌
席 魏吐谷渾璣墓誌

孫 魏公孫猗墓誌 孫 魏王誦墓誌 孫 魏叔孫固墓誌 孫 齊劉碑造像 孫 齊靜明造像

孫 隋元鍾墓誌 孫 隋王曜墓誌 孫 唐道因法師碑 孫 唐周廣墓誌 孫 僞周陳州司馬

成君夫人耿氏墓誌 孫 唐崔守約墓誌

孫 漢嵩山少室東闕題字 孫 魏源磨耶壙誌 孫 魏元彬墓誌 孫 魏元仙墓誌 孫 魏元

□妃吐谷渾氏墓誌 孫 魏元禮之墓誌 孫 唐海南慕容曉墓誌 孫 唐夫人長孫氏墓誌

射 魏元崇業墓誌

尅 漢景君碑 尅 魏北海王元詳造像 尅 魏元端墓誌 尅 魏丘哲墓誌 尅 魏長孫瑱墓誌

尅 齊宋買造像 尅 齊徐徹墓誌 尅 隋高緊墓誌

奚　娉　娜　娣　埃　埋　城

奚 魏司空王誦墓誌　奚 魏員外散騎侍郎元恩墓誌　奚 常岳等造像　奚 魏故元乂墓誌銘

奚 魏奚真墓誌　奚 唐順義郡錄事參軍侯方墓誌　奚 唐處士奚弘敬墓誌

娉 魏陽平王太妃李氏墓誌　娉 魏馮邕妻元氏墓誌　娉 周聖母寺造像記　娉 唐校尉陳公夫人劉氏墓誌

娜 唐銀青光祿大夫使持節利州諸軍事行利州刺史上柱國清河縣開國子雀公夫人李氏墓誌

娣 魏司馬景和妻墓誌

埃 唐亡宮六品墓誌　埃 唐贈游擊將軍董嘉斤墓誌

埋 魏富平伯于纂墓誌　埋 隋上林署丞卞鑒墓誌　埋 唐梁基墓誌　埋 唐劉仲丘墓誌

城 漢曹全碑　城 魏元保洛墓誌　城 魏顯祖成嬪墓誌　城 唐譚快墓誌　城 唐朝議郎行弋

# 𨗨 埒 差 夏 徐

陽郡定城尉上柱國居澄墓誌

𨗨 唐宮官司設墓誌 𨗨 𨗨 唐盧梵兒墓誌

埒 宋張十四娘造像

差 魏元子直墓誌 差 魏元欽墓誌 差 齊比丘道略造像 差 唐正議大夫使持節武州諸軍事行武州刺史上柱國公孫思觀墓誌 差 魏張黑女墓誌

夏 漢孔宙碑 夏 魏七兵尚書寇治墓誌 夏 魏王僧墓誌 夏 魏焦延昌造像 夏 齊天統四年明王珍墓誌 夏 唐房有非尚夫人墓誌 夏 唐蒲州猗氏縣令□隆基墓誌

徐 魏華山王元鷙墓誌 徐 魏吴高黎墓誌 徐 魏元融墓誌 徐 魏叔孫固墓誌

## 徑 徒 彧 挈

徑魏張滿墓誌 徑齊高叡修寺碑 徑齊李清爲李希宗父子造像 徑唐于孝顯墓誌 徑

唐張君政墓誌 徑唐周夫人墓誌 徑唐昭仁寺碑 逕唐上柱國李起墓誌 徑唐朝議郎行蒲州桑泉縣丞輕車都尉路煇墓誌

徒魏慈香造像 徒魏司馬景和妻墓誌 徒魏比丘僧智造像 徒魏司徒珍造像 徒魏元道墓誌 徒魏元寶月墓誌 徒隋明質墓誌 徒唐李靖碑額 徒唐文林郎新喻縣丞胡儼墓誌

徒唐潞州禮會府果毅王客墓誌 徒唐左衛率府翊衛王晟墓誌 徒唐尚書吏部郎中張仁禕墓誌

彧魏彭城武宣王妃李氏墓誌

挈漢史晨奏銘 挈魏上尊號表 挈唐嗣曹王妃鄭氏墓誌

挫　振　挹　挺

**挫** 唐處士賈仕通墓誌

**振** 魏霍揚碑　**振** 魏司空公元瞻墓誌　**振** 齊比丘惠瑍造像　**振** 隋劉明暨夫人梁氏墓誌　**振** 隋段模墓誌

**振** 唐魏邈妻趙氏墓誌　**振** 唐張振墓誌　**振** 唐張宗墓誌　**振** 唐明威將軍守右鷹揚衛貴安府折衝都尉上柱國王建墓誌

**挹** 唐王美暢夫人長孫氏墓誌

**挺** 漢開母石闕銘　**挺** 魏恒州刺史元譿墓誌　**挺** 魏章武王妃盧墓誌　**挺** 魏寇臻墓誌　**挺** 魏吐谷渾璣墓誌　**挺** 魏元禮之墓誌　**挺** 魏章武王元融墓誌　**挺** 齊劉雙仁墓誌　**挺** 齊高僧護墓誌

**挺** 齊平原縣令張明府楊夫人墓誌　**挺**　**挺** 隋造龍華碑　**挺** 隋宮人三品樊氏墓誌　**挺**

隋左龍驤驃騎王協墓誌
挻 唐故公孫達墓誌
梃 唐朝議郎行蒲州桑泉縣丞輕車都尉路惲墓誌
挺 唐王媛達墓誌
挺 唐王逸墓誌
挺 唐王思納墓誌

挽 魏青州刺史元遒墓誌
挽 魏元寧墓誌
挽 齊元賢墓誌
挽 隋口睦磚誌
挽 隋龍藏寺碑
挽 唐盧玢墓誌
挽 唐相州湯陰縣令王君德墓誌
挽 唐上騎尉王式墓誌

捌 宋鄭驥墓室題記

捐 唐大中大夫行定州長史上柱國李謙墓誌

恐 魏義橋石像碑
恐 魏青州刺史元遒墓誌
恐 齊高僧護墓誌
恐 齊石信墓誌
恐 齊高獻國妃敬氏墓誌
恐 隋謝岳墓誌
恐 隋宮人采女田氏墓誌
恐 唐樂達墓誌
恐 唐處士賈

仕通墓誌

恚 魏陽平王太妃李氏墓誌

恩 漢曹全碑
恩 魏鞠彥雲墓誌
恩 隋宮人典采姜氏墓誌
恩 隋段濟墓誌
恩 唐沈士公墓誌
恩 唐平陽郡敬覺墓誌

恭 漢張遷碑
恭 晉徐君夫人管氏墓誌
恭 晉荀岳墓誌
恭 晉賈充妻郭槐柩銘
恭 梁王慕韶墓誌
恭 魏元倪墓誌
恭 齊李琮墓誌
恭 隋荀夫人宋玉艷墓誌
恭 唐華岳精享昭應碑
恭 唐嗣曹李戩墓誌
恭 唐韓承墓誌
恭 唐故夫人唐氏墓誌
恭 唐吏部常選鄭公夫人宋氏墓誌銘

悦 悌 悖 悟 㤿 宸 肆 旂

悅 唐太中大夫邕府都督陸思本故夫人河南元氏墓誌

悌 隋主簿張濬墓誌

悖 魏東平王元略墓誌 悖 唐宣武軍節度押衙兼侍御史河東柳延宗墓誌

悟 齊馬恩造像 𦚧 唐劉庭訓墓誌

㤿 魏元茂墓誌 㤿 齊雋敬碑 㤿 齊房周陁墓誌 㤿 齊比丘惠瑍造像

宸 唐東光縣令許行本墓誌 宸 唐大理正喬府君夫人馮誠墓誌

肆 唐淮南道采坊支使河東郡河東縣尉滎陽鄭宇墓誌

旂 魏高貞碑

旃 魏劉根造像
旃 周華岳頌
旃 隋秀容縣長侯雲墓誌
旃 隋崔玉墓誌

旄 魏刁遵墓誌
旄 齊高叡修寺碑

旅 北涼沮渠安周碑
旅 魏楊大眼造像
旅 魏高湛墓誌
旅 魏冀州刺史元珍墓誌
旅 魏恒州刺史韓震墓誌
旅 魏北海王元詳造像
旅 魏元端墓誌
旅 魏元暉墓誌
旅 魏奚真墓誌
旅 魏王紹墓誌
旅 魏于景墓誌
旅 魏張盧墓誌
旅 隋造華碑
旅 隋主簿張濬墓誌
旅 隋張壽墓誌
旅 隋□鍾葵墓誌
旅
旅 唐新使院石幢記
旅 唐大泉寺三門記
旅 唐李護墓誌
旅 唐劉密墓誌
旅 唐衢州別駕王守質墓誌
旅 唐荊州大都督府長林縣令騎都尉呂黎韓仁楷墓誌
旅 唐鄂州永興縣主簿中山張惠墓誌
旅 唐梁基墓誌

## 旆

旆 梁梁垣墓誌

旆 魏饒陽王元遥墓誌

旆 魏鉅平縣侯元欽神銘

旆 魏故臨淮王元彧墓誌

旆 齊叱列延慶妻爾朱元靜墓誌

旆 隋陳劉猛進墓誌

旆 唐皇甫誕碑

旆 唐王師墓誌

## 氣

氣 漢史晨後碑

氣 漢張遷碑

氣 魏王偃墓誌

氣 魏韓顯祖造像

氣 魏涼州刺史元維墓誌

氣 魏寇憑墓誌

氣 魏元楨墓誌

氣 魏奚真墓誌

氣 魏元瞻墓誌

氣 魏高道悅墓誌

氣 魏王基墓誌

氣 魏趙俊然百人造像

氣 齊元賢墓誌

氣 隋王世琛墓誌

氣 隋吴嚴墓誌

氣 齊成洪文等造像

氣 齊李盛豎夫人劉氏墓誌

氣 隋爾朱敞墓誌

氣 隋高緊墓誌

氣 唐崔孝公墓誌

氣 唐韓承墓誌

氣 唐東宮千牛右衛勳一府校尉房仁愻墓誌

## 氤

氤 漢永初元年食堂刻字

氤 魏王悅墓誌

氤 魏長孫士亮妻宋靈妃墓誌

氤 齊梁子彥墓誌

# 晁　時　晋

氤 隋蕭瑾墓誌

氤 唐蒲州猗氏縣令□隆基墓誌

晁 唐張敞墓誌

晁 唐山南東道節度使贈尚書右僕射嗣曹王李皐墓誌

旹 魏元公夫人薛氏墓誌

時 魏甯氏墓窟畫像題字

旹 齊房周陁墓誌

旹 隋故楊秀墓誌銘

旹 隋張伏敬墓誌

時 唐朝議郎行蒲州桑泉縣丞輕車都尉路惲墓誌

旹 唐右威衛兵曹參軍王冷然墓誌

旹 元山西萬榮縣太趙村稷王廟舞臺廳碑

時 明安軒及夫人王氏墓誌

旹 清山東泰安關帝廟建殿題字

晋 晋平昌郡安丘縣始興散騎常侍孟府君墓誌銘

晋 魏鄭顯墓誌

晋 齊高建妻王氏墓誌

晋 齊丁晋造像

晋 隋主簿張濬墓誌

晋 隋賈逸墓誌

晋 唐不空碑

晋 唐晋陵郡別駕倪彬墓誌

晏 唐□□蘄州高唐縣尉清河崔晏故妻□□□□夫人□娘墓誌

晏 唐河南府兵曹何寂墓誌

晏 魏燕州刺史元颺墓誌

晏 唐京兆韋氏室女都師墓誌

書 漢夏承碑

書 吳天發神讖碑

書 魏馮邕妻元氏墓誌

書 魏元顯墓誌

書 魏瑯琊康王司馬金龍墓誌

書 唐文林郎上柱國董本墓誌

朔 漢孔廟置百石卒史碑

朔

朔 魏富平伯于纂墓誌

朔 魏和邃墓誌

朔 魏元壽妃麴氏墓誌

朔 魏元緒墓誌

朔 魏元靈曜墓誌

朔 魏元繼妃石婉墓誌

朔 魏司馬紹墓誌

朔 魏張寧墓誌

朔 魏胡毛進墓誌

朔 魏張九娃造像

朔 齊宋敬業造像

朔 齊李坦造像

朔 齊佛弟子孫業知造像

朔 隋陳叔毅修孔廟碑

朔 隋羅寶奴造像

朔 隋高緊墓誌

朔 隋賈珉墓誌

朔 隋段濟墓誌 朔 隋宋睦墓誌 朔 隋董夫人衛美墓誌 朔 隋蔡仕謙造像 朔 唐楊佰龍墓誌 朔 唐□忠墓誌 朔 唐頴州頴上縣令獨孤守義墓誌 朔 唐吏部常選中山張顏墓誌 朔 唐桂州都督府倉曹許義誠墓誌 朔 唐處士康哲墓誌

朕 魏楊乾墓誌 朕 魏高道悅墓誌 朕 唐孔宣公碑

致 魏吐谷渾璣墓誌 致 隋息州梁安郡守侯肇墓誌

殷 漢鮮于璜碑 殷 晉好大王碑 殷 魏中岳靈廟碑 殷 魏孝文帝弔比干文 殷 魏張玄墓誌 殷 魏劉玉墓誌 殷 魏元瑗墓誌 殷 魏王紹墓誌 殷 魏元凝妻陸順華墓誌 殷 魏劉懿墓誌 殷 魏高貞碑 殷 齊逢哲墓誌 殷 周寇嶠妻薛氏墓誌 殷 隋姜明墓誌 殷

殷 隋張軻墓誌

殷 隋陳叔榮墓誌

殷 隋申穆墓誌

殷 隋茯盛墓誌

殷 唐蘇銷造像

殷 唐寂照和尚碑

段 唐太宗祭比干文

殷 唐洛交郡長史趙懷琎墓誌

殷 唐大理寺評事封無遺墓誌

殷 唐劉德閏墓誌

般 唐隋奉車都尉姑臧段瑋墓誌

殷 唐汴州浚儀縣梁煥墓誌

烈 魏小劍戍主元平墓誌

烈 魏青州刺史元道墓誌

烈 齊僧道略造像

烈 隋寇遵考墓誌銘

烈 隋孟常墓誌

列 唐文林郎張金剛墓誌

烏 吳嘉禾七年七月磚銘

烏 魏始平公造像

烏 唐新使院石幢記

泰 魏杜照賢造像

泰 魏石門銘

泰 魏丘哲墓誌

泰

泰 魏山徽墓誌

泰 魏邢安周造像記

淅 唐京兆韋夫人墓誌

浚 晉王浚妻華芳墓誌

浚 魏李謀墓誌

浚 魏元口妃吐谷渾氏墓誌

浚 隋宫人三品樊氏墓誌

浚 唐仇君夫人袁氏墓誌

洽 魏元伏寶墓誌

洽 齊司馬遵業墓誌

浣 隋張君妻蕭氏墓誌

浣 唐京兆王氏妻崔夫人墓誌

浥 唐李敬墓誌

浮 隋仲思那造橋碑

浮 隋郭王墓誌

浮 隋王曜墓誌

海 魏温泉頌

海 魏江陽王次妃墓誌

海 魏陸紹墓誌

海 魏比丘道寶記

海 魏元湛妻薛慧

浸　浹　涅　涇　涉

命墓誌

毎 魏康富及子天長造義井佛像記

海 齊魏法興等造天宮記

𣴎 隋宋仲墓誌

浸 隋豆盧寔墓誌

浸 隋王弘墓誌

浸 唐樂達墓誌

浸 唐尚輦直長崔公夫人滎陽鄭敏墓誌

寖 唐東平郡壽張縣令盧合墓誌

寖 宋舒氏冢婦李夫人墓誌

浹 唐左監門衛大將軍太原白知禮墓誌

涅 魏曹望憘造像

浬 魏比丘僧演造像

涅 唐淨域寺大慶法藏禪師塔銘

涅 唐陳公窆多心經

涅 唐龐德威墓誌

涅 唐玄秘塔碑

涇 魏元仙墓誌

涇 齊崔頠墓誌

涇 齊皇甫琳墓誌

涇 唐武懷亮墓誌

涉 漢石門頌

涉 魏王紹墓誌

涉 魏元口妃吐谷渾氏墓誌

涉 齊元賢墓誌

涉 隋范高墓

涌 涕 涗 栓 栖 校 根

誌銘

涌 漢鄐閣頌

涕 隋上林署丞下鑒墓誌

涗 唐朝散大夫太子左贊善大夫南陽樊涗墓誌銘

栓 唐孔桃栓墓誌

栖 魏金城郡主墓誌

栖 隋董美人墓誌

校 魏元彬墓誌

校 隋高虬墓誌

根 魏小劍戎主元平墓誌

根 隋楊暢墓誌

# 格　栽　桀　桂　桃

格 晋辟雍頌 格 隋陳常墓誌 格 隋禮部侍郎陳叔明墓誌

栽 魏呂望表 栽 魏比丘道璦記 栽 齊道興造像 栽 齊感孝頌 栽 隋孟顯達碑 栽

唐處士李文墓誌

桀 魏孝文帝弔比干文 桀 魏寇憑墓誌 桀 魏叔孫固墓誌 桀 魏貴華王普賢墓誌 桀 魏于

景墓誌 桀 魏元緒墓誌 桀 魏寇霄墓誌 桀 唐張才墓誌 桀 唐宣節尉張萬善墓誌

桂 魏王僧墓誌 桂 隋楊厲墓誌

桃 魏元悅妃馮季華墓誌 桃 魏王夫人元華光墓誌 桃 魏女尚書馮迎男墓誌 桃 隋宮人緱

衣魏氏墓誌 桃 唐盧承業妻李項墓誌 桃 唐少府監中尚丞李府君夫人趙秀墓誌 桃 唐前徐州錄事

桑　　特　狭

參軍太原王庭玉故夫人博陵崔金剛墓誌

桑 魏刁遵墓誌

桑 齊傅醜傅聖頭姉妹造像

桑 齊元子邃墓誌

桑 周趙智侃墓誌

桑 周張滿澤妻郝氏墓誌

桑 隋嚴元貴墓誌

桑 隋元夫人崔暹墓誌

桑 唐程郅造橋碑

桑 唐大泉寺三門誌

桑 唐李才仁墓誌

桑 唐王競墓誌

桑 唐宣節尉張萬善墓誌

桑 唐邕州都督陵君夫人元氏墓誌

桑 唐河陰縣主簿南陽張濬墓誌

桑 唐上騎都尉趙阿文墓誌

桑 唐朝議郎行蒲州桑泉縣丞輕車都尉路惲墓誌

特 唐翊府中郎將李懷墓誌

狭 唐右威衛將軍上柱國王景曜墓誌

离 瓞 弦 窈 窔

禽 梁王慕韶墓誌

瓝 魏元順墓誌

瓝 隋張通妻陶貴墓誌

瓞 隋張禮墓誌

瓞 隋蔣國公屈突通墓誌

瓞

唐詹事府司直孫公夫人隴西李氏墓誌

弦 唐故王夫人墓誌

窈 唐廣陽王妃墓誌

窈 魏元夫人陸孟輝墓誌

窈 隋□弘穪墓誌

窈 唐長孫氏墓誌

窈

唐文安縣主墓誌

窈 唐都總監丞張夫人吉擅墓誌

窈 唐隴西李氏墓誌

窔 魏恒州刺史元譿墓誌

窔 魏元誨墓誌

窔 魏王夫人元華光墓誌

窔 魏傅母杜法真墓誌

窔 魏元顯儁墓誌

窔 魏元毓墓誌

窔 魏寇演墓誌

窔 魏豫州刺史司馬悅墓誌

窔 魏元

誘墓誌

𡧁 魏于景墓誌

定 隋王香仁墓誌

空 唐處士王顔墓誌

𡧁 唐前飛騎尉楊達墓誌

𡧁 唐韓王府兵曹參軍延陵縣開國公陸紹墓誌

𡧁 唐定遠將軍守左衛嬀泉府左果毅都尉陳秀墓誌

疢 魏宮一品張安姬墓誌

疢 宋金紫光禄大夫檢校司空左衛將軍□兼御史大夫上柱國開國侯吴元載墓誌

疢 漢元初三公山碑

疢 晋石尠墓誌

疢 魏于祚妻和醜仁墓誌

疢 魏女尚書馮迎男墓誌

疾 魏昭玄沙門大統僧令法師墓誌

疾 魏郭顯墓誌

珩 魏元鷙妃公孫甝生墓誌

珪 隋爾朱端墓誌

珪 隋張景略墓誌

班 齊高歡國妃敬氏墓誌

班 唐盧承業妻李墓誌

班 唐宮官司設墓誌

班 唐故隋左龍驤驃騎

王協墓誌　班　唐荆州大都尉府長林縣令上騎都尉呂黎韓仁楷墓誌　班　唐涼國公府長史上騎都尉張達墓誌

珮　隋元公夫人姬氏墓誌　珮　隋張儉墓誌　珮　隋淳于儉墓誌　珮　隋唐該墓誌　珮　隋宮

人三品樊氏墓誌　珮　隋梁瓌墓誌　珮　唐衢州蕭言思墓誌

砥　漢立朝殘石　砥　魏元廣墓誌　砥　魏高貞碑　砥　唐樂達墓誌

皋　漢孔彪碑　皋　漢韓勅碑陰　皋　漢王未卿買地券　皋　晉爨寶子碑　皋　魏冀州刺史元

昭墓誌　皋　魏昭令沙門大統僧令法師墓誌　皋　魏元夔墓誌　皋　魏于景墓誌　皋　唐趙庭墓

誌　皋　唐楊君妻韋氏檀特墓誌　皋　唐處士趙通墓誌　皋　唐處士李文墓誌　皋　唐延王府户曹

丁韶墓誌　皋　唐皇甫德墓誌　皋　唐上騎都尉掌思明墓誌　皋　唐正議大夫使持節都督雋州諸軍事守雋州

刺史上柱國高陽縣開國男許樞墓誌

皐 唐雍州美原縣丞王景之墓誌

矩 魏司馬景和妻墓誌

矩 魏關勝誦德碑

矩 魏元融墓誌

矩 齊張起墓誌

矩 隋任軌墓誌

矩 隋呂胡墓誌

矩 隋元鍾墓誌

矩 隋□墮墓誌

矩 隋張通妻陶貴墓誌

矩 隋宮人陳氏墓誌

矩 唐東都留守左衛飛騎尉上輕車都尉華守上柱國譙郡曹慶故上黨樊氏夫人合祔墓誌

祐 魏青州刺史元湛墓誌

祐 唐左光祿大夫段瑗墓誌

祐 晉沛國相張朗墓誌

袝 魏元公夫人薛氏墓誌

袝 唐宋州碭山縣令滎陽鄭紀故范陽盧氏夫人墓誌

袝 唐宣議郎行曹州乘氏縣尉薛懋墓誌

袝 唐懷州錄事參軍清河崔府君後夫人范陽盧氏墓誌

祖 魏元鸞墓誌

祖 齊梁伽耶墓誌

祖 隋右翊衛大將軍張壽墓誌

祖 隋晉王祭酒車詵墓誌

祖 隋羊瑋墓誌 祖 唐盧玢墓誌 祀 唐都總監丞張夫人吉擅墓誌 祺 唐邠公夫人馬氏墓誌

祖 唐潁州潁上縣令獨狐守義墓誌 祀 唐陪戎校尉太原王勗墓誌

祗 漢耿勳碑 祇 魏元顥墓誌 祇 魏張敬等造像 祗 唐詹事府司直張椅墓誌 祗 唐北平田在卞墓誌 祇 遼北大王墓誌

祚 唐游擊將軍吳孝墓誌

神 漢三公山碑 神 晉當利里社殘碑 神 魏定州刺史元湛墓誌 神 魏長孫璝墓誌 神 魏崔承宗造像 神 隋阮景暉造像 神 隋韓祐墓誌 神 唐霍寬墓誌 神 唐鄭昌縣令鄭承光墓誌

神 金周上卿墓誌

祠 秘 秼 秩 秦 留

祠 魏江陽王元乂墓誌　祠 元新建祖師祠報恩碑記

祕 魏司馬元興墓誌　祕 唐樊興墓誌

秼 魏穎川太守穆纂墓誌

秩 魏王悅墓誌　秩 魏富平伯于纂墓誌　秩 周華嶽廟碑　秩 隋孔河陽都尉墓誌　秩 唐劉氏墓誌　秩 唐荊州大都督府長林縣令騎都尉呂黎韓仁楷墓誌　秩 唐通直郎守武榮州南安縣令王基墓誌

秩 唐朝請郎行司農寺大倉丞騎都尉劉慎墓誌銘

秦 漢楊孟文頌　秦 魏寇演墓誌　秦 魏王悅墓誌　秦 魏秦洪墓誌　秦 唐軒轅鑄鼎原銘

畱 漢景君碑　留 漢張遷碑　畄 晉王浚妻華芳墓誌　畄 魏恒州刺史元纂墓誌　一田 魏元璨墓

誌　留 隋張通妻陶貴墓誌　留 隋郭龍墓誌　留 隋弘稱墓誌　留 隋趙朗墓誌　留 唐蘇

瓌碑　留 唐潘鄉墓誌　留 唐張藥墓誌　留 唐高應墓誌　留 唐崔璀墓誌　留 唐陳護墓

誌　留 唐游擊將軍吳孝墓誌　留 偽周處士劉通墓誌　留 唐王緒母郭氏墓誌　留 唐李戢妃鄭氏

墓誌　留 唐王緒太夫人郭王墓誌　留 唐處士申恭墓誌　留 唐高應墓誌　留 唐上柱國張和墓誌

留 唐慶王府典軍江璀墓誌　留 唐張思言墓誌　留 唐處士張海墓誌　留 唐靖千年墓誌　留

唐上柱國張和墓誌　留 唐陳崇本墓誌　留 唐朝議大夫上輕車都尉行澤州司馬清河張玄封墓誌　留 唐金

明縣令上柱國張惠則墓誌　留 唐楚州長史源公夫人樂安蔣婉墓誌　留 唐朝散大夫光祿卿致仕上柱國賜

紫金魚袋崔廷墓誌　留 明陳母王孺人墓誌

# 畝

畝 魏中山王元熙墓誌　畝 魏邢巒妻元純陁墓誌　畝 唐畫讚碑陰　畝 唐張覺墓誌　畝 唐八都壇神君實錄　畝 唐儀威墓誌銘　畝 唐處士張義墓誌　畝 唐明威將軍守右鷹揚衛貴安府折衝都尉上柱國王建墓誌　畝 唐正議大夫使持節相州諸軍事守相州刺史上柱國河南賀蘭山務溫墓誌　畝 唐撫州法曹參軍員外置隴西李濉墓誌

# 真

真 漢譙敏碑　真 吴谷朗碑　真 魏李興造像　真 魏恒州別駕元保洛墓誌　真 齊平州刺史司馬夫人造像　真 齊法義優婆姨等造像頌　真 唐黄葉和尚碑　真 唐元宗御注道德經　真 宋樂夫人墓誌

# 皆

皆 唐朔方軍總管李信墓誌

益 魏正平太守元仙墓誌 益 唐李扶墓誌 益 唐郤公夫人馬氏墓誌 益 唐河南郡元氏墓誌

益 清南宮縣學記

胷 魏比丘僧智造像 胸 唐李良墓誌 胷 唐游擊將軍康磨伽墓誌 胷 唐公孫器墓誌 胷 唐安重遇墓誌 匈 唐陸大亨墓誌 匈 唐忠武將軍德從弟李君彥夫人魏氏墓誌

能 魏曹真碑 能 魏嵩岳靈廟碑 能 魏比丘道寶記 能 魏比丘道穎等造像 能 魏臨潼造像

能 魏元朗墓誌 能 魏叔孫固墓誌 能 齊是連公妻邢夫人墓誌 能 周賀屯植墓誌 能 隋張道深等造像 能 隋阮景暉造像 能 北徐州興福寺劉道景造像 能 隋王曜墓誌 能 隋明雲騰墓誌銘

脂　胅　衂　耻　耿　臭

脂 魏張寧墓誌
脂 齊鄭子尚墓誌
脂 齊高潤墓誌
脂 隋盧文構墓誌
脂 唐游石室新記
脂 唐程邨造橋碑
脂 唐陳守素妻李夫人墓誌

胅 魏司空穆紹墓誌
胅 唐飛騎尉王則墓誌

衂 唐翊軍大將軍行左屯衛翊府中郎將幽州經略軍節度副使翟銑墓誌

恥 漢樊敏碑
耻 魏王基墓誌
恥 隋李則墓誌
耻 隋劉則墓誌
耻 唐楊氏夫人合葬墓誌
耻 唐洋州長史王震墓誌

耿 魏東莞太守秦洪墓誌
耿 魏元襲墓誌
耿 魏元襲墓誌
耿 唐呂文倩墓誌

臭 魏冀州刺史元壽安墓誌
臭 魏房悅墓誌

耆　虔　蚕

耆晋辟雍頌　耆隋劉淵墓誌　耆隋寇嶠妻薛氏墓誌　耆寶梁經　耆唐上柱國王強墓誌

虔梁程虔墓誌　虔魏内司楊氏墓誌　虔魏元夫人陸孟輝墓誌　虔魏邑子六十人造像記

虔魏長孫士亮妻宋靈妃墓誌　虔魏世宗宣武皇帝李嬪墓誌　虔隋曾植碑　虔唐張興墓誌

虔唐王緒母郭氏墓誌　虔唐滄州長蘆縣丞薄仁墓誌　虔唐信安縣主元思忠墓誌　虔唐正議大夫使持節武州諸軍事行武州刺史上柱國公孫思觀墓誌　虔唐特進行虔王傅扶風縣開國伯上柱國兼英武軍右廂兵馬使藕日榮墓誌　虔元萬榮縣太趙村稷王廟舞廳石口

蚕漢永壽三年山東嘉祥宋山畫像石題記　蚕唐右拾遺崔舟義墓誌　蚕唐中散大夫守司農少卿分司西京上柱國祁縣開國子王貽慶墓誌

翁　笄　笑　芻　莅

翁 唐右衛率府親府親衛上騎都尉王杰墓誌

笄 魏司馬景和妻墓誌 笄 魏世宗嬪司馬顯姿墓誌 笄 唐成夫人墓誌

咲 魏元顯儁墓誌 咲 魏李仲琁脩孔廟碑 咲 魏寇憑墓誌 咲 魏元高之墓誌 咲 魏員外散騎常侍元恩墓誌 咲 周張滿澤妻郝氏墓誌 咲 隋楊秀墓誌 咲 唐李君夫人孟氏墓誌 笑 唐皇朝史庭墓誌 咲 金周上卿墓誌 笑 明少司馬藏泳德碑

芻 魏義橋石像碑 芻 魏涼州刺史元維墓誌 芻 魏元敏墓誌 芻 唐李彥墓誌 芻 唐定州司馬辛驥墓誌 芻 唐梁守謙功德銘 芻 唐□孝基墓誌

莅 唐處士蘭達墓誌 莅 唐左千牛京兆府折衝右率府郎將李夢夫人楊氏墓誌 莅 唐右衛倉曹參軍崔

茫　兹　茵　茶　茹

君夫人滎陽鄭氏墓誌

茫 齊董洪達墓誌 茫 唐前試左衛兵參軍裴孝仙墓誌 茫 唐處士田君彥墓誌 茫 唐司農主簿盧友度墓誌

兹 魏蘇屯墓誌 兹 魏內司楊氏墓誌 兹 魏元融墓誌 兹 魏相州刺史元宥墓誌 兹

周夏承原造像 兹 唐甯思真墓誌 兹 唐潘卿墓誌 兹 唐瀛南郡禹城縣令李庭訓墓誌 兹 清泰

安闕帝廟建殿題字

茵 魏元延明妃馮氏墓誌 茵 唐信安縣主元思忠墓誌

茶 唐處士王顏墓誌

茹 唐劉德閏墓誌

荀　荃　荆　草　荒

荀 吴天璽元年荀氏磚銘

荃 唐故隋左龍驤驃騎王協墓誌

荆 魏比丘道瓚記 荆 魏太尉府諮議參軍元斑墓誌 荆 魏李挺墓誌 荆 魏邑主造像訟 荆 魏魏靈藏造像 荆 魏公孫略墓誌 荆 魏懷朔鎮都大將叔孫協墓誌 荆 隋阮景暉等造像 荆 隋宋仲墓誌 荆 唐老君石像碑 荆 周大督陽村伯長孫夫人羅氏墓誌 荆 唐汴州封丘縣令張才墓誌

草 齊李夫人崔宣華墓誌

荒 漢三公山碑 荒 魏東安王太妃墓誌 荒 魏元□妃吐谷渾氏墓誌 荒 魏嵩高靈廟碑 荒 隋張伊墓誌 荒 唐文林郎路岩墓誌

航 魏嵩陽寺碑 航 魏孫遼浮圖銘 航 魏元顯墓誌 航 隋王夫人成公墓誌 航 唐老君石像碑

航 唐多寶塔銘 航 唐景教流行中國碑

般 唐柳公權書金剛經

衮 魏孝文帝弔比干文 衮 魏太尉府諮議參軍元弼墓誌 衮 魏廣陽陵王元羽墓誌 衮 魏瀛州刺史元欽墓誌

衮 魏司空穆泰墓誌 衮 魏范陽王元誨墓誌 衮 魏元璨墓誌 衮 魏元詳墓誌

衮 魏穆子巖墓誌 衮 魏定州刺史元湛墓誌 衮 魏冀州刺史駙馬都尉高猛墓誌 衮 齊臨淮王像碑

衮 齊堯峻妻獨孤氏墓誌 衮 隋宮人陳氏墓誌 衮 唐交州都督府參軍樊玄紀墓誌 衮 唐尚書右丞倪泉墓誌

衰 魏三級浮圖頌 衰 魏丘哲墓誌 衰 隋甯贙碑 衰 魏王遷墓誌 衰 寶梁經 衰 隋豆盧寔墓誌 衰 唐文宣王廟記 衰 唐關道愛墓誌 衰 唐上柱國李起宗墓誌 衰 唐橫野參軍副使樊庭觀墓誌 衰 唐邰才志墓誌

衷 魏元氏趙夫人墓誌 衷 魏元珍墓誌 衷 隋王弘墓誌 衷 隋門下坊錄事張相墓誌 衷 唐試大理評事鄭公夫人盧氏墓誌 衷 唐故夫人張肅墓誌 衷 唐太平軍隨軍節度將仕郎試左內率府兵曹參軍李惟一墓誌 衷 宋朝散大夫尚書兵部郎中知福州軍府事柱國河南源護墓誌 衷 梁羅周敬墓誌

袁 魏敬史君碑陰 袁 魏袁□五十人造像 袁 魏馬振拜造像 袁 魏叔孫固墓誌

衾 魏元斑妻穆夫人墓誌 衾 隋陳常墓誌 衾 唐文林郎王君夫人墓誌 衾 唐清河張㷖墓誌

袖　袪　被　納　純　紘

衾 唐亳州録事參軍博陵崔公趙郡李夫人墓誌

袖 魏司空穆泰墓誌　袖 魏王誦墓誌

袪 唐宣州宣城縣府范陽盧宏齊夫人博陵郡崔氏墓誌

被 魏比丘尼統慈慶墓誌　被 魏元璨墓誌　被 魏陸紹墓誌　被 唐支懐墓誌　被 唐隴

西趙摩墓誌

納 唐亡宮九品誌石

純 唐晋州崔邑縣令楊純墓誌

紘 隋呂胡墓誌

紙 魏元欽墓誌

級 天保劉子瑞墓誌

紛 魏元子永墓誌

素 魏兗州刺史元彌墓誌　素 魏穆纂墓誌　素 魏李挺墓誌　素 隋張儉墓誌　素 唐無錫縣主楊君夫人王俱墓誌

索 漢無極山碑　索 魏趙阿歡造像　索 唐信王府士曹崔傑墓誌　索 唐宮官司設墓誌

紊 唐王敬仲墓誌

料 唐雲麾將軍宋儼墓誌

## 耕

耕 魏張猛龍碑

耕 隋王曜墓誌

耕 隋雍長墓誌

耕 唐盧公清德頌

耕 唐紀國先妃陸氏碑

耕 唐等慈寺碑

耕 唐桂州都督府倉曹許義誠墓誌

## 耘

耘 唐處士朱通墓誌

耘 唐王君故任夫人墓誌

## 缺

缺 唐太中大夫邕府都督陸思本故夫人河南元氏墓誌

## 豹

豹 漢魯峻碑

豹 魏鄭縣男唐耀墓誌

豹 魏高道悅墓誌

豹 魏孫秋生造像

豹 魏敬史君碑

犳 齊諸葛始興造像

豹 齊范粹墓誌

犳 唐李子如墓誌

豹 唐安南都護府長史杜忠良墓誌

豹 唐冠軍大將軍行左豹韜衛翊府中郎將高玄墓誌

豹 唐仙洲別駕張仁方墓誌

## 豺

犲 晉司馬芳碑

犲 魏程哲碑

犲 魏樂安王元緒墓誌

犲 魏侯剛墓誌

犲 魏故程哲碑

財　躬　起

財 齊平等寺碑

財 漢西狹頌　財 漢楊淮表　財 齊宋買造像　財 齊比丘惠瑍造像　財 漢蒼山畫像石題記

躳 漢張壽碑　躬 漢景君碑　躬 魏于景墓誌　躬 魏元融墓誌　躬 唐右威衛錄事參軍孟君妻劉氏墓誌　躬 唐修孔子廟詔表　躬 唐房陵郡太守盧君夫人弘農郡君楊氏墓誌　躬 唐信王府士曹崔傑墓誌

起 魏義橋石像碑　起 魏閭伯昇墓誌　起 魏寇治墓誌　起 魏甯想墓誌　起 魏笱景墓誌　起 魏元羽墓誌　起 魏叔孫固墓誌　起 齊李清為李希宗父子造像　起 宋建雄軍節度判官朝議大夫檢校戶部尚書兼御史大夫上柱國太原閻光度墓誌　起 明司淑人王氏墓誌

# 迷　追　迹　退　逃

迷 魏鎮北大將軍元思墓誌　迷 齊宋顯伯造塔銘　迷 唐段贖夫人墓誌

追 漢韓勑碑　追 魏林盧王元文墓誌　追 魏穆纂墓誌　追 魏房悅墓誌　追 隋修七帝二寺碑

追 隋劉寶墓誌

迹 魏元瞻墓誌　迹 唐張君夫人秦氏墓誌

退 漢夏承碑　退 魏唐耀墓誌　退 唐李玄靖碑　退 唐上柱國李起墓誌　退 唐光祿寺少卿王子鱗墓誌

退 唐宣義郎行涇州陰盤縣尉騎都尉周義墓誌

逃 魏張滿墓誌　逃 齊臨淮王像碑　逃 隋王榮墓誌　逃 清方履籛墓誌

逃 漢張遷碑　逃 漢朝侯小子碑

逆　逅　迺　訖　託　軒　酌

逆 魏大宋飛丞元斌墓誌

逆 唐丹陽郡故陶元欽太原王夫人墓誌

逆 唐鄂州永興縣主簿中山張惪墓誌

逅 唐張文珪造像

迺 大周朝請大夫行鄧州穰縣令上護軍南玄暕墓誌

訖 晉龔子平造磚題記

訖 魏廉富及子天長造義井佛像記

訖 魏杜文雅造像記

訖 魏汾州刺史元彬墓誌

訖 齊比丘僧力造像記

訖 齊高獻國妃敬氏墓

誌

託 隋張儉墓誌

軒 隋孔河陽都尉墓誌

軒 唐王瑗墓誌

酌 唐戴令言墓誌

酒 魏陸紹墓誌　酒 魏染乾太守宋虎墓誌

邕 唐北海郡守贈秘書監江夏李邕墓誌

郗 魏郗蓋族墓誌

郎 魏元悅墓誌　郎 魏高廣墓誌　郎 魏韓顯宗墓誌　郎 齊石信墓誌　郎 唐工部尚書崔泰之墓誌　郎 唐中書舍人崔詧墓誌

郡 魏元子永墓誌　郡 魏元保洛墓誌　郡 隋張伴暨夫人東門氏墓誌

豈 北京沮渠安周碑　豈 魏陳天寶造像　豈 魏元朗墓誌　豈 周檢校司徒蕭處士墓誌　豈 唐王仲建墓誌　豈 唐張才墓誌　豈 唐處士皇甫政墓誌　豈 唐□壽墓誌　豈 唐左衛率府翊衛王

歲墓誌

豈　唐楊清墓誌

釜　隋郭休墓誌

針　魏杜文雅造像

陛　魏比丘員光造像　陛　魏須彌塔記　陛　魏王方略造像　陛　魏建興郡端化縣水碓昇合村邑子造像　陛　魏臨潼造像　陛　魏蘊胡仁造像　陛　魏佛弟子□善等十三人造像　陛　齊賈思業造像　陛　齊牛景悅造像　陛　齊比丘尼慧造像　陛　齊比丘□曇造像　陛　齊比丘尼員空造像　陛　齊夏侯顯穆造像　陛　齊比丘僧法照造像　陛　齊比丘尼法朗等造像　陛　齊張祖為亡女造像　陛　齊比丘尼惠遠為亡姊造像　陛　齊李稚暈造像　陛　齊比丘法顯等五十人造像　陛　隋李景造像　陛　隋梁伯仁造像

陝　陟　除　骨　卺　鬲

陝 隋甯贊碑　陝 普就造像

郟 唐上騎都尉趙阿文墓誌

陟 唐朝議郎行幽州會昌縣令上柱國賈元恭墓誌　陟 唐鄴郡安陽縣宰趙佺墓誌

除 漢曹全碑　除　除 魏閻伯昇墓誌

骨 唐寇公次女墓誌　骨 唐前徐州錄事參軍太原王庭玉故夫人博陵崔金剛墓誌　骨 唐昭成觀大德

張若訥墓誌　骨 唐朱懷智墓誌　骨 唐處士后節墓誌

卺 魏青州刺史元暐墓誌　卺 魏元懌墓誌

鬲 唐潾山郡流江縣丞朱光宙墓誌

鬼 漢琴亭侯為支人孝義買地券　鬼 魏孝文帝吊比干文　鬼 隋仲思那造橋碑　鬼 魏元液墓誌

馬 漢仙人唐公房碑　馬 魏馬振拜造像　馬 周賀屯植墓誌　馬 隋馬少敏墓誌　馬 隋張志相妻潘善利墓誌　馬 隋口韶墓誌　馬 唐銀青光祿大夫定州刺史上柱國爾朱義琛墓誌　馬 唐中大夫行蜀州長史上柱國鄭知賢墓誌　馬 唐平陽郡故敬覺墓誌　馬 唐特進行虔王傅扶風縣開國伯上柱國秉英武軍右廂兵馬使蘇日榮墓誌

高 漢婁壽碑　高 魏元羽墓誌　高 齊陃赤齊造像

## 十一畫

乾 晉沛國相張朗墓誌　乾 北涼沮渠安周碑　乾 魏魏靈藏墓誌　乾 魏寇臻墓誌　乾 大代

華岳廟碑
乾 魏元端墓誌
乾 齊雋敬碑
乾 齊比丘惠瑍造像
乾 周賀屯植墓誌
乾 隋仲思那造橋碑
乾 隋密長盛造橋碑
乾 隋橋紹墓誌
乾 唐褚書聖教序
軋 唐閭丘氏夫人墓誌

軋 唐九成宮碑
乹 唐管元惠墓誌
乩 唐王君會及妻楊氏墓誌

俑 遼馬直溫妻張氏墓誌

偃 魏王偃墓誌
偃 魏元偃墓誌
偃 魏元斌墓誌
偃 魏崔敬邕墓誌
偃 魏侯海墓誌

偃 魏奚真墓誌
偃 魏元羽墓誌
偃 魏李希宗墓誌
偃 齊劉碑造像
偃 齊鄭子尚墓誌

偃 齊法懃禪師塔銘
偃 隋曹子建碑
偃 隋鄭龍墓誌
偃 隋主簿張濬墓誌
偃 隋蕭翹墓誌
偃 隋呂胡墓誌
偃 隋趙朗墓誌
偃 隋陳劉猛進墓誌
偃 唐于孝顯碑
偃 唐楊

# 假

氏夫人合葬墓誌

優 唐段會妻呂氏墓誌

優 唐四皓祠碑

優 唐楊貴墓誌

優 唐高荊玉墓誌

優 唐張起墓誌

優 唐石城縣主簿鄭邁墓誌

優

優 唐陪戎副尉羅甑生墓誌

優 唐王文曉墓誌

優 唐段會墓誌

優 唐襄陽縣主簿張傑墓誌

優

優 唐文林郎楊訓墓誌

優 唐蒲州虞鄉丞王安墓誌

優 唐張泉墓誌

優 唐□建達墓誌

假 漢衡方碑

假 漢史晨後碑

假 魏元襲墓誌

假 魏寇臻墓誌

假 魏鄭羲碑

假 魏高湛墓誌

假 魏張玄墓誌

假 魏公孫猗墓誌

假 魏元䴏墓誌

假 魏山徽墓誌

假 魏寇憑墓誌

假 魏富平伯于纂墓誌

假 齊宋敬業造像

假 齊□弘墓誌

假 周宇文妙儀墓誌

假 唐張興墓誌

偈 佛說天公經

偉 晉爨寶子碑

偉 魏趙俊然等百人造像

偉 隋造龍華碑

偉 唐處士索行墓誌

偏 魏李謀墓誌

偏 魏張盧墓誌

偏 隋宮人魏氏墓誌

偏 唐定襄縣令張楚璋墓誌

停 齊李清報德像記

停 齊李琮墓誌

停 齊宋敬業等造像

停 隋李則墓誌

停 唐呼倫縣公□陁墓誌

停 唐張善墓誌

健 遼馬直溫妻張氏墓誌

健 唐朝散郎行薛王府國令上輕車都督張嘉福墓誌

偶 唐壽張縣令盧含墓誌

偷 唐鴻臚卿致仕贈工部尚書琅琊支公長女鍊師墓誌

兜　凰　副　剪　勒　動

兜 北涼沮渠安周碑　兜 魏魏靈藏造像　兜 常岳造像　兜 魏陳天寶造像　兜 魏元昭墓誌

兜 齊邑義主等百人造靈塔銘　兜 齊趙阿歡造像　兜 明涿州石經山琬公塔院碑

凰 齊高叡修寺碑　凰 隋□和墓誌　凰 唐清河郡夫人張氏墓誌　凰 唐劉夫人墓誌

副 魏解伯都造像　副 隋王世琛墓誌　副 唐大盧令那像龕記　副 唐邢思賢墓誌　副 程元洛殘造像　副 宋金紫光祿大夫檢校司空左衛將軍□兼御史大夫上柱國南陽郡吳元載墓誌

剪 魏丘哲墓誌

勒 魏惠感造像　勒 魏强弩將軍趙振造像　勒 隋張伻墓誌　勒 唐上柱國李起宗墓誌

動 魏元朗墓誌　動 魏元湛妻薛慧命墓誌　動 齊無量義經

勖 務 匐 匿 區

勗 魏內司楊氏墓誌 勗 隋張冏妻蘇恒墓誌 勗 唐董文善墓誌 勗 唐處士淳于君夫人陳氏墓誌

勗 唐陪戎校尉太原王勗墓誌

務 魏比丘僧智造像 務 魏女尚書馮迎男墓誌 務 隋范高墓誌 務 隋梁環墓誌 務 唐張才墓誌 務 唐柏虔玉墓誌

匐 隋比丘尼修梵石室記 匐 唐泉州龍溪縣尉李君墓誌

匿 隋阮景暉造像 匿 唐游擊將軍吳孝墓誌

區 魏王銀堂造像 區 魏路僧妙造像 區 魏曹續生造像 區 魏張玄墓誌 區 魏王法現造像

區 魏平東將軍陳元清造像 區 魏護軍府吏魯泉造像 區 魏孫遼浮圖銘 區 魏朱顯恩造像記

匠 魏仇臣生造像
傴 魏楊纆黑造像
匜 魏王忠合造像
區 齊南子胤造像
塸 齊鄭肱造像
碅 齊張智寶造像
區 齊丁晋造像
傴 齊潘景暉等七十人造像
區 齊秦應伽造像
漚 齊法文兄弟八十人建妙塔銘
匠 齊宇文貞造像
區 武定年清信士輔蘭德造像
區 大統年佛弟子合邑人等造像
區 天和年薛迴顯等造像
區 周李男香造像
區 周成益周等造像記
區 唐崔懐儉造像記
區 唐李會立造像

# 冕

寃 魏司馬昇墓誌
冤 魏高貞碑
冤 魏呂望表
冤 魏任城文宣王太妃馮墓誌
寃 魏舞陰寇偘墓誌
冤 魏章武王妃盧墓誌
冤 魏密陽令蘇屯墓誌
冤 魏張整墓誌
寃 魏故張盧墓誌銘
冤 齊劉碑造像
冤 齊臨淮王像碑
冤 齊叱列延慶妻爾朱元靜墓誌
冤 隋尉富娘墓誌
冤

## 参

隋宮人典綵朱氏墓誌

寃 隋明雲騰墓誌

冤 隋孔神通墓誌

寃 隋張喬墓誌

冤 隋宮人賈氏墓誌

冤 隋張儉墓誌

冤 隋宮人三品樊氏墓誌

冤 隋宮人徐氏墓誌

寃 隋宮人尚寢魏氏墓誌

寃 隋杜夫人鄭善妃墓誌

冤 隋陳叔榮墓誌

寃 唐張懿墓誌

冤 唐龍游縣尉懷義弘墓誌

寃 唐處士范重明墓誌

寃 唐游擊將軍吴孝墓誌

寃 唐梁君夫人成淑墓誌

寃 唐單信墓誌

冤 唐司御率府翊衛張敬玄墓誌

冤 唐上柱國李起宗墓誌

寃 唐京兆府渭南縣尉張時譽墓誌

曑 漢衡方碑

𠎺 魏冀州刺史元子直墓誌

叅 魏河州刺史鄯乾墓誌

叅 魏崔懃造像

叅 魏元保洛墓誌

叅 魏元禮之墓誌

曑 魏公孫略墓誌

叅 魏丘指妻鮮于仲兒墓誌

曑 齊梁伽耶墓誌

叅 齊董伏恩造像

叅 齊天統四年明玉珍墓誌

叅 齊武平年趙桃等造像

曑 齊比丘僧道政造像

叅 齊宇文誠墓誌 叅 唐右千牛府鎧曹參軍□且墓誌 叅 唐國子司業開休元墓誌 叅 唐上騎都
尉姚思玄墓誌 叅 唐銀青光祿大夫守工部尚書贈荊州大都督清河郡開國公上柱國崔泰之墓誌 叅 唐前延王
府戶曹參軍李君故妻京兆韋夫人墓誌 叅 唐丹陽郡故陶元欽太原王夫人墓誌 叅 宋范輝墓誌 叅
周曹恪碑 叅 隋甯贊碑 叅 隋曹植碑 叅 隋宮人司計劉氏墓誌 叅 隋楊暢墓誌 叅 隋梁
瓌墓誌 叅 隋嚴元貴墓誌 叅 唐太原王夫人墓誌

雇 齊同琋氏造像 隹 隋李領萬造像 唯 唐陳慈墓誌

售 唐蔚州司馬崔璹墓誌 售 唐鄉貢進士隴西李朓墓誌

唉 隋皇甫琛墓誌 唉 隋張通妻陶貴墓誌 唉 唐潞州襄垣縣令裴嗣宗墓誌

唾 啄 商 問 啟

唾 宋廣平宋可度墓誌

啄 魏中岳嵩陽寺碑

啄 魏山徽墓誌

商 漢曹全碑

商 魏孝文帝弔比干文

商 魏孝文帝弔比干文陰

商 隋雍長墓誌

商 隋蕭瑾墓誌

商 唐劉元超墓誌

問 魏定州刺史元湛墓誌

啟 魏受禪表

啟 陳劉楹進墓誌

啟 魏孝文帝弔比干文

啟 魏山徽墓誌

啟 魏元文

啟 魏元詳墓誌

啟 魏寇臻墓誌

啟 魏元遙墓誌

啟 魏元順墓誌

啟 魏元新成妃李氏墓誌

啟 魏元凝妻陸順華墓誌

啟 魏元周安墓誌

啟 齊元子邃墓誌

啟 隋元君夫人姬氏墓

# 國

啓 隋諸葛子恒造像
啓 隋皇甫琛墓誌
啓 隋梁環墓誌
啓 隋長陵縣令盧文構墓誌銘
啓 隋屯田侍郎柳君夫人蕭氏墓誌
啓 唐王才墓誌
啓 唐王進墓誌
啓 唐王大劍墓誌銘
啓 唐京兆□思道墓誌
啓 唐隋左龍驤驃騎王協墓誌
啓 唐河間邢君故夫人劉達墓誌
啓 唐贈游擊將軍董嘉斤墓誌
啓 唐汾州崇儒府折衝滎陽鄭仁穎墓誌

國 魏賈充妻郭槐柩銘
民 魏三級浮圖頌
國 魏于景墓誌
國 魏元襲墓誌
國 魏王基墓誌
国 魏平東將軍蘊方成造像
美 魏儁蒙娥等卅一人造像
國 魏章武王元彬墓誌
國 魏叔孫固墓誌
国 魏元維墓誌
國 魏元壽妃麴氏墓誌
國 齊軌禪師像造
王 齊宋敬業造像
国 齊比丘惠育造像
国 隋張伻墓誌
國 唐亡宮九品墓誌
國 唐陪戎校尉趙臣墓誌
國 唐國子生李魚銘

張　庵　庶　康

張 安徽亳縣曹操宗族墓磚廿九號 張 苻秦廣武將軍□產碑 張 魏比丘惠感造像 張 魏正

始五年張洛都墓誌磚銘 張 唐趙客鄉造像 張 龍門張雙造像題名

庵 明府庠廩生光父段德懋暨配光母張氏合葬墓誌

庶 漢夏承碑 庶 北涼沮渠安周碑 庶 宋爨龍顏碑 庶 魏溫泉頌 庶 魏穎川太守元襲墓

誌 庶 魏王偃墓誌 庶 魏雍州刺史王翊墓誌 庶 隋陽瑾墓誌 庶 唐盧寂墓誌 庶

唐仵欽墓誌 庶 唐趙妻麹墓誌 庶 唐毛鳳敬墓誌 庶 唐故隋左龍驤驃騎王協墓誌 庶 唐冀州南

宮縣尉武騎尉邢徵墓誌銘 庶 梁石彥辭墓誌

康 漢武梁祠畫像題字 康 魏魏雛柩銘 康 晉王興之墓誌 康 魏馮邕妻元氏墓誌 康 魏元

二四二

緒墓誌 康 魏元均墓誌 康 魏吴樹造像 康 魏元澄墓誌 康 齊張龍伯造像 康

齊邑義道僞等七十八人造像 康 唐段公夫人常氏墓誌

庸 魏燕州治中從事侯掌墓誌 庸 魏孫遼浮圖銘 庸 隋龍山公墓誌 庸 唐游擊將軍康磨伽墓誌

庸 唐處士米通墓誌 庸 唐使持節文州諸軍事文州刺史陳察墓誌 庸 唐朝散大夫太子左贊善大夫

南陽樊涚墓誌 庸 唐亡宮九品墓誌 庸 唐汝陰郡司法參軍姚希直墓誌

宿 魏女尚書王僧男墓誌 宿 魏元鑽遠墓誌 宿 魏孫遼浮圖銘 宿 魏姚伯多造像 宿 齊王

憐妻趙氏墓誌 宿 唐吴縣丞杜榮墓誌 宿 唐吏部常選中山張顏墓誌

寂 魏三級浮圖頌 寂 魏暉福寺碑 寂 魏元朗墓誌 寂 魏鄭光生夫人墓誌 寂 隋騰王子

楊厲墓誌

寄 隋郭寵墓誌

寄 隋劉多墓誌

寄 唐曾州司法參軍李宏墓誌

寄 唐東南面招討副使寧江軍節度觀察處置兼光祿大夫檢校太保西方鄴墓誌

寄 魏汶山侯吐谷渾璣墓誌

寄 隋□鐘葵墓誌

寅 漢竇憲碑

寅 晉徐義墓誌

寅 魏皇甫驎墓誌

寅 魏永安平樂陵太守李文遷造像

寅 魏程哲墓誌

寅 魏涇州刺史奚康生造寺碑

寅 魏昭玄沙門大統僧令法師墓誌

寅 魏元融墓誌

寅 魏郭顯墓誌

寅 魏元朗墓誌

寅 魏高猛妻元瑛墓誌

寅 魏唐耀墓誌

寅 魏江陵縣男長孫子澤墓誌

寅 魏佛弟子張道明造像

寅 齊董洪達造像

寅 齊孟阿妃造像

寅 齊馬暉賓造像

寅 齊蘊慈造像

寅 唐王行寶造像

寅 唐王郎將君墓誌

寅 唐李繼叔墓誌

寅 唐左

密　　寇

清道率府錄事參軍于公故夫人裴氏墓誌

寅 清張槐生墓誌

密 魏張敬造石柱像

密 魏東阿縣公元順墓誌

密 齊逢哲墓誌

密 隋宮人司寶陳氏墓誌

密 隋密長盛造橋碑

密 隋張濤妻禮氏墓誌

密 偽鄭義安郡夫人元氏墓誌

密 唐惠隱禪師塔銘

密 唐張維岳墓誌

密 唐銀青光祿大夫行光祿少卿上柱國渤海郡開國公高巒墓誌

密

密 宋山西萬榮縣橋上村後土廟舞臺碑

寇 魏杜照賢造像

寇 魏李謀墓誌

寇 魏崔懃墓誌

寇 魏比丘僧智造像

寇 魏元端墓誌

寇 魏元鑽遠墓誌

寇 魏杜景業造像

寇 魏寇治墓誌

寇 魏寇演墓誌

寇 魏王僧墓誌

寇 魏元天穆墓誌

寇 魏元朗墓誌

寇 魏元壽安墓誌

寇 魏劉懿墓誌

寇 魏寇胄墓

誌 宼 齊靜明造像 宼 齊高叡為七姊造像 宼 隋□韶墓誌 冦 隋張儉墓誌 冦 隋扶溝縣令郭君墓誌 宼 隋淳于儉墓誌 宼 唐君禕墓誌 冦 唐樂延宗墓誌 宼 唐朝散郎守內寺伯飛騎尉成忠墓誌 宼 唐前鄉貢明經上谷寇釗墓誌 冦 唐吳達墓誌 冦 宋范輝墓誌 冦 宋殿中丞清河張曙墓誌

# 崇

崈 魏慈香造像 崇 魏廉富及子天長造義井佛像記 崇 魏富平伯于纂墓誌 崇 魏元悅墓誌 崈 齊陃赤齊造像記 崈 齊高僧護墓誌 崈 隋劉淵墓誌 崈 隋雍長墓誌 崇 唐皇甫府君墓誌 崇 唐張騷墓誌

# 崑

崐 魏燕州刺史元颺墓誌 崐 魏東安王太妃墓誌 崐 魏元仙墓誌 崐 魏王誦墓誌 崑

崔　崖　崤　崩　崗

魏寇治墓誌

崐 魏元斌墓誌

崔 唐守河南府陽翟縣尉崔行規故夫人滎陽鄭娟墓誌

崖 唐夫人唐氏墓誌

崖 唐靖千年墓誌

峧 元冀州刺史元昭墓誌

崩 魏孝文帝弔比干文陰

崩 唐賈璇墓誌

堋 唐楊佰隴墓誌

崩 唐曹夫人墓誌

崩 唐武懷亮墓誌

崩 唐上柱國李起宗墓誌

崗 唐梁有意墓誌

岡 唐沈士公墓誌

崗 唐王師墓誌

崗 唐大理評事贈左善大夫江夏李翹墓誌

崗 遼韓佚墓誌

帶 漢孔彪碑　帶 漢張遷碑　帶 漢楊著碑　帶 魏孝文帝弔比干文　帶 魏女尚書王僧男墓誌

帶 隋楊厲墓誌　帶 隋宮人陳氏墓誌

常 魏慈香造像　常 唐高君主簿造像　常 唐丞務郎崔誠墓誌　常 宋章言志墓誌

孰 後漢蒼山畫像石題記　孰 唐朝義郎前行魏州司法參軍上柱國元素墓誌

將 漢楊淮表　將 梁蕭憺碑　將 魏公孫猗墓誌　將 魏華山王妃公孫氏墓誌　將 魏元子永墓誌

將 魏隗天念墓誌　將 魏閻伯昇墓誌　將 魏侯海墓誌　將 魏趙振等造像　將 魏寇演墓誌

將 魏瑯琊康王司馬金龍墓誌　將 周賀屯植墓誌　將 隋梁瓌墓誌　將 隋薛保興墓誌　將

隋王仲墓誌　將 唐工部尚書崔泰之墓誌　將 唐王訓墓誌　將 唐將仕郎張敬之墓誌　將 唐新

城府別將張翼墓誌銘

將 唐常君妻柳氏墓誌

將 唐上騎都尉王式墓誌

將 唐荊州大都督府長林縣令騎都尉呂黎韓仁楷墓誌

將 大周上騎都尉姚思玄墓誌

將 唐濟南郡禹城縣令李庭訓墓誌

專 魏義橋石像記

專 隋□夫人王光墓誌

專 隋張濬墓誌

專 隋夫人禮氏墓誌

尉 唐韋士逸墓誌

尉 唐楊佰龍墓誌

尉 唐忻州定襄縣令杜安墓誌

尉 唐冀州南宮縣尉邢德徵墓誌

尉 唐大理正喬府君夫人長樂馮誠墓誌

尉 宋金紫光祿大夫檢校司空左衛將軍□兼御史大夫上柱國南陽郡開國侯吳元載墓誌

婁 晉好大王碑

婁 魏李榘蘭墓誌

婁 偽周遼陽公泉男產墓誌

婁 唐左戎衛右郎將古君夫人亾婁嬈嬈墓誌

婆　婉　婕　婚　婦　婞

**𡡉** 齊法義優婆姨等造像

**婉** 魏元凝妻陸順華墓誌　**婉** 魏元鸷墓誌　**婉** 齊比丘惠瑍造像　**婉** 隋宫人三品樊氏墓誌

**婉** 隋劉則墓誌　**婉** 隋宫人司璽李氏墓誌　**婉** 唐八品亡宫志文　**婉** 唐兗州瑕丘縣主簿馬君

夫人天水董氏墓誌

**婕** 僞周張矩墓誌

**婚** 隋張伻墓誌　**婚** 唐處士張楚墓誌

**婦** 魏張祖造像　**婦** 唐處士暴墓誌　**婦** 唐郃府君夫人馬氏墓誌

**婞** 隋元智墓誌

域　執　基　堂　堅

域 魏元始和墓誌　域 齊李仕芝造像　域 隋馬稱心墓誌　域 隋爭本墓誌　域 唐隆闡禪師碑

域 唐司御率府翊衛張敬玄墓誌

執 漢尹宙碑　執 魏孝文帝弔比干文　執 魏元新成妃李氏墓誌　執 隋韋略墓誌　執 隋徐智珠墓誌　執 唐劉通墓誌　執 唐燕君夫人姜氏墓誌　執 唐瀛州文安縣王府君周故夫人薛氏墓誌

執 唐大理寺評事封無遺墓誌　執 唐隴西李氏墓誌　執 元張弘綱墓誌

基 唐處士王楨墓誌　基 唐相州林慮縣尉邢起墓誌　基 唐安□寺大德惠隱禁禪師塔銘

堂 梁蕭憺碑　堂 魏李謀墓誌　堂 魏元伏寶墓誌　堂 魏元始和墓誌

堅 漢武榮碑　堅 魏劉玉墓誌　堅 魏穆亮墓誌　堅 魏邢安周造像　堅 北齊申穋造像記

堅 唐汴州浚儀縣梁煥墓誌

堇 唐賈楚墓誌

埦 唐處士李維叔墓誌

得 魏李仲璇修孔廟碑　得 魏廣川孝王元煥墓誌　淂 魏元緒墓誌　淂 魏元壽安墓誌　得 隋曹植碑　得 隋唐該墓誌　得 隋宮人蕭氏墓誌　得 唐程郵造橋碑　得 唐魏氏繼室范陽盧氏墓誌　淂 民國陳侃烈士紀念碑

徒 魏孝文帝弔比干文　徒 魏寇治墓誌　徒 魏元熙墓誌　徒 隋唐該墓誌　徒 隋張志相妻潘善利墓誌　徒 隋周德墓誌　徒 唐武懷亮墓誌　徒 唐翟惠隱墓誌銘　徒 唐文安縣主墓誌

# 從

從 唐將陵縣令張伯墓誌
從 漢韓勑碑陰
從 魏李仲琁脩孔廟碑
從 魏司馬景和妻墓誌
從 魏江陽王元乂墓誌
從 齊宋敬業造像
從 齊比丘道略造像
從 齊造丈八大像記
從 齊天統劉陛造像
從 周華岳頌
從 隋曹植碑
從 隋田光山夫人李氏墓誌
從 隋修七帝寺碑
從 隋陳叔犖墓誌
從 隋謝岳墓誌
從 隋雍長墓誌
從 隋李則墓誌
從 隋姚泰墓誌
從 隋蕭瑾墓誌
從 隋下鑒墓誌
從 唐工部尚書崔泰之墓誌
從 唐清河郡夫人張氏墓誌
從 唐程邨造橋碑
從 唐左光祿大夫段瑗墓誌
從 唐戴令言墓誌
從 唐馬斌等群葬墓誌
從 唐前飛騎尉楊達墓誌
從 唐許州司戶參軍郭瑶墓誌
從 唐武騎尉楊寶墓誌
從 唐梁基墓誌

御 宋爨龍顏碑
御 魏宮內太監劉阿素墓誌
御 魏恒州大中正于景墓誌
御 魏傅母王遺女墓誌

御 魏第一品張安姬墓誌
御 魏和邃墓誌
御 魏韓震墓誌
御 魏故女尚書馮迎男墓誌銘

御 齊法懃禪師塔銘
御 隋元公墓誌
御 隋王卲墓誌
御 隋張盈墓誌
御 隋趙朗墓誌

御 偽周焦松墓誌
御 唐尚書吏部郎中張仁禕墓誌
御 宋建雄軍節度判官朝議大夫檢校戶部尚書兼御史大夫柱國太原郡閻光度墓誌

徘 唐玄武丞相仁方墓誌

彩 隋邑子馬要姬等百人造像
彩 唐亡宮人九品墓誌

彪 漢韓勑碑側題名
彪 漢史晨後碑
彪 漢劉熊碑
彪 魏和邃墓誌
彪 唐吏部常選鄭

# 彫 巢 捨 捷

公夫人宋氏墓誌 彫 唐沈士公墓誌 彫 唐冀州堂陽縣尉楊瓊墓誌

彫 魏處士元顯儁墓誌 彫 魏巨始光造像 彫 魏元彥墓誌 凋 隋牛君夫人申氏墓誌 彫 唐七宫五品誌文一首 彫 唐洛州齋夫人墓誌

樔 魏安西將軍元朗墓誌 巢 隋劉德墓誌 巢 唐王進墓誌 巢 唐韓王府兵曹陸紹墓誌銘

巢 唐東陽縣令桑貞墓誌 巢 唐游擊將軍劉盛墓誌

捨 魏比丘洪寶造像 捨 齊比丘惠瑍造像 捨 隋陳常墓誌

捷 魏元子永墓誌 捷 魏元端墓誌 捷 魏穆纂墓誌 捷 周賀屯植墓誌 捷 隋主簿張濬墓誌 捷 隋甯贙碑 捷 唐往生碑 捷 唐康留買墓誌 捷 唐王修福墓誌 捷 唐白居易香山寺碑

記
捷 唐韓恢墓誌
捷 唐張孚墓誌
捷 唐亡宮品墓誌
捷 唐平棘縣公紀于承基墓誌
捷 唐東光縣令許行本墓誌
捷 唐張伽墓誌
捷 唐承奉郎雲騎尉行并州錄事朱照墓誌
捷 唐鄭鄭府隊副梁方墓誌
捷 唐忠武將軍行左領軍衛郎將裴沙墓誌

授 苻秦廣武將軍碑
授 魏元誘妻薛伯徽墓誌
授 魏元瀷墓誌
授 齊□弘墓誌
授 隋□靜墓誌
授 隋內奉承劉則墓誌
授 隋唐直墓誌
授 隋王曜墓誌
授 隋甯贊碑
授 唐番禺府折衝都尉紀于承基墓誌
授 唐文林郎支敬倫墓誌
授 唐宣州參軍事許堅墓誌
授 宋通仕郎行巴州司戶參軍兼司法事范子舟墓誌
授 宋金紫光祿大夫檢校司空左衛將軍□兼御史大夫上柱國南陽郡開國侯吳元載墓誌

排 唐司戶桓銳墓誌

掖　掛　探　控　掩　掬　毫

| 掖 | 掛 | 探 | 控 | 掩 | 掬 | 毫 |
|---|---|---|---|---|---|---|
| 掖 齊李清報德像碑<br>掖 隋宮人司樂劉氏墓誌<br>掖 唐宮人墓誌 | 掛 唐高君達墓誌 | 探 魏李挺墓誌<br>探 唐御史臺精舍碑<br>探 唐幽州楊氏墓誌<br>探 唐大夏縣主薄張如墓誌 | 控 隋橋紹墓誌<br>控 唐劉元超墓誌 | 掩 魏貴華王普賢墓誌<br>掩 魏元顯儁墓誌<br>掩 魏司馬悅墓誌<br>掩 隋嚴元貴墓誌<br>掩 唐大智禪師碑<br>掩 唐龍游縣尉索義如墓誌<br>掩 宋張敦德墓誌<br>掩 清張雲谿墓誌 | 掬 齊李清為李希宗造像 | 毫 唐登仕郎丁范墓誌 |

悉 悊 悠 患 悵

悉 齊竇泰墓誌 悉 唐大達法師塔銘 悉 唐新修曲阜文宣王廟記

悊 唐李元難造像

悠 齊使持節都督趙州刺史李公宋夫人墓誌 悠 隋董美人墓誌 悠 唐諸葛府君韓氏墓誌 悠 唐張君夫人秦氏墓誌 悠 唐文林郎王君夫人墓誌 悠 唐寶至寺鐘銘 悠 唐高君達墓誌 悠 唐處士張義墓誌 悠 唐故孫夫人墓誌 悠 悠 唐宣義郎周紹業墓誌 悠 唐陪戎副尉安度墓誌 悠 唐陪戎尉王德妻鮮于墓誌 悠 唐□□州參軍元子上妻滎陽鄭八娘墓誌

患 魏元譚墓誌 患 清南宮縣學記

悵 大周文林郎上柱國董本墓誌

# 悼 悽 惇 惋 悴 旋

悼 魏魏靈藏造像

焯 魏荀景墓誌

悼 周賀屯植墓誌

悽 魏三級浮圖頌

悽 魏元範妻鄭令妃墓誌

悽 魏韓顯宗墓誌

悽 齊法懃禪師墓誌

悽 隋羊本墓誌

悽 隋唐該墓誌

悽 隋息州梁安郡宋侯肇墓誌

悽 周大督陽林伯長孫夫人羅氏墓誌

惇 隋宋仲墓誌

惋 魏元氏趙夫人墓誌

惋 魏元瞻墓誌

悴 唐康君夫人曹氏墓誌

悴 唐七宮墓誌

悴 唐延王府户曹丁韶墓誌

旋 漢衡方碑

旋 漢賢良方正殘碑

旋 漢竇憲碑

旋 晋好七王碑

旋 魏汝陽王元睟墓誌

旋 魏李謀墓誌

旋 魏穆亮妻尉太妃墓誌

旋 魏汾州刺史元彬墓誌

旋 魏元湛妻王令媛墓

# 旌

誌 旋 魏討高句麗殘碑 𢬵 魏元禮之墓誌 擅 魏大代華嶽廟碑 旋 魏元瞻墓誌 旋 魏元

欽墓誌 挻 魏長孫士亮妻宋氏墓誌 𣄿 齊静明造像 旇 隋孔神通墓誌 旋 唐尉遲汾撰嵩高靈

勝詩 旋 唐王慶墓誌 旋 唐竇公夫人楊氏墓誌 旋 唐澍城劉府君韓夫人墓誌 旋 唐孟玄一

墓誌 旋 唐朝散大夫晉陽府鷹揚王君并夫人孫氏墓誌 旋 唐上柱國高邈墓誌 旋 唐朝請大夫趙州長

史孟真墓誌 旋 唐通直郎前行延州都督府士曹參軍事長孫耶墓誌 旋 唐京兆府渭南縣尉張時譽墓誌

旌 漢衡方碑 旌 魏張猛龍碑 旌 魏高貞碑 旌 魏北海王元詳造像 旌 魏恒農太守寇臻墓

誌 旌 魏顯祖嬪侯夫人墓誌 旌 魏汝南太守寇演墓誌 旌 魏冀州刺史元珍墓誌 旌 魏寧

陵公主墓誌 旌 魏金城郡主墓誌 旌 魏元瞻墓誌 旌 魏元嵩墓誌 旌 魏富平伯于纂墓誌

# 族

魏元液墓誌

魏豫州刺史司馬悅墓誌

魏洛州刺史元龍墓誌

周強獨樂為文帝造像

周賀屯植墓誌

隋諸葛子恒造像

隋常景墓誌

隋孔神通墓誌

隋張盈妻蕭餝性墓誌

隋伍道進墓誌

隋宮人徐氏墓誌

唐王訓墓誌

唐張興墓誌

唐李君爰夫人劉氏墓誌

唐京兆府折衝右率府郎將李君夫人楊氏墓誌

唐文林郎新喻縣丞胡儼墓誌

唐楊佰龍墓誌

漢尹宙碑

晉石尠墓誌陰

晉沛國相張朗墓誌

魏司馬景和妻墓誌

魏張猛龍碑

魏梁州刺史元演墓誌

魏元颺妻王夫人墓誌

魏元繼墓誌

魏和邃墓誌

魏元誕墓誌

齊劉碑造像

隋造龍華碑

隋宋永貴墓誌

隋寇奉叔墓誌

挨 隋那盧夫人元買得墓誌　族 唐令狐氏墓誌　族 唐柳氏長殤女墓誌　族 唐李纓妻楊蕙墓誌銘

挨 唐陪戎副尉韓懷墓誌　族 唐上騎都尉王傑墓誌　⿰木矣 唐河陰縣主簿南陽張濬墓誌　⿰礻矣 唐梁基墓誌

族 唐田志承墓誌　⿰礻矣 唐吳王府騎曹參軍張信墓誌　旋 後梁王彥墓誌　族 宋勸慎刑文

旣 漢景君碑陰　旣 魏王誦妻元氏墓誌　旣 魏元欽墓誌　旣 魏李謀墓誌　旣 魏元顯墓誌

旣 齊董洪達造像　旣 齊宋買造像　旣 齊西門豹祠堂碑　旣 周華岳頌　旣 唐處士王顏墓誌

旣 唐□寄姚太原王氏墓誌　旣 唐元子上妻鄭氏墓誌　旣 唐沈士公墓誌　旣 偽周上柱國高贍墓誌

旣 魏鄭先生夫人墓誌　旣 宋檢校太保苻昭愿墓誌

晚 魏韓顯宗墓誌　晚 魏寇霄墓誌　晚 隋蕭翹墓誌

晝 魏吐谷渾璣墓誌　晝 唐魏邈妻趙氏墓誌　晝 唐游擊將軍行華州永豐鎮副張淑子墓誌　晝 唐潞州屯留縣令溫府君李夫人墓誌　晝 唐吏部常選夏侯璿前妻樊後妻董合葬墓誌

晞 漢建寧殘碑　晞 魏敬使君碑　晞 隋荀夫人宋王豔墓誌　晞 隋爾朱端墓誌　晞 隋倉部侍郎辛衡卿墓誌

晦 大周右翊衛清廟臺齋郎天官常選王豫墓誌　晦 唐梓州銅山縣尉知農楊承福墓誌　晦 唐張才墓誌

晧 魏秦洪墓誌

晨 魏兗州刺史元獮墓誌　晨 唐亡宮八品墓誌

曹 漢夏承碑　曹 漢曹全碑　曹 漢曹全碑陰　曹 漢淮源廟碑　曹 晉杜謖碑　曹 魏巨

曹 始光造像
曹 齊賈墱村邑義毋人等造像
曹 齊傳隆顯造像
曺 隋呂國惠公寇奉叔墓誌
曺 隋王成墓誌
曹 隋梁瓌墓誌
曹 清雖縣城隍廟碑
𣍝 夢美夫子廟碑

冐 漢孔彪碑
冐 漢曹全碑
冐 隋豆盧寔墓誌
曼 唐劉德潤墓誌
冐 唐徵士向英墓誌

朢 漢鮮于璜碑
朢 漢封龍山碑
逞 魏東安王太妃墓誌
逞 魏鄯乾墓誌
逞 魏元凝妻陸順華墓誌
望 魏李謀墓誌
逢 魏李謀墓誌
望 魏穆纂墓誌
望 魏長孫士亮妻宋靈妃墓誌
望 魏姚伯多造像
望 晉司馬芳碑
望 齊董洪達造像
望 齊逢哲墓誌
望 齊宋敬業崔海等造像
望 隋姜明墓誌
望 隋寇奉叔墓誌
望 隋李則墓誌
望 隋楊德墓誌
望 隋主簿張濬墓誌
望 隋宮人豆盧寔墓誌
望 隋張喬墓誌
望 隋□順墓誌
望 唐張欒墓誌

# 爽

唐宮司設墓誌
唐陝州司戶張君陳夫人墓誌
唐孫君墓誌
唐朝散郎行薛王府國令上輕車都督張嘉福墓誌
唐游擊將軍□隰州雙池府折衝逯府君□墓誌
唐處士梁方及夫人張氏墓誌

宋劉岱墓誌
魏李仲璇修孔廟碑
魏根法師碑
魏東安王太妃墓誌
魏元欽墓誌
魏元液墓誌
魏李相海造像
魏元融墓誌
魏房悅墓誌
隋杜乾緒造像
隋尉富娘墓誌
隋宮人姜氏墓誌
隋高虬墓誌
隋伍道墓誌
隋元鐘墓誌
隋參軍張禮墓誌
隋□爽墓誌
唐張俊允碑
唐段沙彌造像
唐武騎尉楊寶墓誌
唐程邨造橋碑
唐多寶塔碑
唐故鄉君□□鞏縣大德鄉君和姬墓誌
唐東宮千牛右衛勛一府校尉房仁慈墓誌
唐□□□行冀州參軍張本墓誌
清重修菩薩堂碑記

欲　欷　教　敏

欲 漢景君碑

欲 魏仇臣生造像

欲 齊宋敬業造像

欲 唐上騎都尉掌思明墓誌

欲 宋河南郡君元氏墓誌

欲 明逸氏陳平州墓誌

欷 漢景君碑

欷 漢郎中趙菿碑

欷 唐姚暢墓誌

欷 唐權氏殤子奉常墓誌

教 漢鄭固碑

教 漢韓勑碑

教 魏三級浮圖頌

教 齊唐邕寫經碑

教 隋馬穉妻張姜墓誌銘

教 隋郭休墓誌

教 隋豆盧寔墓誌

教 隋馮夫人盧旋芷墓誌

教 唐戴令言墓誌

教 唐洛州滎陽縣須陁逸僧法師碑

教 宋臨海郡太君鐔氏墓誌

敏 魏頴川太守元襲墓誌

敏 魏大統僧令法師墓誌

敏 唐平棘縣公紀于承基墓誌

敏 唐徵士向英墓誌

敏 唐通直郎前行延州都督府士曹參軍事長孫服墓誌

# 救 敖 敗 殺

救 魏汶山侯吐谷渾璣墓誌
救 魏高宗夫人于氏墓誌
救 魏邑子七十六人造像
救 隋董美人墓誌
救 隋劉多墓誌
救 隋王世琛墓誌
救 唐涼國公府長史上騎都尉張達墓誌

敖 魏涼州刺史元維墓誌
敖 魏處士王基墓誌

敗 漢萊子侯刻石
敗 魏元珍墓誌
敗 魏張滿墓誌
敗 齊高叡修寺碑
敗
敗 齊法義優婆姨等造像頌

殺 漢武梁祠畫像題字
殺 漢武梁祠畫像題字
殺 漢樊敏碑
殺 漢熹平石經殘石
殺 晉好大王碑
殺 魏楊宣碑
殺 魏元融墓誌
殺 魏元延明墓誌
殺 齊高叡修寺碑
殺 齊高劉二姓邑義造浮圖記
殺 齊宋顯伯造像龕記
殺 齊徐徹墓誌
殺 隋諸葛子恒造像
殺 隋皇甫誕

# 戚

碑

殺 隋豆盧寔墓誌 殺 隋段威墓誌 殺 唐等慈寺碑 殺 唐大法師行記 殺 唐張維岳碑

殺 唐九成宮碑

慼 漢武榮碑 慼 漢張壽碑 戚 漢韓勑碑陰 慼 漢樵敏碑 戚 魏高貞碑 戚 魏汾州刺史元彬墓誌

戚 魏元始和墓誌 戚 魏女尚書馮女郎墓誌 戚 魏司空王誦墓誌 戚 魏太中大夫元玕墓誌

戚 魏李蕖蘭墓誌 戚 魏元靈曜墓誌 戚 魏張寧墓誌 戚 魏司馬悅墓誌 戚 魏李夫人墓誌

戚 魏侍中侯剛墓誌 戚 魏安西將軍元朗墓誌 戚 魏奉朝請梁邕墓誌 戚 齊高叡修寺碑

戚 隋常景墓誌 戚 隋梁瓌墓誌 戚 隋劉寶墓誌 戚 隋鮑宮人墓誌 戚 隋馬稱心墓誌

戚 隋光州司戶參軍張慶墓誌 戚 唐往生碑 戚 唐浮藏禪師身塔銘 戚 唐藕瓌墓誌

戚 唐光州刺史李潘墓誌　戚 唐崔鋭夫人高漆娘墓誌　戚 唐夫人長孫氏墓誌　戚 唐王文曉墓誌

戚 唐胡國公孫秦利見墓誌　戚 後梁王彥回墓誌

戛 唐鄭氏嫡長殤墓誌

烹 隋東宮左親侍盧萬春墓誌　烹 唐柳尚善墓誌

烽 魏元道墓誌　烽 魏元子直墓誌　烽 魏元龍墓誌　烽 魏元顯墓誌　烽 隋暴永墓誌

烽 隋寇奉叔墓誌　烽 唐蒲州虞鄉縣丞王安之墓誌

焉 漢鄭固碑　焉 漢楊君石門頌　焉 魏孝文帝弔比干文　焉 魏寇治墓誌　焉 魏王基墓誌

焉 魏第一品張安姬墓誌　焉 魏元簡墓誌　焉 隋滕王子楊厲墓誌　焉 隋謝岳墓誌　焉

隋梁瓌墓誌 馬 隋□犸秤墓誌 馬 隋□欽墓誌 馬 隋徐智竦墓誌 馬 隋曾海凝墓誌 馬

隋寇遵考墓誌 馬 隋□文安墓誌 馬 唐使院石幢記 馬 唐不空碑 馬 唐孔子廟堂碑 馬 唐寂

照和尚碑 馬 唐王大劍墓誌 馬 唐劉夫人墓誌 馬 唐桂州刺史孫成墓誌 馬 唐騎都尉郭君夫人

楊氏墓誌 馬 唐總章洛陽二年出土造像 馬 唐處士石節墓誌 馬 唐彭孝仙墓誌 馬 唐王安墓

誌 馬 唐單信墓誌 馬 唐游擊將軍吳孝墓誌 馬 唐楊清墓誌 馬 唐文林郎張金剛墓誌

馬 唐緯州夏縣丞張犸墓誌 馬 唐宋豊墓誌 馬 唐文林郎仵惪德墓誌 馬 唐始州黃安縣令傅

文益墓誌 馬 唐高守墓誌 馬 唐驍騎尉馮貞墓誌 馬 唐銀青光祿大夫定州刺史上柱國爾朱義深墓誌

馬 唐傅思諫墓誌 馬 大周故魏州莘縣尉太原王養及夫人中山成氏墓誌 馬 唐雍州美原縣丞王景之

## 涯

墓誌

焉 大周處士董義墓誌

焉 唐吳王府騎曹參軍張信墓誌

焉 唐正議大夫上柱國葉縣開國男笆府長史周利貞墓誌

焉 唐徵士平昌孟俊墓誌

焉 唐延王府戶曹丁韶墓誌

焉 唐中大夫守桂州刺史兼御史中丞充桂州本管都防御經略招討觀察處置等使上柱國孫成墓誌

焉 唐舒州太湖縣丞弘農楊頌墓誌

焉 唐金州刺史鄭公故夫人范陽盧氏墓誌

焉 唐前試左衛兵參軍裴孝仙墓誌

焉 唐魏氏繼室范陽盧氏墓誌

焉 明宋充書王姬墓誌

漄 齊李清為李希宗造像

涯 唐王緒母鄭氏墓誌

涯 唐滑州司法參軍范陽盧初墓誌

涯 唐東都留守左衛飛騎尉上輕車都尉兼守上柱國譙郡曹慶上黨樊氏夫人合祔墓誌

## 液

液 魏暉福寺碑

浚 唐驍騎尉皇甫璧墓誌

# 涵 涼 涿 淄 淆 淑

涵 唐處士王仲健墓誌 涵 唐巫州龍標縣令崔志道墓誌 涵 唐徵士朝散大夫許州司馬楊孝猷墓誌銘

涵 唐衢州司士參軍李濤夫人河南獨孤氏墓誌

涼 漢涼二八磚銘

涿 魏高洛周造像記 涿 隋馮夫人盧施芷墓誌

淄 魏司空穆泰墓誌 淄 魏七兵尚書寇治墓誌 淄 齊房周陁墓誌 淄 隋甯贊碑 淄 隋曾植碑

淄 唐段會妻呂氏墓誌 淄 唐建陵縣令席泰墓誌 淄 唐處士段仲垣墓誌

淆 魏冀州刺史元壽安墓誌

淑 晉故沛國相張朗碑 婌 魏安定王第二子給事君夫人王氏墓誌 淑 淑 魏富平伯于纂墓誌 淑

魏李挺妻劉幼兒墓誌

**淑** 齊王憐妻趙氏墓誌

**淑** 唐秘書省著作佐郎崔衆甫墓誌

**淑** 唐朝議郎前行魏州司法參軍事上柱國元泰墓誌

**淑** 唐兗州瑕丘縣主簿馬君夫人天水董氏墓誌銘

**淒** 唐劉攬墓誌

**淒** 唐驍騎尉皇甫璧墓誌

**淚** 魏三級浮圖頌

**淚** 魏陸紹墓誌

**淚** 魏閭伯昇墓誌

**淚** 魏內司楊氏墓誌

**淚** 魏張寧墓誌

**淚** 魏元恩墓誌

**淚** 魏爾朱紹墓誌

**淚** 魏元鑽遠墓誌

**淚** 魏元始和墓誌

**淚** 隋仲思那造橋碑

**淚** 隋董美人墓誌

**淚** 隋明雲騰墓誌

**淚** 隋宮人陳花樹墓誌

**淚** 唐楊智積墓誌

**淚** 唐洛陽趙夫人墓誌

**淚** 唐右軍衛沙州龍勒府果毅都尉上柱國張方墓誌

**淚** 唐游擊將軍左領軍衛京兆府折衝都尉長上內貢奉宋莊墓誌

**淚** 唐齊州禹城縣令隴西李庭訓夫人清河崔上真墓誌

洪 魏元恩墓誌

淪 漢張表碑　淪 魏巨始光造像　淪 隋郭王墓誌　淪 隋賈珉墓誌　淪 隋張軻墓誌

淫 隋諸葛子恒造像

淮 魏始平文公國太妃盧氏墓誌

深 漢鄐閣頌　深 魏元鑽遠墓誌　深 齊諸葛始興造像　深 隋張道深等造像　深 隋杜乾緒造像記　深 隋寇奉叔墓誌　深 隋郭王墓誌　深 隋□□墓誌　深 隋夫人禮氏墓誌　深 隋車騎將軍金行擧墓誌　深 唐大智禪師碑　深 唐劉公夫人楊璡墓誌　深 唐隴西李夫人墓誌　深 唐南陽張璨及妻彭城劉氏墓誌　深 宋金紫光祿大夫檢校司空左衛將軍□兼御史大夫上柱國南陽郡開國侯吳元載墓誌

# 淵

淵 漢曹全碑

淵 漢三老諱字忌日碑

淵 漢景君碑

淵 晉張朗碑

淵 宋爨龍顏碑

淵 北涼沮渠安周碑

淵 大燕女道士馬凌虛墓誌

淵 魏彭城武宣王妃李氏墓誌

淵 魏比丘僧智造像

淵 魏西河王元琮墓誌

淵 魏東平王元略墓誌

淵 魏王光造像

淵 魏韓顯祖造像

淵 魏道昭東堪石室銘

淵 魏鞠彥雲墓誌

淵 魏王僧墓誌

淵 魏張猛龍碑

淵 魏義橋石像碑

淵 魏南石窟寺碑

淵 魏奚真墓誌

淵 魏孫遼浮圖銘

淵 魏合邑二十人等造像

淵 魏江陵縣男長孫子澤墓誌

淵 魏青州刺史元湛墓誌

淵 魏處士王基墓誌

淵 齊朱氏邑人造像

淵 齊劉碑造像

淵 齊宋敬業造像

淵 常岳等造像記

淵 齊趙顯等造像殘碑

淵 齊宋敬業崔海等造像

淵 周華岳頌

淵 隋張業墓誌

淵 隋劉淵墓誌

淵 隋唐世榮墓誌

淵 隋故楊厲墓誌銘

清　淹

渕 隋蕭瑒墓誌
渕 隋鞠遵墓誌
渕 隋鄧昞墓誌
渕 隋劉猛進墓誌
渕 隋蕭濱墓誌
渕 唐尚書司勳郎中吉渾墓誌
渕 唐崔蕃墓誌
渕 唐李扶墓誌
渕 唐大聖真觀楊法師生曜墓誌
渕 唐廣平郡宋氏夫人墓誌
渕 唐張璬墓誌
渕 唐京兆府渭南縣尉張時譽墓誌
渕 唐前國子監大學生武騎尉崔韶墓誌

靖 魏比丘僧略造像
凊 魏元䚡妃李瑗華墓誌
淸 魏閭伯昇墓誌
清 魏秦洪墓誌
清 隋寇嶠妻薛氏墓誌銘

淹 隋王袞墓誌
淹 唐文宣王新門記
淹 唐光祿寺少卿王子鱗墓誌
淹 唐處士張才墓誌
淹 唐馬珍□墓誌
淹 唐東都留守東都畿女州都防禦使銀青光祿大夫崔敦禮墓誌
淹 清張雲谿墓誌

浅 魏員外散騎侍郎元恩墓誌 浅 魏和邃墓誌 浅 魏元恩墓誌 浅 齊房周陁墓誌 浅 唐張嘉福墓誌 浅 唐清河縣主簿左光胤墓誌

添 唐處士前兗州曲阜縣令盖暢墓誌

桴 魏孝文帝弔比干文

梁 漢張壽碑 梁 魏石門頌 梁 魏元祐墓誌 梁 魏梁州刺史元演墓誌 梁 魏元演墓誌 梁 魏康富及子天長造義井佛像記 梁 魏鄯乾墓誌 梁 齊靜明造像記 梁 齊□弘墓誌 梁 齊比丘惠琰造像 梁 隋董美人墓誌 梁 隋尹君墓誌 梁 唐盖贊君妻孫夫人墓誌 梁 唐文林郎上柱國董夲墓誌 梁 唐亳州譙縣令梁璵墓誌

梓 唐石州刺史劉穆墓誌 梓 唐隴西李嘉珍墓誌

條 梁蕭憺碑 條 魏吴郡王蕭正表墓誌 條 魏孝文帝弔比干文 條 魏皇甫驎墓誌 條 魏孫秋生造像記 條 魏元恭墓誌 條 魏魏靈藏造像 條 魏元顯儁墓誌 條 魏元夫人陸孟輝墓誌 條 魏姚伯多造像 條 齊高叡修佛寺碑 條 齊法義三十人造像 條 齊高潤墓誌 條 隋淳于儉墓誌 條 隋主簿張濬墓誌 條 隋曹海凝墓誌 條 隋薛保興墓誌 條 隋右武侯大將軍范安貴墓誌 條 唐張達妻李夫人墓誌 條 唐楊逸墓誌 條 僞周邊惠墓誌 條 唐張寶墓誌 條 唐前飛騎尉楊達墓誌 條 唐興州司馬王游藝墓誌

梟 魏劉賢墓誌 梟 魏高道悅墓誌 梟 隋支彦墓誌 梟 隋張壽墓誌 梟 隋左光祿大夫

蔣國公屈突通墓誌

梭 唐貫智墓誌

械 魏受禪表

梳 魏武昌王妃吐谷渾氏墓誌

梵 魏鎮遠將軍洛州騎兵參軍常煥造五級浮圖銘

梵 齊朱曇思造像

斛 前燕馬遠越造墓塼銘

斛 齊宋顯伯造像

斛 齊標異鄉石柱頌

斛 隋造龍華碑

斛 隋郭達墓誌

斛 隋陽瑾墓誌

斛 唐斛斯處士張夫人墓誌

斛 唐卜璀墓誌

斛 唐四鎮節度判官崔夐墓誌

斜　牽　猗　猛

斜 魏平南府功曹參軍元茂墓誌　斜 魏唐耀墓誌　斜 齊元賢墓誌　斜 隋宋仲墓誌　斜

唐欽州司馬來僧墓誌　斜 唐道因碑

牽 隋造龍華碑　牽 隋覺城寺碑像願文　牽 隋賈珉墓誌　牽 隋□孔秤墓誌　牽 唐關英墓

誌　牽 唐王徵君臨終口授銘　牽 唐王岐墓誌　牽 唐兗公頌　牽 唐南海神廟碑　牽 唐鄜

州直羅縣丞張德操墓誌　牽 唐右千牛府鎧曹參軍□且墓誌　牽 唐房有非尚夫人墓誌　牽 唐齊府直

司楊晟墓誌　牽 唐處士井隱褒墓誌　牽 唐安定郡參軍陸豐妻胡夫人墓誌

猗 唐王留墓誌

猛 魏皇甫驎墓誌　猛 魏程哲碑　猛 魏比丘僧智造像　猛 魏甯懋墓誌　猛 魏元演墓誌

猛 魏司馬王亮墓誌　猛 魏張寧墓誌　猛 魏瞿揚碑　猛 梁程虔墓誌　猛 隋高緊墓誌

猛 隋梁坦墓誌　猛 唐等慈寺碑　猛 唐上柱國李起宗墓誌　猛 唐處士張海墓誌

瓠 魏元湛妻薛慧命墓誌　瓠 齊堯峻墓誌

窕 魏廣陽王妃墓誌　窕 魏世宗嬪李氏墓誌　窕 魏元譚妻司馬氏墓誌　窕 魏曹續王造像記

窕 魏元悅墓誌　窕 唐清河郡夫人張氏墓誌　窕 唐右衛倉曹參軍崔君夫人滎陽鄭氏墓誌

痊 唐闞好問墓誌

竟 魏慈香造像　竟 魏邑子二十七人造像　竟 唐大智禪師碑

率 漢韓勑碑　率 魏呂望表　率 魏韓顯祖造像　率 魏魏靈藏造像記　率 魏康富友子天長造

義井佛像記

**率** 齊董洪達造像記

**率** 齊比丘尼慧承造像

**率** 齊比丘惠瑛造像

**率** 周賀屯植墓誌

**率** 偽周焦松墓誌

**率** 唐崔嚴墓誌

**率** 唐東宮千牛右衛勳一府校尉房仁愻墓誌

**率** 唐游擊將軍劉盛墓誌

**率** 唐右衛率府翊衛王晟墓誌

**率** 唐右衛率府親府親衛上騎都尉王杰墓誌

**率** 唐天平軍節度隨軍將仕郎試左內率府兵曹參軍李惟一墓誌

**珽** 魏元珽墓誌

**珽** 魏元珽妻穆王容墓誌

**琁** 唐慕容知禮墓誌

**琁** 唐封溫墓誌

**琁** 唐□忠墓誌

**理** 唐新城府別將張翼墓誌

**琊** 唐王端墓誌

研 漢三老趙寬碑

皎 唐中恭墓誌

皎 唐侯司馬妻竇夫人銘

産 唐孫幼實墓誌

祥 魏長孫璌墓誌

祥 齊馬天祥造像

祥 隋梁坦墓誌

祥 唐上護軍朝議郎行邛州蒲江縣令蕭慎墓誌銘

祧 魏元煥墓誌

祧 唐西廟堂碑

祧 唐支叔向墓誌

祧 唐朝議郎行蓬州宕渠縣令王思齊墓誌

祭 魏鄭羲下碑

祭 魏高宗夫人于氏墓誌

祭 魏元仙墓誌

祭 魏唐耀墓誌

祭 齊逢哲墓誌

祭 隋唐直墓誌

祭 隋□順墓誌

祭 唐隴西趙摩墓誌

祭 唐幽州范縣令楊基墓誌

祭 唐前徐州録事參軍太原王庭玉夫人崔金剛墓誌

移　畢　略

移 魏元子直墓誌 移 魏高宗嬪耿氏墓誌 移 魏元融墓誌 移 魏奚真墓誌 移 魏元端妻馮氏墓誌 移 齊元賢墓誌 移 隋劉明墓誌 移 隋宮人六品何氏墓誌 移 唐處士王儉墓誌

移 唐張綱墓誌

畢 漢曹全碑 畢 魏穆纂墓誌 畢 齊董洪達造像 畢 隋羊本墓誌 畢 隋宮人尚食侯氏墓誌銘 畢 唐工部尚書崔泰之墓誌 畢 南唐諫公安公搆造碑 畢 唐亡宮八品墓誌 畢 唐行慶州弘化縣尉上騎都尉暢懷禎之靈柩 畢 唐大理正喬府君夫人長樂馮誠墓誌

略 晉徐君夫人管氏墓誌 略 後秦遼東太守呂憲墓誌 略 魏元熾墓誌 略 齊元賢墓誌 略 隋宮人五品司仗馮氏墓誌 略 隋張伏敬墓誌 略 隋陽瑾墓誌 略 隋宮人朱氏墓誌 略 隋中散大

甜　眷　眺　眼　盛

夫□公靜墓誌

略 唐宋州錄事爾朱旻墓誌

略 唐中散大夫守荊州大都督大司馬上柱國南陽鄧森墓誌

甛 魏傅母王遺女墓誌

眷 魏公孫略墓誌

眷 魏張祖造像

眷 魏山暉墓誌

眷 齊宋買造像

眷 齊韓叔子造像

巻 齊道民馬洛子造像

巻 北周保定四年梁顯業等造浮圖銘

眷 唐太子詹事源光乘墓誌

眺 魏李仲琁脩孔廟碑

眺 魏孝文帝弔比干文

眺 齊靜明造像

眺 齊是連公妻邢夫人墓誌銘

眺 唐馬君浮圖銘

眺 唐等慈寺碑

眺 唐劉通墓誌

眺 唐管基墓誌

眼 唐般若波羅蜜多心經

盛 唐文林郎新喻縣丞胡儼墓誌

胔 唐左光祿大夫段瓊墓誌

脣 魏司空穆泰墓誌

脩 漢景君碑 脩 漢曹全碑 脩 漢麒麟鳳凰碑 脩 漢永壽三年山東嘉祥宋山畫像石題記 脩 晋處士成晃碑 脩 魏汝南王文悅造像 脩 魏賈良造像 脩 魏義橋石像碑 脩 魏元澄妻馮令華墓誌 脩 魏元䴵妃李瓊華墓誌 脩 魏長孫瑱墓誌 脩 魏司馬景和妻墓誌 脩 魏巨始光造像記

脩 齊宋買造像 脩 齊賈思業造像 脩 齊元賢墓誌 脩 唐張尊師碑 脩 唐趙氏墓誌

脩 唐李從証墓誌 脩 唐端盖墓誌 脩 唐柳公權書金剛經 脩 唐文林郎楊訓墓誌 脩 唐錦州刺史趙潔墓誌 脩 唐銀青光祿大夫行光祿少卿上柱國渤海郡開國公高懲墓誌 脩 唐吏部常選滎陽鄭

脱 聃 聆 聊 處

增墓誌

侑 唐佛弟子毋丘海造像記

脱 唐明成觀大德張尊師墓誌

聃 隋豆盧寔墓誌

聃 唐魏法師碑

聃 唐東平郡鉅野縣主李璀墓誌

聃 唐禹城縣令李庭訓墓誌

聆 魏孝文帝弔比干文

聊 魏于景墓誌

聊 魏元欽墓誌

聊 魏元澄妃馮令華墓誌

聊 隋唐該墓誌

聊 唐高士楊崇墓誌

聊 唐范相墓誌

處 漢韓勑碑陰

處 漢曹全碑

處 漢婁壽碑

處 漢劉熊碑銘

處 漢淮源廟碑

處 北涼沮渠安周碑

處 晉張朗碑

處 晉劉韜墓誌

處 魏鮑寄神座銘

處 魏嵩高靈廟碑

虖

處 魏楊天凱墓誌　處 魏馬都愛造像　處 魏元寧墓誌　處 魏王基墓誌　處 魏閻伯昇墓誌

處 魏汶山侯吐谷渾璣墓誌　處 魏處士元理墓誌　處 齊董洪達造像　處 隋豆盧寔墓誌　處 隋員天感造像

處 隋尒朱端墓誌　處 隋梁坦墓誌　處 唐王君妻梁氏墓誌　處 唐張仁琁造像銘

處 唐處士王君造七級浮圖銘　處 唐王敬等七十人造像　處 唐處士衛節墓誌　處 唐趙勤墓誌

處 唐九品宮人墓誌　處 唐管思禮墓誌　處 唐九品亡宮人墓誌　處 唐上柱國劉善寂墓誌

處 唐處士李文墓誌　處 唐平陽路昭墓誌　處 唐宣義郎行涇州陰盤尉騎都尉周義墓誌　處 唐朝散大夫使持節丹州諸軍事守丹州刺史本州防御使上柱國弘農楊乾公墓誌

雩 偽周韋城縣主簿梁瑩墓誌　戲 唐楚州刺史鄧君夫人王氏墓誌

羞 習 笙 筍 第 茶 莊

羞 唐鄭恕己墓誌
羞 寶梁經
羞 唐興州司馬王遊藝墓誌
羞 宋姚君夫人朱氏墓誌

羽 唐焦璀墓誌
習 馮宣孟賓等殘造像題名
習 唐恒州真定縣丞姚如衡墓誌

笙 漢史晨後碑
笙 隋張伻墓誌

筍 唐新鄉縣令王順孫墓誌
筍 唐游擊將軍高望府果毅王敬墓誌

第 唐宣州參軍許堅墓誌

茶 魏元茂墓誌
茶 唐魏德造像

莊 魏鄭陽縣男唐耀墓誌
莊 魏元遥墓誌
莊 魏劉根造像
莊 魏佛弟子□善等十三人造像
莊 齊宋買造像
莊 隋魏郡太守張軻墓誌
莊 唐孔宣公碑
莊 唐田夫人墓誌

莞 莪 莫 莛 菱 莆 舲

| 莞 | 莪 | 莫 | 莫 | 莛 | 菱 | 莆 | 舲 |
|---|---|---|---|---|---|---|---|
| 莞 魏李璧墓誌 莞 魏秦洪墓誌 莞 魏元誨墓誌 莞 唐孔子廟堂碑 | 莪 偽周逯真墓誌 | 莫 漢鄐閣頌 莫 漢永壽三年山東嘉祥宋山畫像石題記 莫 魏馬都愛造像 莫 魏汝南王元悅墓誌 | 莫 唐秘書省著作郎崔衆甫墓誌 莫 唐朝請大夫行鼎州三原縣令盧行毅墓誌 莫 唐管思禮墓誌 | 莛 唐朝散郎守内寺伯飛騎尉成忠墓誌 | 菱 唐孔桃栓墓誌 | 莆 唐正議大夫使持節相州諸軍事守相州刺史上柱國河南賀蘭山務温墓誌 | 舲 齊報德像碑 |

舩 唐丹陽郡陶元欽太原王夫人墓誌

衺 唐大泉寺三門記

袞 魏輕車將軍元鎰墓誌　袞 唐趙郡李懸黎墓誌

袴 周賀屯植墓誌　袴 隋蕭瑒墓誌　袴 唐通議大夫使持節寧州諸軍事寧州刺史上柱國裴撝墓誌銘

袴 唐太中大夫邕府都督陸思本夫人河南元氏墓誌　袴 唐輸誠効議功臣光祿大夫檢校太保前行寧州刺史權知階州軍州事濮陽郡開國侯袁孝進墓誌

紩 唐神和府折衝鄭法明夫人李氏墓誌

紫 魏秦洪墓誌　紫 魏隗天念墓誌　紫 隋張伴墓誌　紫 唐河內郡武德縣令楊岌墓誌銘

累　紱　紵　紹　紼　紽

累 魏公孫猗墓誌 累 魏孫遼浮圖銘 累 周寇熾墓誌 累 唐泗州司馬苗善物墓誌 累 唐岷州刺史張仁楚墓誌

紱 魏安樂王元詮墓誌 紱 魏穆亮墓誌 紱 魏河州刺史乞伏寶墓誌 紱 唐桂州刺史孫成墓誌

紱 唐楊氏夫人殘墓誌 紱 唐右衛勳衛弘農楊公夫人故垣氏墓誌

紵 隋宮人司樂劉氏墓誌 紵 隋宮人六品墓誌

紹 漢夏承碑 紹 後梁天保劉子瑞造像 紹 唐宣武軍節度押衙兼侍御史河東柳延宗墓誌

紼 周賀屯植墓誌

紽 魏瀛州刺史元欽墓誌

終 晉爨寶子碑
終 魏比丘道璸記
終 魏元恩墓誌
終 魏公孫猗墓誌
終 魏寇憑墓誌

終 魏元凝妻陸順華墓誌
終 魏元恩墓誌
終 周趙智侃墓誌
終 周賀若植墓誌
終 隋劉則墓誌
終 隋張伻墓誌

終 唐陳夫人□孃孃墓誌
終 唐顏瓌墓誌
終 唐邢德政墓誌
終 唐段秀墓誌
終 唐陽平郡路隱并夫人陳氏墓誌

終 唐雍州縣丞紀茂重墓誌
終 唐贈游擊將軍董嘉斤墓誌
終 明故夫人王氏墓誌

絃 漢張遷碑
絃 漢景君碑
絃 齊堯峻墓誌
絃 唐建陽縣令席泰墓誌

組 唐張伽墓誌

春 魏東平王元略墓誌
春 魏元寧墓誌
春 隋姚泰墓誌
春 唐夫人薄氏墓誌
春 唐田仁墓誌
春 唐魏氏墓誌

術 貪 貫 躭 趺 趾 逐

術 魏李謀墓誌 術 魏元液墓誌 術 魏公孫略墓誌 術 齊毛叉擢造像 術 隋常景墓誌

術 隋口真墓誌 術 唐上騎都尉李琮墓誌

貪 魏侯剛墓誌 貪 齊太尉府墨曹參軍梁伽耶墓誌 貪 唐支懷墓誌

貫 漢三老趙寬碑 貫 周賀屯植墓誌

躭 唐國子監禮記博士趙正卿墓誌

趺 魏陳天寶造像

趾 隋趙朗墓誌

逐 齊李琮墓誌 逐 齊石信墓誌 逐 齊宋顯伯造塔銘 逐 隋明雲騰墓誌 逐 隋嚴元貴

逍 途 逕 逖 通 逝

墓誌

逍 唐僕射王進威墓誌

逍 唐陪戎副尉韓懷墓誌

途 魏比丘法盛造像

途 魏趙珚造像

途 隋窦長盛造橋碑

途 佛說天公經

途 唐和州刺史顏伯謀墓誌

途 唐七宫八品誌石

途 唐七宫九品墓誌

逕 魏寇臻墓誌

逕 魏寇憑墓誌

逕 齊皇甫琳墓誌

逕 唐趙知慎墓誌

逖 隋楊居墓誌

逖 唐唐遜夫人柳婆歸墓誌

通 漢鄐閣頌

通 漢魯峻碑

通 魏龍門楊肅通造像題名

通 晏袤題漢開通褒斜道摩崖

逝 魏元謐妃馮會萇墓誌

逝 魏叔孫協墓誌

逝 隋明雲騰墓誌銘

逝 隋宫人六品陳氏墓誌

遫 唐管元惠碑　遰 唐丹陽郡陶元欽太原王夫人墓誌

逨 唐□衛勳衛上護軍楊君墓誌

迼 漢會稽冢地刻石　造 魏李興造像　造 魏比丘惠榮造像　艁 齊段婆造像　造 齊宋敬業崔海等造像

逡 晉辟雍頌　逡 魏元茂墓誌

逢 魏魏靈藏造像記　逢 魏公孫猗墓誌　逢 魏巨始光造像　逢　逢 魏元緒墓誌　逢 魏楊兗墓誌　逢 魏上官胡仁等摩崖造像　逢 唐銀青光祿大夫和州刺史上柱國瑯琊縣開國伯顏謀道墓誌

逢 隋劉相墓誌　逢 清泰安關帝廟建殿題字

連 魏元悅墓誌
連 魏穆纂墓誌
連 魏元玕墓誌
連 隋明雲騰墓誌銘
連 唐大法師行記

設 魏和邃墓誌
設 魏元壽安墓誌
設 隋陳叔榮墓誌

許 漢許阿瞿畫像碑
許 魏昭玄沙門大統僧令法師墓誌
許 隋段濟墓誌

規 漢景君碑
規 北涼沮渠安周碑
規 魏高貞碑
規 魏闞勝誦德碑
規 魏北海王元詳造像記
規 魏巨始光造像
規 魏汝陽王元賥墓誌
規 魏元子永墓誌
規 魏元悰墓誌
規 魏王夫人元華光墓誌
規 魏于祚妻和醜仁墓誌
規 魏元寶月墓誌
規 魏元誨墓誌
規 魏元融墓誌
規 齊天柱山銘
規 隋任軌墓誌
規 隋張通妻陶貴墓誌
規 唐趙元粲墓誌
規 唐神和府折衝鄭法明夫人李氏墓誌

野 部 郭 郟 郵

墅 漢張壽碑　野 魏韓顯宗墓誌　野 齊梁伽耶墓誌　野 隋阮景暉墓誌　野 隋□鐘葵墓誌銘

野 唐西道縣令劉攬墓誌　野 唐雲麾將軍宋儼墓誌　野 唐孫師岐墓誌　野 唐濟南郡禹城縣令李庭訓墓誌

部 唐崔孝公墓誌

郭 隋郭龍墓誌蓋　郭 偽周明威將軍王建墓誌　郭 唐沈士公墓誌　郭 唐郭季妃石槨題字

郟 唐上開府董葵墓誌

郵 漢衡方碑　郵 漢武榮碑　郵 漢曹全碑　郵 漢張壽碑　郵 漢鄭季宣碑　郵 齊劉覬買地券

卸 隋上林署丞卞鑒墓誌　郵 唐魏氏繼室范陽盧氏墓誌

赦 魏受禪表
赦 宋通仕郎行巴州司户參軍兼司法事范子舟墓誌

敍 齊堯峻妻墓誌

閑 漢張遷碑
閑 魏石門銘
閑 魏王僧墓誌
閑 魏太尉府諮議元獮墓誌
閑 隋杜乾緒造像
閑 隋張喬墓誌
閑 唐幽府士曹參軍孟裕墓誌
閑 唐處士范陽盧調墓誌

雪 漢張遷碑
雪 魏元端墓誌
雪 魏王誦墓誌
雪 隋洺州南和縣灃水橋碑
雪 隋馬穉妻張姜墓誌
雪 唐徐德墓誌

陰 魏陽城洪懋等造像
陰 魏王銀堂造像
陰 魏鄴縣男唐耀墓誌
陰 魏元始和墓誌銘
陰 魏元湛妻薛慧命墓誌
陰 魏元燈墓誌
陰 魏元範妻鄭令妃墓誌
陰 魏楊範墓誌
陰 隋宫

人楊氏墓誌　陰 隋宮人郭氏墓誌　陰 隋爾朱敞墓誌　陰 隋劉多墓誌　陰 齊楊紹邑造像記

陰 唐鬱林觀碑　陰 唐成公夫人墓誌　陰 唐幽棲寺尼正覺浮圖銘　陰 唐太原王曉故夫人崔淑墓誌銘

陳 魏范陽王元誨墓誌

陵 魏邑子唐嵩等木刻造像題記　陵 周寇胤哲墓誌　陵 隋張濤妻禮氏墓誌　陵 隋盧文構墓誌銘

陵 隋蕭汎墓誌　陵 唐游擊將軍蕭貞亮墓誌　陵 唐范陽令楊基墓誌　陵 唐張思言墓誌　陵 唐大弘道主三洞法師侯敬忠墓誌　陵 唐朝議郎周紹業夫人南陽趙璧墓誌

陶 漢張壽碑　陶 前燕馬遠越造墓塼銘　陶 魏義橋石像碑　陶 魏鄭縣男唐耀墓誌銘　陶

陷　陸　　隨　頂

魏元謐妻馮會䄵墓誌　陶 魏元欽墓誌　陶 魏元新成妃李氏墓誌　陶 隋段濟墓誌銘　陶 唐岱岳觀題名

陶 唐景教流行中國碑　陶 唐張運才墓誌　陶 唐京兆府涇陽縣尉范陽盧踐言墓誌

陏 隋寇熾妻姜敬親墓誌　陷 唐吴廣碑　陷 唐朔方軍總管李信墓誌

陸 魏魏靈藏造像　陸 魏彭城武宣王妃李氏墓誌　陸 魏東安王太妃墓誌　陸 周賀屯植墓誌銘

陸 周王令猥造像碑　陸 隋王弘墓誌　陸 隋蕭瓛墓誌　陸 唐龍游縣尉索義弘造像　陸 唐邕州都督陸君夫人元氏墓誌銘

隨 周聖母寺造像

嶺 魏論經書詩　頂 唐房有非墓誌

頃 飢 魚 鳥 鹿

頃 周時珍墓誌 頃 隋羊瑋墓誌 頃 唐上柱國趙君墓誌 頃 宋齊州長清縣真相院舍利塔銘

飢 魏司空公王誦墓誌 飢 齊雋敬碑

魚 梁蕭憺碑 魚 魏張玄墓誌 魚 魚 魏元瞻墓誌 魚 唐文林郎王貞墓誌 魚 唐正議大夫使持節相州諸軍事守相州刺史上柱國河南賀蘭山務温墓誌 魚 唐正議大夫守殿中監致仕上柱國賜紫金魚袋太原王翼墓誌

鳥 魏兗州刺史元豳墓誌 鳥 隋宋永貴墓誌 鳥 隋楊秀墓誌 鳥 唐忠武將軍從弟李君彦夫人魏氏墓誌 鳥 唐晋州崔邑縣令楊純墓誌

鹿 漢黽池五瑞圖摩崖 鹿 魏馬都愛造像 鹿 魏三級浮圖頌 鹿 魏高宗嬪耿氏墓誌 鹿 齊李

琮墓誌

鹿 唐亡尼八品墓誌

麥 隋澧水石橋碑

麦 清張雲谿墓誌

# 十二畫

傳 魏孝文帝弔比干文

傳 魏廣陽王元湛墓誌

傳 魏傅母王遺女墓誌

傳 齊靜明造像

傳

傳 隋李則墓誌

傳 唐沈士公墓誌

傳 唐皇甫府君墓誌

傍 魏廉富及子天長造義井佛像記

傍 齊劉碑造像

傍 周強獨樂為文帝造像

傍 隋宋永貴墓誌

傍 唐懸州□□□元善妻公孫氏墓誌

烈 魏杜文雅造像

傑 齊徐徹墓誌

傑 隋龍山公墓誌

傑 隋翟賓墓誌

傑 隋張盈墓誌

傑 唐李扶墓誌
傑 唐兗公頌
傑 唐姚彝碑
傑 唐鴻慶寺碑
傑 唐尚書司勳郎中吉渾墓誌
傑 唐樊興碑
傑 唐梁嘉運墓誌
傑 唐王定墓誌
傑 唐河陽軍節度押衙張亮墓誌
傑 唐恒山封禪銘
傑 唐和智全墓誌
傑 唐田通墓誌
傑 唐吏部常選王爽墓誌
傑 唐順義郡錄事參軍侯方墓誌
傑 唐徽士向英墓誌
傑 唐陽平郡路隱并夫人陳氏墓誌
傑 唐潞州屯留縣令溫府君李夫人墓誌
傑 唐忠武將軍行左領軍衛郎裴沙墓誌
傑 唐濟南郡禹城縣令李庭訓墓誌
傑 唐信王府士曹崔傑墓誌
傑 唐阿育王寺住田碑
傑 宋遂寧郡君趙氏墓誌

傘 唐樂君彥墓誌

備 魏溫泉頌
備 魏俊儀男元周安墓誌
備 魏淮南王元顯墓誌
備 魏陳天寶造像
備 魏元

維墓誌
俑 魏元靈曜墓誌
偹 齊元子遂墓誌
俻 齊徐徹墓誌
俻 齊堯峻妻故獨孤氏墓誌銘
俻 隋尉氏女墓誌
俻 隋口鍾葵墓誌
俻 隋甯贙碑
備 隋張伴墓誌
俻 唐大泉寺三門記
備 唐新使院石幢記
俻 唐武懷亮墓誌
備 唐張軌墓誌
備 偽周張矩墓誌
備 唐盧寂墓誌
俻 唐武縣尉楊寶墓誌
偹 唐鐵彌勒像碑
偹 偽周涇縣尉杜君夫人孫氏墓誌
俻 唐文林郎仵顧德墓誌
俻 唐處士王延墓誌
備 唐贈祕書監李邕墓誌
備 唐太子右庶子劉升墓誌
偹 唐劉德潤墓誌
俻 唐七宮八品墓誌
俻 唐邠公夫人馬氏墓誌
偹 唐前徐州錄事參軍太原王府玉夫人博陵崔金剛墓誌
備 唐梓州通泉縣令王君夫人姜氏墓誌
俻 唐宣義郎周紹業墓誌
俻 唐贈游擊將軍董嘉斤墓誌
備 唐處士騎都尉李通墓誌

凱　割　創　勝

凱 魏元伏寶墓誌　凱 隋楊秀墓誌　凱 唐廣陵郡海陵縣丞張俊墓誌　愷 宋主客員外郎直集賢院高平范貽孫墓誌

割 魏女佛弟子曹全造像　割 魏楊豊生造像　割 魏元譚墓誌　割 魏寇憑墓誌　割 魏儁蒙娥等三十一人造像　割 齊諸維那四十人造太子像　割 隋姜明墓誌　割 隋高緊墓誌　割 隋梁瓌墓誌　割 齊比丘尼靜恭靜文等造像　割 唐康武通墓誌

刱 元萬榮縣太趙村稷王廟舞廳石□

勝 漢張遷碑　勝 魏韓顯祖造像　勝 魏山徽墓誌　勝 魏元朗墓誌　勝 魏元始和墓誌銘

勝 左馮翊太守□□六世孫合宗造四面像　勝 隋張喬墓誌　勝 隋段模墓誌　勝 常岳造像記

# 勞

勝 唐沈士公墓誌

勞 漢鄐閣頌

勞 魏元瞻墓誌

勞 魏洪寶造像銘

勞 隋諸葛子恒造像

勞 衷晏題漢門通褒斜道摩崖

勞 唐陪戎尉王德枝妻鮮于墓誌

勞 唐右龍武軍翊府中郎高德墓誌

勞 唐處士任通墓誌

勞 宋張敬德墓誌

# 厥

厥 漢楊淮表

厥 漢景君碑

厥 漢韓勑碑

厥 魏孝文皇帝弔比干文

厥 魏貴華恭夫人墓誌

厥 魏嵩陽寺碑

厥 魏劉玉墓誌

厥 魏元欽墓誌

厥 魏武昌王妃吐谷渾氏墓誌

厥 魏元凝妻陸順華墓誌

厥 魏鄯乾墓誌

厥 齊梁伽耶墓誌

厥 隋董穆墓誌

厥 隋定州洪山造像

厥 唐元勇墓誌

厥 唐房陵太守盧夫人楊氏墓誌

厥 唐中大夫安南都護府長史權攝副都護上柱

國杜忠良墓誌 廈 唐太常寺太祝范陽盧直墓誌

厦 唐雲麾將軍辨子墓誌

卿 晉徐義墓誌 卿 魏東安王太妃墓誌 卿 魏張整墓誌 卿 隋盧文構墓誌 卿 唐銀青光祿大夫守工部尚書贈荊州大都督清河郡開國公上柱國崔泰之墓誌 卿 唐吳興郡長城縣尉李公故夫人河東裴氏墓誌銘

博 唐車信墓誌 博 唐張弘秀墓誌 博 唐丞務郎崔誠墓誌 博 唐義豐縣開國男崔宜之墓誌銘

博 唐信安縣主元思忠墓誌 博 唐揚州揚子縣令崔光嗣墓誌

啬 唐向清墓誌

善 漢張遷碑 善 漢夏承碑 善 魏元夫穆墓誌 善 魏元寶月墓誌 善 魏元誘墓誌 善

魏元均墓誌 善 魏元暉墓誌 善 魏元融墓誌 善 魏韓顯宗墓誌 善 魏元熙墓誌 善

魏丘哲妻鮮于仲兒墓誌 善 魏汝南王元悅墓誌 善 隋豆盧寔墓誌 善 隋劉明墓誌 善 隋蕭瑾墓誌

善 隋宋仲墓誌 善 唐程某墓誌 善 唐游擊將軍吳孝墓誌 善 唐處士張伯隴墓誌 善

唐司御率府翊衛張敬玄墓誌 善 唐朔方節度十將游擊將軍左內率府率臧曄墓誌 善 宋鄭州衙內指揮使銀青光祿大夫檢校工部尚書兼御史大夫上柱國安崇禮墓誌 善 金河東南路平陽府隰州永和縣可托村馮公墓誌銘

喚 隋比丘尼修梵石室墓誌 喚 隋張濤妻禮氏墓誌 喚 唐臨高寺碑 喚 宋建雄軍節度判官朝議大夫檢校戶部尚書兼御史大夫柱國太原郡閻光度墓誌

喜 漢孔宙碑 喜 魏元顯魏墓誌 喜 魏李挺墓誌 喜 隋羊瑋墓誌 喜 唐潞州襄垣縣令裴

嗣宗墓誌

喝 唐□壽墓誌　喝 唐天官文林郎周君妻公孫夫人墓誌

喻 魏元悅墓誌

喪 漢曹全碑　喪 漢鮮于璜碑　喪 晉任城孫夫人碑　喪 魏孝文帝弔比干文　喪 魏元颺妻王夫人墓誌

喪 魏員外散騎侍郎元恩墓誌　喪 魏巨始光造像　喪 魏王夫人元華光墓誌　喪 魏元孟輝墓誌

喪 魏元謐墓誌　喪 魏元毓墓誌　喪 齊平等寺碑　喪 隋龍山公墓誌　喪 隋吳嚴墓誌

喪 隋□和墓誌　喪 唐嗣曹王妃鄭氏墓誌　喪 唐焦璀墓誌　喪 唐曹夫人墓誌

喪 魏程邨造橋碑　喪 唐宇文氏墓誌　喪 唐趙郡妻裴夫人墓誌　喪 唐李岸及夫人徐氏墓誌銘

喪偽周文安縣令王德表墓誌喪唐左光祿大夫蔣國公屈突通墓誌喪唐處士張士墓誌喪唐上開府董葵墓誌喪唐陪戎校尉太原王勗墓誌喪唐華州鄭縣主簿李景陽墓誌喪唐皇甫賓之妻楊麗墓誌喪唐泉州龍溪縣尉李君墓誌喪唐衢州司士參軍府君李濤墓誌喪唐左威衛和州香林府折衝都尉朝議大夫陶英夫人張氏墓誌喪唐京兆杜氏夫人墓誌喪唐金紫光祿大夫檢校司徒使持節單州諸軍事單州刺史兼御史大夫上柱國天水郡開國侯趙鳳墓誌喪元京畿都漕運使王君去思碑喪元馮公祐墓誌

## 喬

喬魏吳郡王蕭正表墓誌喬魏華嶽廟碑喬隋段模墓誌喬隋馬穉墓誌喬隋張喬墓誌喬唐魏州莘縣尉太原王養及夫人中山成氏墓誌喬唐梁郡喬榮敬墓誌

單　强　弻　絨　庚

單 魏比丘僧智等造像記　單 魏寇憑墓誌　單 唐京兆府宣化府折衝攝右衛郎將横野軍副使樊庭觀墓誌銘

强 漢魯峻碑　强 齊宋買造像　強 隋張濤妻禮氏墓誌　強 隋郁久閭伏仁磚誌　強 隋□鍾葵墓誌銘

強 隋劉淵墓誌銘

弻 漢楊淮表記　弻 漢張壽碑　弻 唐王文遜等七十人造像　弻 唐獨孤仁政碑　弻 唐張軫墓誌

弻 唐左光祿大夫蔣國公屈突通墓誌　弻 唐朝請行石州方山縣令騎都尉申守墓誌

絨 漢曹全碑　絨 唐左公祿大夫蔣國公屈突通墓誌

庚 魏齊郡王妃常氏墓誌

寒 魏李超墓誌

富 漢尹宙碑　富 漢麒麟鳳凰碑　富 漢大富昌宜侯王磚　富 漢富貴吉祥磚銘　富 苻秦修鄧太尉祠碑　富 魏元璨墓誌　富 魏廉富及子天長造義井佛像記　富 魏元獮墓誌　富 魏兗州刺史　富 隋阮景暉造像　富 南漢買地券　富 程元洛殘造像記　富 端方藏漢富樂未央磚文　富 唐魏州華縣尉太原王養及夫人成氏墓誌　富 宋金紫光祿大夫檢校司空左衛將軍□華御史大夫上柱國南陽郡開國侯吳元載墓誌銘

寍 漢鄐閣頌　寍 晉馮恭墓誌記　寍 晉爨寶子碑　寍 魏司馬元興墓誌　寍 魏比丘惠榮造像　寍 魏傅母王遺女墓誌　寍 魏元寧墓誌　寍 魏杜岡寺造像　寍 齊比丘惠瑍造像　寍 隋□靜墓誌　寍 隋荀夫人宋玉艷墓誌　寍 隋張伴墓誌　寍 唐隴西李嘉珍墓誌　寍 唐趙公夫

寐　寒　寓　寔

人夏侯氏墓誌　寧 唐處士王韶墓誌　寧 唐朝議郎上柱國豪州定遠縣令楊高仁墓誌　寧 唐朝請大夫尚書司勳郎中吉渾墓誌

寐 魏冀州刺史元子直墓誌　寐 魏唐耀墓誌　寐 魏昭玄沙門大統僧令法師墓誌　寐 魏元寧墓誌　寐 魏馬鳴岐墓誌　寐 齊高獻國妃敬氏墓誌　寐 隋張濬墓誌　寐 隋嚴元貴墓誌　寐 唐聖真觀觀主鄧過真墓誌

寒 隋宮人司燈李氏墓誌　寒 唐驍騎尉皇甫璧墓誌

寓 魏元始和墓誌　寓 唐通直郎前行延州都督府士曹參軍事長孫盼墓誌

寔 漢樊敏碑　寔 魏司馬景和妻墓誌　寔 齊梁伽耶墓誌　寔 隋張景略墓誌

峻　崿　嵇　愇　幄　就

峻 唐諱恢墓誌　峻 唐朱陽縣開國男代郡和智全墓誌

崿 魏元顥墓誌　崿 隋翟突娑墓誌　崿 唐新鄉縣令王順孫墓誌　崿 唐張伽墓誌　崿 唐祁讓墓誌　崿 唐朱貞墓誌

嵇 魏元颺墓誌　嵇 齊梁罷村邑子七十人造浮圖記　嵇 隋劉則墓誌　嵇 隋故楊秀墓誌銘

嵇 唐嶲州邛丞張客墓誌　嵇 唐張曉墓誌　嵇 唐處士王君墓誌　嵇 唐宣州參軍事許堅墓誌

愇 唐張君政墓誌

幄 唐潘卿墓誌

就 漢衡方碑　就 漢樊敏碑　就 漢許阿瞿畫像碑　就 漢鄐閣頌　就 後漢蒼山畫像石題記

尊　尋

就 漢石門頌 就 北涼沮渠安周碑銘 就 魏皇甫驎墓誌 就 魏吳樹造像 就 後梁天保劉子瑞造像

就 齊張龍伯造像記 就 隋滕王子楊厲墓誌 就 隋許曇胸造像 就 隋惠欝造像 就 唐故光祿大夫段瑗墓誌銘

就 唐臺州刺史陳皆墓誌 就 唐僧惠簡造像 就 唐李纓妻楊蕙墓誌銘

就 唐七宮五品誌文 就 唐華州鄭縣主簿李景陽墓誌 就 唐故隋黃梅縣尉韓政墓誌 就 唐上騎都尉李琮墓誌

就 唐天平軍節度隨軍將仕郎試左內率府兵曹參軍李惟一墓誌 就 宋王佛女磚誌銘

尊 漢三老諱字忌日記 尊 漢石門頌 尊 魏孫寶憘造像 尊 魏元繼墓誌 尊 魏孝廉奚真墓誌

尊 隋梁智造像 尊 唐上護軍朝議郎行邛州蒲江縣令蕭慎墓誌 尊 唐霍夫人墓誌

尋 魏元液墓誌 尋 魏元寶月墓誌 尋 魏張寧墓誌 尋 魏元瑫墓誌 尋 魏元欽墓誌

尋 魏元肅墓誌
尋 魏元周安墓誌
尋 魏王誦墓誌
尋 魏于纂墓誌
尋 魏比丘洪寶造像
尋 魏高湛墓誌
尋 魏比丘道瓊記
尋 魏孔羨碑
尋 魏皇甫驎墓誌
尋 魏敬史君碑
尋 魏涇州刺史奚康生造像碑
尋 魏江陽王元乂墓誌
尋 魏鉅平縣侯元欽神銘
尋 魏潁川太守元襲墓誌
尋 東魏徵北將軍鄧恭伯夫人崔令姿墓誌
尋 齊太府卿元賢墓誌
尋 齊法懃禪師塔銘
尋 齊董洪達造像記
尋 齊劉碑造像
尋 齊高嶺修寺碑
尋 齊比丘惠瑍造像
尋 周張獨樂爲文帝造像記
尋 周顏那米造像記
尋 隋張景略銘
尋 隋騰王子楊厲墓誌
尋 隋梁環墓誌
尋 隋高虬墓誌
尋 唐李珪墓誌
尋 唐龐履溫碑
尋 唐朝議大夫使持節密州諸軍事守密州刺史上柱國元希古墓誌
尋 唐宣德郎杭州鹽官主簿潁川陳敬忠墓誌

奐　奠　奡　⿰垂夬　堪　堯

奐 唐徵士平昌孟俊墓誌

奠 隋新鄭縣令蕭瑾墓誌　奠 隋董美人衛美墓誌　奠 隋唐該墓誌　奠 唐康君夫人曾氏墓誌

奠 唐清河郡夫人張氏墓誌　奠 唐楊清墓誌　奠 大周常州無錫縣令楊陶墓誌　奠 唐延州敦化府兵曹參軍張士龍墓誌

奡 唐昭仁寺碑

⿰垂夬 魏元始和墓誌　⿰垂夬 魏寇憑墓誌　⿰垂夬 魏鄭道忠墓誌　⿰垂夬 隋修七帝二寺碑

堪 魏鄎縣男唐耀墓誌　堪 齊寇軍將軍陽昕墓誌　堪 隋諸葛子恒造像記　堪 隋滕王子楊厲墓誌

堯 魏李仲琁修孔廟碑　堯 魏孝文帝弔比干文　堯 魏根法師碑　堯 魏樂安王元諸墓誌　堯

魏元璨墓誌 堯 魏元寧墓誌 堯 唐劉通墓誌 堯 唐玄武丞楊仁方墓誌 堯 唐隋奉車都尉姑臧段瑋墓誌 堯 唐荆州大都督府長林縣令騎都尉昌黎韓仁楷墓誌 堯 唐太子左贊善大夫裴公夫人隴西縣君李氏墓誌

堡 周王令猥造像碑

堰 魏元斑妻穆夫人墓誌 堰 隋宋仲墓誌 堰 唐楊藝墓誌

報 漢曹全碑 報 漢白石神君碑 報 漢華山廟碑 報 漢張衡四思篇刻石 報 魏唐耀墓誌

報 元新建祖師行祠報恩碑記

壹 漢史晨奏銘 壹 漢華山廟碑 壹 魏元寧墓誌 壹 隋馬穉墓誌 壹 隋李順萬造像

壹 唐李彬妻宇文氏墓誌 壹 唐上柱國趙君墓誌 壹 唐楊氏馬夫人墓誌 壹 壹 唐新城府

# 壺

別將張翼墓誌

壺 漢韓勑碑

壺 漢三公山碑

壺 齊高叡修寺碑

壺 齊雋敬碑

壺 隋暴永墓誌

壺 隋申穆墓誌

壺 隋將仕郎段洽墓誌

壺 唐張仁墓誌

壺 唐楊行褘墓誌

壺 唐尚書司勳郎中吉渾墓誌

壺 唐夏侯思泰墓誌

壺 高麗郎空大師碑

壺 唐王郅墓誌

壺 唐安國寺比丘尼劉大德墓誌

壺 唐張曉墓誌

壺 唐處士段仲垣墓誌銘

壺 唐靖君夫人墓誌

壺 唐冠氏縣令崔羨墓誌

壺 唐張玄獬墓誌

壺 唐苗弘休墓誌

壺 唐東宮千牛右衛勳一府校尉房仁愻墓誌

壺 唐滄州東光縣令許行本墓誌

壺 唐正議大夫使持節都督雋州諸軍事守雋州刺史上柱國高陽縣開國男許公夫人王氏墓誌

壺 唐朝議郎司僕寺長澤監王及德墓誌

壺 唐故雅州名山縣尉王文義墓誌

壺 唐萬州司

法參軍王韶墓誌
壻 唐上柱國處士段仲垣墓誌
壻 唐東頭貢奉官銀青光祿大夫檢校左散騎常侍干牛衛將軍兼御史大夫上柱國韓漢臣墓誌
壻 宋恒農楊光贊墓誌
聟 漢仙人唐公房碑
聟 晉徐夫人管洛墓誌
聟 魏元瑛妻穆夫人墓誌
聓 唐妬神頌
聓 唐李懷仁墓誌
聟 唐李府君及夫人趙氏墓誌
聓 唐潞府參軍裴君夫人陽氏墓誌
壻 唐莊州都督李敬墓誌
聟 唐濟南郡禹城縣令李庭訓墓誌
聓 唐劍南東川節度副使朝議郎檢校尚書屯田員外郎兼御史上柱國支訴妻滎陽鄭氏墓誌
彘 唐周護墓誌
幾 晉司馬芳碑
幾 魏于景墓誌
幾 魏元恭墓誌
幾 魏丘哲墓誌
幾 魏元融墓誌

幾 魏青州刺史元湛墓誌
幾 魏元昭墓誌
幾 魏檀賓墓誌
幾 魏王僧墓誌
幾 齊元子邃墓誌
幾 隋段濟墓誌
幾 隋蕭瑾墓誌
幾 隋常懷威造像
幾 唐劉節墓誌
幾 唐王積善墓誌
幾 唐劉滲墓誌
幾 唐段公夫人常氏墓誌
幾 唐幽州范縣令楊基墓誌
幾 唐朝議大夫使持節密州諸軍事守密州刺史上柱國元希古墓誌
幾 明司子忠淑人王氏墓誌
遍 齊高叡修寺碑
遍 隋阮景暉造像
遍 隋首山舍利塔銘
復 漢曹全碑
復 漢史晨奏銘
復 魏受禪表
復 魏嵩高靈廟碑
復 魏太中大夫元玕墓誌
復 魏王偃墓誌
復 魏元端墓誌
復 漢永壽三年山東嘉祥宋山畫像石題記
復 齊高建妻王氏墓誌
復 齊高建墓誌
復 隋豆盧通造彌勒像記
復 隋羊本墓誌
復 隋豆盧寔墓誌
復

循　彭　掌　揆　插

隋張受墓誌　復 隋宮人蕭氏墓誌　復 隋趙朗墓誌　復 隋王榮墓誌　復 唐新城府別將張翼墓誌

復 唐張濬墓誌　復 唐銀青光祿大夫守工部尚書贈荊州大都督清河郡開國公上柱國崔泰之墓誌銘

循 漢楊君石門頌　循 晉爨寶子碑　循 齊北丘僧道政造像　循 齊毛叉擢造像　循 隋張受墓誌

循 唐洛州滎陽縣頌施遙僧法師碑　循 唐和智全墓誌　循 唐兗州瑕丘縣主簿馬君夫人天水董氏墓誌銘

彭 晉溪州銅柱記　彭 唐右領軍翊府親衛劉保墓誌　彭 唐安重遇墓誌

掌 晉王浚妻華芳墓誌　掌 魏乞伏寶墓誌　掌 隋王夫人成公墓誌

揆 宋朝散大夫試大理評事前行許州臨潁縣令兼監察御史贈太常博士祖仲宣墓誌

插 魏義橋石像碑　插 唐游擊將軍信義果毅都尉韓暹夫人墓誌　插 唐李三墓誌

揖 揚 換 揜 揭 揮 援

揖 魏孔羡碑
揖 魏元景造像
揖 隋張達墓誌
揖 唐于孝顯碑

揚 魏孝文帝弔比干文
揚 魏元鑒墓誌
揚 齊高百年墓誌
揚 齊李清報德像碑

換 魏盧平王元悌墓誌
換 齊徐之才墓誌
換 齊劉雙仁墓誌
換 美尋陽長公主墓誌
換 唐曹州刺史杜昭烈墓誌
換 唐安南都護府長史杜忠良墓誌
換 宋張敬德墓誌

揜 魏貴華恭夫人墓誌

揭 唐徐州錄事參軍太原王庭玉夫人崔金剛墓誌
揭 唐邢德政墓誌

揮 隋劉德墓誌

援 魏元熙墓誌
援 唐京兆真化府折衝都尉車益墓誌
援 唐金紫光祿大夫檢校尚書右僕射左監門衛

# 掾　悲　惑　惠　惡

將軍兼御史大夫上柱國劉公贇墓誌

掾　明散官安軒及夫人王氏墓誌

掾　魏青州刺史元道墓誌

椽　唐東平郡壽張縣令盧合墓誌

悲　魏太監劉華仁墓誌

悲　魏閭伯昇墓誌

惑　魏元子直墓誌

惑　魏房悅墓誌

惑　隋嚴元貴墓誌

惠　魏華山王元鷙墓誌

惠　魏元緒墓誌

惠　魏賈景造像

惠　齊天保[ ]定殘造像

惠　吳谷朗碑

惠　隋寇嶠妻薛氏墓誌

憓　隋韓城縣令白仵貴墓誌

惠　偽周邢彥褒墓誌

惠　唐右威衛兵曹參軍王冷然墓誌

惡　漢西狹頌

惡　漢景君碑

惡　漢夏承碑

惡　北涼沮渠安周碑

惡　魏孫遼浮圖銘

惡

惡 魏元壽安墓誌　惡 魏長孫士亮妻宋靈妃墓誌　惡 周强獨樂爲文帝造像　惡 唐南和縣令□彥墓誌

惡 唐巨鹿魏仲連墓誌　惡 清揭古碑

惰 周岐山縣侯妻明墓誌

惱 魏廣川王祖母侯太妃造像　惱 齊道略造像　惱 隋首山舍利塔銘　惱 隋詔立僧尼二寺碑

惱 唐常才造像　惱 唐嵩山院羅尼經幢　惱 唐岐州岐山府果毅安思節墓誌

惸 晉沛相張朗碑　惸 隋主簿張濬墓誌　惸 唐隴州刺史薛府君妻弘農祁麗墓誌

愉 唐相州刺史賀蘭務溫墓誌　愉 唐蘭陵蕭愽墓誌

愕 魏奚真墓誌　愕 魏元子直墓誌　愕 魏元順墓誌　愕 宋天慶禪院達大師塔記

愜 斯 扉 殗 殘 殚 旎

愜 齊元賢墓誌 愜 齊暴誕墓誌 愜 唐王慶墓誌 愜 唐多寶塔碑 愜 唐渤海嚴氏墓誌

愜 唐南陽樊騆墓誌

斯 魏世宗嬪司馬氏墓誌 斯 魏元毓墓誌 斯 隋賈珉墓誌 斯 隋郭龍墓誌

扉 唐張貴墓誌 扉 唐李氏故夫人彭城劉氏墓誌

殗 唐李舉墓誌

殘 宋爨龍顏碑 殘 魏元演墓誌 殘 唐張逸墓誌 殘 唐韓承墓誌

殚 唐張光祚墓誌 殚 唐梁義方墓誌 殚 唐許士端墓誌 殚 唐張泉墓誌 殚 唐成夫人墓誌

旎 魏太常少卿元悛墓誌 旎 魏廣川孝王元煥墓誌 旎 魏于祚妻和醜仁墓誌 旎 魏元馗墓

誌 旐 魏元爽墓誌 旐 隋蕭瑾墓誌 旐 隋張儉墓誌 旐 隋王榮墓誌 旐 隋王曜墓誌 旐 唐孫君夫人宋氏墓誌 旐 唐關道爰墓誌 旐 唐處士□長墓誌 旐 唐四從伯中散大夫檢校太子左贊善大夫李文獎墓誌 旐 唐京兆府宣化府折衝攝右衛郎將橫野軍副使樊庭觀墓誌 旐 唐庄州都督李敬墓誌 旐 唐朝散大夫上柱國潁州汝陰縣令史待賓墓誌 旐 唐左領軍衛執戟李品品墓誌 旐 唐楊氏墓誌銘

猥 齊馮翊太守□□六世孫合宗造四面像 猥 周王令猥造像碑

猨 魏上黨王元天穆墓誌 猨 齊法懃禪師塔銘

猶 漢三老諱字忌日記 猶 漢張遷碑銘 猶 漢華山碑 猶 齊李清為李希宗造像 猶 齊感

孝頌

猶 隋房山華嚴經

猶 隋趙朗墓誌

猶 隋内承奉劉則墓誌

猶 唐麓山寺碑

普 魏比丘普朗造像

普 魏比丘尼法光造像

普 魏趙瑠造像

普 齊王惠顒造像記

普 隋青州舍利塔下銘

景 魏王方略造須彌塔記

景 魏馮邕妻元氏墓誌

景 魏王夫人元華光墓誌

景 魏杜景暉造像記

景 魏賈景造像

景 齊景寺僧道造像

景 隋楊秀墓誌

景 唐任城縣橋亭記

景 唐多寶塔碑銘

景 唐嗣曹王李戢墓誌

景 唐傅思諫墓誌

晳 唐朝議郎前行曹州司法參軍上柱國李宏墓誌

晷 魏樂安哀王元悅墓誌

晷 魏高宗夫人于氏墓誌

晷 魏元鑒墓誌

晷 唐靖千年墓誌銘

# 智

- 㬜 唐張騷墓誌
- 智 漢孔彪碑陰
- 智 漢尚府君碑
- 智 魏比丘員光造像
- 智 魏太常少卿元璨墓誌
- 智 魏趙阿歡造像
- 智 韓明比丘尼智妃造像
- 智 齊法懃禪師塔銘
- 智 齊高獻國妃敬氏墓誌
- 智 隋梁智等造像
- 智 唐支懷墓誌
- 智 唐同州華池府別將李琦墓誌

# 曾

- 曾 魏中山王元熙墓誌
- 曾 魏胡昭儀墓誌
- 曾 魏元尚之墓誌
- 曾 魏穆纂墓誌
- 曾 魏元保洛墓誌銘
- 曾 魏元譚妻司馬氏墓誌
- 曾 隋王世琛墓誌
- 曾 隋寇遵考墓誌
- 曾 隋申穆墓誌
- 曾 隋口睦磚誌銘
- 曾 唐趙君夫人郭氏墓誌
- 曾 唐房寶子墓誌
- 曾 唐般若波羅蜜多心經
- 曾 唐西河郡平遙村縣尉慕容夫人源氏墓誌銘
- 曾 唐恒州真定縣丞姚如衡墓誌
- 曾 唐邻公夫人馬氏墓誌
- 曾 明司子忠淑人王氏墓誌

替 隋陳叔榮墓誌　暜 隋郭達墓誌

冣 魏李超墓誌　最 魏郭顯墓誌　冣 隋元智墓誌　冣 隋龍藏寺碑　冣 唐李良墓誌

冣 唐趙嘉夫人郭氏墓誌　冣 唐王孝瑜并夫人孫氏墓誌　冣 唐號州閿鄉縣丞孫恭墓誌　冣 元京畿都漕運使王去思碑

朝 漢曹全碑　朝 漢鄭季宣碑　朝 魏彭城武宣王妃李氏墓誌　朝 魏元孟輝墓誌　朝 魏韓顯宗墓誌

朝 魏元祐妃常季繁墓誌　朝 魏張整墓誌　朝 隋楊秀墓誌　朝 唐崔長光墓誌

朝 唐崔孝公墓誌銘　朝 唐左驍衛翊衛金義墓誌　朝 唐處士王延墓誌

朞 魏司空王誦墓誌　期 魏元孟輝墓誌

敧 欽 欻 敝 敞 敢 散

敧 齊李清爲李希宗造像

欽 魏恒州刺史韓震墓誌陰 欽 唐封州司馬董力墓誌

欻 唐前徐州錄事參軍太原王庭玉夫人崔金剛墓誌

敝 漢史晨奏銘

敞 魏武定庚小虎造像 敞 元新建祖師行祠報恩碑記

敢 漢孔彪碑 敢 漢鄭固碑 敢 漢樊敏碑 敢 漢曹全碑陰 敢 漢乃敢自磚銘 敢 魏上尊號表

敢 魏慈香造像

散 漢郙閣頌 散 晋孟府君墓誌 散 魏皇甫驎墓誌 散 魏司馬紹墓誌 散 魏公孫猗墓誌 散

敦　戟

# 敦

魏章武王妃盧墓誌

敦 魏南石窟寺碑

敦 魏富平伯于纂墓誌

敦 魏昭玄沙門大統僧令法師墓誌

敦 魏元斅墓誌

敦 魏閭伯昇墓誌

敦 魏劉賢墓誌

敦 魏唐耀墓誌

敦 魏元虔墓誌

敦 齊高僧護墓誌

敦 周強獨樂造像

敦 隋田光山夫人李氏墓誌

敦 隋元公墓誌

敦 隋羊瑋墓誌

敦 隋張盈妻蕭餝性墓誌

敦 隋馬穉墓誌

敦 隋李則墓誌

敦 唐祁讓墓誌

敦 唐故隋并州司兵張義墓誌銘

敦 漢衡方碑

敦 魏寇治墓誌

敦 齊叱列延慶妻爾朱元静墓誌

敦 隋張業墓誌

敦 隋楊秀墓誌

敦 唐沈士公墓誌

敦 唐番禺府折衝都尉上柱國平棘縣開國公紀子丞基墓誌

敦 唐蘭陵蕭博墓誌

敦 唐朝散大夫試光禄寺丞譙郡能政墓誌

# 戟

戟 唐左監門長上弘農楊升墓誌

戟 唐右衛左中侯上柱國任明墓誌

戟 唐左領軍衛執戟李品品墓誌

焜 唐左武衛翊中郎將李夫人榮脩墓誌

焚 隋章仇禹生等造像 焚 隋造龍華碑 焚 唐上柱國邊真墓誌

無 漢樊敏碑 無 漢白石神君碑 無 漢三公山碑 無 魏温泉頌 無 魏慈香造像 無 魏李仲琁修孔廟碑 無 魏根法師碑 無 魏陳天寶造像 無 魏王僧墓誌 無 魏高道悅墓誌 無 魏元演墓誌 無 魏于祚妻和醜仁墓誌 無 魏元□妃吐谷渾氏墓誌 無 魏王昌墓誌 無 魏張玄墓誌 無 魏廉富及天長造義井佛像記 無 魏鞏縣石窟後石壁七言詩摩崖 無 魏王基墓誌 無 無 魏唐耀墓誌 無 齊庫狄迴洛夫人斛律昭男墓誌 無 齊張世寶三十餘人造磚天宮記 無 齊宋買造像 無 齊比丘法訓造像 無 隋甯贙碑 無 隋高緊墓誌 無 隋奉城尉李君墓誌 無 唐幽州范縣令楊基墓誌 無 偽周隴西

成紀郡李夫人墓誌　無　唐故隋金谷府揚權豹墓誌　無　唐亡宮八品墓誌　無　唐汾州崇儒府折衝滎陽鄭仁穎墓誌

焰　唐關英墓誌

然　漢魯峻碑　然　魏金城郡主墓誌　然　魏邑義赫連子悅五百餘人造像　然　然　魏比丘僧

智造像　然　魏蔡洪象碑　然　魏石門銘　然　魏姚伯多造像　然　魏吐谷渾璣墓誌　然　魏元

肅墓誌　然　魏李謀墓誌　然　魏吳樹造像　然　隋仲思那造橋碑　然　隋梁環墓誌　然

隋王曜墓誌　然　隋梁坦墓誌　然　唐法藏禪師塔銘　然　唐中岳沙門釋如禪師碑　然　唐鄧州司

倉張舒墓誌　然　唐貝州臨清縣令王宏墓誌　然　唐張思言墓誌　然　唐左監門長上弘農楊升墓誌銘

然　唐文林郎路岩墓誌　然　明涿州石經山琬公塔院碑

爲 漢郙閣頌 爲 漢白石神君碑 爲 漢曹全碑 爲 魏孔羨碑 爲 爲 魏故劉賢墓誌銘 爲

魏奚智墓誌 爲 魏元文墓誌 爲 魏張安墓誌 爲 魏孝文帝弔比干文陰 爲 魏曲陽修德寺玉佛造像銘

爲 魏吉長命造像碑 为 齊泰僊伽造像 爲 齊張龍伯造像 爲 周時珍墓誌 爲 隋闞明墓誌

爲 隋□狃稱墓誌 爲 隋和彥造像 爲 隋唐直墓誌 爲 唐紀泰山銘 爲 唐處士張才墓誌 爲

唐處士尚武夫妻張氏墓誌 爲 唐鄭州刺史源光俗故夫人鄭氏墓誌 爲 宋王佛女塼誌 爲 明宋克書七姬墓誌

渙 魏元欽墓誌 渙 北徐州劉道景造像記 渙 隋右翊衛大將軍張壽墓誌 渙 唐夫人長孫氏墓誌銘 渙 唐宣義郎周紹業墓誌

減 魏儁蒙娥等三十一人造像 減 唐段蹟夫人墓誌

渝 唐朝議郎前行魏州司法參軍事上柱國元素墓誌

渟 魏元徽墓誌 渟 魏閻伯昇墓誌

渠 北涼沮渠安周碑 渠 魏張猛龍碑 渠 魏王僧墓誌 渠 魏敬使君碑 渠 魏王誦墓誌銘

渠 魏劉賢墓誌 渠 魏乞伏寶墓誌 渠 魏高貞碑 渠 隋楊德墓誌 渠 隋鄧昞墓誌

渠 唐大泉寺三門記 渠 唐新鄭縣令劉文墓誌 渠 唐京北府宣化府折衝攝右衛郎將檀野軍副使樊庭觀墓誌銘

渡 魏杜文雅造像坿刻高王經 渡 梁石彥辭墓誌 渡 隋仲思那造橋碑 渡 隋陳叔明墓誌銘

渡 渡 隋楊暢墓誌

渤　　温　　渭

渤 魏元壽安妃盧蘭墓誌　渤 齊李琮墓誌　郣 齊襄城郡王高淯墓誌　渤 隋曾植碑　渤 隋明雲騰墓誌　渤 隋高虬墓誌　渤 偽周白水令孔原墓誌　渤 唐夫人封氏墓誌　浡 唐吴縣丞杜榮墓誌　渤 唐樊浮邱夫人李氏墓誌　渤 唐盧永業妻李灌頂墓誌　渤 唐崔銳夫人高淩娘墓誌　渤 唐清河郡張宰墓誌　渤 唐上柱國高邈墓誌　渤 唐右龍武軍翊府中郎高德墓誌　渤 唐金吾衛大將軍渤海高如詮墓誌　勃 唐北平田氏第二女墓誌　渤 唐宣武軍節度押衙兼侍御史河東柳延宗墓誌

温 漢韓勑碑　温 漢張遷碑　温 漢趙圉令碑　温 漢衡方碑　温 漢魯峻碑　温 齊司馬遵業墓誌　温 隋賈逸墓誌　温 唐銀青光祿大夫守工部尚書贈荊州大都督清河郡開國公上柱國崔泰之墓誌

渭 魏閭伯昇墓誌　渭 周王妙暉造像記　渭 唐新城府別將張翼墓誌　渭 唐尚書右丞倪泉墓誌

渴　　　　游　　　　湛

渴 魏慈香造像 渴 魏始平公造像 渴 魏元瞻墓誌 渴 魏叔孫協墓誌 渴 魏康富及子天長造義井佛像記 渴 魏李次等金邑百人造石像碑額 渴 齊徐之才墓誌 渴 唐國子監丞李濟墓誌

遊 漢張遷碑 游 漢李孟初碑 游 漢武梁祠畫像題字 游 魏鞠彥雲墓誌 遊 魏雲峰山題字 遊 魏元□妃吐谷渾氏墓誌 遊 魏元固墓誌 游 魏唐耀墓誌 遊 齊宋買造像 遊 齊宋顯伯造塔銘 遊 隋仲思那造橋碑 遊 隋密長盛造橋碑 遊 隋董美人墓誌 游 隋宮人司言楊氏墓誌 遊 隋梁坦墓誌 遊 唐游擊將軍吳孝墓誌 遊 唐七尼八品墓誌

湛 魏元恩墓誌 湛 魏王僧墓誌 湛 魏李興造像 湛 魏康富及子天長造佛像記 湛 隋鄧州興國寺舍利塔下銘

測　湮　湝　棄　棗

測 測 魏元恩墓誌

湮 偽周金池府折衝都尉楊亮墓誌

湝 唐妳神頌

棄 漢景君碑　棄 魏孝文帝弔比干文　棄 魏霍揚碑　棄 魏李挺墓誌　棄 魏故陸紹墓誌銘

棄 後秦呂憲墓誌　棄 齊高叡修寺碑　棄 隋唐該墓誌　棄 唐李護墓誌　棄 唐李表墓誌

棄 唐給事郎韓思墓誌　棄 唐程尹史臺精舍碑

棗 晉王浚妻華芳墓誌　棗 魏始平文貞公太妃盧氏墓誌　棗 魏李次明造像　棗 齊道興造像

棗 隋王氏成公夫人墓誌　棗 唐右肅政臺路庭禮墓誌　棗 唐魏州司法參軍元素墓誌　棗 唐亳

州錄事參軍崔公夫人墓誌 棗 唐青州司倉參軍趙克廉墓誌 棗 唐汴州浚儀縣梁煥墓誌 棗 唐朝議郎前行魏州司法參軍事上柱國元袁墓誌 棗 唐房陵郡太守盧府君夫人弘農郡楊氏墓誌 棗 唐汝陽郡司法參軍姚希直墓誌

# 棘

蕀 魏魏靈藏造像 棘 魏孝文帝弔比干文 棘 魏元欽墓誌 棘 魏劉懿墓誌 棘 魏鄭道昭論經書詩 蕀 魏元宥墓誌 棘 魏寇臻墓誌 棘 魏元端墓誌 棘 魏元璨墓誌 棘 齊李琮墓誌 棘 齊朱岱林墓誌 棘 隋淳于儉墓誌 蕀 隋橋紹墓誌 蕀 唐長孫氏墓誌 蕀 唐張貴墓誌銘

# 棟

棟 唐左清道率府錄事參軍于公故夫人裴氏墓誌

## 棣

棣 漢魯峻碑

棣 魏貴華恭夫人墓誌

棣 魏元緒墓誌

棣 唐王郅墓誌

棣 唐朝議郎俞行曹州司法參軍上柱國李宏墓誌

## 棨

棨 宋爨龍顏碑

棨 隋段濟墓誌

棨 唐臧希晏碑

棨 唐上柱國劉善寂墓誌

棨 偽周故遼東郡公泉男生墓誌

## 森

森 魏元祐妃常季繁墓誌

森 隋梁邕墓誌

## 棲

棲 隋趙芬碑

棲 隋郭寵墓誌

棲 唐飛騎尉申屠義墓誌

棲 唐衛州司馬王善通墓誌

棲 唐處士王君墓誌

## 棺

棺 魏皇甫驎墓誌

棺 隋寇奉叔墓誌

椒　罼　犁　犀　疏

椒 魏貴華恭夫人墓誌　椒 隋楊厲墓誌　椒 隋牛暉墓誌　椒 隋宮人唐氏墓誌　椒 隋宮人常泰夫人房氏墓誌　椒 隋張盈妻蕭餝性墓誌　椒 唐北海唐夫人墓誌

罼 宋內殿崇班銀青光祿大夫檢校太子賓客兼御史大夫騎都尉南和縣開國男鄧昭叙墓誌

犁 漢張景碑

犀 唐王行果墓誌　犀 唐徐州録事參軍太原王庭玉夫人崔金剛墓誌　犀 唐定遠將軍守左衛嬀泉府左果毅都尉陳秀墓誌　犀 唐北海郡守贈秘書監江夏李邕墓誌　犀 魏孝文帝弔比干文　犀 唐董榮墓誌

犀 寶梁經

疏 魏李仲璇修孔廟碑　疏 魏司空公元瞻墓誌　疏 齊張起墓誌　疏 齊劉碑造像　疏 唐玄

武水相仁方墓誌

登 唐登仕郎行河南府洛陽縣錄事呂君故夫人李氏墓誌

登 漢張壽碑

登 魏嵩陽寺碑

登 魏解伯都造像

登 魏寇臻墓誌

登 唐楊佰龍墓誌銘

登 唐王郅墓誌

登 元張弘綱墓誌

登 唐故隋黃梅縣尉韓政墓誌

發 漢楊著碑

發 晉爨寶子碑

發 魏汾州刺史元彬墓誌

發 魏元斑妻穆夫人墓誌

發 魏馮邕妻元氏墓誌

發 魏內司楊氏墓誌

發 魏世宗嬪李氏墓誌

發 魏元雲妃李氏墓誌銘

發 魏元朗墓誌

發 魏程榮造像

發 魏汝南王元悅造像

發 齊宋買造像

發 周賀屯植墓誌

發 隋仲思那造橋碑

發 隋首山舍利塔銘

發 隋許曇眪造像記

發 隋孫龍伯造義井銘

發 唐陜西高陵縣東渭橋記

發 唐上開府董葵墓誌

發 唐左衛勳一府勳衛上柱國元思亮墓誌

發

唐贈綿州司馬白義寶墓誌 發 唐大洞法師齊國田仙寮墓誌 發 元張和綱墓誌

窻 齊竇泰妻婁黑女墓誌 窻 隋陳叔毅修孔廟碑 窻 唐贈泰師孔宣公碑 窻 唐御史臺精舍碑

窻 唐孟和敏及夫人李氏合祔墓誌

痛 漢魯峻碑 痛 漢武榮碑 痛 漢武氏石闕銘 痛 漢許阿瞿畫像碑 痛 漢永壽三年山東嘉祥宋山畫像石題記 痛 魏魏靈藏造像 痛 魏汶山侯吐谷渾璣墓誌銘 痛 魏武昌王妃吐谷渾氏墓誌

痛 魏鉅平縣元欽神銘 痛 魏太尉孟元華墓誌 痛 魏劉賢墓誌 痛 魏李遵墓誌 痛 魏盧州長史寇君夫人姜氏墓誌 痛 隋羊瑋墓誌 痛 隋寇遵考墓誌 痛 隋寇熾妻姜敬親墓誌 痛 唐裴氏室女琪墓誌銘 痛 唐飛騎尉申屠義墓誌 痛 唐魏州華縣太原王養及夫人中山成氏墓誌 痛

唐前徐州録事參軍太原王庭玉故夫人博陵崔金剛墓誌

竣 清南宫縣學記

竦 唐樂達墓誌

琛 魏元湛妃王令媛墓誌

琛 隋王世琛墓誌

琛 唐南陽張琛及妻彭城劉氏墓誌

琢 魏元斅墓誌

琢 魏太常少卿元悛墓誌

琢 隋杜乾緒造像

琢 唐皇甫深墓誌

琬 隋范安貴墓誌

琬 隋張伴墓誌

琬 唐鄭州長史鉅鹿魏懿墓誌

琬 唐文林郎爨君墓誌銘

琬 唐騎都尉郭義本墓誌

琴 魏員外散騎侍郎元恩墓誌

琴 唐孫君夫人宋氏墓誌

琴 唐盈州刺史裴攜墓誌

琴 唐周

義墓誌銘

硤 唐處士李强友墓誌

稍 隋鄧和墓誌

短 漢韓仁銘 短 漢張壽碑 短 魏孝文帝弔比干文 短 魏臨潼造像 短 北齊靜明造像記

短 隋孔神通墓誌 短 隋豆盧寔墓誌 短 隋張通妻陶貴墓誌 短 唐錦州刺史趙潔墓誌

甥 魏太尉府參軍事元佯墓誌 甥 魏比丘僧智造像 甥 唐張師儒墓誌

褸 魏豫州刺史元斑墓誌

稀 魏元璨墓誌 稀 魏邢巒妻元純陀墓誌 稀 魏張敬等造像 稀 隋馬穉墓誌 稀 隋宋

仲墓誌

稀 唐張夫人貞墓誌

程 梁程虔墓誌

程 龍門程眘雷造像題名

程 唐處士程玄墓誌

婺 魏陽平王太妃李氏墓誌

務 魏上黨王元天穆墓誌

務 魏穆亮妻元洛神墓誌

婺 唐中大夫上柱國行婺州東陽縣令桑貞墓誌銘

婺 唐河間邢君故夫人劉達墓誌

媚 魏邑子席嵩等木刻造像題記

媚 唐永興縣尉周著墓誌

媚 唐處士張師子墓誌

媚 唐同州孝德府右果毅都尉東海于府君夫人太原王媛墓誌

眉 唐前鄉貢明經上谷寇釗墓誌

媛 晉左棻墓誌

媛 隋鮑宮人墓誌

媛 隋宮人常泰夫人房氏墓誌

媛 唐信王府士曹崔傑墓誌

媛 唐神和府折衝鄭法明夫人李氏墓誌

晙 漢孔宙碑

異 魏比丘道寶記 異 魏元舉墓誌 異 齊元子邃墓誌 異 周時珍墓誌 異 周賀屯植墓誌

異 唐長夫人墓誌

番 唐番禺府折衝都尉紀于丞基墓誌

畫 唐濟州司戶參軍鄭擕墓誌

睇 魏孝文帝弔比干文

盛 魏嵩高靈廟碑 盛 魏關勝誦德碑 盛 魏程哲碑 盛 魏元靈曜墓誌 盛 魏于祚妻和醜仁墓誌

盛 魏閭伯昇墓誌 盛 隋董夫人衛美墓誌 盛 偽鄭王仲墓誌銘 盛 唐尉遲汾狀嵩高靈勝詩

# 衆

衆 唐徐德墓誌 衆 宋沙門慧坦為石佛記

衆 漢淮源廟碑 衆 漢永壽三年山東嘉祥宋山畫像石題記 衆 晉石尠墓誌陰 衆 晉太寧二年樂

陵縣人李道梁造像 衆 魏皇甫驎墓誌 衆 魏奚智墓誌 衆 魏南石窟寺碑 衆 魏比丘僧略造像

衆 魏来含今造像 衆 魏周阿足造像 衆 魏景隆造像 衆 魏武定年清信士輔德造像 衆

魏安西将軍元朗墓誌 衆 齊梁罷村邑子七十人造像 衆 齊惠藏靜光造像 衆 隋宮人司言楊氏墓

誌 衆 周呂僧哲造像 衆 周李明顯造像 衆 寶梁經 衆 唐臺州刺史陳皆墓誌 衆 唐諸

書聖教序 衆 唐道德經殘幢 衆 唐許士端墓誌 衆 劉宋大明七年清泰造像

# 舒

舒 魏司馬昇墓誌 舒 唐梁夫人姚氏墓誌

耋　虚　虜

耋 魏堯趙氏胡仁墓誌

虚 魏杜文雅造像　虚 魏姚伯多造像　虚 魏陳榮歡造像　虚 魏汝山侯吐谷渾璣墓誌　虚 魏高法隆兄弟造像　虚 魏冀州刺史元子直墓誌　虚 魏元尚之墓誌　虚 魏元定墓誌　虚 魏元謐墓誌　虚 隋仲思那造橋碑　虚 隋白仵貴墓誌　虚　虚 左馮翊太守□□六世孫合宗造四面像　虚 唐處士王楨墓誌　虚 唐南陽居士韓神墓誌　虚 唐向清墓誌

虜 魏寇憑墓誌　虜 魏汝南太守寇演墓誌　虜 魏穆纂墓誌　虜 隋□靜墓誌　虜 隋寇熾妻姜敬親墓誌　虜 隋□和墓誌　虜 唐玄昉監張明墓誌　虜 左馮翊太守□□六世孫合宗造四面像　虜 唐故隋并州司兵張義墓誌

蛩 隋楊秀墓誌 蛩 隋皇甫深墓誌

翔 唐蒲州猗氏縣令□隆基墓誌 翔 唐中大夫守晉陵郡別駕千乘倪彬墓誌 翔 唐鄧州長史楊孝真墓誌

笔 漢戚伯著碑 筆 魏元祐墓誌 笔 齊儁敬碑 笔 齊房周陁墓誌 筆 隋□知稱墓誌銘

筆 隋楊居墓誌

等 魏杜文雅造像 等 魏王法現造像 等 魏廉富及子天長造義井佛像記 等 魏兗州刺史元弼墓誌

等 魏建興郡端氏縣水碓昇合村邑子造像 等 魏青州刺史元湛墓誌 等 魏儁蒙娥等三十一人造像

等 齊張龍伯造像記 等 齊高僧護墓誌 等 齊李仕芝造像 等 齊王惠愚造像記 等

等 隋王遠等三十八人造像 等 唐佛弟子馬武定造像 等 唐司御率府翊衛張敬玄墓誌 等 元龍

筋 策 莽 菊

興寺長明燈錢記

筋 唐夫人張氏墓誌 筋 唐翊衛大督羅端墓誌

策 漢張遷碑 策 漢景君碑 策 漢耿勳碑 策 漢張角殘碑 策 漢夏承碑 策 魏受禪表

策 魏孝文帝吊比干文 策 魏王僧墓誌 策 魏皇甫驎墓誌 策 齊唐邕寫經碑 策 周賀屯植墓誌

策 隋張業墓誌 策 隋□和墓誌 策 唐解君夫人張氏墓誌 策 唐桂州都督府倉曹許義誠墓誌銘

莽 漢仙人唐公房碑 莽 唐阿育王寺住田碑

莽 魏孝文帝吊比干文 莽 魏洛州刺史元廣墓誌 莽 魏元禮之墓誌

菊 魏元舉墓誌 菊 齊房周陁墓誌 菊 唐驍騎尉馮貞墓誌

菌 魏三級浮圖頌　菌 唐張騷墓誌

菏 北涼沮渠安周碑

菩 齊莊嚴寺造像　菩 齊王馬居造像　菩 齊張還妻馬陁造像　菩 隋易州易縣固安陵雲鄉民造像

菩 隋定州洪山造像　菩 唐圭峰禪師碑　菩 唐總章年王元昇造像　菩 寶梁經

華 漢景君碑陰　華 漢韓勑碑　華 漢樊敏碑　華 漢鄭固碑　華 漢曹全碑　華 魏呂望表

華 魏寇憑墓誌　華 魏元壽安墓誌　華 魏冀州刺史元昭墓誌　華 魏吐谷渾璣墓誌　華 魏世宗嬪司馬氏墓誌　華 魏康富及子天長造義井佛像記　華 魏杜文雅造像　華 魏皇甫驎墓誌銘

華 魏朱永隆造像　華 魏宕昌公暉福寺碑　華 魏兗州刺史元瓛墓誌　華 魏長孫瑱墓誌　華

魏元□□廿餘人造像 華 魏元誕墓誌 華 魏楊範墓誌 華 魏元舉墓誌 華 魏王紹墓誌

華 魏元悰墓誌 華 魏李挻墓誌 華 魏司空穆紹墓誌 華 魏元湛妻王令媛墓誌 華

魏閭伯昇墓誌 華 魏元延明妻馮氏墓誌 華 魏雍州刺史元翊墓誌 華 魏寇胤哲墓誌 華

魏處士王基墓誌 華 魏奉朝請梁邕墓誌 華 齊造七佛寶堪記 華 齊法懃禪師塔銘 華 齊靜明造像

華 齊宋買造像 華 齊是連公妻邢阿光墓誌 華 隋宮人蕭氏墓誌 華 隋寇遵考墓誌 華

隋范高墓誌 華 隋王弘墓誌 華 隋陳叔明墓誌 華 隋宮人尚食劉氏墓誌 華 隋宮人徐氏墓誌 華

隋寇熾妻姜敬親墓誌 華 隋張俌墓誌 華 隋燕王府錄事殷夫人墓誌 華 隋禮部侍郎陳叔明墓誌

華 唐張興墓誌 華 唐李惠靜造像 華 唐名州司兵姚君夫人李氏墓誌 華 唐姚暢墓誌 華

菽　菴　菱

華 唐張夫人畬氏墓誌　華 唐張君夫人秦氏墓誌　華 唐宮君夫人秦氏墓誌　華 唐顏瓌墓誌　華

唐番禺府折衝都尉紀子丞基墓誌　華 唐游擊將軍信義果毅都尉韓暹夫人苑陵縣君靳氏墓誌　華 唐處士上官義墓誌　華 唐故隋奉車都尉姑臧段瑋墓誌　華 唐荊州大都督府長林縣令騎都尉昌黎韓仁楷墓誌

華 唐前國子監大學生武騎尉崔歆墓誌　華 唐雍州名山縣尉王大義墓誌　華 唐京兆□恩道墓誌　華

唐處士梁凝達墓誌　華 唐張騷墓誌　華 唐邕州都督陸君夫人元氏墓誌　華 唐雋州邛丞張客墓誌

菱 唐孫君夫人宋氏墓誌

菴 魏王紹墓誌

菽 明逸民陳平州墓誌

三五六

萃　萊　萇　萌　萎　莛　裁

| 萃 | 萊 | 萇 | 萌 | 萎 | 莛 | 裁 |
| --- | --- | --- | --- | --- | --- | --- |
| 萃 魏貴華恭夫人墓誌　萃 隋徐智竦墓誌陰　萃 唐朝議郎行衛尉寺丞柳順墓誌　萃 唐括州遂昌縣令張光墓誌 | 萊 漢武梁祠畫像題字　萊 漢萊子侯刻石　萊 晉徐文德改葬記　萊 魏元斑妻穆玉容墓誌 | 萇 魏郭顯墓誌 | 萌 魏穆亮墓誌 | 萎 隋張盈墓誌 | 莛 隋龍藏寺碑 | 裁 魏巨始光造像 |

裂 裕 補 絶 結 絡 絢

裂 魏小劍戎主元平墓誌
裂 唐護軍李遠墓誌
裕 隋易州易縣固安陵雲鄉民造像
裕 隋宮人陳氏墓誌
裕 隋王夫人成公墓誌
裕 隋豆盧寔墓誌
裕 唐石州刺史劉穆墓誌
裕 唐劉粲墓誌
補 齊平等寺碑
絶 魏元思墓誌
絶 周賀屯植墓誌
絶 隋趙朗墓誌
絶 隋梁邕墓誌
絶 隋宮人蕭氏墓誌
結 隋張伻暨夫人東門氏墓誌
結 唐左金吾衛大將軍渤海高如詮墓誌
絡 唐宣州涇縣尉杜府君故夫人孫氏墓誌銘
絢 唐昭武校尉秦義墓誌

統　絲　絳　粟　粢

統 齊天統四年明玉珍墓誌　統 唐衢州蕭言思墓誌　統 唐朝議郎守楚州長史源溥墓誌　統 元教封英齊王石刻

絲 齊堯峻墓誌　絲 隋白仵貴墓誌　絲 唐魏邈墓誌　絲 唐盧玠墓誌　絲 唐明威將軍守右鷹揚衛貴安府折衝都尉上柱國王建墓誌

絳 魏公孫猗墓誌　絳 魏乞伏寶墓誌　絳 魏郭顯墓誌　絳 隋蕭翹墓誌　絳 唐處士尚武夫妻張氏墓誌　絳 唐樊興碑

粟 漢曹全碑　粟 唐前安樂州兵曹參軍□□德譽墓誌

粢 魏始平文貞公國太妃盧氏墓誌

粵 魏司馬景和妻墓誌 粵 魏安定王第二子給事君夫人王氏墓誌 粵 魏元公夫人薛氏墓誌 粵 魏太常少卿元悛墓誌 粵 魏武昌王妃吐谷渾氏墓誌 粵 魏元氏故蘭夫人墓誌 粵 魏鄧縣男康耀墓誌 粵 魏司空穆泰墓誌 粵 魏密陽令蘇屯墓誌 粵 魏元雲妃李氏墓誌 粵 魏元夫人陸孟輝墓誌 粵 魏元徽墓誌 粵 魏張寧墓誌 粵 魏富平伯于纂墓誌 粵 魏元誘妃馮氏墓誌 粵 魏王基墓誌 粵 魏青州刺史元暐墓誌 粵 魏章武王妃穆氏墓誌 粵 齊叱列延慶妻爾朱元靜墓誌 粵 隋梁邕墓誌 粵 隋宋仲墓誌 粵 唐楊智積墓誌 粵 唐張對墓誌 粵 唐李君佛龕碑 粵 唐盧承業妻李灌頂墓誌 粵 唐劉德閏墓誌 粵 唐處士王君墓誌 粵 唐李吐蕃墓誌 粵 唐新鄉縣令王順孫墓誌 粵 唐彭義墓誌 粵 唐亡宮五品誌文 粵 唐亡宮八品墓誌

烏 唐太原王乾福墓誌 烏 唐同州白水縣令下博孔元墓誌 鳥 唐陪戎校尉太原王勗墓誌 鳥 唐喬難墓誌 鳥 唐處士王楨墓誌

覃 魏元夫人陸孟輝墓誌 覃 唐梁思亮墓誌 覃 唐信安縣主元思忠墓誌 覃 唐輸誠効議功臣光祿大夫檢校太保前行寧州刺史權如階洲軍州事濮陽郡開國侯袁彥進墓誌

舜 魏受禪表 舜 魏姚伯多造像 舜 魏元暉墓誌 舜 魏高貞碑 舜 北齊像主法念造像記 舜 偽周田志承墓誌 舜 南唐譙公安構造殘碑 舜 唐淮南郡太守慕容三藏墓誌 舜 唐唐州司馬上柱國閻基墓誌

象 魏高湛墓誌 象 魏比丘道瓚記 象 魏公孫略墓誌 象 魏崔承宗造像 象 魏武定年清信士輔蘭德

造像
爲 周李雄墓誌　象 偽周陳州司馬成君夫人耿氏墓誌　象 唐乙宫八品墓誌　爲　鳥 偽周白水縣令孔元墓誌
爲 唐處士廣平楊碩墓誌　象 唐銀青光祿大夫定州刺史上柱國爾朱義深墓誌　象 唐司御率府翊衛張敬玄墓誌
象 唐文林郎楊訓墓誌　象 唐銀青光祿大夫守工部尚書贈荊州大都督清河郡開國公上柱國崔泰之墓誌

## 貂

貂 魏齊郡王元祐墓誌　貂 魏安豐王妃馮氏墓誌　貂 魏赫連悅墓誌　貂 魏元彝墓誌　貂 魏元嵩墓誌
貂 魏青州刺史元湛墓誌　貂 唐劉庭訓墓誌　貂 唐鼓城縣令王玄起墓誌　貂 唐處士張師墓誌
貂 元汪惟孝墓誌

## 貯

貯 齊太府卿元賢墓誌

## 貳

貳 漢從事武梁碑　貳 漢楊統碑　貳 晉辟雍頌　貳 魏楊胤墓誌　貳 魏元瞻墓誌　貳

貳 魏佛弟子張道明造像 貳 隋蔣國公屈突通墓誌 貳 唐上開府董葵墓誌 貳 唐上柱國陳玄墓誌銘

貳 唐處士楊約墓誌 貳 貳 唐上騎都尉姚思玄墓誌 貳 唐營繕監左右校署令宣德郎張仁師夫人關氏墓誌 弍 唐少府監織染署令太原王府君妻張法弍墓誌 貳 唐忠武將軍行左領軍衛郎將裴沙墓誌

貳 唐詹事司直張椅墓誌 貳 唐高道不仕房有非墓誌

貺 隋段模墓誌

費 魏女尚書王僧男墓誌

貽 魏武昌王妃吐谷渾氏墓誌

賀 魏元優墓誌

貴　貿　觚　跋

貴 魏巨始光造像 貴 魏姚伯多造像 貴 南漢買地券

貿 魏元凝妻陸順華墓誌 貿 魏元徽墓誌 貿 齊元子邃墓誌 貿 隋鞏賓墓誌 貿 隋蕭瑒墓誌銘 貿 隋宮人劉氏墓誌 貿 隋宮人卜氏墓誌 貿 唐處士余當墓誌 貿 唐張思言墓誌 貿 唐左中侯內閑廄長上騎都尉陳年少墓誌 貿 唐朝議郎河南府護曹參軍柱國長樂賈洮墓誌 唐新鄭縣令劉文墓誌 貿 唐楊客僧墓誌 貿 唐張祖墓誌 貿 唐侯僧達墓誌

觚 唐上開府董葵墓誌 觚 唐郢州司馬郭肅墓誌

跋 魏東安王太妃墓誌 跋 魏公孫略墓誌 跋 魏穆纂墓誌 跋 跋 齊元賢墓誌 跋 鄭宋顯伯造塔銘 跋 唐樊興碑 跋 唐般若波羅密多心經

## 跎

跎 偽周徐證墓誌

## 超

超 漢校官碑

超 魏王銀堂造像

超 魏公孫猗墓誌

超 魏霍揚碑

超 魏女尚書王僧男墓誌

超 齊董洪達造像

超 左馮翊太守□□六世孫合宗造四面像

超 齊李仕芝造像

## 越

越 漢無極山碑

越 魏敬史君碑

越 魏比丘僧智造像

越 魏公孫略墓誌

越 魏富平伯于纂墓誌

越 齊比丘惠琛造像

越 隋馮夫人李玉婍墓誌

越 魏汝南王元悅墓誌

越 唐殤子王烈墓誌

越 唐濮陽郡吳府君墓誌

## 逮

逮 魏元伏銳墓誌

逮 魏司馬景和妻墓誌

逮 魏元朗墓誌

逮 魏李蘂蘭墓誌

逮 魏合邑二十人等造像

逮 齊王憐妻趙氏墓誌

逮 齊張龍伯造像

逮 隋伍道進墓誌銘

逮 隋元禕墓誌

進　委　逵　逸

逮 唐大泉寺三門記 逮 唐劉玄豹夫人高氏墓誌 逮 唐王寬墓誌 逮 唐中書侍郎贈衛尉卿河

內司馬府君妻范陽郡君盧氏墓誌 逮 唐朝散大夫守吉州長史上柱國趙妻思墓誌 逮 唐管城縣令楊璡墓誌

逮 唐汜水縣丞邢偘妻景氏墓誌 逮 唐王寬墓誌

進 唐上柱國李起墓誌

逶 唐清水縣男李璿墓誌

逵 齊臨淮王像碑 逵 隋□順墓誌 逵 隋甯贙碑

逸 魏齊郡王祐造像 逸 魏寇憑墓誌 逸 魏元愔墓誌 逸 魏高廣墓誌 逸 隋翟突娑

墓誌 逸 唐僕射王進威墓誌 逸 宋朝奉郎行太常寺太祝雲騎尉石祖方墓誌

訴　診　詔　詞　辜

訴　漢鄭固碑

訴　魏孝文帝弔比干文

訴　唐朱陽縣開國男代郡和智全墓誌

訴　唐宣義郎行涇州陰盤縣尉騎都尉周義墓誌

訴　唐汾州榮儒府折衝鄭仁穎墓誌

訴

訴　唐愛州司馬騎都尉李強墓誌銘

訴　唐石默啜墓誌

診　唐張寶墓誌

詔　唐宣武節度押衙兼侍御史河東柳延宗墓誌

詞　魏兗州刺史元鑽墓誌

詞　唐李元軌墓誌

詞　唐上柱國左威衛鄭鄒府司馬杜才墓誌銘

詞　唐韓王府兵曹參軍延陵縣開國公陸紹墓誌

辜　漢熹平殘碑

辜　漢楊統碑

辜　魏女尚書王僧男墓誌

辜　唐刑部郎中定州司馬辛驥墓誌

量　都

享 唐孫師岐墓誌　享 唐亡妣尊夫人楊氏銘序　享 唐唐州刺史張君鼎墓誌

量 漢楊量買地券　量 漢曹全碑　量 魏孔羨碑　量 魏嵩陽寺碑　量 魏于祚妻和醜仁墓誌

量 魏元遙墓誌　量 魏秦洪墓誌　量 齊劉岱墓誌　量 梁陳寶齊造像　量 齊泰山經石峪

量 隋嚴元貴墓誌　量 隋王弘墓誌　量 隋張志相妻潘善利墓誌　量 唐故隋左龍驤驃騎王協墓誌

量 唐湯陰縣主王府君墓誌　量 唐鄭州刺史盧翊墓誌　量 唐泗州司馬苗善物墓誌　量 唐王行果墓誌

量 唐贈太子司議郎皇甫悟墓誌

都 符秦廣武將軍碑　都 魏司馬景和墓誌　都 魏寇演墓誌　都 魏叔孫固墓誌　都 北徐州劉道景造像碑陰

都 隋寇奉叔墓誌　都 唐中大夫安南都護府長史權攝副都護上柱國杜忠良墓誌　都

唐長陽盧氏女子殁後記

鄂 唐杜文貢墓誌

鄂 唐南陽樊騆墓誌

⿰契阝 唐上輕車都尉樊廉墓誌

郾 唐正議大夫守殿中監致仕上柱國賜紫金魚袋太原王翼墓誌

鈴 唐漁陽縣子閻虔福墓誌

鈞 唐趙宗墓誌

開 漢鄐閣頌

開 魏定州刺史元湛墓誌

開 周賀屯植墓誌

開 隋貟天威墓誌

開 唐故隋奉車都尉姑臧段瑋墓誌

閏　閑　雲　陽　隃

閏 隋杜乾緒造像
閏 元龍興寺長明燈錢記

閑 魏廣陽王妃墓誌
閑 唐張達妻李氏墓誌
閑 唐處士陳泰墓誌

雲 魏雲峰山題字
雲 魏司馬昇墓誌
雲 魏唐耀墓誌
雲
雲 魏秦洪墓誌
雲 齊靜明造像
雲 隋董夫人衛美墓誌
雲 隋宮人尚食侯氏墓誌
雲 隋張達墓誌
雲 唐文林郎新喻縣丞胡儼墓誌
雲 唐亡宮九品墓誌
雲 民國梁耀漢烈士紀念碑

陽 漢韓勑碑
陽 晉成晃碑
陽 魏元敷墓誌
陽 魏元維墓誌
陽 魏元玕墓誌
陽 魏元融墓誌
陽 魏秦洪墓誌
陽 魏元鸞墓誌
陽 唐張騷墓誌
陽 唐李如顧墓誌

隃 漢曹全碑

堣 魏胡昭儀墓誌 陽 隋宋永貴墓誌 陽 唐王美暢夫人長孫氏墓誌

隆 晉爨寶子碑 隆 晉辟雍頌 降 晉華滿墓誌 隆 魏比丘惠感造像 隆 魏孫秋生造像

隆 魏世宗嬪司馬顯姿墓誌 隆 魏元彬墓誌 隆 魏于祚妻和醜仁墓誌 隆 魏李興造像

隆 齊劉碑造像 隆 齊比丘惠瑍造像 隆 齊宋買造像 隆 隋張儉墓誌 隆 隋蕭翹墓誌

隆 隋蕭濱墓誌 隆 隋宮人馮氏墓誌 隆 隋盧文機墓誌 隆 隋□睦磚銘 隆 隋張盈妻蕭餝性墓誌

隆 隋魏國勝墓誌 隆 南唐安公謙公構造銘 隆 唐張府君夫人齊娥墓誌 隆

隆 唐冀州刺史息武君欽載墓誌 降 唐雅州名山縣尉王大義墓誌 隆 明逸民陳平州墓誌

隈 唐支懷墓誌

隋 隋宮人李氏墓誌 隋 隋尉富娘墓誌 隋 隋馬稱墓誌 隋 隋□夫人王光墓誌 隨 唐張騷墓誌 隋 唐白水龍豪縣令呼延章墓誌 隨 唐康智墓誌 隨 唐濟南郡禹城縣令李庭訓墓誌

階 隋修七帝寺碑

雁 漢衡方碑 雁 漢鮮于璜碑 雁 魏三級浮圖頌 雁 魏田寄和造像 雁 齊故堯峻墓誌銘

雁 齊程元洛殘造像 雁 隋董夫人衛美墓誌 雁 隋王弘墓誌 雁 隋張志相墓誌 雁 唐鄞州參軍事胡寶墓誌 雁 唐朝散大夫晉陽府鷹揚王孝瑜并夫人孫氏墓誌 雁 唐朝議郎行辰州司倉參軍事屈突伯起墓誌 雁 唐同州白水縣令下博孔元墓誌 雁 唐雅州名山縣令王大義墓誌 雁 唐朝議郎行中書主書上柱國段萬頃墓誌 雁 唐安重遇墓誌 雁 唐朝散大夫晉陽府鷹揚王孝瑜并夫人孫氏墓誌 雁 唐滄

# 雄　雅　集　順　靷

州長蘆縣丞溥仁墓誌

雄 唐朝議大夫上輕車都尉行澤州司馬清河張玄封墓誌

雄 唐揚州揚子縣令崔光嗣墓誌

雅 漢張遷碑

雅 漢史晨後碑

雅 漢尹宙碑

雅 漢洛陽南郊刑徒墓磚

雅 魏鄭羲下碑

雅 魏杜文雅造像

雅 魏姚伯多造像

雅 魏奚真墓誌

雅 齊朱岱林墓誌

雅 唐李元難造像

雅 唐清河張悠墓誌

雅 唐邢均墓誌

集 唐劉德閏墓誌

集 唐上柱國李起宗墓誌

順 魏世宗嬪李氏墓誌

順 魏張寧墓誌

順 魏元平墓誌

順 周聖母寺四面像碑

順 周王阿暈造像

靷 齊趙道德墓誌

馮　馭　亃　黃　黍　亂

馮 苻秦廣武將軍碑　馮 魏孫秋生造像　馮 魏寇憑墓誌

馭 魏孝文帝弔比干文　馭 隋馬少敏墓誌　馯 隋宋文貴墓誌

亃 唐李元趙墓誌

黃 魏王基墓誌　黃 魏杜景業造像　黃 唐劉庭訓墓誌　黃 唐明威將軍王建墓誌

黍 漢孔宙碑　黍 漢三公山碑　黍 漢白石神君碑　黍 齊道光造像　黍 唐溫君夫人李氏墓誌

黍 唐上柱國成君墓誌

## 十三畫

亂 漢曹全碑　亂 漢景君碑　亂 梁桂陽王蕭融夫婦墓誌　亂 宋爨龍顏碑　亂 魏梁州刺史元

演墓誌 亂 魏孔羨碑 乱 魏鄭羲碑 亂 魏李謀墓誌 乱 魏嵩高靈廟碑 亂 大代華嶽廟碑

亂 魏爾朱紹墓誌 亂 魏奉朝請梁邕墓誌 乱 周強獨樂為文帝造像 亂 隋龍山公墓誌 亂

隋梁邕墓誌 亂 隋侯宮人墓誌 亂 隋口德將墓誌 乱 隋王弘墓誌 亂 隋宮人尚食侯氏墓誌

亂 隋開府儀同三司龍山公墓誌 亂 唐王安墓誌 亂 唐劉庭訓墓誌 亂 唐樊興碑 亂 唐潁川陳

處士夫人甯氏墓誌 亂 唐魏州冠氏縣尉盧公夫人崔氏墓誌 亂 唐棗強縣令裴同墓誌 亂 唐吏部常

選劉君妻高氏墓誌 亂 唐汲郡呂行端墓誌 亂 唐吏部常選張頗墓誌 亂 唐左衛長史顏仁楚墓誌 亂

唐吏部常選中山張頗墓誌 亂 宋蘇軾石床題字 亂 清張槐生墓誌 亂 清張雲谿墓誌 亂 中華

民國陳侃烈士紀念碑 亂 中華民國步兵少校張錚墓誌

亶 唐忻州定襄縣令杜安墓誌 亶 宋河南郡君元氏墓誌

傪 唐亳州錄事參軍任傪墓誌

傲 魏元緒墓誌 傲 唐康留買墓誌 傲 唐上柱國趙君墓誌

傳 魏元廣墓誌 傳 魏元顯墓誌 傳 魏襄州築城碑 傳 隋李則墓誌 傳 隋□夫人王光墓誌 傳 隋宮人采女田氏墓誌 傳 唐不空禪師碑 傳 唐張振墓誌 傳 唐成金及夫人韓氏墓誌

傳 唐試大理評事鄭公夫人盧氏墓誌 傳 清馮遜菴墓誌

傷 魏皇內司墓誌 傷 魏元始和墓誌 傷 魏元颺妻王氏墓誌 傷 魏世宗嬪李氏墓誌 傷 魏元誨墓誌 傷 魏鄭道忠墓誌 傷 隋馮忱妻叱李綱子墓誌 傷 唐游擊將軍左領軍衛京兆府折衝都尉長上

内貢奉宋莊墓誌 **傷** 齊平原縣令張明府楊夫人墓誌 **㥩** 唐宋璋墓誌

**傾** 魏鄭縣男唐耀墓誌 **傾** 魏寇臻墓誌 **傾** 魏□□墓誌 **傾** 魏元誨墓誌 **㑲** 魏元端墓誌

**傾** 齊李清為李希宗造像 **傾** 齊乾明年比丘僧邑義造像 **傾** 隋梁壞墓誌 **傾** 唐大達法師塔銘

**傾** 唐徐德墓誌 **傾** 唐段瓜夫人常氏墓誌 **㝜** 唐泉州龍溪縣尉李君墓誌 **傾** 唐大夏縣主張弘墓誌

**傾** 唐大夏縣主張弘墓誌 **傾** 唐朝奉郎行太常寺太祝雲騎尉石祖方墓誌

**傯** 唐驍騎尉皇甫鑒墓誌

**勷** 魏章武武莊王元融墓誌 **勷** 齊堯峻墓誌

**勠** 魏元端墓誌

勢　勤　啬　鳴

勢 魏劉玉墓誌 勢 魏南石窟寺碑 勢 魏司空公元暐墓誌 勢 魏元襲墓誌 勢 魏元融墓

誌 勢 魏康富及子天長造義井佛像記 勢 齊宋買造像 勢 齊諸葛始興造像 勢 隋范安貴

墓誌 勢 隋寇遵考墓誌 勢 隋口順墓誌 勢 唐幽州范縣令楊基墓誌 勢 唐隴西李嘉珍墓誌銘

勢 唐成永師墓誌

勤 唐夫人唐氏墓誌 勤 唐安邑封明府夫人隴西郡君李氏幽壤記 勤 唐朝議郎前行魏州司法參軍事上柱國元素墓誌

啬 漢張遷碑 啬 漢曹全碑 啬 唐臺州刺史陳皆墓誌

鳴 魏元寧墓誌 鳴 唐盧承業妻李灌頂墓誌 鳴 唐單信墓誌 鳴 唐孟夫人墓誌 鳴 唐曹

州離狐縣孟贊君故妻孫夫人光墓誌 烏 唐裴夫人墓誌 烏 唐文林郎仵惠德墓誌 嗚 唐右千牛府鋌

參軍口且墓誌 嗚 唐亡尼八品墓誌 嗚 唐亡宮九品誌石

嗜 唐翊衛大督羅端墓誌 嗜 明府庠塵生先父段德懋暨配先母張氏合葬墓誌

嗣 魏受禪表 嗣 晉王闓之墓誌 嗣 宋爨龍顏碑 嗣 魏侯太妃造像 嗣 魏公孫略墓誌銘

嗣 齊上洛縣男元子邃墓誌 嗣 隋徐智妹墓誌 嗣 隋張業墓誌 嗣 隋唐該墓誌 嗣 唐李

繼墓誌 嗣 唐于孝顯碑 嗣 唐口文故墓誌 嗣 唐王君夫人李氏墓誌 嗣 唐段公夫人常氏墓

誌 嗣 唐張藥墓誌 嗣 唐支懷墓誌 嗣 唐豪慶墓誌 嗣 唐吏部常選王爽墓誌 嗣

唐楚州山陽縣令張君夫人翟慶可墓誌 嗣 唐樂高墓誌 嗣 唐連簡及妻張氏墓誌 嗣 唐仙州別駕張

仁房墓誌 嗣 嗣 唐荀懷節墓誌 嗣 唐侯夫人孫氏墓誌 嗣 唐康仁德墓誌 嗣 唐郤府君夫人

馬氏墓誌 嗣 唐王進墓誌 嗣 唐安重遇墓誌 嗣 唐太常寺主簿孫君墓誌 嗣 唐山陽縣令任君夫

人翟氏墓誌 嗣 唐太原郡太原縣丞蕭令臣墓誌 嗣 唐王文曉墓誌 嗣 唐冀州堂陽縣尉楊瓊墓誌

嗣 唐雲麾將軍行右威衛將軍董懷義墓誌 嗣 唐冠軍大將軍行左屯衛翊府中郎將幽州經略軍節度副使翟銳

墓誌 嗣 唐滄州司法參軍張文珪墓誌 嗣 唐仙州別駕張仁方墓誌 嗣 唐衢州司士參軍府君李濤墓誌

嗣 嗣 唐清河郡崔勗墓誌 嗣 宋推誠奉義翊戴功臣開府儀同三司檢校太師右金吾衛上將軍上柱國許

國公王守恩墓誌 嗣 遼北大王墓誌 嗣 遼韓佚妻王氏墓誌

嗟 漢魯峻碑 嗟 漢樵敏碑 嗟 漢曹全碑 嗟 晉石尠墓誌 嗟 魏元顯魏墓誌 嗟 魏元

額墓誌

嗟 隋郭休墓誌

嗟 唐趙州長史孟貞墓誌

嗟 唐張休光墓誌

嗟 唐陪戎副尉安度墓誌

嗟 唐王氏故劉夫人墓誌

薗 魏孝文帝弔比干文

薗 魏傅母王遺女墓誌

薗 魏高植妻元瑛墓誌

薗 魏九級浮圖

薗 隋杜乾緒造像

園 隋張伏敬墓誌

園 魏劉相墓誌

園 隋段模墓誌

園 唐武懷亮墓誌

園 唐殤子王烈墓誌

薗 宋山西萬榮縣橋上村後土廟舞臺碑

園 清馬君生墓誌

圓 唐齊州禹城縣令隴西李庭訓夫人清河崔上真墓誌

廉 漢鮮于璜碑陰

廉 漢楊淮表紀

廉 漢衡方碑

廉 魏孝文帝弔比干文

廉 龍門程訛廉神龍造像題名

廉 魏元襲墓誌

廉 魏傅母杜法真墓誌

廉 魏元尚之墓誌

廉 魏兗州刺史元豳墓誌

廌 隋張濤妻禮氏墓誌 廍 唐洛陽縣尉竇寓墓誌 廉 唐何載墓誌 廔 唐尚書吏部郎中張仁褘墓誌

廌 唐滄州東光縣令許行本夫人清河崔氏合葬墓銘

㢊 魏敬史君碑 廓 唐王楷墓誌

寗 魏寗想墓誌 寗 魏巨始光造像 寗 周顔那朱造像記 寗 魏燕州治中從事侯掌墓誌

寘 魏恒州刺史韓震墓誌 寘 隋車騎將軍爾朱端墓誌

嵩 隋□靜墓誌

嵬 漢西狹頌 嵬 漢郙閣頌 嵬 漢無極山碑 嵬 漢繁陽令楊君碑陰

嶭 唐浦州虞鄉縣丞王安墓誌

## 尠 奥 嫣 嬓 媾

尠 魏臣始光造像

奥 漢甘陵相□博殘碑 奥 漢韓勑碑 奥 晋好大王碑 奥 魏七兵尚書寇治墓誌 奥 魏宋買造像 奥 唐高平郡公劉夫人墓誌 奥 唐荆州大都督府長林縣令騎都尉吕黎韓仁楷墓誌 奥 唐强山監録事成德墓誌 奥 唐太子左諭德裴咸墓誌銘

嫣 隋張濬墓誌

嬓 唐幽州軍經畧軍節度副軍翟銳墓誌

媾 唐天官文林郎周君故妻公孫平墓誌 媾 唐右衛勳衛弘農楊公夫人垣氏墓誌 媾 唐知鹽鐵轉運鹽城監事殿中侍御史内貢奉范陽盧伯卿墓誌 媾 唐東頭貢奉官銀青光禄大夫檢校左散騎常侍左千牛衛將軍兼

娭　媿　嫂　塋　塔　塗

御史大夫上柱國韓漢臣墓誌

**娭** 唐盧寂墓誌

**媿** 唐楊佰隴墓誌

**嫂** 晋左棻墓誌

**塋** 魏城陽康王元壽妃墓誌　**塋** 魏赫連悦墓誌　**塋** 齊李夫人崔宣華墓誌　**塋** 唐長孫氏夫人陰堂文

**塋** 唐通議大夫鄂州刺史上柱國盧翊墓誌　**塋** 明王廷信同室人劉氏墓誌

**塔** 魏中岳嵩陽寺碑　**塔** 隋潞州舍利塔下銘

**塗** 漢楊君石門頌　**塗** 魏楊豊生造像　**塗** 魏閻伯昇墓誌　**塗** 隋李君瞾造像　**塗** 隋鄭道育暨夫

人劉氏墓誌 塗 隋楊君墓誌 塗 隋孔神通墓誌 塗 隋宋仲墓誌 塗 隋翟突娑墓誌 塗

隋宮人采女田氏墓誌 塗 唐張佐墓誌 塗 唐陳天養妻魏氏墓誌 塗 唐比丘僧思亮造像 垒

唐亡宮八品誌石 塗 唐張善墓誌 塗 唐亡宮九品墓誌

塡 隋內承奉劉則墓誌

閫 魏任城文宣王太妃馮墓誌 壺 隋宮人司燈李氏墓誌 閫 隋宮人司言楊氏墓誌 壺 唐宣城縣尉李君夫人賈氏墓誌 壺 唐崔載墓誌 壺 唐白知新妻鄭氏墓誌 壺 唐裴氏墓誌 壺

唐趙公夫人夏侯氏墓誌 壺 唐上殤姚氏墓誌 壺 唐喬難墓誌

幹 漢武榮碑 幹 魏高貞碑 榦 魏李洪演造像 幹 魏女尚書馮女郎墓誌 幹 魏高湛墓誌

幹 魏秦洪墓誌 幹 魏劉懿墓誌 幹 魏元鑽遠墓誌 幹 魏張玄墓誌 幹 魏兖州刺史元

彌墓誌 幹 魏元融墓誌 幹 梁桂陽國太妃王慕韶墓誌 榦 北齊張道貴墓誌 幹 隋元公墓

誌 幹 隋張濬墓誌 幹 唐諸葛府君夫人韓氏墓誌 幹 唐劉節墓誌 幹 唐上柱國邊真墓誌

幹 唐龐德威墓誌 幹 唐張泉墓誌 幹 唐劉德閏墓誌 幹 唐上騎都尉李琮墓誌 幹 唐營

繕監左右校署令宣德郎張仁師夫人關氏墓誌

彙 魏李挺墓誌 彙 唐撫州法曹參軍員外置隴西李滙墓誌

徽 魏安定王造像 徽 魏根法師碑 徽 魏侯海墓誌 徽 魏嵩高靈廟碑 徽 魏昭玄沙門大

統僧令法師墓誌 徽 魏元襲墓誌 徽 齊道興造像 徽 齊董洪達造像 徽 齊高百年妃斛律氏

# 搆

墓誌

微 齊員外郎馬少敏墓誌

微 周聖母寺造像

微 隋豆盧寔墓誌

微 隋卞鑒墓誌

微 隋張伻墓誌

微 隋寇遵考墓誌

微 隋爾朱端墓誌

微 唐康留買墓誌

微 唐李□敬墓誌

微 唐幽州節度要籍祖君夫人楊氏墓誌

微 唐張敬墓誌

微 唐揚州揚子縣令崔光嗣墓誌

微 唐濟南郡禹城縣令李庭訓墓誌

微 唐河南府長水縣丞樂安孫幼實墓誌

搆 魏元順墓誌

搆 隋田光山妻李氏墓誌

搆 唐多寶塔銘

搆 唐袁弘毅墓誌

搆 唐李才墓誌

搆 唐康留買墓誌

搆 唐處士張興墓誌

搆 唐韓文潘夫人墓誌

搆 唐渭州刺史將作少匠孟玄一墓誌

搆 唐處士張師墓誌

搆 唐孫師岐墓誌

搆 唐正議大夫使持節相州諸軍事守相州刺史上柱國河南賀蘭山務溫墓誌

# 摧　損　搔　搖　搜　搢

摧 魏李超墓誌　摧 魏元瑩妃馮令華墓誌　摧 隋賈珉墓誌　摧 隋張喬墓誌

損 齊成洪義等造像

搔 漢景君碑　搔 隋宮人房氏墓誌　搔 隋來殿中水清河張署墓誌

搖 魏孝文帝弔比干文　搖 魏汝陽王元賥墓誌　搖 魏元愔墓誌　搖 隋造龍華碑　搖 隋宮人朱氏墓誌

搜 魏皇甫驎墓誌　搜 魏和邃墓誌　搜 魏長平縣男元液墓誌　搜 隋蕭翹墓誌　搜 隋正議大夫伍道進墓誌　搜 隋張盈墓誌

搢 漢郭泰碑　搢 唐大智禪師碑　搢 唐處士張敻墓誌　搢 唐汴州浚儀縣梁煥墓誌

攜 唐李系墓誌

㲘 唐薛國公阿史那忠墓誌

愁 魏兗州刺史元猕墓誌

愁 魏爾朱紹墓誌

愁 唐相州刺史賀蘭山務溫墓誌

愆 漢孔彪碑

愆 魏范陽王元悔墓誌

愆 魏齊郡王妃常氏墓誌

愆 魏傅母王遺女墓誌

愆 魏赫連悅墓誌

愆 魏元懌墓誌

愆 魏劉根造像

愆 齊平等寺殘碑

愆 周道民李元海兄弟造天尊像

愆 唐趙義本墓誌

愆 唐萬平縣尉孔長寧墓誌

愆 唐隴西趙摩墓誌

愆 唐亡宫八品墓誌

愆 唐録事公蕭思一墓誌

愈 唐魏公先廟碑

愈 唐孫君夫人宋氏墓誌

愍 吴禪國山碑 愍 愍 魏義橋石像碑 愍 魏比丘僧智造像 愍 魏元緒墓誌 愍

魏元脩墓誌 愍 齊宋顯伯造塔銘 愍 隋鄧州舍利塔下銘

㤅 漢婁壽碑 㤅 漢建寧殘碑 爱 魏樂安王元緒墓誌 㤅 魏寇憑墓誌 爱 魏崔勤造像

㤅 魏元悰墓誌 愛 齊劉碑造像 爱 唐上儀同三司黎陽鎮將程鍾墓誌 爰 唐故祁讓墓誌銘

爱 明安軒及夫人王氏墓誌

感 魏惠感造像 感 魏高宗嬪耿氏墓誌 感 魏司馬元興墓誌 感 周邑子五十人造像 感

隋劉德墓誌 感 唐游擊將軍左領軍衛京兆府折衝都尉長上内貢奉宋莊墓誌

昚 唐馬舉墓誌 慎 唐錦州刺史趙潔墓誌

愊 愴 牒 新 旒 氳

愊 魏元寶月墓誌

愴 唐孫夫人墓誌

牒 漢孔龢碑

牒 魏廣平王元懷墓誌

牒 唐天山縣南平鄉狐氏墓誌

牒 唐京兆府宣化府折衝攝右衛郎將横野軍副使樊庭觀墓誌

新 漢魯峻碑陰

新 魏皇甫驎墓誌

新 魏奚智墓誌

新 齊趙道德墓誌

新 隋脩七帝寺碑

新 唐鄭玄果墓誌

新 唐高昌朱書墓誌

新 元新建祖師行祠報恩碑記

旒 魏元頊墓誌

旒 魏元誨墓誌

旒 齊邑主造像頌

旒 隋暴永墓誌

氳 唐游擊將軍劉盛墓誌

暇 暉 暑 會 暕 毓

暇 魏臨淮造像 暇 魏張寧墓誌 暇 周華岳頌

暉 齊比丘惠瑍造像 暉 唐錄事公蕭思一墓誌 暉 唐大節三女墓誌

暑 魏鎮北大將軍元思墓誌 暑 魏高祖嬪趙充華墓誌 暑 魏陸紹墓誌 暑 唐朝散大夫行左春坊藥藏郎上柱國張金才墓誌

會 魏南平王元暐墓誌 會 齊陋赤齊造像 會 隋郭寵墓誌 會 隋寇奉叔墓誌 會 唐孫夫人墓誌 會 唐京兆府涇陽縣尉范陽盧踐言墓誌

暕 唐朝請大夫行鄧州穰縣令上護軍南玄暕墓誌

毓 唐中書侍郎贈衛尉卿河内司馬府君妻范陽郡君盧氏墓誌 毓 元新建祖師行祠報恩碑記

歇　敬　殿

歇 魏元譿妻馮薈蓑墓誌　歇 隋張固墓誌　歇 隋宮人御女唐氏墓誌　歇 唐燕君夫人姜氏墓誌
歇 唐姚暢墓誌　歇 唐曹州司法參軍李宏墓誌　歇 唐梁有意墓誌　歇 唐處士奚孙敬墓誌
歇 唐宣德郎杭州鹽官主薄穎川陳敬忠墓誌　歇 唐朝議郎前行曹州司法參軍上柱國李宏墓誌　歇 唐李良墓誌

敬 魏元定墓誌　敬 魏趙振造像　敬 齊儁敬碑　敬 齊江阿歡造像　敬 齊張智寶造像　敬 齊程元洛殘造像
敬 周李明顯造像　敬 隋青州舍利塔下銘　敬 隋仲思那造橋碑　敬 唐故汴州浚儀縣梁煥墓誌
敬 唐段公夫人常氏墓誌　敬 唐陪戎副尉安度墓誌

殿 魏中岳嵩陽寺碑　殿 魏張寧墓誌　殿 魏甯想墓誌　殿 隋宋文貴墓誌　殿 隋那盧夫人元買得墓誌
殿 唐僧惠簡造像　殿 唐西京海寺法僧惠蘭造像　殿 唐太子左諭德裴威墓誌　殿

# 毀

唐相州刺史袁公瑜墓誌

毀 宋保大軍節度推官符補之妻太原王夫人墓誌

毀 魏燕州刺史元颺墓誌

毀 魏寇憑墓誌

毀 魏鉅平縣侯元欽神銘

毀 魏元凝妻陸順華墓誌

毀 魏元瑍墓誌

毀 魏元舉墓誌

毀 魏元瑣墓誌

毀 大代華嶽廟碑

毀 魏元周安墓誌

毀 隋賈珉墓誌

毀 隋嚴元貴墓誌

毀 隋龍藏寺碑

毀 隋范安貴墓誌

毀 隋張軻墓誌

毀 隋翟突娑墓誌

毀 隋元範妻鄭令妃墓誌

毀 唐竇公夫人楊氏墓誌

毀 唐李系墓誌

毀 唐劉公夫人崔氏墓誌

毀 唐劉濬墓誌

毀 唐仙州別駕張仁方墓誌

毀 唐邕州都督陸君夫人元氏墓誌

毀 唐洪州法曹參軍鄭君夫人方俟氏墓誌

毀 唐洛陽縣記室參軍樂恭墓誌

毀 唐張貴墓誌

毀 唐仙州別駕張仁方墓誌

毀 唐皇甫賓亡妻楊麗墓誌

毀 唐太中大夫邕府都督陸思本墓誌銘

轂 唐朝議郎行洪府法曹參軍滎陽鄭府君故夫人河南万俟氏墓誌

轂 唐河南府汜水縣丞邢倨夫人景氏墓誌

轂 唐文林郎王貞墓誌

戡 唐左中侯內閑廄長上上騎都尉陳羊少墓誌

戢 魏元龔墓誌

戢 魏巨始光造像

戢 隋造龍華碑

戢 唐詹事府司直張椅墓誌

戢 晉商州長史安定梁瓌墓誌

煎 齊宋敬業造像記

熙 晉杜謖碑

熙 魏李超墓誌

熙 魏樂安王元緒墓誌

熙 魏姚伯多造像

熙 魏李仲璇修孔子廟碑

熙 魏元周安墓誌

熙 魏韓顯祖造像

熙 魏齊郡王元祐造像

熙 魏曲陽修德寺玉佛造像

銘

熙 魏比丘惠榮造像

熙 魏陵江將軍政桃樹造像

熙 魏賈景造像

熙 魏邑子六十人造像

熙 魏張寧墓誌

熙 魏巨始光造像

熙 魏熙平元年三月廿六日□□孫氏造像記

熙 魏處士王基墓誌

熙 魏雋蒙娥等卅一人造像

熙 魏閭義同墓誌

熙 隋曹植碑

熙 隋程諧墓誌

熙 隋董穆墓誌

熙 隋張濬墓誌

熙 唐景教流行中國碑

熙 唐封温墓誌

熙 唐隆闡禪師碑銘

熙 唐神策軍碑

熙 唐蔣國公屈突通墓誌

熙 唐故張夫人墓誌

熙 唐清河縣主瀵左光胤墓誌

熙 唐夫人張肅墓誌

# 煙

煙 魏程哲碑

烟 魏陸紹墓誌

烟 魏元悌墓誌

烟 魏李謀墓誌

煙 魏王夫人元華光墓誌

煙 魏昭玄沙門大統僧令法師墓誌

煙 隋龍華碑

煙 隋王通墓誌

烟 唐崔長先墓誌銘

# 煥

煥 唐崔鍔墓誌 煥 唐華州永豐鎮副張叔子墓誌 煥 唐處士王君墓誌 煥 唐天官文林郎周君

故妻公孫平墓誌 煥 唐田志承墓誌

煥 魏元略墓誌 煥 魏公孫猗墓誌 煥 魏寇品墓誌 煥 魏富平伯于纂墓誌 煥 魏李彰墓

誌 煥 魏赫連悅墓誌 煥 魏鎮遠將軍洛州騎兵參軍常煥造五級浮圖銘 煥 魏穆楊碑 曖 齊靜

明造像 煥 隋常岳等造像 煥 隋張景略墓誌 煥 隋郭達墓誌 煥 唐兗公頌 煥 唐大泉寺

三門記 煥 唐太原縣開國男王守琦墓誌 煥 唐蕭處仁墓誌 煥 唐王明墓誌 煥 唐上柱國劉善

寂墓誌 煥 唐錄事公蕭思一墓誌 煥 唐夫人長孫氏墓誌

# 照

炤 魏比丘道寶記 照 魏豫州刺史元珽墓誌 昭 齊儁敬碑 照 隋正解寺碑 照 齊法懃禪

師塔銘

照 齊劉碑造像

照 唐王留墓誌

源 漢鄐閣頌

源 魏王僧墓誌

源 隋郭王墓誌

源 隋張仲墓誌

源 唐張君夫人秦氏墓誌銘

溺 唐隴西李玄福墓誌

準 隋張達墓誌

準 唐騎都尉張玄景墓誌

準 唐太常寺大樂令暢昉墓誌

準 唐度支郎中彭君夫人安定鄉君侯氏墓誌

溜 唐段金墓誌

溝 齊使持節都督趙州刺史李公宋夫人墓誌

溝 唐許州扶溝縣主簿蔡陽鄭道妻李夫人墓誌

溝 唐鄭

州長史鉅鹿魏懃墓誌

溝 唐左領軍衛執戟李品品墓誌

溢 魏李仲琁修孔廟碑

溢 魏司馬昇墓誌

溢 魏王夫人元華光墓誌

溢 齊暴誕墓誌

溢 唐臨清縣令王宏墓誌

溢 唐處士張海墓誌

溟 魏山暉墓誌

溟 魏侯海墓誌

溟 魏賈瑾墓誌

溟 隋明雲騰墓誌

溟 隋高緊墓誌

溟 隋羊瑋墓誌

溟 唐潘卿墓誌

溟 偽周遼陽公泉男生墓誌

溟 唐王留墓誌

溟 唐處士李英墓誌

溟 唐周廣墓誌

溟 唐處士張洛墓誌

溟 唐河陰縣主簿南陽張濬墓誌

涵 唐游石室新記

溷 唐邕府都督陸君夫人元氏墓誌

溪 溯 滂 滅 滌

溪 魏康畐及子天長造義井佛像記 溪 唐處士任通墓誌 溪 唐儒林郎守陳州司兵參軍鄭悍墓誌

溯 魏元悌墓誌 溯 唐樂達墓誌 溯 唐處士朱通墓誌

滂 唐張仁師夫人關氏墓誌

滅 魏恒州刺史元譿墓誌 滅 魏胡昭儀墓誌 滅 魏元侔墓誌 滅 魏李璧墓誌 滅 魏陳

滎歡造像 滅 魏崔混墓誌 滅 齊劉碑造像 滅 隋薛寶興墓誌 滅 隋盧陵太守楊通墓誌

滅 唐洛州司戶高纘墓誌 滅 唐處士范文墓誌 滅 唐樂君彥墓誌 滅 唐張才墓誌 滅

唐上騎都尉姚思玄墓誌銘 滅 唐潞州屯留縣令溫府君李夫人墓誌 滅 唐皇朝史庭墓誌

滌 魏孝文帝弔比干文 滌 唐段會妻呂氏墓誌

**滓** 唐麟趾觀三同大德張法師墓誌

**滔** 魏元顥墓誌 **滔** 齊柴季蘭卌餘人造像 **滔** 齊皇甫琳墓誌 **滔** 周曹恪碑 **滔** 周强獨樂為文帝造像 **滔** 隋諸葛子恒造像 **滔** 隋張盈墓誌 **滔** 唐和農郡楊君墓誌 **滔** 唐上柱國李起宗墓誌 **滔** 唐張茂墓誌

**溘** 唐文林郎新喻縣丞胡儼墓誌 **溘** 魏長平縣男元液墓誌 **溘** 唐文林郎王貞墓誌

**樱** 唐故隋幽州先賢府車騎王君墓誌

**撖** 隋主簿張濬墓誌 **槲** 隋宫人豆盧氏墓誌

**槲** 漢樊敏碑 **楚** 宋爨龍顏碑 **楚** 魏敬史君碑 **楚** 魏樂安王元悅墓誌 **楚** 龍門高楚造像

題名

楚 魏廉富反子天長造義井佛像記
楚 魏元略墓誌
楚 魏高道悅墓誌
楚 齊劉碑造像
楚 唐梁大賓造像
楚 唐顏環墓誌
楚 唐故夫人張肅墓誌
楚 唐丞務郎崔誠墓誌
楚 唐黃州總管府陽城縣丞王君夫人陰容墓誌

榆 唐張敬墓誌
榆 唐錦州刺史趙潔墓誌

楫 魏元肅墓誌
楫 魏元徽墓誌
楫 齊高潤墓誌
揖 唐處士張義墓誌

業 漢郙閣頌
業 魏李仲琁修孔廟碑
業 魏皇內司墓誌
業 魏比丘僧智造像
業 魏鞏伏龍造像
業 魏奚智墓誌
業 魏山徽墓誌
業 齊宋買造像
業 齊張龍伯兄弟造像
業 齊比丘惠瑍造像
業 齊比丘僧道政造像
業 隋豆盧寔墓誌
業 隋張喬墓誌
業 隋□孔科墓誌銘

# 極

業 隋賈珉墓誌 業 隋牛暉墓誌 業 隋張伴墓誌 業 隋董法瞰墓誌 業 隋隨州司倉參
軍王劍 業 隋張伴暨夫人達墓誌 業 隋□爽東門氏墓誌 業 隋□突婆墓誌 業 隋和彥造像
業 唐韋公玄墓誌 業 唐伊闕縣令劉德墓誌 業 唐右龍武將軍張德墓誌 業 唐亡宮九品墓誌
業 唐水衡監丞王貞墓誌 業 唐中大夫行蜀州長史上柱國鄭知賢墓誌 業 唐亡宮九品墓誌
業 唐汾州崇儒府折衝滎陽鄭仁穎墓誌

極 晉魏雛柩誌 極 魏比丘洪寶造像 極 魏彭城王元勰墓誌 極 魏暉福寺碑 極 魏元
湛妻薛慧命墓誌 極 魏元恭墓誌 極 齊武平五年殘塔記 極 隋造龍華碑 極 隋□知科墓誌
極 唐尚書司勳郎中古渾墓誌 極 唐處士王儉墓誌 極 唐董夫人任氏墓誌 極 唐朝請大夫高

書司勛郎中吉渾墓誌

揩 唐劉泰客楊夫人墓誌

**楷** 魏元融妻盧蘭墓誌

**楹** 魏元龍墓誌

楹 魏五百人造像

楹 隋陳叔榮墓誌

楹 隋陳叔毅修孔廟碑

楹 唐郭君夫人楊氏墓誌

楹 唐龐德威墓誌

楹 唐樊興碑

楹 唐文林郎王貞墓誌

楹 唐王朋墓誌

楹 唐朝議大夫□京苑總監上柱國河東縣開國男姚闖墓誌

楹 唐贈太子中舍人丹陽甘基墓誌

楹 唐承奉郎汝州臨汝縣令博陵崔紓墓誌

楹 宋會州乘氏縣令贈太子洗馬梁文獻墓誌

**楸** 隋燕王府録事殷夫人墓誌

**椿** 唐闞君夫人王氏墓誌

酙 晋辟雍頌　酙 魏元順墓誌　斟 魏伏夫人咎雙仁墓誌　斟 魏故銀青光祿大夫于纂墓誌銘

斟 魏燕州治中從事侯剛墓誌　斟 隋陳常墓誌

猷 北涼沮渠安周碑　猷 魏鄭長猷造像　猷 魏司馬元興墓誌　猷 魏元禮之墓誌　猷 魏元暉墓誌

猷 魏元詮墓誌　猷 魏侯海墓誌　猷 魏元乂墓誌　猷 周宇文妙儀墓誌　猷 隋王弘墓誌

猷 唐姜行本紀功頌　猷 唐徵士萬德墓誌　猷 唐故右千牛府鎧曹參軍□且墓誌銘

猷 唐司御率府翊衛張敬玄墓誌　猷 唐處士王則墓誌　猷 唐七品亡宮誌文　猷 唐殿中侍御史李君夫人盧氏墓誌

猷 唐夫人張氏墓誌　猷 唐郭夫人華嚴墓誌

猿 唐崔愢墓誌　猿 唐王大劍墓誌

猾宋明曇憘墓誌　猾隋王善来墓誌

歲漢曹全碑　歳漢張遷碑　歲漢郙閣頌　嵗漢樊敏碑　嵗漢永康二年吴氏磚銘　歲魏元顥妃李元姜墓誌　歲魏元熙墓誌　嵗魏汾州刺史元彬墓誌　歲魏邊定光造像題字　嵗晉爨寶子碑

歲晉好大王碑　歲北涼沮渠安周碑　嵗魏元仙墓誌　嵗魏韓法成造像　嵗魏于祚妻和醜仁墓誌銘　歲魏傅母王遺女墓誌　嵗魏韓震墓誌陰　歲　歲魏元始和墓誌　嵗魏元優墓誌

嵗魏兖州刺史元彌墓誌　歲魏劉雙墓誌　歲魏常山鮑世□造像　嵗魏仇臣生造像

嵗魏程榮造像　嵗周王令猥造像碑　嵗齊楊娥造像　歲齊道畧造像　嵗齊比丘惠瑍等造像記

嵗齊王惠顒等廿人造像　嵗齊傅隆顯造像　嵗周賀屯植墓誌　嵗隋張

暉造像

歲 隋甯贊碑

歲 隋故劉寶墓誌銘

歲 隋筱盛墓誌

歲

歲 唐比丘妙英造像

歲 唐龍游縣尉索義弘墓誌

歲 唐常君妻柳氏墓誌

歲 唐上護軍朝議郎行邛州蒲江縣令蕭慎墓誌

歲 唐忠武將軍從弟李君孝夫人魏氏墓誌

歲 唐上柱國左威衛鄭鄜府司馬杜才墓誌

歲 唐中大夫使持節上柱國會州諸軍事守會州刺史公士尉之神柩

歲 唐前□衛勳衛上護軍楊越墓誌

歲 唐朝請郎行司農寺大倉丞騎都尉劉慎墓誌

歲 唐宣義郎行涇州陰盤縣尉騎都尉周義墓誌

歲 唐試大理評事鄭公故夫人范陽盧氏墓誌

歲 宋金紫光祿大夫檢校司空左衛將軍□兼御史大夫上柱國南陽郡開國侯吴元載墓誌

歲 金鎮國上將軍宗室完顏之墓誌

窟 魏朱顯愚造像

窟 唐端州石室記

窣 痰 痾 瘁 竪 瑟 瑁 瑍

窣 隋蕭翹墓誌

痰 唐文林郎彭城劉胡墓誌 痰 唐滄州長蘆縣丞薄仁墓誌

痾 隋王成墓誌 痾 唐上護軍朝議郎行邛州蒲江縣令蕭慎墓誌 痾 唐安定郡參軍陸豐妻胡夫人墓誌

瘁 魏元略墓誌

竪 唐朔州順義軍節院使張君墓誌 竪 唐洛汭府隊正董軸墓誌

瑟 唐梁義方墓誌

瑁 遼張儉墓誌

瑍 魏元昉墓誌 瑍 魏臨潼造像 瑍 魏暉福寺碑 瑍 魏姚伯多造像 瑍 齊比丘惠瑍造

像記

瑕 漢韓勑碑側題名

瑙 齊襄城郡王高湝墓誌

瑛 宋爨龍顔碑

瑜 唐玄秘塔碑

瑜 唐梁貞墓誌

瑞 唐田志承墓誌

碎 魏河州刺史鄯乾墓誌

碎 魏元簉墓誌

碎 隋范安貴墓誌

碎 隋羊瑋墓誌

碎 唐傅思諫墓誌

碎 唐豆盧遜墓誌

碑 祿 禁 稟

碑 漢校官碑額 碑 漢衡方碑 碑 晋好大王碑 碑 宋爨龍顏碑 碑 隋仲思那造橋碑

碑 元新建祖師行祠報恩碑記

祿 漢孔謙碣 祿 漢開母石闕銘 祿 魏元朗墓誌 祿 魏穆紹墓誌 祿 魏郭顯墓誌 祿 隋薛保興墓誌銘

祿 唐盧寂墓誌 祿 唐王美暢夫人墓誌 祿 唐平棘縣令紀于承基墓誌 祿 唐信王府士曹崔傑墓誌

祿 唐茂州刺史竇季餘墓誌 祿 唐京兆真化府折衝都尉車益墓誌

禁 魏司馬元興墓誌 禁 隋梁邕墓誌 禁 隋典綵六品朱氏墓誌

稟 漢永壽三年山東嘉祥宋山畫像石題記 稟 晋爨寶子碑 稟 魏孝文帝弔比干文 稟 魏張玄墓誌

稟 魏鄭羲下碑 稟 魏司馬昇墓誌 稟 魏寇憑墓誌 稟 魏汾州刺史元彬墓誌 稟

魏趙郡王元毓墓誌
稟 魏元氏趙夫人墓誌
稟 魏元平墓誌
稟 魏馮邕妻元氏墓誌
稟 魏顯祖嬪侯骨氏墓誌
稟 魏銀青光祿大夫于纂墓誌
稟 魏檀賓墓誌
稟 魏元子永墓誌
稟 魏封昕墓誌
稟 魏元廣墓誌
稟 魏元謐妻馮會萇墓誌
稟 魏元顥妻李元姜墓誌
稟 魏太監劉華仁墓誌
稟 魏山暉墓誌
稟 魏元誘妻薛伯徽墓誌
稟 齊法儀優婆姨造像記
稟 魏張寧墓誌
稟 魏洛州刺史元廣墓誌
稟 魏皇內司□光墓誌
稟 齊高獻國妃敬氏墓誌
稟 齊武平年趙桃等造像
稟 周賀屯植墓誌
稟 周天和年法師張僧妙碑
稟 隋段模墓誌
稟 隋張通妻陶氏墓誌
稟 隋晉王祭酒車銑墓誌
稟 隋曹植碑
稟 隋范安貴墓誌
稟 隋馮忱妻叱李綱子墓誌
稟 唐張達妻李氏墓誌
稟 唐于孝顯碑
稟 唐雷詢墓誌
稟 唐王仲建墓誌
稟 唐清河郡夫人張氏

墓誌

稟 唐馬懷墓誌

稟 唐王夫人墓誌

稟 唐梁有意墓誌

稟 唐太原郡太原縣丞蕭令臣墓誌

稟 唐陳平墓誌

稟 唐邕禪師塔銘

稟 唐給事中韓思墓誌

稟 唐清河郡張寧墓誌

稟 唐李府君夫人宇文氏墓誌

稟 唐處士任通墓誌

稟 唐處士范文墓誌

稟 唐鄭州參軍事胡寶墓誌銘

稟 唐趙□□妻魏氏墓誌

稟 唐文林郎張金剛墓誌

稟 唐處士王楨墓誌

稟 唐黃州總管府陽城縣丞王君夫人陰客墓誌

稟 唐劉德閏墓誌

稟 唐潁州潁上縣令獨狐守義墓誌

稟 唐洪州都督府高安縣封明府故夫人崔桼儀墓誌

稟 唐渭州利尔鎮將上柱國李文疑墓誌

稟 唐孫師岐墓誌

稟 唐朝議大夫行婺州武義縣令元玄慶墓誌

稟 唐陽平郡路隱弟夫人陳氏墓誌

稟 唐給事郎行太平公主邑司錄事柱國韓思墓誌

稟 唐詹事府司直孫公夫人隴西李氏墓誌

當　畹　嘗　睟　睡　督

當 魏李仲琁修孔廟碑　當 魏元顯妻李墓誌　當 魏王誦墓誌　當 魏于祚妻和醜仁墓誌

當 魏韓震墓誌　當 唐延州敦化府兵曹參軍張士龍墓誌　當 唐張君妻田氏墓誌

畹 隋六品御女唐氏墓誌　畹 隋宮人六品□□墓誌　畹 隋宮人司計劉氏墓誌

嘗 魏元譚墓誌　嘗 隋姜明墓誌　嘗 唐前河南府福昌縣丞隴西李孔明夫人劉媛墓誌

睟 唐崔德墓誌

睡 唐畫贊碑陰

督 漢魯峻碑　督 魏元祐妃常季繁墓誌　督 魏元繼妃石婉墓誌　督 魏石育墓誌　督 魏青州刺史元湛墓誌　督 魏元定墓誌　督 魏元伏寶墓誌　督 魏江陵縣男長孫子澤墓誌　督 齊高

建妻王氏墓誌銘

督　齊崔賓先造像

督　周宇文達造像

督　唐成金及夫人韓氏墓誌

督　隋上林署丞卞鑒墓誌

督　隋唐直墓誌

督　隋申穆墓誌

督　隋仲思那造橋碑

督　周唐州司馬上柱國閻基墓誌

督　唐朝議郎行益州大都督府士曹參軍事李延祐墓誌

督　清石城會盟碑

督　唐柳延宗墓誌

睦　唐皇甫府君墓誌

睦　唐南齊隋郡王曾孫蕭陵蕭紹遠墓誌

睦　唐左金吾衛大將軍渤海高如詮墓誌

睦　唐試太子通事舍人趙府君夫人南陽張氏玄堂墓誌

睦　唐朔州順義軍節度使張君墓誌

睦　漢鮮于璜碑

睦　魏北海王元詳墓誌

睦　魏王紹墓誌

睦　魏張寧墓誌

睦　齊叱列延慶妻尒朱元靜墓誌

睫　唐唐州司馬上柱國閻基墓誌

盟 腦 腰 腴 腸 腹

盟 魏汝陽王元賥墓誌 盟 齊梁伽耶墓誌 盟 齊張龍伯造像

腦 唐焦松墓誌 腦 唐韓王府兵曹陸紹墓誌

腰 魏江陽王元乂墓誌 腰 隋郭龍墓誌 腰 唐魏州莘縣尉王君夫人成氏墓誌

腴 魏元琁妻穆夫人墓誌 腴 魏陸紹墓誌 腴 隋息州梁安郡守侯肇墓誌 腴 造交龍碑像記

腴 唐處士張叡墓誌

腸 魏元湛妻薛慧命墓誌

腹 魏公孫略墓誌 腹 魏郭顯墓誌 腹 魏元遥墓誌 腹 齊唐邕寫經碑 腹 齊鄭子尚墓誌

腹 周華岳頌

# 聖

聖 後漢蒼山畫像石題記
聖 漢樊敏碑
聖 漢鮮于璜碑
聖 魏顯祖嬪侯夫人墓誌
聖 魏棲賢寺比丘道頌造像
聖 魏元略墓誌
聖 魏[]芳墓誌
聖 魏元廣墓誌
聖 魏賈良造像
聖 魏張安世造像
聖 魏李次等全邑百人造石像碑頌
聖 齊李清為李希宗造像
聖 齊比丘惠璪造像
聖 隋宋景等造像
聖 隋孔神通墓誌
聖 唐段公夫人常氏墓誌

# 聘

聘 漢史晨奏銘
聘 魏呂望表
聘 魏元睟墓誌
聘 隋宋仲墓誌
聘 隋豆盧寔墓誌銘
聘 唐河內張夫人墓誌
聘 唐河陽軍節度押衙張亮墓誌
聘 唐新鄉縣令王順孫墓誌
聘 唐封明府夫人崔氏墓誌
聘 吳尋陽長公主墓誌
聘 宋金紫光祿大夫檢校司空左衛將軍[]兼御史大夫上柱國南陽郡開國侯吳元載墓誌

# 虜 虞 號

虜 唐前飛騎尉楊達墓誌

虞 吴谷朗碑
虞 魏元昕墓誌
虞 魏寇演墓誌
虞 魏寇治墓誌
虞 魏故元朗墓誌銘

虞 隋申穆墓誌
虞 偽周邊惠墓誌
虞 偽周田志承墓誌
虞 唐劉元超墓誌
虞 唐使持節文州諸軍事文州刺史陳察墓誌
虞 唐田志承墓誌
虞 大梁故宋州觀察支使將仕郎檢校祠部員外郎賈郊文墓誌銘

號 漢孔彪碑
號 漢鄭固碑
號 漢夏承碑
號 魏朱永隆等造像
號 魏雲峰山題字
號 魏女尚書馮女郎墓誌
號 魏七兵尚書寇治墓誌
號 魏司空穆泰墓誌
號 魏元始和墓誌
號 魏元珽妻穆玉容墓誌
號 魏元液墓誌
號 魏丘哲妻鮮于仲兒墓誌
號 魏秦洪墓誌
號 魏元

緒墓誌

**號** 魏元範妻鄭令妃墓誌

**号** 齊高叡修寺碑

**號** 周曹恪碑

**号** 隋□韶墓誌

**號** 隋首山舍利塔銘

**嗁** 隋鄭道育墓誌

**號** 隋張儉墓誌

**號** 隋嚴元貴墓誌

**號** 隋故鄧昞墓誌銘

**號** 唐昭仁寺碑

**號** 唐張曛墓誌

**號** 唐鄭玄果墓誌

**號** 唐張安生墓誌

**號** 唐法澄墓誌

**號** 唐房寶子墓誌

**號** 唐曹州離狐縣蓋贊君故妻孫光墓誌

**號** 唐張善墓誌

**號** 唐王夫人墓誌

**號** 唐孫師岐墓誌

**號** 唐□建達墓誌

**號** 唐潞州司士參軍□志遠誌文

**號** 唐岐州岐山府果毅安思節墓誌

**號** 唐朝議郎前行魏州司法參軍事上柱國元素墓誌

**號** 唐夫人張氏墓誌

**號** 唐丹陽郡故陶元欽太原王人王氏墓誌

**號** 宋朝散大夫尚書虞部郎中護軍司勳郎中太原王珣瑜墓誌

**號** 唐段公夫人常氏墓誌

**呺** 晉沛國相張朗墓碑

**嗁** 唐虞城縣尉張君表墓誌

**號** 唐岐山府果毅安節墓誌

羣 魏元寶月墓誌 群 魏內司楊氏墓誌 羣 魏元楨墓誌 羣 隋李盛墓誌 羣 唐殿中侍御史李君夫人盧氏墓誌 羣 唐通議大夫使持節寧州諸軍事寧州刺史上柱國裴擕墓誌 羣 唐宣義郎行鄭州文安縣尉盧平郡程思慶墓誌

羡 唐楊客僊墓誌

義 漢曹全碑 義 漢永壽三年山東嘉祥宋山畫像石題記 義 晉司馬芳碑 義 魏杜照賢造像記 義 北徐州劉道景造像 義 魏元融墓誌 義 魏廉富及子天長造義井石像記 義 魏元熙墓誌 義 齊吳蓮花造像 義 齊法朗造像 義 周賀屯植墓誌 義 唐楊貴墓誌 義 唐張義墓誌 義 唐上開府董葵墓誌 義 唐處士張海墓誌 義 唐趙義墓誌 義 唐處士陳泰墓誌 義

蜀　蜂　蜃　蜓　筠　笠

義 唐朱陽縣開國男代郡和智全墓誌　義 唐大和道觀主故三洞法師侯敬忠墓誌

蜀 齊元賢墓誌　蜀 民國梁耀漢烈士紀念碑

蠭 魏山暉墓誌　蜂 齊竇泰墓誌　蜂 隋仲思那造橋碑　蜂 隋張儉墓誌　蠭 唐繁昌縣令馬志道墓誌

蜄 齊李清爲李希宗造像

蜓 梁蕭憺碑

筠 魏洛州刺史元廣墓誌　筠 唐陝州司戶張君陳夫人墓誌　筠 唐管思禮墓誌

笠 魏元詮墓誌　笠 魏唐耀墓誌　笠 魏元廣墓誌　笠 魏元誘妻馮氏墓誌　笠 隋李則墓

## 筵　萬　萸　萼

誌
莚 隋阮景暉造像　茎 隋張達墓誌　莚 唐張君夫人樊氏墓誌　筳 唐太子詹事李府君墓誌
筵 唐木澗魏夫人碑　筳 唐尚書左僕射吳君夫人曾氏墓誌
莚 魏王誦妻元氏墓誌　莚 魏元彝墓誌　莚 隋燕夫人姜氏墓誌　筵 唐寇思貞墓誌　筵 唐祁
讓墓誌　莚 唐段志玄碑　筵 唐内寺伯成忠墓誌　筵 唐王夫人墓誌

萬 晉中書侍郎荀岳墓誌　萬 魏姚伯多造像

萸 齊道興治疾方

萼 魏貴華恭夫人墓誌　箅 魏東莞太守秦洪墓誌　萼 魏元茂墓誌　萼 魏叔孫協墓誌　桴 魏清水太守楊乾墓誌　樗 隋楊居墓誌　萼 唐壽安縣令高君夫人崔氏墓誌　萼 唐都總監丞張公夫

# 落　葉

人吉氏墓誌

䓅 唐劉節墓誌　萼 唐東都留守左衛飛騎尉上輕車都尉兼守上柱國譙郡曹慶故上黨樊夫人合祔墓誌

落 魏三級浮圖頌　落 魏李璧墓誌　落 隋元鍾墓誌　落 唐賈智墓誌

葉 晉沛國相張朗墓碑　葉 齊靜明造像　葉 隋龍藏寺碑　葉 隋張伴墓誌　葉 唐田侁墓誌

葉 周左春坊藥芷印張金才墓誌　葉 唐沈士公墓誌　葉 唐青州博昌縣主簿口還墓誌　葉 唐呼論縣開國公新林府果毅陁墓誌

葉 唐通議大夫使持節興州諸軍事興州刺史上柱國劉寂墓誌　葉 唐汴州浚義縣梁煥墓誌

葉 唐荊州大都督府司馬陳頤墓誌　葉 唐隴州刺史薛府君妻故弘農楊祁麗墓誌

葉 唐朝議郎守楚州長史賜緋魚袋源溥墓誌

著　蓄　葛　董

著 魏高道悅墓誌 著 魏元凝妻陸順華墓誌 著 隋□鐘葵墓誌 著 隋范安貴墓誌 著 唐大泉寺三門記 著 唐汴州浚儀縣梁煥墓誌

蓄 漢武班碑 蓄 晋王浚妻華芳墓誌 蓄 魏帥僧達造像

葛 晋石尠墓誌側 葛 魏世宗嬪司馬顯姿墓誌 葛 魏邢巒妻元純陁墓誌 葛 齊司馬遵業墓誌

葛 齊堯峻妻吐谷渾墓誌 葛 齊鄧肱造像記 葛 隋諸葛子恒造像 葛 隋宮人朱氏墓誌

葛 唐處士井隨襄墓誌

董 漢校官碑 董 漢景君碑陰 董 晋爨寶子碑 董 魏元朗墓誌 董 魏馬振拜造像記

董 唐上開府董葵墓誌

# 葦　葩　葬

葦 晉爨寶子碑
葦 魏王偃墓誌

葩 魏魏靈藏造像記
葩 魏穆紹墓誌
葩 魏女尚書馮女郎墓誌
葩 北魏孝文帝弔比干文
葩 唐桂州始安縣丞雲騎尉顏萬石墓誌
葩 唐前同州華池府別將李琦墓誌
葩 唐右威衛兵曹參軍王冷然墓誌
葩 唐順義郡録事參軍侯方墓誌

葬 漢衡方碑
葬 漢司徒袁安碑
葬 魏司馬景和妻墓誌
葬 魏元公夫人薛氏墓誌
葬 魏元誘妻馮氏墓誌
葬 魏元恩墓誌
葬 魏張玄墓誌
葬 齊堯峻妻獨孤氏墓誌
葬 周賀屯植墓誌
葬 隋羊君墓誌
葬 隋蕭汎墓誌
葬 隋鮑宮人墓誌
葬 隋元公墓誌
葬 隋皇甫深墓誌
葬 隋張囧妻蘇恒墓誌
葬 隋楊德墓誌
葬 隋張伴墓誌
葬 隋蔡夫人張貴男墓誌
葬 隋張通妻陶貴墓誌銘

塟 隋暴永墓誌 葬 隋張盈墓誌 塟 隋韓祐墓誌 葬 隋張達墓誌 葬 隋上儀同三司黎陽鎮將程鍾墓誌 葬 隋翟突娑墓誌 葬 唐段會妻呂氏墓誌 葬 唐顏瓌墓誌 葬 唐程雄墓誌

葬 唐趙義墓誌 葬 唐張宗墓誌 葬 唐故亡宮九品墓誌 葬 唐河南府洛陽縣尉竇寓墓誌銘

葬 唐北平田在下墓誌 葬 唐能政墓誌 葬 唐潘基墓誌 葬 唐□長仁墓誌 葬 唐王朋墓誌 葬 梁開平年楊弘墓誌

葭 晉好大王碑 葭 齊李清為李希宗造像 葭 隋楊厲墓誌 葭 隋主簿張濬墓誌

葳 魏唐耀墓誌 葳 唐史庭墓誌

葵 隋元鍾墓誌

葺 隋龍藏寺碑 葺 唐九成宮碑 葺 唐臨高寺碑 葺 唐樂達墓誌 葺 唐文林郎路岩墓誌

葺 唐輸誠效議功臣光祿大夫檢校太保前行寧州刺史袁孝進墓誌

裏 魏張寧墓誌 裏 魏乞伏寶墓誌 裏 隋仲思那造橋碑 裏 唐錦王府典軍王仁墓誌 裏 唐遼東郡公泉男生墓誌 裏 明司子忠淑人王氏墓誌銘

裔 宋爨龍顏碑 裔 陳劉猛進墓誌 裔 魏孝文帝吊比干文 裔 魏張玄墓誌 裔 魏呂望表

裔 魏汝南太守寇演墓誌 裔 魏陸紹墓誌 裔 魏富平伯于纂墓誌 裔 魏叔孫協墓誌 裔 魏和邃墓誌

裔 魏叔孫固墓誌 裔 魏洛州刺史李頤墓誌 裔 隋上林署丞卞鑒墓誌 裔 隋宮人姜氏墓誌

裔 隋明質墓誌 裔 隋王成墓誌 裔 隋皇甫深墓誌 裔 隋平安郡守謝岳墓誌

裘　裠　裝　裨　裸

裔 隋趙朗墓誌 裔 唐王徵君臨終口授銘 裔 唐郭寶墓誌 裔 唐薄夫人墓誌 裔 唐靖君夫人墓誌 裔 唐處士任道墓誌 裔 唐范相墓誌 裔 唐張義墓誌 裔 唐黔州石城縣主簿鄭邁墓誌

裘 唐處士范重明墓誌 裘 唐監門校尉陳叔度墓誌 裘 唐猗氏縣令崔羨墓誌

裠 齊道略造像

裝 魏敬史君碑

裨 唐宣威將軍左驍衛河南府永嘉府折衝都尉上柱國王元墓誌

裸 中華民國步兵少校張君鈞墓誌

绥 綒 絟 綠 綼 綄 絺 裾

| 裾 | 絺 | 綄 | 綼 | 綠 | 絟 | 綒 | 绥 |
|---|---|---|---|---|---|---|---|
| 裾 唐朝議大夫壽州長史安陽邵承墓誌 | 絺 魏伏夫人咎雙仁墓誌 | 綄 魏元道墓誌 | 綼 隋宫人口氏墓誌 | 綠 周檢校司徒蕭處仁墓誌 | 絟 魏伏夫人咎雙仁墓誌 絟 魏元壽安妃盧蘭墓誌 | 綒 魏元鑽遠墓誌 綒 唐韓王府兵曹參運延陵縣開國公陸紹墓誌 | 绥 漢孔宙碑 绥 魏皇甫驎墓誌 绥 魏石門銘 绥 魏兖州刺史元猶墓誌 绥 隋張儉墓誌 |

# 經　綖　粲

緌　唐上輕車都尉樊廉墓誌

經　魏河間王元定墓誌　經　魏張滿墓誌　経　魏元瑑墓誌　經　齊元賢墓誌　經　隋張儉墓誌

經　隋段濟墓誌　經　隋梁瓌墓誌　経　唐定城尉屈澄墓誌　经　唐溱州司戶崔思古墓誌銘

經　唐湖州刺史朱崇慶墓誌

綖　隋呂胡墓誌　綖　唐故夫人唐氏墓誌

粲　魏元悟墓誌　粲　周聖母寺四面像碑　粲　隋楊厲墓誌　粲　唐王仲建墓誌　粲　唐趙公夫人夏侯氏墓誌

粲　唐朝請大夫行陳州司馬上輕車都尉公士成循墓誌　粲　唐朝議大夫行兗州龔丘縣令上柱國程思義墓誌

舅 魏元氏趙夫人墓誌　舅 魏元誘妻馮氏墓誌　舅 魏司馬景和妻墓誌　舅 齊高叡國妃敬氏墓誌

舅 隋□夫人王光墓誌　舅 唐段公夫人常氏墓誌

罩 魏廉富及子天長造義井佛像記　罩 魏元順墓誌　罩 齊姚景郭度招卅人等造像

置 魏衡方碑　置 魏溫泉頌　置 魏張玄墓誌　置 魏雲峰山題字　置 魏比丘道瓊記　置 魏邢巒妻元純陁墓誌　置 魏石育墓誌　置 魏劉懿墓誌　置 齊比丘惠瑍造像　置 齊司馬遵業墓誌　置 隋馬穉墓誌　置 隋張軻墓誌　置 唐楊貴墓誌　置 唐南巖亭記　置 唐樊興碑　置 唐陪戎尉王德妻鮮于墓誌　置 唐贈游擊將軍董嘉斤墓誌　置 唐大和道觀主故三洞法師侯敬忠誌文

肅 魏汝陽王元賥墓誌 肅 魏恒州大中正于景墓誌 肅 魏元譿妻薛伯徽墓誌 肅 魏司馬昇墓誌

肅 魏郭顯墓誌 肅 魏元肅墓誌 肅 魏元固墓誌 肅 魏閭伯昇墓誌 肅 魏元朗墓誌

肅 魏元乂墓誌 肅 魏穆亮妻元氏墓誌 肅 魏張整墓誌 肅 魏馮邕妻元氏墓誌 肅 魏姚伯多造像

肅 魏高猛妻元瑛墓誌 肅 隋梁瓌墓誌 肅 隋劉明墓誌 肅 隋亡宮人房氏墓誌銘

肅 隋宮人魏氏墓誌 肅 隋宮人三品樊氏墓誌 肅 隋口韶墓誌 肅 唐陳皆 肅 唐段沙彌墓誌

肅 唐景教碑 肅 唐雲居寺碑 肅 唐翟寬墓誌 肅 唐劉元超墓誌 肅 唐大夏縣主簿張弘墓誌

肅 唐王寶墓誌 肅 唐李輔光墓誌 肅 唐幽州范縣令楊基墓誌 肅 唐洛汭府故隊正李表墓誌

肅 唐處士范重明墓誌 肅 唐臨清縣令瑯琊王君妻李氏墓誌 肅 唐宣義郎周紹業墓

誌銘
肅 唐袁夫人墓誌
肅 唐處士□長墓誌
肅 唐常開墓誌
肅 唐蒲州汾縣丞上柱國李諝墓誌銘
肅 唐故隋州先賢府車騎王君墓誌
肅 唐隋上儀同三司朝散大夫右監門校尉王宣墓誌
肅 唐張寬墓誌
肅 唐靖千年墓誌
肅 唐右戎衛翊衛徐買墓誌
肅 唐游擊將軍劉盛墓誌
肅 唐康君夫人曾氏墓誌
肅 唐太常寺太樂令暢昉墓誌
肅 唐徵士皇甫鏡几墓誌
肅 唐潁州潁上縣令獨孤守義墓誌
肅 唐韓王府兵曹參軍延陵縣開國公陸紹墓誌
肅 唐水衡監丞王貞墓誌
肅 唐處士崔德墓誌銘
肅 唐瀛州文安縣令王府君周夫人薛氏墓誌
肅 唐傅思諫墓誌
肅 唐皇朝潞州司法秦佾墓誌
肅 唐瀛州文安縣令王德表墓誌
肅 唐田志承墓誌
肅 唐岷山刺史張仁楚墓誌
肅 唐忻州定襄縣令杜安墓誌
肅 唐亡宮墓誌
肅 唐亡宮墓誌
肅 唐信安縣主元思忠墓誌
肅 唐朝散大夫守

吉州長史上柱國疋婁思墓誌

肆　唐汝陰郡司法參軍姚希直墓誌

肆　唐郴州義章縣尉張守珍墓誌

肆　唐京兆真化府折衝都尉車益墓誌

肆　唐程某墓誌

肆　唐張瓊墓誌

肆　唐韓節墓誌

肆　唐青州司倉參軍趙克廉墓誌

肆　清泰安關帝廟建殿題字

# 肆

肆　漢元初三公山碑

肆　晉石尠墓誌

肆　魏李挺墓誌

肆　唐樂高墓誌

肆　清泰安關帝廟殿題字

# 貅

貅　唐左光祿大夫蔣國公屈突通墓誌

貅　唐北京飛勝五軍都指揮使銀青光祿大夫檢校司空金石俊妻河南郡太夫人元氏墓誌

# 資

資　魏樂陵王元彥墓誌

資　魏傅母王遺女墓誌

資　魏元朗墓誌

資　魏平州刺史司馬夫人墓誌

資 龍門靈資像題字

**貫** 魏太和元年郭孟買地券

貫 唐文林郎董本墓誌

**賊** 漢武梁祠畫像題字

賊 漢景君碑

賊 漢曹全碑

賊 漢武梁祠畫像題字

賊 漢永壽三年山東嘉祥宋山畫像石題記

賊 齊比丘法朗造像

賊 周賀屯植墓誌

賊 唐孟邦雄墓誌

賊 唐西門珍墓誌

賊 唐沈士公墓誌

**賨** 唐國子祭酒致仕包陳墓誌

**解** 晉王浚妻華芳墓誌

解 魏鄧縣男唐耀墓誌

解 魏解伯達造像

解 魏元孟輝墓誌

解 魏元遵墓誌

解 魏皇甫驎墓誌

解 魏王誦墓誌

解 魏元子直墓誌

解 魏趙珚造像

解 齊宋

敬業崔海等造像

解 隋張禮墓誌

解 隋□鍾葵墓誌

解 隋張囧墓誌

解 隋宋永貴墓誌銘

解 隋段濟墓誌

解 唐段沙彌造像

解 唐永州司倉王恩墓誌

解 唐佛弟子毋丘海深造像記

解 唐通議大夫使持節興州諸軍事興州刺史上柱國劉叙墓誌

解 唐通議大夫瀛州東城縣令上柱國張景旦墓誌銘

解 唐朝議郎上柱國豪州定遠縣令楊高仁墓誌

解 唐河南郡元氏墓誌

解 宋金紫光祿大夫檢校司空左衛將軍□兼御史大夫上柱國吳元載墓誌

## 跡

跡 魏慈香造像記

跡 魏比丘道寶記

跡 魏王誦墓誌

跡 魏元朗墓誌

跡 魏伏夫人昝雙仁墓誌

跡 魏比丘僧智造像

跡 魏李興造像

跡 魏涇州刺史齊□造像

跡 魏孝文帝弔比干文陰

跡 齊宋顯伯造塔銘

跡 隋李則墓誌

跨齊牛景悦造像　跨周賀屯植墓誌　跨隋寇熾妻姜敬親墓誌　跨隋□睦塼誌　跨唐九
成宮醴泉銘　跨唐左翊衛金谷府司馬權開善墓誌

跪魏元順墓誌　跪魏曹植飛龍篇刻石　跪隋諸葛子恒造像　跪隋劉相墓誌

路漢楊君石門頌　路魏王僧墓誌　路魏元欽墓誌　路魏青州刺史元湛墓誌　路魏元
顯妻李元姜墓誌　路常岳造像　路齊董洪達造像　路齊馬暉賓造像　路隋張業墓誌　路
隋元夫人崔暹墓誌　路隋段模墓誌　路魏上官胡仁等摩崖造像　路唐神寳寺碑　路唐管思禮
墓誌

跱魏元靈曜墓誌　跱隋王成墓誌

# 跳　逼　逾　遁

跳 唐妬神頌

逼 魏上黨王元天穆墓誌

踰 魏敬史君碑　踰 魏丘哲墓誌　踰 魏元凝妻陸順華墓誌　踰 魏元略墓誌　踰 隋□夫人王光墓誌　踰 隋□静墓誌　踰 唐昭仁寺碑　逾 唐鄭玄果墓誌　踰 唐神策軍碑　逾 唐太原縣開國男王守琦墓誌　逾 唐□州雍縣尉太原王慶祚墓誌　逾 唐銀青光祿大夫行太子右諭德鍾紹京妻越國夫人許氏墓誌

遁 齊高叡修寺碑　遁 隋段濟墓誌　遁 唐段榮墓誌　遁 唐趙晃墓誌　遁 唐處士張鳳麟墓誌

# 端運遊遇過

端 唐□衛勳衛上護軍楊君墓誌

運 齊元子邃墓誌

運 唐張夫人墓誌

遊 夢美夫子廟碑

遊 唐中書侍郎贈衛尉卿河內司馬府君妻范陽郡盧氏墓誌

遇 魏清信女高思鄉造像

遇 魏穆纂墓誌

遇 民國梁耀漢烈士紀念碑

過 漢楊淮表紀

過 漢西狹頌

過 漢魯峻碑陰

過 漢郙閣頌

過 漢孝女曹娥碑

過 晉好大王碑

過 魏義橋石像碑

過 魏宋虎墓誌

過 魏寇憑墓誌

過 齊感孝頌

過 隋明雲騰墓誌

過 唐張武例造像

過 唐玄武丞相仁方墓誌

過 唐衢州蕭言思墓誌

過 唐少府監織染署令太原王府君妻張法式墓誌

過 金周上卿墓誌

遏　遐

遏 漢西鄉侯碑

遏 魏王基墓誌

遏 魏于景墓誌

遏 魏李謀墓誌

遏 魏赫連悅墓誌

遏 隋元鍾墓誌

遐 漢魯峻碑

遐 晉爨寶子碑

遐 魏元燮造像

遐 魏張玄墓誌

遐 魏高貞碑

遐 魏舞陰寇偘墓誌

遐 魏汝南太守寇演墓誌

遐 魏元始和墓誌

遐 魏山徽墓誌

遐 魏封昕墓誌

遐 魏太監劉阿素墓誌

遐 魏暉福寺碑

遐 魏高湛墓誌

遐 魏孝文帝弔比干文

遐 魏元定墓誌

遐 魏元壽安墓誌

遐 魏元寶月墓誌

遐 魏臨潼造像

遐 魏元融墓誌

遐 魏元鸞妃公孫甄生墓誌

遐 魏洛州刺史李頤墓誌

遐 唐沈士公墓誌

遐 唐朝議郎行蒲州桑泉縣丞輕車都尉路惲墓誌

遐 唐王孝瑜并夫人孫氏墓誌

遑 隋張受墓誌

道 魏王昌墓誌 道 魏李榘蘭墓誌 道 魏甯想公墓誌 道 魏嵩高靈廟碑 道 魏元定墓誌

道 齊高建妻王氏墓誌 道 齊宋顯伯造塔銘 道 齊元賢墓誌 道 隋楊居墓誌 道 隋明雲騰墓誌

道 隋梁智造像 道 晏袤題漢開通襃斜道摩崖 道 唐吏部常選中山張頎墓誌

達 漢曹全碑 達 魏元始和墓誌 達 魏韓顯宗墓誌 達 齊梁罷村邑子十七人造浮圖記 達 齊游達摩造像

達 唐張君夫人秦氏墓誌 達 唐常君妻柳氏墓誌 達 唐朝請大夫行司禮寺主簿趙睿墓誌

達 唐衢州蕭言思墓誌 達 唐南陽居士韓君神誌 達 唐中大夫使持節江華郡諸軍事江華郡太守上柱國和守陽墓誌

遂 漢武榮碑

遂 隋明雲騰墓誌

遂 唐新城府別將張翼墓誌

遂 唐蕭遥及夫人杜氏墓誌

違 唐上柱國高邈墓誌

違 唐監察御史杜公夫人張氏墓誌

詠 魏汶山侯吐谷渾璣墓誌

詣 北涼沮渠安周碑

詣 唐泗州司馬叔苗善物墓誌

試 唐守左金吾衛大將軍試太常卿上柱國彭城劉希陽南陽韓夫人合祔墓誌

試 宋朝散大夫試大理評事前行許州臨潁縣令祖仲宣墓誌

詭 唐朝議郎前行忻州定襄縣令上柱國張楚璋墓誌

詮 魏安樂王元詮墓誌

詮 魏皇甫驎墓誌

詮 魏青州刺史元湛墓誌

詮 魏□□墓誌

該 隋六品御女唐氏墓誌

詳 唐九品宮人墓誌

詵 宋保大軍節度推官荷補之妻太原王夫人墓誌

詹 魏尔朱紹墓誌

詹 魏元寶月墓誌

詹 魏王悅墓誌

詹 魏王悅郭夫人墓誌

詹 唐嗣曹王李戢墓誌

詹 唐京兆王杜氏墓誌

詹 唐鄭君夫人孫少雅墓誌

詹 唐詹事府司直張椅墓誌

詹 唐宣義郎京兆府藍田縣尉樂安孫嬰墓誌

誄 晉爨寶子碑

誄 魏鄭羲下碑

誄 隋阮景暉造像

誇 清孫霞岑墓誌

軾 魏元瞻墓誌

載 周石鼓文 載 魏元□妃吐谷渾氏墓誌 載 魏元朗墓誌 載 魏故洛州刺史長孫史君墓誌銘

載 魏元恩墓誌 載 北周李元海等兄弟七人造像 載 北周賀屯植墓誌 載 隋梁環墓誌 載

隋杜乾緒墓誌銘 載 唐潞州屯留縣令溫府君李夫人墓誌 載 唐文安郡文安縣太原王府君夫人李氏墓誌

載 唐閻丘氏夫人墓誌 載 宋晏袤題漢開通褒斜道摩崖

辟 宋爨龍顏碑 辟 魏王悅墓誌

農 漢史晨奏銘 農 漢景北海碑 農 魏內司楊氏墓誌 農 魏李挺墓誌 農 魏楊胤墓

誌銘 農 齊張龍伯造像 農 農 程元洛殘造像 農 周賀屯植墓誌 農 隋故□真墓誌銘

農 隋楊秀墓誌 農 隋口鐘葵墓誌 農 唐馬珷群葬墓誌

鄉 漢曹全碑 鄉 漢張遷碑 鄉 晉爨寶子碑 鄉 宋爨龍顏碑 鄉 魏張猛龍碑 鄉 魏司馬昇墓誌 鄉 魏元倪墓誌 鄉 魏暉福寺碑 鄉 魏鞠彥雲墓誌 鄉 魏郭顯墓誌 鄉 齊雋敬碑 鄉 隋孔神通墓誌 鄉 隋寶泰寺碑 鄉 隋元仁宗墓誌 鄉 隋李領萬造像 鄉 隋羊瑋墓誌 鄉 隋王峻弟殘造像記 鄉 唐侯君夫人墓誌 鄉 唐聚慶墓誌 鄉 唐天山縣南平鄉殘墓誌 鄉 唐蔣國夫人墓誌 鄉 唐洛州上柱國君及妻張夫人墓誌 鄉 大梁故宋州觀察支使將仕郎檢校祠部員外郎賈邠文墓誌 鄉 唐東南面招討副使寧江軍節度觀察處置方鄴墓誌

鄒 宋鄒非熊九曜石題名 鄒 魏張猛龍碑 鄒 魏敬史君碑 鄒 齊高叡修寺碑 鄒 隋元

鍾墓誌
鄷　隋洺州南和縣灃水橋後碑
鄷　唐董惟靖墓誌
鄷　唐范重明墓誌
鄷　唐西廟堂碑
鄷　唐上柱國劉善寂墓誌
豊　隋右驍衛司騎參軍尉仁㺯墓誌
鉅　魏秦洪墓誌
鉅　唐韓承墓誌
鉗　漢元初六年王勤刑徒磚銘
鉞　魏廣陽王妃墓誌
鉞　魏元悕墓誌
鉞　魏世宗嬪司馬氏墓誌
鉞　隋段濟墓誌
鉞
魏高平剛侯元嵩墓誌
鉞　唐扶風郡公主墓誌
鉞　唐上柱國成君墓誌
零　魏杜文雅造像
零　唐平棘縣公紇干承基墓誌
零　唐路君及夫人陳氏墓誌
零　唐李如願墓誌

雷　電　隔　隙

靁 魏曹真碑　雷 魏元騰墓誌　雷 魏雷明香墓誌　雷 偽周處士劉通墓誌　靁 清灘縣城隍廟碑

電 唐處士□上□官府君義墓誌　電 唐張寶墓誌

隔 魏元暐墓誌　隔 魏王悅墓誌　隔 齊□等慈寺造塔記　隔 齊□□殘造像　隔 隋諸葛子恒造像　隔 隋妻明墓誌　隔 唐畫贊碑陰　隔 唐宇文琬墓誌　隔　隔 唐亡宮八品誌石　隔 唐劉泰客楊夫人墓誌　隔 唐邊馬直溫妻張氏墓誌

隙 魏義橋石像碑　隙 魏叔孫固墓誌　隟 魏李謀墓誌　隙 隋明質墓誌　隙 隋屯田侍郎柳君夫人蕭氏墓誌　隙 唐王美暢夫人墓誌　隟 唐喬崇敬墓誌　隙 唐上開府董葵墓誌　隙 唐曲阜縣

令孤暢 隟 唐右戎衛翊衛徐買墓誌 隙 唐夫人張氏墓誌

雉 魏上黨王元天穆墓誌

雌 唐張寶墓誌

雍 漢曹全碑 雍 漢西嶽華山廟碑 雍 漢史晨奏銘 雍 魏元瞻墓誌 雍 齊李清爲李希宗造像

雍 隋張軻墓誌 雍 唐王行寶造像 雍 隋上儀同三司黎陽鎮將程鐘墓誌 雍 唐朝散大夫行左春坊藥藏郎上柱國張金才墓誌

雍 唐蘭陵蕭博墓誌 雍 宋金紫光祿大夫檢校司空左衛將軍□吴元載墓誌

睢 魏武昌王妃吐谷渾氏墓誌

預　頓　靶　餝　飲　飯　髡

預 魏張神龍等百人造像　預 唐文林郎路岩墓誌

頚 漢竇憲碑　頊 魏太尉穆亮墓誌　頊 魏高輝太夫人墓誌　頊 隋賈珉墓誌　頓 隋韋略墓誌

頓 唐北平田在下墓誌　頓 元龍興寺長明燈錢記

靶 唐朝請郎行石州方山縣令騎都尉申守墓誌

餝 魏元寶月墓誌　餝 唐京兆府涇陽縣尉范陽盧踐言墓誌

飲 唐京兆真化府折衝都尉車益墓誌　飤 明司淑人王氏墓誌

粄 魏嵩高靈廟碑

髡 漢永元二年東門當刑徒磚銘　髡 漢元初六年王勤刑徒磚銘　髡 漢元初六年趙巨刑徒磚銘

馳 唐法澄墓誌 馳 唐幽州范縣令楊基墓誌

馴 唐王氏故夫人劉氏墓誌

皃 魏元彝墓誌 皃 齊司馬遵業墓誌 皃 隋鄭道育墓誌 皃 隋元公姬氏墓誌 皃 唐道因法師碑 皃 唐張運才墓誌 皃 唐申恭墓誌 皃 唐王慶墓誌 皃 唐王操墓誌 皃 唐平陽路夫人墓誌 皃 唐蒲江縣令蕭慎墓誌 皃 唐承奉郎吳績墓誌 皃 唐彭城劉夫人墓誌 皃 唐故隋董梅縣尉韓政墓誌 皃 唐處士王楨墓誌 皃 唐舒王府典軍王仁墓誌 皃 唐靖千年墓誌 皃 唐天官文林郎周君故妻公孫平墓誌 皃 唐滄州東光縣令丞公士王進墓誌 皃 唐瀛州文安縣令王德表墓誌 皃 唐朔方軍總管忠武將軍右武衛翊府左郎將青山縣開國男李信墓誌 皃 唐故陪戎校尉太原王勗墓誌銘

鳩 魏瀛州刺史元欽墓誌 鳩 隋程諧墓誌 鳩 唐營繕監左右校署令宣德郎張仁師夫人關氏墓誌

鼎 漢景君碑 鼎 漢鄭固碑 鼎 魏鄭羲下碑 鼎 魏皇甫驎墓誌 鼎 魏城陽王元鸞墓誌銘

鼎 魏鐃陽男元遥墓誌 鼎 魏司空公元瞻墓誌 鼎 魏傅母王遺女墓誌 鼎 魏元順墓誌 鼎

魏元遒墓誌 鼎 魏元襲墓誌 鼎 魏元遥墓誌 鼎 魏乞伏寶墓誌 鼎 魏丘哲墓誌 鼎

魏富平伯于纂墓誌 鼎 魏元悦墓誌 鼎 魏元湛妃王令媛墓誌 鼎 魏元譚妻司馬氏墓誌 鼎

魏兖州刺史元獼墓誌 鼎 魏元宥墓誌 鼎 魏青州刺史元瞱墓誌 鼎 隋尉氏女墓誌銘 鼎

鼎 隋造龍華碑 鼎 隋元禕墓誌 鼎 隋宮人豆盧氏墓誌 鼎 隋王世琛墓誌 鼎 隋□靜墓

誌 鼎 隋寇遵考墓誌 鼎 隋暴永墓誌 鼎 隋梁瓌墓誌 鼎 唐潘卿墓誌 鼎 唐劉通墓

誌
鼎唐王郅墓誌 鼎唐許州鄢陵縣令張盛墓誌 鼎唐王進墓誌 鼎唐張府君夫人薛娥
墓誌 鼎唐張善墓誌 鼎唐蒲州汾縣丞上柱國李謂墓誌 鼎唐處士王延墓誌 鼎唐黔州洪
杜縣丞張善并夫人上官氏墓誌 鼎唐右戎衛翊衛徐買墓誌 鼎唐冀州南宮縣尉武騎尉邢徵墓誌 鼎
唐天官文林郎周君故妻公孫平墓誌 鼎唐洛汭府旅帥上柱國韓郎墓誌 鼎唐陳崇本墓誌 鼎唐錄
事公蕭惠一墓誌 鼎唐賈楚墓誌 鼎唐亡宮九品墓誌 鼎唐亡宮九品誌石 鼎唐亡宮八
品誌石 鼎唐中大夫楚州刺史鄧府君夫人太原王氏太原郡君之銘志 鼎唐汾州崇儒府折衛滎陽鄭仁穎墓
誌銘 鼎唐京兆府宣化府折衝攝右衛郎將橫野軍副使樊庭觀墓誌 鼎唐新城府別將張翼墓誌 鼎唐延
王府户曹丁敬墓誌 鼎唐襄州襄陽縣尉同州馮翊縣丞瑯琊王鴻祔葬墓誌 鼎唐宣義郎行左衛騎曹參軍攝

監察御史崔夐墓誌 鼎 唐祁讓墓誌 鼎 唐京兆□恩道墓誌 鼎 唐楚州山陽縣令張君夫人翟慶可墓誌

鼎 唐李表墓誌 鼎 唐武騎司馬梁嗣鼎墓誌 鼎 唐山陽縣令張君夫人翟氏墓誌銘 鼎 唐王進墓誌

鼎 唐齊府直司楊晟墓誌 鼎 唐亡宮七品墓誌 鼎 唐亡宮八品誌石 鼎 唐亡宮九品墓誌

鼎 北周大象年梁嗣昇墓誌 鼎 唐潘卿墓誌 鼎 明中奉大夫儀賓周璃合葬墓誌 鼎 清張雲谿墓誌

鼠 漢仙人唐公房碑 鼠 齊竇泰墓誌 鼠 隋惠雲法師墓誌 鼠 唐張善墓誌 鼠 唐處士王通墓誌 鼠 唐開業寺碑 鼠 唐處士郭壽墓誌 鼠 唐朝請大夫行陳州司兵上輕車都尉公士成循墓誌 鼠 唐銀青光祿大夫守工部尚書贈荊州大都督清河郡開國公上柱國崔泰之墓誌 鼠 明王李子室人牛氏墓誌 鼠 明奉直大夫山西絳州知州毓一朱佳齡墓誌

皷 魏元液墓誌
鼔 魏元天穆墓誌
鼓 魏李挺妻劉兒墓誌
皷 齊唐邕寫經碑
皷 隋造龍華碑
鼔 隋息州梁安郡守侯肇墓誌
皷 隋楊居墓誌
鼓 隋曹禮墓誌
皷 唐昭仁寺碑
鼓 唐承奉郎雲騎尉竹并州録事朱照墓誌

## 十四畫

像 魏李仲琁脩孔廟碑
像 魏孫秋生造像記
鐌 魏路文助造像記
像 魏丘穆陵亮夫人造像記
像 魏楊豐生造像
像 魏孫法力造像
像 魏強弩將軍趙振造像
像 魏比丘僧演造像
像 魏岐法起造像記
像 魏比丘普朗造像
像 齊賈乾德觀音像銘
偽 齊平等寺碑
爲 齊張龍伯造像
像 齊張祖為亡女造像記
偽 隋李景崇造像
像 隋□太妻夏樹造像
像 北徐州劉道景造像

僕　　　　僚　　　　僞

像 隋員天威造像記　像 唐故魏州縣尉太原王養及夫人中山成氏墓誌

僕 魏奚智墓誌　僕 魏司空王誦墓誌　僕 魏霍揚碑　僕 魏高貞碑　僕 魏元獮墓誌　僕

齊吐列延慶妻尒朱元静墓誌　僕 周强獨樂爲文帝造像記　僕 隋岐山縣侯姜明墓誌　僕 隋元仁宗墓誌

僕 唐李如頠墓誌　僕 唐秘書丞朱公妻王氏墓誌　僕 唐河陰縣主簿南陽張濬墓誌

僚 漢曹全碑　僚 漢朝侯小子碑　僚 吳谷朗碑　僚 魏廣陽王元湛墓誌　僚 魏吐谷渾璣墓誌

僚 魏元平墓誌　僚 魏元肅墓誌　僚 魏元楨墓誌　僚 魏元悰墓誌　僚 魏姚伯多造像

僚 魏高貞碑　僚 唐朝請大夫趙州長史孟貞墓誌

僞 魏元端墓誌　僞 周時珍墓誌

僧　匱　厭　兢

僧 魏張猛龍碑　僧 魏嵩陽寺碑　僧 龍和王僧會造像題名　僧 魏比丘道寶記　僧 魏雷明香造像　僧 魏太和元年紀年郭孟貞地券　僧 齊比丘僧力造像　僧 齊法義三十人造像　僧 齊元子邃墓誌　僧 齊高僧護墓誌　僧 齊江阿歡夫妻造像　僧 隋□昭禮造像　僧 隋惠欝造像

匱 晉爨寶子碑　匱 魏公孫猗墓誌　匱 魏元譚墓誌　遺 唐潤州法師碑　匱 唐鄴郡安陽縣宰趙佺墓誌

厭 魏皇甫驎墓誌　厭 齊石信墓誌　厭 隋張濤妻禮氏墓誌　厭 隋馬穉心墓誌　厭 唐等慈寺碑　厭 唐杜師鄺墓誌　厭 唐郭寶墓誌　厭 唐潞州司士參軍□志遠誌文　厭 唐處士張從古墓誌

兢 漢衡方碑　兢 魏元昉墓誌

## 嘉

嘉 漢衡方碑 嘉 漢西狹頌 嘉 晉夏金虎墓誌 嘉 宋元嘉十八年磚銘 嘉 魏員外散騎侍郎元恩墓誌

嘉 魏汝南太守寇演墓誌 嘉 魏赫連悅墓誌 嘉 魏元始和墓誌 嘉 魏張整墓誌

嘉 齊柴季蘭卌餘人造像 嘉 齊牛景悅等人造石浮圖記 嘉 隋元禕墓誌 嘉 隋段模墓誌

嘉 唐兗公頌 嘉 唐文林郎新喻縣丞胡儼墓誌 嘉 唐番禺府折衝都尉紀于承基誌誌 嘉 唐冀州刺史息武君欽載墓誌 嘉 宋山河堰記

## 圖

圖 漢景君碑 圖 漢魯峻碑陰 圖 漢韓勑後碑 圖 漢西狹頌 圖 魏程哲碑 圖 魏僧演造像

圖 魏寇憑墓誌 圖 魏元緒墓誌 圖 魏南石窟寺碑 圖 魏和邃墓誌 圖 魏元謐妃馮會襄墓誌

圖 魏兗州刺史元衡墓誌 圖 魏元肅墓誌 圖 魏元融墓誌 圖 魏青州刺

史元湛墓誌

啚 齊等慈寺殘造塔記

啚 齊牛景悅造像

啚 齊元子遂墓誌

圖 北齊定國寺碑銘

圖 隋元公夫人姬氏墓誌

圖 隋首山舍利塔記

啚 隋王遠等三十八人造像

啚 隋阮景暉造像

啚 隋元範妻鄭令妃墓誌

啚 隋元禕墓誌

圖 隋豆盧寔墓誌

圖 隋蕭瑒墓誌

啚 隋王通墓誌

圖 唐趙晃墓誌

圖 唐番禺府折衝都尉紇干承基墓誌

啚 唐傅思諫墓誌

啚 唐鄧州刺史封公故夫人趙國贊皇郡君李氏墓誌

啚 唐河府梁鹽使諱匡圖墓誌

啚 唐李系墓誌

圖 唐汲郡呂行端墓誌

啚 遼北大王墓誌

屢 魏元朗墓誌

屢 魏元演墓誌

屢 魏山暉墓誌

屢 魏劉玉墓誌

屢 魏于景墓誌

屢 魏元液墓誌

屢 魏元繼妃石婉墓誌

屢 魏東阿縣公元順墓誌

屢 齊高肱墓誌

屢

屣　廓　寞

屢齊元子邃墓誌　屢隋仲思那造橋碑　屢隋蕭瑾墓誌　屢隋寇熾妻姜敬親墓誌　屢隋盧文構

墓誌　屢唐房寶子墓誌　屢唐處士何盛墓誌　屢唐褚承思墓誌　屢唐上開府董揆墓誌　屢

唐處士騎都尉李通墓誌

屣魏元伏寶墓誌　屣魏公孫猗墓誌　屣隋段模墓誌　屣隋賈珉墓誌　屣唐冀州南宮縣

尉邢德殘墓誌　屣唐處士梁凝遠墓誌　屣唐裴逸墓誌

廓魏王僧墓誌　廓魏王誦妻元貴妃墓誌　廓齊法義優婆姨等造像頌　廓齊乾明年比丘僧邑

義造像　廓隋元鍾墓誌

寞隋主簿張濬墓誌　寞唐司馬興墓誌　寞宋鄭州衛內指揮使銀青光祿大夫檢校工部尚書安崇禮墓

誌銘

察 魏元襲墓誌
察 隋劉德墓誌
察 唐朝散郎行薛王府國令上輕車都督張嘉福墓誌

寠 唐河南府密縣丞薛府君夫人河南元氏墓誌

寡 漢魯峻碑
寡 漢武梁祠畫像題字
寡 漢曹全碑
寡 晉石定墓誌
寡 晉故石尠墓誌銘
寡 魏王僧墓誌
寡 魏司馬景和妻墓誌
寡 魏鄭羲碑
寡 魏蕭正表墓誌
寡 魏比丘僧智造像
寡 魏女尚書馮女郎墓誌
寡 魏元則墓誌
寡 隋太僕卿元公墓誌
寡 隋尔朱端墓誌銘
寡 隋□韶墓誌
寡 唐楊公女子書墓誌
寡 唐故府君柄善德夫人仵氏墓誌
寡 唐滎陽鄭氏女黨丑墓誌
寡 唐上柱國李起墓誌
寡 唐解君夫人張氏墓誌
寡 遼張儉墓誌
寡 清方綬□墓誌

寢 漢衡方碑
寢 漢張壽碑
寢 漢朱龜碑
寢 晉賈充妻郭槐柩銘
寢 宋爨龍顏碑
寢 魏張玄墓誌
寢 魏李超墓誌
寢 魏李淹造像
寢 魏元倪墓誌
寢 魏燉煌鎮將元倪墓誌
寢 魏正平太守元仙墓誌
寢 魏長璝墓誌
寢 魏閻伯昇墓誌
寢 魏富平伯于纂墓誌
寢 魏蘇屯墓誌
寢 魏郭顯墓誌
寢 魏王夫人元華光墓誌
寢 魏元珽墓誌
寢 魏孝昌石窟寺碑
寢 魏洛州刺史長孫史君墓誌銘
寢 魏秦洪墓誌
寢 齊崔頠墓誌
寢 周賀屯植墓誌
寢 聖武年處士徐懷隱墓誌
寢 隋段模墓誌銘
寢 隋段威墓誌
寢 隋太僕卿元公墓誌
寢 隋梁坦墓誌
寢 隋呂胡墓誌
寢 唐梁思亮墓誌
寢 唐李從証墓誌
寢 唐張嶷墓誌
寢 唐高岑墓誌
寢 唐索崇墓誌
寢 唐房逸墓誌
寢 唐裴寬墓誌
寢 唐樊興墓誌
寢 唐皇甫府君墓誌
寢 唐宮人墓誌

寢 唐張茂墓誌 寢 唐崔守約墓誌 寢 唐大中大夫隰州司馬慕容思廉墓誌 寢 唐衛義夫人渤海高氏墓誌 寢 唐閭丘氏夫人墓誌 寢 唐鄉貢進士敦煌張審文墓誌 寢 唐段公夫人常氏墓誌 寢 唐王大劍墓誌 寢 唐張孚墓誌 寢 唐李系墓誌 寢 唐處士樂鄭墓誌銘 寢 唐孟氏麻夫人墓誌銘 寢 唐管元惠碑 寢 唐趙妻麴墓誌 寢 唐張夫人貞墓誌 寢 唐張師儒墓誌 寢 梁開平年穆弘墓誌 寢 元照公塔銘

寤 魏根法師碑 寤 魏冀州刺史元子直墓誌 寤 魏汝陽王元賥墓誌 寤 魏定州刺史元湛墓誌 寤 隋高虬墓誌 寤 唐蔚州刺史王府君夫人南陽郡君樊氏墓誌

寥 隋馮忱妻叱李綱子墓誌 寥 唐姚暢墓誌 寥 唐傅思諫墓誌

實 漢李度銘 實 晉辟雍頌 實 魏武昌王妃吐谷渾氏墓誌 實 魏元璨墓誌 實 魏康富及

子天長造義井佛像記 實 魏富平伯于纂墓誌 實 齊元賢墓誌 實 隋尒朱端墓誌 實 隋豆盧寔

墓誌 實 唐蘇瓌碑

蓯 齊鄭道昭五言詩

幕 魏元液墓誌 幕 唐王慶墓誌

對 漢張表碑 對 漢張遷碑 對 魏元□妃吐谷渾氏墓誌 對 魏中岳嵩陽寺碑 對 齊鄭道昭

五言詩 對 齊劉雙仁墓誌 對 齊劉碑造像 對 隋宮人陳花樹墓誌 對 隋宋仲墓誌 對

唐曲阜縣文宣王廟記 對 唐不空禪師碑 對 唐程邨造橋碑 對 唐宋聖觀碑 對 唐中牟縣丞樂

玄墓誌

對 唐忠武將軍從弟李君彥夫人魏氏墓誌

對 唐文林郎路岩墓誌

對 唐太原王曉故夫人崔淑墓誌

對 唐宣節尉張萬善墓誌

對 唐張君妻鷹門縣田氏墓誌

奬 唐右監門中郎將高嶸墓誌

奪 漢景君碑

奪 晉故沛國相張朗碑

奪 魏饒陽男元遥墓誌

奪 魏邢巒妻元純陁墓誌

奪 魏陳榮觀墓誌

奪 齊高叡修寺碑

奪 左馮翊太守□□六世孫合宗造四面像

奪 隋范安貴墓誌

奪 唐右衛左中侯任明墓誌銘

奪 唐銅山縣尉楊承福墓誌

奪 唐新安縣令張昊墓誌

奪 唐梓州銅山縣尉弘農楊承福墓誌

奪 唐博陵崔彥溫墓誌

奪 宋金紫光録大夫檢校司空左衛將軍吳元載墓誌

奩 唐故夫人張肅墓誌

奩 唐崔玄穩墓誌

奫 唐越州會稽縣尉清河崔公夫人滎陽鄭氏墓誌

嫠 唐宇文琬墓誌 嫠 唐彭城劉夫人墓誌 嫠 唐大理司直兼中侍御史弘農楊公墓誌 嫠 明錦衣舍人小溪吉天倫暨配孺人劉氏妻氏合葬墓誌

嫡 魏元熙墓誌 嫡 魏元夫人趙光墓誌 嫡 隋□夫人王光墓誌

壓 魏李洪演造像記 壓 魏馬都愛造像記 壓 魏馬振拜造像記 壓 齊朱曇思造像記 壓 齊董洪達造像記 壓 齊法義優婆姨等造像頌 壓 齊房周陁墓誌 壓 齊比丘惠瑍造像 壓 齊比丘僧等廿七人造像記 壓 隋楊居墓誌 壓 隋鄭道育墓誌 壓 隋王通墓誌 壓 隋宮人六品□氏墓誌 壓 隋宮人卜氏墓誌 壓 唐謝慶夫墓誌 壓 唐雷詢墓誌 壓 唐幽州范縣令墓誌銘

塵 唐處士張海墓誌 塵 唐中大夫行蜀州長史上柱國鄭知賢墓誌 塵 唐宮人墓誌 塵 唐興州司馬王游藝墓誌 塵 唐故張夫人墓誌

塹 魏平陽縣公元恭墓誌

塼 元萬榮縣木趙村樓王廟舞廳石□

墊 魏汝陽王元騂墓誌

墀 魏房悅墓誌 墀 魏于景墓誌 墀 隋高緊墓誌 墀 唐文林郎夫人張氏墓誌 墀 唐九成宮醴泉銘 墀 晉羅周敬墓誌 墀 唐劉元超墓誌 墀 唐清水縣男李璿墓誌 墀 唐右戎衛翊衛徐買墓誌 墀 唐司御率府翊衛張敬玄墓誌 墀 唐右衛左中候上柱國任明墓誌 墀 唐曹州冤句縣令李

敬瑜墓誌

墀 唐右威衛軍上柱國王景曜墓誌

墀 唐宣德郎通事舍人高備墓誌銘

墀 唐封司馬董力墓誌

墀 唐右威將軍王景曜墓誌

墀 唐亡宮人七品墓誌

墉 唐段君夫人墓誌

墉 唐定遠將軍守左衛媯泉府左果毅都尉陳秀墓誌

埶 魏鉅平縣侯元欽神銘

壞 隋張禮墓誌

墳 漢左元異墓石

墓 魏穆亮墓誌

墓 魏寇臻墓誌

墓 魏秦洪墓誌蓋

墓 魏是連□夫人邢阿光墓誌

墓 隋亡宮人徐氏墓誌銘

墓 唐亡宮九品墓誌

墓 唐王惠墓誌

墓 唐亡宮九品墓誌

墓 唐亡宮八品墓誌

墓 唐張宗墓誌

墓 唐鄭氏嫡長殤墓誌

墓 唐勃海嚴氏墓誌

# 壽

壽 唐京兆府涇陽縣尉范陽盧踐言墓誌 壽 唐薛君夫人柳氏墓誌

壽 後漢蒼山畫像石題記 壽 魏江陵將軍政桃樹造像 壽 梁陳寶齊造像 壽 魏敬史君碑 壽

龍門高靈壽造像記 壽 壽 魏甯氏墓窟畫像題字 壽 魏富平伯于纂墓誌 壽 魏王誦墓誌

壽 魏元顥妻李元姜墓誌 壽 魏米舍今造像 壽 魏元騰墓誌 壽 魏元端妻馮氏墓誌 壽

魏仇臣生造像 壽 魏張玄墓誌銘 壽 齊高僧護造像記 壽 齊宮普造像 壽 齊同琋氏造像

壽 齊暴誕墓誌 壽 齊丁晉造像記 壽 齊高獻國妃敬氏墓誌 壽 周聖母寺四面造像 壽

周天和年李由造像 壽 周保定年楊丑黑等造像 壽 周佛弟子百廿八人造像碑 壽 隋仲思那造橋碑

壽 隋梁瓌墓誌 壽 隋宮人司賓陳氏墓誌 壽 隋羊本墓誌 壽 隋宇文妙儀墓誌 壽

隋宮人侯氏墓誌

壽 隋范高墓誌

壽 隋李須萬造像記

壽 隋趙朗墓誌

壽 隋元仁宗墓誌

壽 隋張夫人墓誌

壽 隋故右驍衛司騎參軍尉仁弘墓誌銘

壽 唐焦璀墓誌

壽 唐清河郡夫人張氏墓誌

壽 唐韋均造像

壽 唐處士賈德茂墓誌

壽 唐東陽縣令桑貞墓誌

壽 唐霍寬墓誌

壽 唐神寶寺碑

壽 唐處士余當墓誌

壽 唐楊佰龍墓誌

壽 唐上騎都尉李琮墓誌

壽 唐五品亡宮志銘

壽 唐六品亡宮誌銘

壽 唐孫師峻墓誌

壽 唐河南新安縣丞清河崔諧墓誌

壽 唐銀青光祿大夫湖州刺史朱崇慶墓誌

壽 唐新城府別將張翼墓誌

壽 唐正議大夫守殿中監致仕上柱國太原王翼墓誌

壽 唐宣武軍節度押衙兼侍御史河東柳延宗墓誌

壽 唐□壽墓誌

壽 唐王文曉墓誌

壽 唐孟氏麻夫人墓誌

壽 唐郛府君夫人馬氏墓誌

壽 唐董冬墓誌

壽 唐成金及夫人韓氏墓誌

夢　彰　夐　摓

夢 唐清河張夫人□□墓誌

夢 魏元演墓誌

夢 齊道略造像

夢 隋張通妻陶貴墓誌

夢 隋徐州總管爾朱敞墓誌

夢 唐畫贊碑陰

夢 唐多寶塔碑

夢 唐蜀州長史鄭知賢墓誌

夢 唐明威將軍王建墓誌

夢 明武略將軍千戶侯沈俊墓誌

彰 魏元始和墓誌

夐 魏元凝妻陸順華墓誌

夐 魏元彝墓誌

夐 魏高植墓誌

夐 隋嚴元貴墓誌

夐 隋白仵墓誌

夐 唐段會妻呂氏墓誌

夐 唐冀州南宮縣尉邢德徵墓誌

摓 齊比丘惠琛造像

摘　摟　撝　摧　摭　慇

摘 隋宮人蕭氏墓誌

楼 唐高道不仕清河房有非墓誌

撝 魏貴華恭夫人墓誌　撝 魏東豫州刺史元顯魏墓誌　撝 魏王紹墓誌　撝 魏元寶月墓誌銘

撝 唐幽州范縣令楊基墓誌　撝 唐桓彥墓誌　撝 唐唐遜夫人柏婆歸墓誌

摧 魏穆亮墓誌　摧 魏元嵩墓誌　摧 隋上林署丞卞鑒墓誌

摭 唐楊承胤墓誌

慇 魏高廣墓誌　慇 魏元昭墓誌　慇 魏劉懿墓誌　慇 隋楊居墓誌　慇 常岳等造像記

慇 唐僕射王進威墓誌

慈　㥦　態　慘

慈 魏丘哲妻鮮于仲兒墓誌
慈 隋陳叔明墓誌
慈 唐徐藏子造像

㥦 隋董美人墓誌
㥦 唐高平郡公劉夫人楊氏墓誌
㥦 唐史氏趙夫人墓誌
㥦 唐孫公亡夫人李氏墓誌
㥦 唐靖千年墓誌
㥦 唐亡宮八品墓誌
㥦 唐常州司法軍事柳崇約故太夫人京兆杜氏墓誌銘
㥦 唐少府監織染署令太原王府君妻張法戒墓誌
㥦 唐張夫人貞墓誌
㥦 唐西河田大人墓誌銘
㥦 唐前左衛翊衛裴夫人李氏墓誌
㥦 唐處士王延墓誌

態 唐竇氏妻隴西李氏墓誌

慘 隋賈珉墓誌
慘 隋明雲騰墓誌
慘 隋謝岳墓誌
慘 隋馬穉妻張姜墓誌
慘 隋中穆墓誌
慘 隋甯贙碑
慘 唐王操墓誌
慘 唐金明縣令上柱國張惠則墓誌
慘 唐隴西李夫人墓誌

慠 慢 慨 慺 慷 慟 慵

慠 唐劉明德墓誌　慠 五代梁開平年穆知墓誌銘

慠 魏霍揚碑　慠 隋橋紹墓誌　慠 唐衢州蕭使君男墓誌

慢 漢楊叔恭碑　慢 魏元新成妃李氏墓誌　慢 隋段濟墓誌

慨 魏比丘僧智造像　慨 魏元遥墓誌　慨 明涿州石經山琬公塔院碑

慺 唐朝議郎使持節光州諸軍事守光州刺史李潘墓誌

慷 晉爨寶子碑　慷 魏元熙墓誌　慷 隋張景略墓誌

慟 唐傅思諫墓誌

慵 魏顯祖成嬪墓誌

斲 殞 盦 旗 暢 瞑 皞 爾

斲 魏張敬等造像 斲 隋徐州總管爾朱敞墓誌 斲 唐游擊將軍董嘉斤墓誌 斲 梁石彥辭墓誌

殞 晋故處士成晃墓誌 殞 唐大節之女墓誌 殞 唐幽府士曹參軍孟裕墓誌

盦 魏元融墓誌 盦 齊邑義三百餘人造神碑尊像記 盦 齊邑師道略造像

旗 魏敬史君碑 旗 魏孝文帝弔比干文 旗 唐張琮碑

暢 唐田志承墓誌

瞑 齊高侶年妃斛律氏墓誌 瞑 隋董美人誌 瞑 隋郭達墓誌

皞 唐陳崇本墓誌

爾 魏孝文帝弔比干文 尒 齊感孝頌後唐楊傑題字 爾 隋橋紹墓誌 爾 爾 隋張濤妻禮氏

歌 彀 截 煴 熊 荧

墓誌

爾 唐劉元超墓誌

爾 唐李白送王山人歸蕭山刻石

尒 唐董文善墓誌

歌 宋爨龍顏碑

歌 魏饒陽男元遥墓誌

歌 魏王夫人趙光墓誌

謌 齊元賢墓誌

歌 齊石信墓誌

彀 唐滑州白馬縣令贈尚書刑部郎中樂安孫起繼夫人河東縣太君裴氏墓誌

截 唐上開府董葵墓誌

截 魏元範妻鄭令妃墓誌

煴 魏嵩陽寺碑

熊 唐王君夫人趙郡李氏墓誌

熒 魏滎陽太守元寧造像記

滎 明宋克書七姬墓誌

滯 漢衡方碑
滯 漢楊君石門頌
滯 漢鄐閣頌
滯 唐大智禪師碑
滯 齊道興造像

滴 唐豆盧遜墓誌
滴 唐張朗墓誌
滴 唐僕射王進威墓誌

滿 魏陸紹墓誌
滿 魏元壽安妃盧蘭墓誌
滿 魏于景墓誌
滿 魏王誦墓誌
滿 魏元肅墓誌
滿 魏元定墓誌
滿 齊徐之才墓誌
滿 隋楊秀墓誌
滿 隋宮人蕭氏墓誌
滿 隋張盈墓誌
滿 唐鄭尊師墓誌
滿 唐武騎尉張知敬墓誌
滿 唐李□墓誌
滿 唐韓文濬夫人墓誌
滿 唐潁州潁上縣令獨孤守義墓誌
滿 唐游擊將軍黃師墓誌
滿 唐慕州刺史洛陽宮總監褚府君夫人臨沂縣君王氏墓誌
滿 唐上殤姚氏墓誌
滿 唐聖真觀觀主故鄧過真墓誌
滿 唐隴西成紀郡李夫

人墓誌

滿 明涿州石經山琬公塔院碑

漁 魏司馬元興墓誌　漁 唐荆州大都督府長林縣令騎都尉昌黎韓仁楷墓誌

漂 隋灃水石橋碑

漆 漢韓勑碑　漆 齊道興造像　漆 隋楊居墓誌　漆 隋樊敬賢等七十人造像　漆 唐楊氏合

葬殘墓誌　漆 唐處士樊端墓誌

漏 魏定州刺史元湛墓誌　漏 魏元璨墓誌　漏 寶梁經

演 魏龍門法演造像題名　演 魏高祖九嬪趙充華墓誌　演 魏寇演墓誌　演 魏李洪演造像記

演 魏比丘僧演造像　演 魏吐谷渾璣墓誌　演 魏王悅墓誌　演 齊劉碑造像　演 隋首

山舍利塔記　漠 唐開業寺碑　漠 唐亡尼八品墓誌　漠 唐張道墓誌

漢 唐銀青光祿大夫定州刺史上柱國爾朱義深墓誌　漢 唐王留墓誌

漢 漢曹全碑陰　漢 魏東莞太守秦洪墓誌　漢 魏元端墓誌　漢 隋亡宮人五品程氏墓誌銘

漢　漢 隋張景略墓誌　漢 隋宮人五品馮氏墓誌　漢 唐康留買墓誌　漢 唐處士張嶷墓誌

漢 唐宗聖觀碑　漢 唐忠武將軍從弟李君彥夫人魏氏墓誌　漢 唐故雍州美原縣丞小衛墓誌　漢

明步兵少校新安梁文炳墓誌

漪 魏程哲碑　漪 魏程文靜墓誌　漪 唐韓子墓誌

漫 漢孔彪碑　漫 魏元瞻墓誌　漫 魏元欽墓誌　漫 魏穆亮墓誌　漫 唐處士賈德茂墓誌

漸 隋元仁宗墓誌
漸 唐繁昌縣令馬志道墓誌

漾 齊襄城郡王高湝墓誌

滺 隋張志相妻潘善利墓誌

榛 魏宮內大監劉阿素墓誌
榛 唐霍夫人墓誌

榦 唐西道縣令劉攬墓誌
榦 唐故隋金谷府揚權豹墓誌

榭 隋宮人何氏墓誌

榮 漢楊君石門頌
榮 晉爨寶子碑
榮 魏敬史君碑
榮 齊靜明造像
榮 左馮翊太守□六世孫合宗造四面像
榮 齊太公呂望表
榮 齊元賢墓誌
榮 齊宋買造像
榮 齊沙彌道榮造

像記
檕 隋張伻暨夫人東門氏墓誌
荣 唐皇甫誕碑

榱 漢史晨奏銘
榱 魏元暉墓誌
榱 宋藍田縣文宣王廟記
榱 唐曲阜文宣王廟記

榻 齊□弘墓誌
榻 隋主簿張濬墓誌
榻 清孫霞岑傳

榼 唐張才墓誌

槃 魏曹望禧造像
槃 魏檀賓墓誌
槃 齊宋顯伯造像
槃 齊王憐妻趙氏墓誌
槃 齊張思伯兄弟造像
槃 周曹恪碑
盤 隋新鄭縣令蕭瑾墓誌
槃 隋元天威造像
槃 佛說天公經
盤

唐處士王顏墓誌
盤 唐處士王顏墓誌

構 唐度支郎中彭君夫人侯氏墓誌

槐 魏銀青光祿大夫于纂墓誌

槐 清張槐生墓誌

槐 唐楊智積墓誌

斡 魏安康伯元均墓誌

斡 魏李挺妻劉幼兒墓誌

斡 唐右衛勛衛弘農楊公夫人垣氏墓誌

槁 唐無憂王寺塔銘

犖 唐白州龍豪縣令呼延章墓誌

疑 魏李挺墓誌

疑 魏元融墓誌

疑 隋張道深等造像

疑 隋張夫人貴男墓誌

疑 隋寇遵考墓誌

疑 唐處士王顧墓誌

疑 唐渭州利爾鎮上柱國李文疑墓誌

疑 唐朝議大夫行兗州龔業縣令

疑 唐正議大夫守殿中監致仕上柱國王翼墓誌上柱國程思文墓誌

窩　瘕　竭　瑠　瑣

窩 唐信州遂城府左果毅劉府君墓誌

瘕 魏叔孫固墓誌

竭 漢楊孟文頌　竭 晋王浚妻華芳墓誌　竭 魏杜照賢造像　竭 魏敬史君碑　竭 魏法文造像

竭 魏元禮之墓誌　竭 魏元欽墓誌　竭 魏劉雙造像　竭 魏樊奴子造像　竭 魏韓顯祖造像

竭 魏邑子七十六十造像　竭 齊宋買造像　竭 隋元英墓誌　竭 唐右衛左中侯上柱國任明墓誌

竭 唐薛王傅上柱國司馬銓墓誌　竭 唐京兆真化府折衝都尉車益墓誌

瑠 唐般若波羅密多心經

瑣 魏冀州刺史元子直墓誌　瑣 魏汝陽王元賥墓誌　瑣 魏元愔墓誌　瑣 魏元誘墓誌　瑣

# 瑶

魏元顯魏墓誌 瑶 魏東阿縣公元順墓誌

瑶 漢韓勑碑 瑶 漢鄭固碑 瑶 魏高貞碑 瑶 魏李仲璇修孔子廟碑 瑶 魏元尚之墓誌銘

瑶 魏元廣墓誌 瑶 魏元譚墓誌 瑶 魏元新成妃李氏墓誌 瑶 魏元楨墓誌 瑶 魏元寧墓誌 瑶 魏鄯乾墓誌 瑶 隋梁邕墓誌 瑠 隋陽瑾墓誌 瑶 唐張夫人喬氏墓誌 瑶 唐楊夫人張氏墓誌銘 瑶 唐朝請郎行戎州南溪縣丞上護軍太原王恩惠清河孟夫人墓誌銘 瑶 唐登仕郎行河南府洛陽縣録事呂君故夫人李氏墓誌

# 碣

碣 魏穆子巖墓誌 碣 魏元寶月墓誌 碣 隋王夫人成公墓誌 碣 唐朝議大夫行兗州龔丘縣令上柱國程思文墓誌

碩 梁趙重進造像

甄 漢武榮碑 甄 魏昭儀胡明相墓誌 甄 魏穆亮妻尉太妃墓誌 甄 齊賈墇村邑義母人等造像

甄 齊賈蘭朝造像 甄 北徐州劉道景造像 甄 隋造龍華碑 甄 唐幽州范縣令墓誌 甄 唐張

張墓誌 甄 唐上柱國高邈墓誌 甄 唐楊君夫人杜芬墓誌

甌 唐楊智積墓誌

禋 齊天柱公銘

禍 漢鄐閣頌 禍 漢永壽二年山東嘉祥宋山畫像石題記 禍 魏高道悅墓誌 禍 魏司馬悅墓誌銘

禍 魏張盧墓誌 禍 隋謝岳墓誌 禍 隋蔣國公屈突通墓誌 禍 唐昭仁寺碑 禍 唐張

綜碑

禍 唐趙郡慶陶縣令□□墓誌

禍 唐劉君夫人郭寶墓誌

福 唐朝議大夫使持節伊州諸軍事伊州刺史上柱國衡義整墓誌

禍 唐□建達墓誌

禍 唐延州敦化府兵曹參軍事張士龍墓誌

禍 唐朝議郎行司僕寺長澤監王及德墓誌

禍 唐幽府士曹參軍孟裕墓誌

禍 唐潞州屯留縣令溫府君故李夫人墓誌銘

禍 唐徵士平昌孟俊墓誌

禍 唐杜府君墓誌

禍 唐永王府錄事參軍盧自省墓誌

禍 唐處士李強友墓誌

禍 清濰縣城隍廟碑

禎 魏司空穆泰墓誌

禎 唐平州錄事參軍張育墓誌

福 漢韓勑碑

福 漢曹全碑

福 魏慈香造像

福 魏樓賢寺比丘道頻等造像

福 魏慈香造像記

福 魏比丘尼法行造像

福 魏廉富及子天長造義井佛像記

福 魏覺法端造像

福 魏巨始光

# 稱

造像
稱 魏武定年清信士輔蘭德造像
稱 齊天保七年造像記
稱 齊莊嚴寺造像
稱 齊比丘僧法延

造像
稱 齊比丘惠琛造像
稱 齊秦應伽造像
稱 北周天和年李曲造像
稱 隋杜乾緒造像記

稱 隋孟都造像
稱 隋寇熾妻姜敬親墓誌
稱 隋蕭瑒墓誌
稱 唐王養及夫人成氏墓誌銘

稱 唐張元忠夫人令狐氏墓誌

稱 魏比丘尼員光造像
稱 魏七兵尚書寇治墓誌
稱 魏傅母王遺女墓誌
稱 魏顯祖嬪侯骨氏墓

誌銘
稱 魏元寧墓誌
稱 魏元恩墓誌
稱 魏元融墓誌
稱 魏盧凟墓誌
稱 魏建成侯

山徽墓誌
稱 齊元子邃墓誌
稱 周曹恪碑
稱 隋李則墓誌
稱 隋宮人卜氏墓誌
稱 隋宋

永貴墓誌
稱 隋宮人五品司仗程氏墓誌
稱 唐段公夫人常氏墓誌
稱 唐李從證墓誌
稱 唐衛

山縣令鄭戎墓誌　稱 唐玄武丞相仁方墓誌　稱 唐青州博昌縣主簿□遷墓誌　稱 唐右千牛府鎧曹參軍□且墓誌　稱 唐巫州龍標縣令崔志道墓誌　稱 唐文林郎楊訓墓誌　稱 唐大理寺評事封無遺墓誌　稱 唐清河房有非汲郡尚夫人墓誌　稱 明錦衣舍人小溪吉天倫暨配孺人劉氏婁氏合葬墓誌

睿 漢鄭泰碑　睿 魏元始和墓誌　睿 魏元融墓誌　睿 魏元勰墓誌　睿 唐劉遵禮墓誌銘　睿 唐等慈寺碑　睿 唐蒲州虞鄉縣丞王安墓誌　睿 宋金紫光祿大夫檢校司空右衛將軍□吳元載墓誌　睿 清石城會盟碑

睫 唐張素墓誌

盡 漢史晨奏銘　盡 魏高輝太夫人墓誌　盡 隋張仲墓誌　盡 唐王定墓誌　盡 唐朝請郎

行戎州南溪縣丞上護軍太原王恩惠妻清河孟夫人墓誌　盡 唐明威將軍守右鷹揚衛貴安府折衝都尉上柱國王建

墓誌

監 魏太監孟元華墓誌　臨 魏巨始光造像　监 隋寇遵考墓誌　監 唐沈士公墓誌　監 唐蒲州汾

縣永上柱國李謂墓誌　監 唐武騎尉楊寶墓誌　監 唐京兆府涇陽縣尉范陽盧踐言墓誌

腐 魏韓顯祖造像

膂 魏雍州刺史元固墓誌　膂 魏元周安墓誌　膂 魏元恭墓誌　膂 齊元賢墓誌　膂 隋范

安貴墓誌　脤 隋爾朱端墓誌　膂 隋張壽墓誌　膂 唐李輔光墓誌　膂 佛說天公經

膏 漢曹全碑　膏 魏冀州刺史元昭墓誌　膏 魏元悌墓誌　膏 齊臨淮王像碑　膏 隋卞鑒墓

聚 唐桓君夫人張氏墓誌　聚 唐中散大夫守荆州大都督大司馬上柱國南陽鄧森墓誌

聚 魏姚伯多造像　聚 魏巨始光造像　聚 齊宋敬業造像　聚 齊董洪達造像　聚 唐袁州別駕苑玄亮墓誌

聚 唐朝請大夫行鼎州三原縣令盧行毅墓誌　聚 唐杭州司戶呼延君夫人張氏墓誌　聚 唐亡宮五品墓誌

聚 唐鉅野縣令李璀墓誌　聚 唐明威將軍王建墓誌

閒 魏孫遼浮圖銘　閒 魏元禮之墓誌　閒 唐張善墓誌　閒 唐處士陳泰墓誌

虞 清濰縣城隍廟碑　虞 清鄭啟墓誌

蜫 魏鍾蓋世造像　蜫 隋李盛墓誌

翠 魏李仲璇修孔廟碑　翠 魏孝文帝弔比干文　翠 魏豫州刺史元珽墓誌　翠 魏于祚妻和醜仁墓

翠 齊高百年妃斛律氏墓誌 翠 周華岳頌 翠 隋主簿張濬墓誌 翠 唐晉祠銘 翠 唐鴻慶寺碑 翠 唐東宮千牛右衛勳一府校尉房仁愍墓誌 翠 唐神和府折衝鄭法明夫人李氏墓誌 翠 唐朝散大夫行鳳閣主書皇甫君故妻南陽縣張夫人墓誌 翠 唐康州封山縣令爨古墓誌 翠 唐洛州齊夫人墓誌

翜 唐清河張紫虛墓誌

翡 唐魏王府參軍毛景墓誌

箎 唐馬周碑

篳 唐夫人唐氏墓誌

笇 魏小劍戎主元平墓誌 笇 魏元鑽遠墓誌 笇 魏元融墓誌 笇 齊皇甫琳墓誌 笇 齊李清為李希宗造像 笇 隋呂國惠公寇奉叔墓誌 筭 隋杜乾緒造像 笇 唐上騎都尉趙阿文墓誌 筭 唐康智墓誌 筭 唐新鄉縣令王順孫墓誌

管 齊司馬遵業墓誌 管 唐遊石室新記 管 唐契苾銘 管 宋金紫光祿大夫檢校司空左衛將軍吳元載墓誌 管 宋李公政墓誌

蒙 漢史晨後碑 蒙 魏穆纂墓誌 蒙 隋楊秀墓誌 蒙 隋關明墓誌 蒙 唐楊將軍新莊像銘 蒙 唐齊州歷城縣令庫狄通墓誌

蒻 唐給事郎行太平公主邑司録事柱國韓思墓誌

蒲 蒸 蒼 蓄 蓉 蓋

蒲 魏吳郡王蕭正表墓誌
蒲 魏蕭正表墓誌
蒲
蒲 魏元璨墓誌
蒲 隋宮人何氏墓誌

蒲 隋造龍華碑
蒲 宋朝散大夫試大理評事前行許州臨潁縣令祖仲宣墓誌

蒸 魏元晫墓誌
蒸 魏元延明墓誌
蒸 隋諸葛子恒造像
蒸 唐張慶之墓誌
蒸 唐登仕郎行河南府洛陽縣録事呂君故夫人李氏墓誌

蒼 齊畢文造像
蒼 唐王郅墓誌
蒼 唐裴夫人墓誌

蓄 魏秦州刺史元寶月墓誌
蓄 唐內侍伯成忠墓誌

蓉 隋宓長盛造像碑

蓋 魏華山王元鷙墓誌
蓋 魏任城文宣王太妃馮墓誌
蓋 魏王偃墓誌
蓋 魏比丘僧略造像

盖 魏元斑妻穆玉容墓誌 盖 齊李清爲李希宗造像記 盖 齊感孝頌 盖 隋陳叔榮墓誌 盖

隋諸葛子恒造像

蒹 隋楊厲墓誌

箸 隋卞林署丞卞鑒墓誌 箸 隋賈珉墓誌 著 隋右武侯大將軍范安貴墓誌 箸 唐李從證墓誌

裴 隋護澤公寇遵考墓誌

裳 唐處士張義墓誌

裹 明司淑人王氏墓誌

製 魏鄭縣男唐耀墓誌 製 魏李蘂蘭墓誌 製 隋田光山妻李氏墓誌

複　褐　　　　　褓　綠

複 魏恒州刺史元譿墓誌 複 魏臨淮王元彧墓誌 複 隋宮人司言李氏墓誌

褐 魏司馬昇墓誌 褐 魏李謀墓誌 褐 魏王偃墓誌 褐 魏山徽墓誌 褐 魏元寧墓誌

褐 魏富平伯于纂墓誌 褐 魏元昉墓誌 褐 魏叔孫固墓誌 褐 隋明雲騰墓誌 褐 隋楊居墓誌

褐 隋王成墓誌 褐 隋劉則墓誌 褐 隋隨州司倉參軍王劍達墓誌 褐 唐孫公亡夫人李氏墓誌

褐 唐劉德閏墓誌 褐 唐張敞墓誌 褐 唐大理寺評事梁郡喬崇隱墓誌 褐 唐朝議郎上柱國豪州定遠縣令楊高仁墓誌

褐 唐游擊將軍張淑子墓誌 褐 唐涇陽令周纈墓誌 褐 唐故陳黎墓誌銘

緥 魏汝陽王元賥墓誌 緥 魏侯海墓誌 褓 唐曹州冤句縣令李敬瑜墓誌

綠 隋新鄭縣令蕭瑾墓誌

綬 隋楊秀墓誌

維 齊宋敬業崔海等造像

綱 魏孝文帝弔比干文

綱 魏敬史君碑

綱 魏西陽男高廣墓誌

綱 魏燕州治中從事侯掌墓誌

綱 魏司空穆泰墓誌銘

綱 魏元欽墓誌銘

綱 隋□和墓誌

綱 隋卞鑒墓誌

綱 偽周劉基墓誌

綱 唐榆社縣令王和墓誌

綱 唐朝請大夫尚書司勳郎中吉渾墓誌

綱 唐朝請郎前行忻州定襄縣令上柱國張楚璋墓誌

綱 唐左監門衛大將軍太原白知禮墓誌

綱 唐慕容麗墓誌

網 魏元禮之墓誌

網 魏侯剛墓誌

網 隋宋永貴墓誌

綷 唐河南□□安邑闞君夫人王氏墓誌

綸 唐周夫人墓誌

綽 隋范高墓誌

綽 偽鄭王仲墓誌

綽 唐正議大夫檢校太子詹事上柱國魏府君中山張氏夫人墓誌

綿 魏元顯儁墓誌

綿 魏元顯墓誌

綿 魏高廣墓誌

綿 魏董成國等卅六人造像

緜 隋王世琛墓誌

緜 隋張通妻陶貴墓誌

緜 唐右臺侍御史王齊丘墓誌

緜 唐游擊將軍吴孝墓誌

綿 唐京兆真化府折衝都尉東益墓誌

緇 魏根法師碑

緇 魏江陽王元乂墓誌

緇 魏元明墓誌

緇 魏邢巒妻元純陁墓誌

緇 齊高嶺修寺碑

緇 隋韓祐墓誌

緇 唐吉少林寺碑

緇 唐冠軍大將軍行左屯衛翊府中郎將幽州經略軍節度副使翟銑墓誌

緇 唐番禺府折衝都尉上柱國平棘縣開國公紇干承基墓誌

緇 宋鄭州衛內指揮使銀青

緊　緎　綄　精　粹　與

光禄大夫檢校工部尚書安崇禮墓誌

緊 明登仕郎直隸兩鎮關巡檢孔彰墓誌

緎 魏瀛州刺史元欽墓誌

綄 唐處士張夫人梁氏墓誌

精 魏元鸞墓誌

粹 晉爨寶子碑　粹 魏韓震墓誌　粹 魏元謐妃馮會蓑墓誌　粹 魏元暉墓誌　粹 唐趙邈墓誌

粹 唐東宮門大夫長孫家慶墓誌　粹 唐廉州封山縣令爨古墓誌　粹 唐京兆府渭南縣尉張時譽墓誌

與 漢景君碑　與 魏北丘道寶記　與 魏于景墓誌　與 魏閭伯昇墓誌　與 魏濟州刺史王翊墓

誌

與 魏王悦墓誌 與 齊泉郡王劉悦墓誌 與 唐楊夫人合葬殘墓誌 與 唐工部尚書崔泰之墓誌

與 唐幽州范縣令楊基墓誌 與 唐上護軍朝議郎行邛州蒲江縣令蕭慎墓誌 與 唐何摩訶墓誌銘

与 唐徵士朝散大夫許州司馬楊孝弼墓誌 與 唐夏侯君前妻樊後妻董合葬墓誌 與 明司子忠淑人王氏墓誌

罰 魏元孟輝墓誌

舞 魏韓顯祖造像 舞 魏汝陽王元睟墓誌 舞 魏寇侶墓誌 舞 隋六品御女唐氏墓誌 舞

隋高緊墓誌 舞 隋賈逸墓誌 舞 隋張達墓誌 舞 隋宮人尚食侯氏墓誌 舞 唐京兆府折衝

右率府郎將李君夫人楊氏墓誌 舞 唐張夫人貞墓誌 舞 宋山西萬榮縣橋上村後土廟舞臺碑 舞

元山西萬榮縣太趙村稷王廟舞廳碑

肇 漢衡方碑　肇 晉辟雍頌　肇 魏李憲墓誌　肇 魏劉玉墓誌　肇 魏皇内司墓誌　肇

魏舞陰穆品墓誌　肇 魏陽平王太妃李氏墓誌　肇 魏孝文帝吊比干文　肇 魏富平伯于纂墓誌　肇

魏廉富及子天長造義井佛像記　肇 隋造龍華碑　肇 隋諸葛子恒造像　肇 隋蕭翹墓誌　肇

隋曹海凝墓誌　肇 隋□睦塼誌　肇 唐司御率府翊衛張敬玄墓誌　肇 唐田志承墓誌　肇 唐中散大

夫使持節臺州諸軍事守臺州刺史上柱國陳皆墓誌

臧 漢張壽碑　臧 晉王興之墓誌　臧 魏鍾蓋世造像　臧 齊皇甫琳墓誌　臧 隋爾朱端墓誌銘

臧 隋段濟墓誌　臧 隋奉車都尉姑臧段璋墓誌　臧 唐何摩訶墓誌　臧 唐安令節墓誌

臺 魏李超墓誌　臺 魏三級浮圖頌　臺 魏皇甫驎墓誌　臺 魏丘哲碑　臺 魏章武王妃盧墓誌

臺 魏元譿墓誌 臺 魏劉根造像 臺 魏元彧墓誌 臺 魏元延明墓誌 臺 魏元朗墓誌

臺 魏富平伯于纂墓誌 臺 魏巨始光造像 臺 齊故人曹臺造像記 臺 隋亡宮人司寶陳氏墓誌銘

臺 隋主簿張濬墓誌 臺 隋董美人墓誌 臺 隋段濟墓誌 臺 隋馬穪心墓誌 臺 隋陳叔明墓誌

臺 隋王香仁墓誌 臺 唐鄭怨巳墓誌 臺 唐王慶墓誌 臺 唐張允仁夫人墓誌 臺 唐胡明期母曹夫人墓誌

臺 唐右戎衛翊衛徐買墓誌 臺 唐傅思諫墓誌 臺 唐中散大夫守潮州大都督大司馬上柱國南陽鄧森墓誌

臺 唐四從伯中散大夫檢校太子左贊善大夫李文奬墓誌 臺 唐仙洲別駕張仁方墓誌

臺 唐吏部常選王爽墓誌 臺 唐處士馬壽墓誌 臺 唐梁義方墓誌 臺 唐王怡墓誌

臺 唐騎都尉郭君夫人楊氏墓誌 臺 唐□孝基墓誌 臺 唐節愍太子府丞賈棲納墓誌 臺 唐處士張禮墓誌

臺 唐陳晟墓誌
臺 梁石彥辭墓誌
臺 晉故隴西郡夫人關氏墓誌
臺 金周上卿墓誌
臺 清張雲豁墓誌
臺 民國陳侃烈士紀念碑

豪 唐張才墓誌

皃 梁蕭憺碑
貌 魏呂望表
貌 魏陽城洪懋等造像
貌 魏王偃墓誌
皃 魏饒陽男元遙墓誌
貌 魏處士王基墓誌
貌 魏王基墓誌
皃 魏元頊墓誌
皃 魏張寧墓誌
貌 隋明雲騰墓誌
皃 隋荀夫人宋玉豔墓誌
皃 唐贈太子司議郎皇甫悟墓誌
貌 清步兵少校新安梁文炳墓誌

賓 晉爨寶子碑
賓 魏孔羨碑
賓 魏司馬昇墓誌
賓 魏乞伏寶墓誌
賓 魏元寶建墓誌銘
賓 魏廣川孝王元煥墓誌
賓 齊高獻國妃敬氏墓誌
賓 齊董洪達造像記
賓 隋羊瑋墓誌

賓 隋□和墓誌 賓 唐崔孝公墓誌 賓 唐右千牛府鎧曹參軍□且墓誌 賓 唐同州孝德府右軍毅都尉東海于府君夫人太原王媛墓誌 賓 唐明威將軍守左領軍衛上柱國太原王崇禮墓誌 賓 唐右威衛兵曹參軍王冷然墓誌 賓 唐崔銳夫人高漆娘墓誌 賓 唐潞州禮會府果毅王君墓誌

賬 唐大中大夫使持節房州刺史上柱國盧全操墓誌

跼 唐王和墓誌 跼 唐李弘墓誌 跼 唐大中大夫隰州司馬慕容君廉墓誌

踱 齊叱列延慶妻爾朱元靜墓誌

踊 魏杜文雅造像 踊 魏宮一品張安姬墓誌

趙 魏王懷忠造像 趙 魏公孫猗墓誌 趙 魏比丘惠敢造像 趙 魏公孫略造像 趙 魏李挺墓

誌

遘 魏曲陽修德寺玉佛造像銘

遘 齊靜明造像

遘 齊司馬遵業墓誌

遘 齊李仕芝造像

遘 宋保大軍節度推官符補之妻太原王夫人墓誌

遘 魏魏靈藏造像

遘 魏董偉墓誌

遘 齊元賢墓誌

遘 隋高緊墓誌

遘 唐武懷亮墓誌

遘 唐處士張禮墓誌

遘 唐右内率府岳曹鄭君墓誌

遘 唐王緒母郭氏墓誌

遘 唐鄭準墓誌

搆 唐關道愛墓誌

遘 唐亡宮九品墓誌

遘 唐亡宮八品墓誌

遘 唐韓王府兵曹參軍延陵縣開國公陸絡墓誌

遘 唐田志承墓誌

遘 唐朝議大夫口京苑總監上柱國河東縣開國男姚懺墓誌

遘 唐黔州石城縣主簿鄭遘墓誌

遘 唐蒲州猗氏縣令口隆基墓誌

遘 唐忻州定襄縣令杜安墓誌

遘 唐大中大夫隰州司馬慕容思廉墓誌

遘 唐通直郎守武榮州南安縣令王基墓誌

遘 唐渭州刺史將作少匠孟玄一墓誌

# 遥

遥 唐四從伯中散大夫檢校太子左贊善大夫李文獎墓誌

遥 唐前徐州録事參軍太原王庭玉故夫人崔金剛墓誌銘

遥 唐蔚州刺史王府君夫人南陽郡君樊氏墓誌

遥 唐亡宮人九品墓誌

遥 唐熊政墓誌

遥 唐亡宮八品墓誌

遥 唐太原王剡及妻張氏合祔墓誌

遥 魏宮內太監劉阿素墓誌

遥 魏公孫猗墓誌

遥 魏司馬昇墓誌

遥 魏比丘僧智造像

遥 魏閭伯昇墓誌

遥 魏王基墓誌

遥 魏元楨墓誌

遥 魏富平伯于纂墓誌

遥 魏兖州刺史元谿墓誌銘

遥 魏陸紹墓誌

遥 魏元乂墓誌

遥 齊梁伽耶墓誌

遥 齊姜纂墓誌

遥 隋劉明墓誌

遥 隋宋仲墓誌

遥 隋宮人司樂劉氏墓誌

遥 唐司僕寺長澤監王及德墓誌

遥 唐程某墓誌銘

遥 唐處士王仲建墓誌

## 遞

魏孝文帝弔比干文
齊臨淮王像碑
隋元君墓誌
隋蘇孝慈墓誌
隋杜夫人鄭善妃墓誌
隋劉多墓誌
隋任軌墓誌
唐李智墓誌
唐故隋左龍驤驃騎王協墓誌銘
唐張才墓誌
唐濟山郡流江縣丞朱光宙墓誌
唐田夫人墓誌
唐處士范重明墓誌

## 遠

漢曹全碑
秦廣武將軍碑
魏霍揚碑
魏邑主造像頌
魏叔孫固墓誌
魏郭顯墓誌
魏隗天念墓誌
魏元朗墓誌
魏高宗嬪耿氏墓誌
隋寇奉叔墓誌銘
唐鬱林觀碑
唐南和縣令□彥墓誌
唐忠武將軍從弟李君彥夫人魏氏墓誌
唐朝請大夫趙州長史孟貞墓誌
唐陽平郡路隱并夫人陳氏墓誌
唐蘇州昆山縣令張祖墓誌

遺　誌　誕　誘　誠

遺 魏孫遼浮圖銘　遺 隋新鄭縣令蕭瑾墓誌　遺 隋惠鬱造像　遺 唐般若波羅蜜多心經

誌 魏楊纂墓誌　誌 魏元鸞墓誌　誌 齊吐列延慶妻爾朱元靜墓誌　誌 隋元英墓誌　誌 隋段濟墓誌　誌 隋爾朱敞墓誌　誌 唐金州西城縣令梁嘉運墓誌

誕 魏元定墓誌　誕 魏元夫人趙光墓誌　誕 魏元凝妻陸順華墓誌　誕 魏元誘妻馮氏墓誌銘　誕 齊暴誕墓誌　誕 隋荀夫人宋玉豔墓誌　誕 隋段濟墓誌　誕 隋楊厲墓誌　誕 唐景教流行中國碑　誕 唐張才墓誌　誕 唐揚州揚子縣令崔光嗣墓誌　誕 唐東陽縣令桑貞墓誌

誘 隋劉則墓誌

誠 唐梓州銅山縣尉弘農楊承福墓誌

誡 誣 誦 輔 輕 酷

誡 魏元繼妃石婉墓誌 誡 魏汝南王元悅造像 誡 隋甯贙碑 誡 唐吴廣碑 誡 唐夫人張氏墓誌 誡 唐亡宮人八品墓誌

誣 魏李超墓誌 誣 唐法澄墓誌 誣 唐吴孝恭墓誌 誣 唐張㕣妻魏氏墓誌

誦 唐朝散大夫國子司業上柱國開休元墓誌

輔 魏元凝妻陸順華墓誌 輔 唐陪戎校尉趙巨墓誌

輕 魏兗州刺史元獬墓誌 輕 魏元平墓誌 輕 魏元仙墓誌 輕 魏元爽墓誌 輕 魏張滿墓誌 輕 唐王璬石浮圖銘 輕 唐玄秘塔碑

酷 唐銀青光祿大夫行太子右諭德鍾紹京妻唐故越國夫人許氏墓誌

酸　酺　鄐　鄢　鄂　赫

酸 宋錢忠懿王墓誌　酸 魏元璨墓誌　酸 魏傅母王遺女墓誌　酸 魏乞伏寶墓誌　酸 齊武平五年殘造塔記　酸 齊法幢造像　酸 唐蕭貞亮墓誌　酸 唐朝議郎行吉州廬陵縣上柱國李智墓誌

酸 唐樂君彥墓誌　酸 唐管基墓誌

酺 唐王進墓誌

鄐 唐朝議郎新安郡婺源縣令上柱國范仙橋墓誌

鄢 唐朝議大夫行洋州長史上柱國王震墓誌　鄢 唐朝議郎前行曹州司法參軍上柱國李宏墓誌

鄂 晉司馬芳碑

赫 漢武榮碑　赫 漢孔龢碑　赫 魏高貞碑　赫 魏丘哲碑　赫 魏王僧墓誌　赫 魏元項墓

誌

蒜 魏王悅墓誌

蒜 魏元融墓誌

蒜 魏暉福寺碑

蒜 周華岳頌

蒜 隋諸葛子恒造像記

蒜 隋孟顯達碑

蒜 隋范安貴墓誌

蒜 唐于志寧碑

蒜 唐燕君夫人姜氏墓誌

蒜 唐九成宮碑

蒜 唐延州都督府士曹參軍長孫盼墓誌

銓 魏富平伯于纂墓誌

銘 魏金城郡君墓誌

銘 魏武定九年道俗九十人造像

銘 魏元朗墓誌

銘 魏隗天念墓誌銘

銘 隋故□韶墓誌銘

銘 隋羊本墓誌

銘 隋宋仲墓誌

銘 唐幽州范縣令楊基墓誌

銜 魏鄧縣男唐耀墓誌

銜 魏傅母杜法真墓誌

銜 隋□和墓誌

銜 唐米光宙墓誌

閣 隋陳常墓誌

閣 隋張軻墓誌

閣 隋禮部侍郎陳叔明墓誌

閨　際　領　㦸　颰　飾

閨 魏舞陰寇品墓誌
閨 隋尉氏女墓誌
閨 隋謝岳墓誌
閨 隋宮人馮氏墓誌
閨 唐亳州録事參軍博陵崔公趙郡李夫人墓誌
閨 唐湯陰縣主王府君墓誌

際 漢張遷碑
際 魏關勝誦德碑
際 魏元繼墓誌
際 魏嵩高靈廟碑
際 魏兗州刺史元韜墓誌
際 魏元暐墓誌
際 隋楊秀墓誌

領 魏汾州刺史元彬墓誌
領 齊劉碑造像

㦸 唐張貴墓誌

颰 隋元英墓誌

飾 齊高叡修寺碑
飾 隋主簿張濬墓誌
飾 隋主簿張濬墓誌
飾 隋暴永墓誌
飾 唐紀

國陸妃碑

飾 唐楊氏夫人合葬殘墓誌

飾 唐相州刺史賀蘭務溫墓誌

飾 晉隴西郡夫人關氏墓誌

髣 魏韓震墓誌

髣 魏姚伯多造像

髣 魏李相海造像

髣 隋筱盛墓誌

髣 唐婺源縣令范仙嶠墓誌

髦 漢鄭固碑

髦 漢白石神君碑

髦 漢校官碑

髦 魏元液墓誌

髦 魏元鑒曜墓誌

髦 隋張伻墓誌

髦 隋左宗衛大都督楊士達墓誌

髦 隋黄梅縣尉韓政墓誌

髦 唐房惠琳墓誌

魁 漢石門頌

魁 魏司馬昞墓誌

魁 魏韓震墓誌

魁 魏元融墓誌

魁 齊竇泰妻婁黑女墓誌

魁 齊劉顗買地券

魁 隋卜仁墓誌

魁 唐于孝顯碑

魁 唐戴令言墓誌

魁 唐忠武將軍行左領軍衛郎將裴沙墓誌

魁 元新建祖師行祠報恩碑記

# 魂 鳳 鳴

魂 魏桑乾太守宋虎墓誌
魂 魏孝文帝弔比干文
魂 魏元端妻馮氏墓誌銘
魂 隋韋略墓誌
魂 唐文州都督府行參軍樊玄紀墓誌

鳳 漢劉熊碑陰
鳳 漢天鳳二年磚銘
鳳 晉爨寶子碑
鳳 魏根法師碑
鳳 魏三級浮圖頌
鳳 魏王僧墓誌
鳳 隋陳常墓誌
鳳 隋董夫人衛美墓誌
鳳 隋宮人侯氏墓誌
鳳 唐右戎衛翊衛徐買墓誌
鳳 唐銀青光祿大夫定州刺史上柱國爾朱義深墓誌
鳳 唐銀青光祿大夫定州刺史上柱國爾朱義深墓誌
鳳 唐上騎尉王式墓誌
鳳
鳳 唐荊州大都督府長林縣令騎都尉昌黎韓仁楷墓誌
鳳 唐潁川潁上縣令獨狐守義墓誌
鳳 唐上柱國李起宗墓誌
鳳 唐平陽郡敬均墓誌

鳴 漢景君碑
鳴 隋爾朱端墓誌
鳴 唐故夫人張肅墓誌

鳶　鼻　齊

鳶 唐廉州封山縣令爨古墓誌

鼻 魏元延明墓誌 鼻 隋鄭夫人墓誌 鼻 唐新鄭縣令劉文墓誌 鼻 唐蒲州猗氏縣令□隆基墓誌

鼻 唐許州司馬楊孝弼墓誌

齊 漢景君碑 齊 苻秦廣武將軍□產碑 齊 北涼沮渠安周碑 齊 晉鄧休碑 齊 魏高湛墓誌

齊 魏劉愛女造像 齊 魏帥僧達造像 齊 魏義橋石像碑 齊 魏元遥墓誌 齊 魏太監劉阿素墓誌

齊 魏寇治墓誌 齊 魏鞠彥雲墓誌 齊 魏元珍墓誌 齊 魏姚伯多造像 齊 魏高猛妻元瑛墓誌

齊 魏李興墓誌 齊 魏孫遼浮圖銘 齊 魏元寶月墓誌 齊 齊元賢墓誌 齊 齊儁敬碑

齊 齊孫昕造像 齊 齊董洪達墓誌 齊 齊比丘法朗造像 齊 齊江阿歡造像 齊

齊右孫寺造像

齊 齊房周陁墓誌

齊 齊張龍伯兄弟造像

齊 齊天保三定殘造像

齊 齊楊娥造像

齊 齊張洪慶等卅五人造像

齊 隋曹植碑

齊 隋右驍衛司騎參軍尉仁弘墓誌

齊 隋賈珉墓誌

齊 隋張仲墓誌

齊 唐周夫人墓誌

齊 唐處士佘當墓誌

齊 唐張弘秀墓誌

齊 唐丁贇墓誌銘

齊 唐左衛翊衛沈浩禕墓誌

齊 唐淮南道采訪使河東郡河東縣尉滎陽鄭宇墓誌

齊 唐向清墓誌

齊 唐綿州昌隆縣令張□墓誌

齊 唐湯陰縣主王府君墓誌

齊 唐劉粲墓誌

齊 唐薛剛墓誌

齊 唐□禕墓誌

## 十五畫

價 隋□爽墓誌

儀 晉爨寶子碑

儀 魏孝文帝弔比干文

儀 魏李謀墓誌

儀 魏元端墓誌

儀 魏劉顏碑

儁　億

誌

儀 魏姚伯多造像 儀 魏元融墓誌 儀 魏高廣墓誌 儀 魏司馬昇墓誌 儀 魏趙洪祚造像 儀 魏太和元年郭孟貞地券 儀 魏元澄妃馮令華墓誌 儀 齊王惠顯造像 儀 周華岳頌 儀 周賀屯植墓誌 儀 隋馬少敏墓誌 儀 隋蕭瑾墓誌 儀 隋成公口墓誌 儀 隋牛暉墓誌 儀 隋郭龍墓誌 儀 唐前飛騎尉楊達墓誌 儀 唐王媛達墓誌 儀 唐張府君夫人齊娥墓誌 儀 唐神和府折衝鄭法明夫人李氏墓誌 儀 唐左清道率府錄事參軍于公故夫人裴氏墓誌 儀 唐李氏夫人彭城劉氏墓誌銘

儁 魏寇憑墓誌 儁 魏南石窟寺碑 儁 魏侯海墓誌 儁 魏王法現造像 儁 齊法義卅人造像記 儁 齊比丘惠瑍造像 儁 齊靜明造像 儁 唐蕭思一墓誌

億 漢張表碑 億 魏棲賢寺比丘道穎造像

儉 漢烏哺母刻石　儉 魏小劍戎主元平墓誌

儋 唐鄜州直羅縣丞張德操墓誌

僶 唐楊佰龍墓誌　僶 唐雍州美原縣丞王景之墓誌　僶 明洛陽遺彥張振墓誌

凜 唐王君夫人李氏墓誌　凜 唐雷詢墓誌　凜 唐劉剛墓誌　凜 唐王君夫人李清禪墓誌銘

劇 漢韓勑碑側　劇 漢張壽碑　劇 漢景君碑陰　劇 隋豆盧寔墓誌

劉 漢韓勑碑　劉 晉幽州刺史石尠墓誌　劉 後梁天保劉子瑞造像　劉　劉 魏孫秋生造像

劉 魏李仲璇脩孔子廟碑陰　劉 魏三級浮圖頌　劉 魏宮內太監劉阿素墓誌　劉 魏巨始光造像記

劉 魏蔡洪象碑　劉 魏韓顯祖造像　劉 魏房智暈造像　劉 魏張盧墓誌　劉 龍門劉伯大造

像題名

劉 魏雍州刺史王翊墓誌　劉 魏武定年唐小虎造像　劉 齊西門豹祠堂碑陰　劉 齊同

邑卅餘人造像　劉 齊高劉二姓邑義造浮圖記　劉 齊賈壇村邑義母人等造像　劉 隋阮景暉造像記

劉 隋□德將墓誌　劉 唐李文墓誌　劉 唐大德寺碑　劉 唐結九品往生社碑　劉 唐楚州安

宜令王君夫人劉氏合葬龕銘　劉 唐賈旺墓誌　劉 唐劉節墓誌　劉 唐上開府董癸墓誌　劉 唐通

議大夫使持節興州諸軍事興州刺史上柱國劉寂墓誌　劉 唐定遠將軍守左嬀泉府左果毅都尉陳秀墓誌　劉

唐汝州魯山縣丞司馬齊卿墓誌　劉 宋金紫光祿大夫檢校司空左衛將軍吳元載墓誌　劉 宋梁孟石香爐弟造

像記　劉 宋劉元造塔銘

劍

釼 魏關勝誦德碑　劒 魏小劍戍主元平墓誌　劒 魏李璧墓誌　劒 魏奚真墓誌　劒 唐京

北府宣化府折衝攝右衛郎將橫野軍副使樊庭觀墓誌

劒 唐朝散大夫絳州曲沃縣令鄭府君夫人趙氏墓誌

劍 清灘縣城隍廟碑

匳 隋元公夫人姬氏墓誌

匳 唐李玄靖碑

匳 唐平昌孟公祖母吳郡陸氏墓誌

厲 漢衡方碑

厲 漢尹宙碑

厲 漢校官碑

厲 漢上官殘石

厲 魏李謀墓誌

厲 魏宫一品張安姬墓誌

厲 魏張滿墓誌

厲 魏乞伏寶墓誌

厲 魏李榘蘭墓誌

厲 隋豆盧寔墓誌銘

癘 唐元唐夫人來氏墓誌

嘯 魏蕭正表墓誌

嘯 魏昭玄沙門大統僧令法師墓誌

嘯 隋橋紹墓誌

嘯 隋故羊瑋墓誌銘

嘯 唐張綱墓誌

嘯 唐故隋黃梅縣尉韓政墓誌

嘯 唐常夫人墓誌銘

嘯 唐處士麋行墓誌

嘯 唐銀青光祿大夫定州刺史上柱國爾朱義深墓誌
嘯 唐孫師岐墓誌
嘯 唐衢州蕭言思墓誌
嘯 唐朝散郎行鄧州司法參軍事袁承嘉墓誌
嘯 唐處士陳泰墓誌
嘯 唐游擊將軍左領衛京兆府折衝都尉宋莊墓誌銘
嘯 唐張絪墓誌銘
嘯 唐崔萬墓誌銘
嘯 唐處士李英墓誌銘
嘯 唐張孚墓誌
嘯 唐韓承墓誌
嘯 唐張朗墓誌
嘯 唐劉明德墓誌
嘯 唐杜秀墓誌

嘷 晉張朗碑陰
嘷 魏奚真墓誌
嘷 魏元寶月墓誌

噌 唐般若波羅密多心經

履 漢衡方碑
履 魏劉玉墓誌
履 魏石門銘
履 魏宮內太監劉阿素墓誌
履 魏東安王太妃墓誌
履 魏元均墓誌
履 魏張滿墓誌
履 魏元端墓誌
履 魏王僧墓誌
履 魏太監劉

華仁墓誌

履 魏元悌墓誌

履 魏元鸞墓誌

履 魏皇內司□光墓誌

履 魏秦洪墓誌

履 隋王世琛墓誌

履 隋寇熾妻姜敬親墓誌

履 隋賈珉墓誌

履 隋宮人沈氏墓誌

履 隋內常侍苟府君夫人宋氏墓誌

履 魏九級浮圖

履 唐關道愛墓誌

履 唐開府右尚令王仁則墓誌

履 唐處士宋感及夫人甘氏墓誌

履 唐京兆府真化府折衝都尉車益墓誌

彈 漢永元六年宣化磚銘

郵 唐信法寺碑

塵 唐吳縣丞杜榮墓誌

庿 魏元徽墓誌

廟 隋孔神通墓誌

庿 隋薛保興墓誌

庿 唐陳崇本墓誌

廟 唐康智墓誌

癈 魏伏夫人昝雙仁墓誌

癈 魏元煥墓誌

廢 明郡庠生韓府君暨節母朱氏合葬墓誌

廣　寫　寬

廣 漢黃腸石題字　廣 漢熹平元年黃腸石題字　廣 漢劉元臺買地券　廣 漢衡方碑　廣 晉好大王碑

廣 晉石尠墓誌　廣 魏廣陽王祖母太妃侯造像　廣 魏元羽墓誌　廣 魏李蕖蘭墓誌

廣 齊董伏恩造像記　廣 後周廣順二年題字　廣 隋梁瓌墓誌

寫 晉荀岳暨夫人劉氏墓誌　寫 魏敬使君碑　寫 魏叔孫固墓誌　寫 魏張敬造石柱像記　寫 魏元欽墓誌

寫 魏鞠彥雲墓誌　寫 魏張敬等造像　寫 齊董洪達造像　寫 齊定國寺碑　寫 唐并州司兵張義墓誌

寫 唐驍騎尉宋義墓誌

寬 漢衡方碑　寬 魏司馬景和妻墓誌　寬 魏吐谷渾璣墓誌　寬 魏陸紹墓誌　寬 魏元遥墓誌

寬 魏元倖墓誌　寬 魏元寶月墓誌　寬 魏元彬墓誌　寬 魏青州刺史元湛墓誌　寬

寛 魏元新成妃李氏墓誌 寛 魏元瞻墓誌 寛 隋任顯墓誌 寛 隋爾朱敞墓誌 寛 唐段沙彌造像

寛 唐處士張海墓誌 寛 明王李子宣人牛氏墓誌

寮 漢魯峻碑 寮 漢衡方碑 寮 齊高湏墓誌 寮 齊高建墓誌 寮 唐巫州龍標縣令崔志道墓誌銘

嶠 魏元延明墓誌 嶠 唐敦煌范崇禮墓誌

嶢 隋宮人李氏墓誌 嶢 唐成王府參軍楊承偖墓誌

幢 隋陳叔明墓誌

弊 魏奚真墓誌 弊 魏元尚之墓誌 弊 齊李仕芝造像

奭 梁蕭憺碑 奭 魏刁遵墓誌 奭 魏鉅平縣侯元欽神銘 奭 周華岳頌 奭 隋張軻墓誌

# 墜 增 墟 墤 墮 墳

墜 唐多寶塔碑

墜 唐隴西董氏內承墓誌

墜 唐左武衛兵曹參軍劉義和墓誌

墜 唐登仕郎丁范墓誌

墜 唐鄧州刺史封公夫人李氏墓誌

墜 唐莊州都督李敬墓誌

墜 魏冀州刺史元昭墓誌

墜 齊堯峻妻吐谷渾墓誌

墜 隋羊本墓誌

增 唐般若波羅密多心經

增 唐徵士朝散大夫許州司馬楊孝瑒墓誌

墟 魏元淑墓誌

墤 魏寇霄墓誌

墮 隋□墮墓誌

墮 唐劉漢潤妻楊氏墓誌

墮 唐渭州利爾鎮將上柱國李文疑墓誌

墳 魏皇甫驎墓誌

墳 魏兗州刺史元衍墓誌

墳 魏元悛墓誌

墳 齊元子邃墓誌

墳 隋通

事舍人長孫仁墓誌

墳 唐夫人張肅墓誌

墳 唐上柱國李起宗墓誌

墳 唐鄭州長史鉅鹿魏懿墓誌

墳 唐陳戩墓誌

徵 魏太中大夫元玕墓誌

徵 魏奚智墓誌

徵 魏昭玄沙門大統僧令法師墓誌

徵 魏司馬昇墓誌

徵 魏蕭正表墓誌

徵 魏元騰墓誌

徵 魏河州刺史乞伏寶墓誌

徵 隋王夫人成公墓誌銘

徵 隋馮夫人李玉婍墓誌

徵 隋段模墓誌

徵 隋宮人三品樊氏墓誌

徵 唐幽州范陽縣令楊基墓誌

徵 唐宋州錄事爾朱旻墓誌

徵 唐游擊將軍行華州永豐鎮副張淑子墓誌

德 漢衡方碑

德 漢夏承碑

德 漢武梁祠畫像題字

德 晉孫夫人碑

德 魏青州刺史元湛墓誌

德 魏敬史君碑

德 魏任城王妃李氏墓誌

德

德 魏仇臣生造像

德 魏汝山侯吐谷

渾璣墓誌
惪 齊比丘惠瑍造像
悳 周曹恪碑
德 隋劉相墓誌
悳 隋張壽墓誌
僡 隋梁瓌墓誌
德 隋卜仁墓誌
德 隋劉明墓誌
德 隋馬穉妻張姜墓誌
德 唐長孫氏墓誌
德 唐呼倫縣開國公新林府果毅口陁墓誌
德 唐劉德潤墓誌
德 唐故隋奉車都尉姑臧段瑋墓誌
德 唐恒州真定縣丞姚如衡墓誌
德 唐試大理評事鄭公夫人范陽盧氏墓誌
德 唐滄州司法參軍張文珪墓誌

徹 魏元寶月墓誌
徹 魏李挺墓誌
徹 隋張受墓誌
徹 隋藏質墓誌
徹 唐吳檗墓誌
徹 唐梁守謙墓誌
徹 唐臨清驛長孫氏造像碑

影 魏韓震墓誌陰
影 隋寇熾妻姜敬親墓誌
影 唐多寶塔碑
影 唐清河房有非汲郡尚夫人墓誌

摩 齊柴季蘭卅餘人造像記
摩 常岳等造像記

攀 撓 撟 撥 撫 播

𢯱 隋韓祐墓誌

撓 魏王紹墓誌 撓 魏王基墓誌 撓 魏陸紹墓誌 撓 魏秦洪墓誌 撓 隋立盧寔墓誌

撟 唐鄭州管城縣令上柱國楊府君妻李氏墓誌

撥 魏元寶月墓誌 撥 魏叔孫協墓誌 撥 隋卞鑒墓誌 撥 梁桂陽王蕭融夫婦墓誌

撫 魏奚真墓誌 撫 魏元凝妻陸順華墓誌 撫 魏元子永墓誌 撫 隋口静墓誌 撫 唐處士陳泰墓誌

播 魏王紹墓誌 播 播 魏闞伯昇墓誌 播 齊比丘惠瑍造像 播 唐大夏縣主張弘墓誌

播 唐張貴墓誌

撰 撰 民國梁耀漢烈士紀念碑

慕 漢永壽三年山東嘉祥宋山畫像石題記　慕 魏章武王元融墓誌　慕 唐敦煌氾崇禮墓誌　慕 唐濮南郡爲城縣令李庭訓墓誌　慕 明散官安軒孫澤暨配孺人王氏合葬墓誌

慝 唐梓州銅山縣尉弘農楊承福墓誌　慝 唐括州遂昌縣令張光墓誌　慝 唐中大夫戶部侍郎兼御史大夫諸道鹽鐵轉運使張滂墓誌

慧 魏董道得造像　慧 魏陳榮歡造像　慧 左馮翊太宗□□六世孫合宗造四面像　慧 齊比丘法藏造像　慧 隋王香仁墓誌　慧 明七姬墓誌

慮 魏隗天念墓誌　慮 唐清河郡張宰墓誌

尉 魏華山王元鷙墓誌 尉 魏高廣墓誌 尉 魏王僧墓誌 尉 隋王世琛墓誌

慶 漢韓勑碑 慶 漢武梁祠畫像題字 慶 魏寇演墓誌 慶 魏元悛墓誌 慶 魏穆亮墓誌 慶 魏奚真墓誌 慶 魏寇憑墓誌 慶 魏齊郡王元祐墓誌 慶 魏顯祖嬪侯夫人墓誌

慶 魏合邑廿人等造像 慶 魏白水縣民姬伯慶墓誌 慶 齊梁伽耶墓誌 慶 齊馬天祥造像 慶 齊楊紹邑造像 慶 周鄭道隆妻尒塯香造像 慶 隋段模墓誌 慶 隋諸葛子恒造像記 慶 隋程諧墓誌 慶 隋邢盧夫人元買得墓誌 慶 隋張伴墓誌 慶 隋杜夫人鄭善妃墓誌 慶 僞周焦松墓誌

慶 唐張玄弼墓誌 慶 唐張慶之墓誌 慶 唐梁師亮墓誌 慶 唐李君佛龕碑 慶 唐宇文琬墓誌 慶 唐周夫人墓誌 慶 唐王積善墓誌 慶 唐劉通墓誌 慶 唐契苾銘 慶 唐宣義郎周紹業墓

誌

慶 唐吳繄墓誌

慶 唐高君達墓誌

慶 唐故隋并州司兵張義墓誌

慶 唐韓王府兵曹參軍延陵縣開國公陸絡墓誌

慶 唐上柱國劉善寂墓誌

慶 唐幕州刺史洛陽宮總監褚府君夫人臨沂縣王氏墓誌

慶 唐張通墓誌

慶 唐朝請郎行戎州南溪縣丞上護軍太原王恩妻清河孟夫人墓誌

慶 唐朝散大夫行左春坊藥藏郎上柱國張金才墓誌

慶 唐朝議大夫行婺州武義縣令元玄慶墓誌

慶 唐左衛勳府勳衛上柱國元思亮墓誌

慶 唐岷山刺史張仁楚墓誌

慶 唐洪州都督府兵曹參軍董承緒墓誌

慶 唐吏部常選楊品墓誌

慶 唐平昌孟公祖母吳郡陸氏墓誌

慶 唐朝義郎周絡夫人趙璧墓誌

慶 唐玢州司馬楊公夫人張氏墓誌

慶 唐王夫人諱師墓誌

慶 唐蔡元雪夫人楊氏墓誌

慶 唐常德妻柳氏墓誌

慶 唐金花府司馬張達墓誌

慶 唐明威將軍王將墓誌

慶 唐張道墓誌

慶 唐楊公夫人張氏墓誌

慶

唐隴西成紀郡李夫人墓誌

慶 唐李岸及夫人徐氏墓誌

慶 唐京兆府真化府折衝都尉車益墓誌

慶 宋寶慶二年水文題刻

感 唐御史臺精舍碑

感 唐君禕墓誌

感 唐朝議郎使持節光州刺史李潘墓誌

慤 唐崔蕃墓誌

慤 唐開府右尚令王仁則墓誌

慤 唐衛州新鄉縣令王順孫墓誌

慤 唐陪戎尉王德故妻鮮于墓誌

慤 唐鄭州長史鉅鹿魏懿墓誌

慤 唐朝散大夫行左春坊藥藏郎上柱國張金才墓誌銘

慤 唐朝散郎行蘇州嘉興尉談昕墓誌

慤 唐國子祭酒致仕包陳墓誌

慤 唐成徽墓誌

慤 唐白慶光墓誌

憂 漢衡方碑

憂 漢史晨奏銘

憂 漢建寧殘碑

憂 魏尹天興造像

憂 魏正始朱榮生造像

憐　　惜　　憧　　憒　　慵

憂 魏寇憑墓誌 憂 唐通直郎前行延州都督府士曹參軍事長孫盻墓誌

憐 漢郙閣頌 憐 魏張猛龍碑 憐 魏金城郡主墓誌 憐 漢永壽三年山東嘉祥宋山畫像石題記

憐 魏元始和墓誌 憐 齊比丘法朗造像 憐 齊靜明造像 憐 龍門鄭伯憐造像題字 怜

隋董美人墓誌 怜 大金河東南路平陽府隰州永和縣可托村馮公墓誌

惜 魏龍門陁文惜造像題字 惜 魏元均墓誌 惜 魏王悦墓誌 惜 齊李琮墓誌

憧 唐崔漢衡題字碑

憒 漢韓勑後碑 憒 漢夏承碑 憒 魏内司□光墓誌

慵 魏三級浮圖頌 慵 齊司馬遵業墓誌 慵 隋張通妻陶貴墓誌 慵 隋恒州刺史鄂國公爲國造龍

藏寺碑　牖 唐中牟縣丞樂玄墓誌　牖 唐孔宣公碑　牖 唐李泰墓誌　牖 唐渭州刺爾鎮將上柱國李文疑墓誌

滕 魏元凝妻陸順華墓誌　滕 齊高建墓誌　滕 隋牛君夫人申氏墓誌　滕 隋故王劭墓誌銘

滕 隋楊厲墓誌

暫 魏康富及子天長造義井佛像記

暮 隋宮人朱氏墓誌　暮 唐王慶墓誌

暴 漢西狹頌　暴 漢曹全碑　暴 漢尹宙碑　暴 晉石定墓誌　暴 魏闞勝誦德碑　暴 魏東平王元略墓誌　暴 魏穆亮墓誌　暴 魏元天穆墓誌　暴 魏元彝墓誌　暴 魏元液墓誌　暴

歎 歐 敵

（魏高祖嬪趙元華墓誌）

暴 隋張受墓誌

暴 唐城父縣尉盧復墓誌

暴 唐徐氏妻劉夫人墓誌

暴 唐故封州司馬董力墓誌銘

暴 唐朱貞墓誌

暴 唐雲麾將軍行右威衛將軍董懷義墓誌

暴 中華民國步兵少校張君錚墓誌

歎 魏皇甫驎墓誌

歎 魏皇帝東巡碑

歎 隋蕭濱墓誌

歎 唐上柱國李起宗墓誌

歐 齊比丘惠詮等造像

歐 魏太和十九年歐陽解愁造彌勒像銘文

敵 晋石尠墓誌陰

敵 晋石定墓誌

敵 魏李挻墓誌

敵 魏元始和墓誌

敵 魏元龍墓誌

敵 魏元液墓誌

敵 魏元顥墓誌

敵 魏元壽安墓誌

敵 齊李琮墓誌

敵 齊石信墓誌

敵 齊徐徹墓誌

敵 隋豆盧寔墓誌

敵 隋韋略墓誌

敵 隋唐該墓誌

敵 唐玄秘塔碑

# 數

數 唐上柱國高邈墓誌
數 唐王夫人墓誌
數 唐雲麾將軍宋儼墓誌
數 漢武班碑
數 漢武榮碑
數 宋爨龍顏碑
數 秦廣武將軍碑
數 魏汶山侯吐谷渾璣墓誌
數 魏康富及子天長造義井佛像記
數 魏元平墓誌
數 魏穆紹墓誌
數 魏司馬昇墓誌銘
數 魏元數墓誌
數 魏韓顯宗墓誌
數 齊梁伽耶墓誌
數 隋梁環墓誌
數 隋筱盛墓誌
數 唐趙郡瓔陶縣令□□墓誌
數 唐陳崇本墓誌
數 唐右臺殿中侍御史王齊丘墓誌
數 唐魏處旻造像
數 漢郙閣頌
數 晉辟雍頌
數 晉好大王碑
數 魏上黨王元天穆墓誌
數 魏廣陽王元湛墓誌
數 魏王紹墓誌
數 魏元茂墓誌
數 魏元恭墓誌
數 魏石育墓誌
數 魏元順墓誌
數 齊梁子彥墓誌
數 隋昌國惠公寇奉叔墓誌
數 隋新鄭縣令蕭瑾墓誌
數 隋處士范高墓

誌

數 隋□欽墓誌
數 隋高緊墓誌
數 隋賈珉墓誌
數 隋盧文構墓誌
數 晏褒題漢開通褒斜道摩崖
數 隋長陵縣令盧文構墓誌
數 唐信州玉山縣令盧公則墓誌
數 唐朝請文夫行鼎州三原縣令盧行毅墓誌
數 唐朝議郎前行魏州司法參軍上柱國元素墓誌
數 唐朝議郎前行忻州定襄縣令上柱國張楚璋墓誌
數 唐朝請郎行太原府文水縣裴諠墓誌
數 唐蘇州長洲縣令孫府君夫人吳郡張氏墓誌
數 元玄真觀和婆婆修廟刻石

# 毅

毅 魏劉懿墓誌
毅 魏劉賢墓誌
毅 魏張寧墓誌
毅 魏奚真墓誌
毅 魏寇偘墓誌
毅 魏安西將軍元朗墓誌
毅 隋北海縣令趙朗墓誌
毅 隋龍藏寺碑
毅 隋故高緊墓誌銘
毅 唐張安生墓誌
毅 唐趙宗儒題名碑
毅 唐驍騎尉皇甫壁墓誌
毅 唐陪戎副尉安懷夫人史

氏合葬墓誌

毅 唐處士王則墓誌

毅 唐錦州刺史趙潔墓誌

毅 唐京兆府宣化府折衝攝右衛郎將橫野將軍副使樊庭觀墓誌

毅 唐右威衛將軍上柱國王景曜墓誌

毅 宋西頭貢奉官閤門祗侯劉永墓誌

戮 周賀屯植墓誌

戮 唐太原縣開國男王素墓誌

戮 唐通議大夫使持節寧州諸軍事寧州刺史上柱國裴撝墓誌

熟 魏程榮造像記

熟 唐宣武軍節度押衛兼侍御史河東柳延宗墓誌

熠 唐楚金禪師碑

潔 魏劉玉墓誌

潔 魏孝文帝弔比干文

潔

潔 魏比丘道瓚記

潔 魏寇憑墓誌

潔 魏寧陵公主墓誌

潔 魏高宗嬪耿氏墓誌

潔 隋騰王子楊厲墓誌

潔 隋阮景暉造像

潔 隋郭王墓

誌

潔 唐河陽軍節度押衙張亮墓誌

潘 魏賈景造像記

漭 唐貝州臨清縣令王宏墓誌

潭 唐光祿寺少卿王子麟墓誌

潭 唐攝楚州長史元貞墓誌

潛 晉故沛國相張朗碑

潛 魏元恭墓誌

潛 魏元天穆墓誌

潛 魏蕭正表墓誌

潛 魏元徽墓誌

潛 隋宮人六品□氏墓誌

潛 唐王進墓誌

潛 唐贈游擊將軍董嘉斤墓誌

潛 唐賀玄道墓誌

潛 唐蔣王府參軍王覽墓誌

潞 隋□静墓誌

潤　潯　潸　潾　澂　澄　澈

潤 魏朱永隆造像

潤 魏曹望憘造像

潤 魏定州刺史元湛墓誌

潤 齊朱岱林墓誌

潤 隋爾朱端墓誌

潤 唐柳尚善墓誌

潯 唐文林郎仵感德墓誌

潸 隋王世琛墓誌

潸 隋張伏敬墓誌

潾 唐太原郡王處士墓誌

澂 唐霍夫人墓誌

澄 魏孝文帝弔比干文

澄 魏寇品墓誌

澄 魏元詮墓誌

澄 唐刑部侍郎鄭肅墓誌

澈 魏齊郡王常氏墓誌

澈 唐侯司馬妻竇夫人銘

澈 唐洛汭府隊王董軸墓誌銘

滜 唐故左親衛長上校尉樂王墓誌

氂 唐郭寶墓誌

槿 隋宋仲墓誌

樂 宋爨龍顏碑　樂 魏嵩陽寺碑　樂 魏淮南王元顯墓誌　樂 魏姚伯多造像記　樂 魏兗州刺史元弼墓誌　樂 魏元恩墓誌　樂 魏李謀墓誌　樂 魏元斁墓誌　樂 北魏臨潼造像記　樂 齊高劉二姓邑義造浮圖記　樂 齊比丘員度門徒造像　樂 隋□夫人王光墓誌　樂 隋薛保興墓誌　樂 隋正議大夫□緊墓誌　樂 隋右驍衛司騎參軍尉仁弘墓誌　樂 唐之宮九品志石　樂 唐太常寺太祝范陽盧直墓誌

# 樊　樓　標

樊 漢武梁祠畫像題字 樊 漢忠惠父魯峻碑陰 樊 魏寇霄墓誌 樊 魏沙門淡景造像 樊
隋宮人三品樊氏墓誌 樊 唐樊氏六娘七娘九娘墓誌 樊 唐吏部常選夏侯瓚前妻樊俊妻董合葬墓誌銘
樊 唐樊奴子造像

樓 漢孔宙碑陰 樓 魏元仙墓誌 樓 魏曹植飛龍篇刻石 樓 隋仲思那造橋碑 樓 唐李
才仁墓誌 樓 劉道景等造像記 樓 唐雷詢墓誌 樓 唐高道不仕房有非墓誌
樓 魏孫秋生造像記 樓 魏高宗嬪耿氏墓誌 樓 魏元孟輝墓誌 樓 魏元項墓誌 樓 魏昭
儀胡明相墓誌 樓 魏元始和墓誌 標 魏元維墓誌 樓 魏南岐州刺史張盧墓誌 標 齊梁伽耶墓誌

標 齊標異鄉石柱 標 隋段模墓誌 標 隋劉則墓誌 標 唐姚暢墓誌 標 唐趙勣墓誌

揲 唐侯君夫人墓誌 檦 唐處士張龕墓誌

樞 遼韓佚墓誌

樣 唐東都留守左衛飛騎尉上輕車都尉曹慶墓誌

窮 漢景北海碑 窮 漢永初元年祠堂刻石 窮 齊武平年清信女申屠思造像 窮 唐滎陽毛文通墓誌

窮 唐蓑夫人墓誌 窮 唐孫君墓誌 窮 唐上方感化寺故監寺遺行銘

窳 唐朝議郎行益州大都督府士曹參軍李延祐墓誌銘

瘞 晉華芳墓誌 瘞 梁瘞鶴銘 瘞 魏元壽安妃盧氏墓誌 瘞 魏元熙墓誌 瘞 隋董美人墓誌

瘞 隋王世琛墓誌 瘞 隋麻夫人龐畏孃墓誌 瘞 隋董美人墓誌銘 瘞 隋宮人唐

瘠

氏墓誌 瘞唐張君政墓誌 瘞唐君禕墓誌 瘞唐驃騎都尉王氏故妻馬氏墓誌 瘞唐濟州東

阿縣尉趙爽墓誌 瘞唐隋屯田侍郎柳府君夫人蕭嬇婕墓誌 瘞唐汴州封丘縣令張才墓誌 瘞

唐亡宮九品墓誌 瘞唐傅思諫墓誌 瘞唐太中大夫邕府都督陸思本墓誌 瘞唐□禕墓誌

瘞唐傅思諫墓誌銘 瘞唐田君夫人桑氏墓誌 瘞唐游擊將軍吳孝墓誌 瘞唐張泉墓誌

瘞唐三原縣令盧行毅墓誌 瘞唐邕州都督陸君夫人元氏墓誌 瘞唐新鄭縣令劉文墓誌

瘞唐處士李纖叔墓誌 瘞唐嚴壽墓誌 瘞宋廣平宋可度墓誌 瘞明洛陽遺彥張

振墓誌

瘠梁蕭憺碑 瘠魏高廣墓誌 瘠魏秦州刺史元寶月墓誌 瘠隋賈珉墓誌 瘠隋□夫人

月相墓誌　瘠　唐仙洲別駕張仁方墓誌　瘠　唐右領軍衛將軍上柱國新城縣開國伯薛瑎墓誌　瘠　唐河南慕容曉墓誌　瘠　唐河南府湏梁府折衝都尉李渙墓誌

瘢　魏李憲墓誌

瘦　魏正平太守元仙墓誌

竪　唐王夫人墓誌

瑩　魏元欽墓誌　鎣　唐李文婆墓誌

瑾　隋蕭濱墓誌　瑾　隋陽瑾墓誌　瑾　隋蕭汎墓誌

璀　唐崔璀墓誌

璋　璁　璅　確　磁　磊　磐

璋 唐邢均墓誌

璁 魏龍驤將軍元引墓誌　瑽 齊崔頠墓誌

瑱 唐延王府户曹丁韶墓誌

確 魏李超墓誌　確 魏侯剛墓誌　確 魏元寶月墓誌　確 唐魏法師碑　確 唐趙府君董氏王氏合祔墓誌

磁 唐李休墓誌

磊 唐王貞墓誌

磐 漢楊君石門頌　磐 宋爨龍顔碑　磐 魏公孫猗墓誌　磐 魏元彧墓誌　磐 隋段模墓誌

磔　皞　稷　稼

磐 隋宮人沈氏墓誌

磔 唐杜山威造像

皞 隋甯贙碑

稷 漢史晨後碑　稷 魏寇憑墓誌　稷 魏于景墓誌　稷 魏笱景墓誌　稷 魏王悅墓誌

稷 魏張樺墓誌　稷 魏李璧墓誌　稷 齊石信墓誌　稷 隋曹海凝墓誌　稷 唐左光祿大夫段環墓誌

稷 唐右臺殿中侍御史王齊丘墓誌　稷 唐故南齊隨郡王曾孫蕭陵蕭紹遠墓誌銘　稷 唐左清道率府錄事參軍于公故夫人裴氏墓誌

稷 唐賈玹墓誌　稷 唐王文曉墓誌　稷 唐處士□□墓誌銘

稼 隋爾朱敞墓誌

## 稽

稽 漢孔龢碑 稽 漢史晨奏銘 稽 漢樊敏碑 稽 魏汝南太守寇演墓誌 稽 稽 魏涼州刺史元維墓誌 稽 魏鄭文公碑 稽 魏元悰墓誌 稽 齊梁子彥墓誌 稽 齊高叡國妃敬氏墓誌 稽 隋宮人三品樊氏墓誌 稽 隋麻夫人龐畏孃墓誌 稽 隋王夫人成公墓誌 稽 隋寇奉叔墓誌 稽 唐聶公玄堂銘 稽 唐荀氏楊夫人墓誌 稽 唐嗣曹王李戢墓誌 稽 唐祖氏夫人張朧墓誌 稽 唐封州司馬董力墓誌 稽 唐監門校尉陳叔度墓誌 稽 唐永嘉府隊副張羊墓誌 稽 唐張伽墓誌 稽 唐處士河南元公夫人博陵崔婉墓誌

## 轂

轂 晉好大王碑 轂 魏荀景墓誌 轂 魏于纂墓誌 轂 魏趙俊然等造像 轂 魏高貞碑 轂 魏恒州大中正于景墓誌 轂 魏司空王誦墓誌 轂 齊張龍伯造像記 轂 齊郭京周等造像記

畿　瞑　盤　膚

轂 隋姜明墓誌　轂 隋韋匡伯墓誌　轂 唐范相墓誌　轂 唐玄武丞相仁方墓誌　轂 唐鼎州三原縣令盧村君夫人辛氏墓誌　轂 唐中大夫守晉陵郡別駕千乘倪彬墓誌　轂 明府庠學生先父段德樾暨配先母張氏合葬墓誌

畿 魏丘哲墓誌　畿 隋暴永墓誌　畿 隋陳叔明墓誌　畿 唐皇朝潞州司法秦脩墓誌　璣

畿 唐處士申恭墓誌

瞑 魏李希宗墓誌

盤 隋陳叔榮墓誌

膚 唐吏部常選李府君朱夫人墓誌　膚 唐汝陰郡司法參軍姚希直墓誌

膝 漢鄭固碑 膝 魏中岳嵩陽寺碑 膝 齊高建墓誌 膝 周曹恪碑 膝 周華岳頌 膝 唐吏部南曹幢 膝 唐李護墓誌 膝 唐右衛率府親府親衛上騎尉王杰墓誌 膝 唐京兆府宣化府折衝攝右衛郎將橫野軍副使樊庭觀墓誌 膝 唐宣義郎行涇州陰盤縣尉騎都尉周義墓誌 膝 唐泗州司馬叔苗善物墓誌 膝 唐大中大夫使持節房州□□□房州刺史上柱國盧全操墓誌 膝 唐鄭勛墓誌 膝 唐劍南東川節度副使朝議郎檢校尚書屯田員外郎支訢妻滎陽鄭氏墓誌 膝 明陳母王氏墓誌 膝 明伊藩方城恭惠王妃馮氏合葬墓誌 膝 明壽官香泉武應光暨元配蘇氏繼室段氏緱氏秦氏合葬墓誌

膢 唐贈隨州刺史太子少詹事殿中監文成墓誌

膠 隋楊秀墓誌 膠 唐樊太君墓誌

腸 虢 羯 蝎 蝨 蝑 蝣

腸：隋□鍾葵墓誌

虢：唐左翊衛沈浩祥墓誌；唐信安縣主元思安墓誌；唐前同州華池府別將李琦墓誌；唐前徐州錄事參軍太原王庭玉故夫人博陵崔金剛墓誌

羯：魏元恭墓誌；隋筱盛墓誌

蝎：唐單信墓誌

蝨：魏恒州刺史韓震墓誌；唐京府折衝都尉宋莊墓誌

蝑：唐王宗郭夫人墓誌

蝣：隋張固妻蘇恒墓誌

蝶 翦 翮 箭 箴 節 範

蝶 唐滄州東光縣丞公士王進墓誌

翦 魏西門君碑頌

翦 魏司空公元瞻墓誌

翦 齊李清爲李希宗造像

翦 齊是連公妻邢氏墓誌

翮 魏洛州刺史元秀墓誌

翮 隋馬穉墓誌

翮 唐揚州大都督府户曹趙太夫人墓誌

箭 齊劉雙仁墓誌

箴 唐太子賓客崔孝公墓誌

節 魏李謀墓誌

節 魏元鑒墓誌

節 魏元愔墓誌

節 周韓木蘭墓誌

節 隋盧文構墓誌

節 唐定遠將軍守左嬀泉府左果毅都尉陳秀墓誌

節 明吴立齋墓誌

範 魏涼州刺史元維墓誌

範 魏元則墓誌

範 魏元謐妃馮會長墓誌

範 隋范安貴墓誌銘

範 唐王氏殤女墓誌

篆 魏穆纂墓誌　篆 周曹恪碑　篆 隋筱盛墓誌

篇 漢景君碑　篇 隋尉氏女墓誌　篇 唐王和墓誌　篇 唐亡宮五品誌文一首　篇 唐亡宮六品墓誌　篇 唐郭寶墓誌

築 魏嵩陽寺碑　築 隋劉德墓誌　築 唐仇道夫人袁墓誌　築 唐廣平郡宋氏夫人墓誌　築 唐通直郎延州都督府士曹參軍事長孫氏墓誌

篋 魏元茂墓誌　篋 隋明雲騰墓誌　篋 唐朝散大夫太子左贊善大夫南陽樊沇墓誌　篋 唐金州刺史鄭公夫人范陽盧氏墓誌　篋 唐瀛閣主書皇甫夫人張氏墓誌

蓨　蓬　蓮　蓼　蔑

蓨 唐前益州成都縣尉朱守臣故夫人高嬪墓誌

蓬 唐段曠夫人墓誌　蓬 唐盧承業墓誌　蓬 唐齊得州平原縣令張明府楊夫人墓誌　蓬 唐朝散郎行薛王府國令上輕車都督張嘉福墓誌

蓮 唐蕭元眘墓誌　蓮 唐左衛翊衛沈浩犇墓誌

蓼 唐楡社縣令王和墓誌　蓼 唐文安縣令王德表墓誌　蓼 唐河南□□安邑關君夫人王氏墓誌

蔑 漢張遷碑　蔑 漢繁陽令楊君碑　蔑 漢鄭固碑　蔑 魏孝文帝弔比干文　蔑 魏皇甫驎墓誌

蔑 魏梁州刺史元演墓誌　蔑 魏小劍戍主元平墓誌　蔑 齊臨淮王象碑　蔑 魏司空公元瞻墓誌

蔑 隋李則墓誌　蔑 唐饒陽男房基墓誌　蔑 唐郭思謨墓誌　蔑 唐周僬松墓誌　蔑 唐處士張

義墓誌

蔓 唐康州封山縣令爨守墓誌

蔓 唐正議大夫使持節都督姚宗等卅六州諸軍事守姚州刺史上柱國皇甫文備墓誌

蔓 唐通州大夫使持節興州諸軍事興州刺史上柱國劉寂墓誌

蔓 唐□□大夫太原府少尹上柱國范陽盧明達墓誌

蔓 唐故康州刺史張思鼎墓誌

蔓 唐朱遠墓誌

蔓 隋爾朱遂墓誌

蔓 唐禪大德塔銘

蔓 唐前飛騎尉楊達墓誌

蔓 漢校官碑

蔓 東晉太元十七年夏金虎磚銘

蔓 魏李超墓誌

蔓 魏李挺墓誌

蔓 唐泗州司馬叔苗善物墓誌

蔘 唐吏部常選滎陽鄭公故夫人廣平宋練墓誌

蔔 齊高叡修寺碑

蔚 蔣 蔭 蔕 褒

蔚 魏房悅墓誌 蔚 齊比丘惠瑍造像

蔣 魏趙郡貞景王元謐墓誌 蔣 魏傅母王遺女墓誌

蔭 魏路僧妙造像 蔭 魏元顯曜墓誌 蔭 齊雋敬碑 蔭 齊法懃禪師塔銘 蔭 周寇胤墓誌

蔭 隋張岡墓誌 蔭 隋曾海凝墓誌 蔭 隋太驍衛司騎參軍尉仁弘墓誌 蔭 隋左馮翊太守□□六世孫合宗造四面像 蔭 常岳等造像記 蔭 唐劉元超墓誌

蔕 唐渭州刺史將作少匠孟玄一墓誌

褒 漢孔宙碑陰 褒 漢樊敏碑 褒 魏石門銘 褒 魏東安王太妃墓誌 褒 魏元凝妻陸順華墓誌 褒 魏爾朱襲墓誌 褒 魏元欽墓誌 褒 魏和邃墓誌 褒 魏富平伯于纂墓誌 褒 宋明

曇憘墓誌 褒 隋孔神通墓誌 褒 隋□弘稱墓誌 褒 隋韓祐墓誌 褒 唐邢政墓誌 褒 唐張

信墓誌 褒 唐蘇州昆山縣令張祖墓誌 褒 唐劉裕墓誌 褒 唐儒林郎王令墓誌

緝 漢孔宙碑 緝 晉賈充妻郭槐柩銘 緝 晉王浚妻華芳墓誌 緝 魏張猛龍碑 緝 魏元遥墓

誌 緝 魏九級浮圖銘 緝 齊儁敬碑 緝 唐登仕郎丁范墓誌

締 唐延王府戶曹丁敬墓誌

緣 漢西狹頌 緣 魏臨淮造像 緣 齊張龍伯造像 緣 北徐州劉道景造像 緣 齊申狩造像

緣 隋仲思那造橋碑 緣 隋薛保興墓誌 緣 唐濟瀆廟器具記 緣 唐河南慕容曉墓誌 緣

唐京兆府宣化府折衝攝右衛郎將橫野軍副使樊庭觀墓誌 緣 元龍興寺長明燈錢記

編　緩　緬　緱　練　耦　署　罷

編 唐涼國公府長史上騎都尉張達墓誌

緩 唐朝請郎行石州方山縣令騎都尉申守墓誌

緬 魏公孫略墓誌

緬 隋爾朱敞墓誌

緱 唐中大夫戶部侍郎張滂墓誌

練 唐亡宮八品墓誌

耦 唐盧承業妻李灌頂墓誌

署 唐永州司倉王思墓誌

署 唐呂文倩墓誌

罷 魏叔孫固墓誌

罷 齊□弘墓誌

罷

罷 隋明雲騰墓誌銘

罷 隋黎陽鎮將程鍾墓誌

罽 唐故贈游擊將軍董嘉斤墓誌

衝 魏女尚書馮女郎墓誌 衝 魏元朗墓誌 衝 魏齊元賢墓誌 衝 唐故汾州崇儒府折衝滎陽鄭仁穎墓誌銘

衛 漢西狹頌 衛 漢景君碑 衛 魏元悰墓誌 衛 魏孝昌石窟寺碑 衛 魏平陽縣令元恭墓誌 衛 隋元仁宗墓誌 衛 趙傳等造像題名 衛 裴治時造像 衛 唐左衛翊衛沈浩褘墓誌銘 衛 唐汾州崇儒府折衝滎陽鄭仁穎墓誌 衛 唐段公夫人常氏墓誌

賙 唐南和縣令□悆墓誌

賚 魏皇甫驎墓誌 賚 魏元靈曜墓誌 賚 魏傅母王遺女墓誌 頼 周檢校司徒蕭處士墓誌 賚

賜　賢　賤

明潞簡王朱翊墓誌

賜 隋符盛胡夫人墓誌

賜 唐游擊將軍吴孝墓誌

賢 魏元始和墓誌

賢 魏李璧墓誌

賢 魏王昌墓誌

賢 魏兗州刺史元昭墓誌

賢 魏元湛妃薛慧命墓誌

賢 魏劉賢墓誌

賢 齊靜明造像

賢 齊房周陁墓誌

賢 唐裴茂紹墓誌銘

賢 唐荆州大都督府長林縣令騎都尉呂黎韓仁楷墓誌

賢 唐高踰墓誌

賢 唐朝請大夫趙州長史孟貞墓誌

賢 唐襄州谷城縣主簿路玄墓誌

賢 唐國子祭酒致仕包陳墓誌

賢 宋鄭非熊九曜石題名

賢 遼北大王墓誌

賤 魏皇甫驎墓誌

賤 魏高廣墓誌

賤 唐王才墓誌

賦　質　踐

賦 漢史晨後碑 賦 漢劉熊碑 賦 魏青州刺史元湛墓誌 賦 隋宮人常泰夫人墓誌 賦 唐孫師岐墓誌

質 漢景君碑 質 魏李仲琁修孔廟碑 質 魏東平王元略墓誌 質 魏丘哲墓誌 質 隋主簿張濬墓誌 質 隋張固墓誌 質 唐梁大賓造像 質 唐處士淳于府君之夫人陳某墓誌 質 周禮平周等十七人造像

踐 漢司徒殘碑 踐 魏文山侯吐谷渾璣墓誌 踐 魏高貞碑 踐 魏司馬昇墓誌 踐 魏崔敬邕墓誌 踐 隋白仵貴墓誌 踐 踐 隋趙朗墓誌 踐 唐石州刺史劉穆墓誌 踐 唐大理寺評事封無遺墓誌 踐 唐相州刺史賀蘭務溫墓誌 踐 唐處士余當墓誌 踐 唐王段墓誌

踟 趣 適 遭 遯 談

踟 隋荀夫人宋王豔墓誌

趣 魏公孫略墓誌 趣 魏王基墓誌 趣 齊李仕芝墓誌 趣 宋楊龍圖公夫人墓誌

適 晋徐夫人管洛碑 適 魏鄭顯墓誌 適 魏王夫人元華光墓誌 適 齊李琮墓誌 適 唐主簿孟友直女墓誌 適 唐隴西郡夫人李深墓誌 適 五代大周金紫光祿大夫檢校尚書右僕射左監門衛將軍劉光贊墓誌

遭 漢孔宙碑 遭 漢武梁碑 遭 晋賈充妻郭槐柩銘 遭 魏馮邕妻元氏墓誌

遯 魏蕭正表墓誌 遯 唐潘君夫人牛氏墓誌

談 魏寇憑墓誌 談 魏元顯墓誌 談 魏高廣墓誌 談 隋段濟墓誌

諍論諐輜輝轂輩

諍 漢永壽三年山東嘉祥宋山畫像石題記

論 隋唐該墓誌 論 隋段濟墓誌 論 隋李盛墓誌 論 隋范安貴墓誌 論 隋張固墓誌

諐 唐梁嘉運墓誌 諐 唐五品亡宮誌銘 諐 唐太廟齋郎郭懌墓誌 諐 唐五品亡宮誌文

輜 唐静塞軍司馬杜孚墓誌

輝 魏七兵尚書寇治墓誌 輝 魏穆亮墓誌 輝 魏元襲墓誌 輝 魏廉富及子天長造義井佛像記

輝 齊元子邃墓誌 輝 齊五百人造像 輝 唐洛陽樂師墓誌

轂 魏司空穆泰墓誌 轂 魏元彧墓誌 轂 唐左衛長史顏仁楚墓誌

輩 魏司馬昇墓誌 輩 宋黄昇墓誌

輪 唐亡宮五品誌文

輬 魏傅姆王遺女墓誌

醇 漢劉熊碑 醇 魏平東将軍濟州刺史長寧穆公墓誌

醉 魏李挺墓誌 醉 魏三級浮圖頌 醉 唐宣節尉張萬善墓誌

鄧 魏元範妻鄭令妃墓誌 鄧 齊泉郡王劉悅墓誌 鄧 唐鄭州刺史封公故夫人李氏常精進墓誌 鄧 唐河内郡武德縣令楊岌墓誌

鄭 魏鄭長猷造像 鄭 魏李璧墓誌 鄭 魏尹愛廿一人造像 鄭 隋豆盧寔墓誌 鄭 隋蕭瑾墓誌

鄭 偽鄭王仲墓誌 鄭 唐申恭墓誌 鄭 唐黃州總管府陽城縣丞王君夫人陰客墓誌 鄭 唐劉德閏

墓誌

鄭 唐右翊衛清廟臺齋郎天官常選王豫墓誌

鄭

鄭 唐□建達墓誌

鄭 唐故汾州崇儒府折衝滎陽鄭仁穎墓誌

鄭 唐敦煌范崇禮墓誌

鄭 唐朝散大夫上柱國穎州汝陰縣令史待賓墓誌

鄭 唐方山縣令申守墓誌

鄭 唐處士申恭墓誌

鄯 唐右衛倉曹參軍崔君夫人滎陽鄭氏墓誌

隣 漢韓勑碑

鄰 漢景君碑

鄰 魏于祚妻和醜仁墓誌

隣 隋朱永貴墓誌

隣 隋段濟墓誌

隣 唐臺州刺史陳皆墓誌

隣 唐亡宮七品墓誌

隣 唐河間邢君故夫人劉達墓誌

隣 唐亡宮九品誌石

隣 唐樊奴子造像

隣 唐武則天遼東郡公泉男生墓誌

隣 唐上柱國李起宗墓誌

隣 唐亡宮九品墓誌

鄰 唐康叔卿及夫人墓誌

隣 唐李君夫人墓誌

鄰 唐夏侯君前妻樊俊妻董合葬

隣 唐王君夫人贊皇郡李氏墓誌銘

隣 唐上開府董癸墓誌

隣 唐右戎衛翊衛徐買墓誌

鋏 齊報德像碑

鋒 魏司空穆泰墓誌

鋒 魏元維墓誌

鋒 魏元恭墓誌

鋒 魏侯海墓誌

鋒 魏元壽安墓誌

鋒 隋卜仁妃盧蘭墓誌

鋪 齊高道印造像記

閻 唐嬀泉府左果毅都尉陳秀墓誌

閭 魏高湛妻茹茹公主閭氏墓誌

閭 唐夫人薄氏墓誌

閬 唐游擊將軍康磨伽墓誌

閬 唐處士陳泰墓誌

霄 魏張玄墓誌 霄 魏元爽墓誌 霄 魏楊胤墓誌 霄 齊邑義百人造靈塔記 霄 齊臺甫琳墓誌 霄 齊石信墓誌

霆 魏曹真碑 霆 魏元伏寶墓誌

震 漢尹宙碑 震 魏穆亮墓誌 震 唐李譽墓誌 震 唐姚暢墓誌

頤 漢鄭固碑 頤 魏東莞太守秦洪墓誌 頤 魏張盧墓誌 頤 魏李璧墓誌 頤 齊高僧護墓誌 頤 隋淳于儉墓誌 頤 隋張濤妻禮氏墓誌 頤 隋□靜墓誌 頤 隋呂胡墓誌 頤 唐玉覓墓誌 頤 唐大達法師塔銘 頤 唐李毛仁造浮圖記 頤 唐幽州節度要籍祖君故夫人楊氏墓誌銘

頤 唐燕紘墓誌 頤 唐盧知宗妻鄭氏墓誌 頤 唐故隋朝散大夫牛君夫人申好墓誌 頤 唐楊

佰龍墓誌

鞍 唐成王府參軍楊承脩墓誌

鞍 唐博陵崔彥溫墓誌

輩 唐□□校尉墓誌

輩 魏王夫人寧陵公主墓誌

輩 隋王袞墓誌

輩 唐楊佰隴墓誌

輩 唐王師墓誌

養 魏賈道貴造像

養 魏元子永墓誌

養 魏傅母杜法真墓誌

養 魏姚伯多造像

養 魏臨潼造像記

養 唐丁贇墓誌

養 唐姚處璡墓誌

餘 唐闞道愛墓誌

髮 梁蕭憺碑

髮 魏義橋石像碑

髮 魏張寧墓誌

髮 魏元□妃吐谷渾氏墓誌

髮 魏元壽安妻盧蘭墓誌

髮 魏崇慶寺張法師碑

髮 齊李琮墓誌

髮 齊李夫人崔宣華墓誌

髮 隋伍道進墓誌

墓誌

髮 唐隴西趙摩墓誌

髮 唐神和府折衝鄭法明夫人李氏墓誌

## 髯

髯 齊報德像碑

髯 唐景教流行中國碑

## 髴

髴 魏李相海造像

髴 魏姚伯多造像

髴 魏韓震墓誌

髴 隋筱盛墓誌

髴 唐朝議郎新安郡婺源縣令上柱國范仙嶠墓誌

## 髺

髺 唐蓋夫人墓誌

髺 唐王明墓誌

## 魄

魄 魏元謐妃馮會蓑墓誌

魄 齊張思伯造像

魄 唐蒲州猗氏縣令□隆基墓誌

魄 民國梁櫂漢烈士紀念碑

## 駐

駐 漢西狹頌

駐 唐梁郡喬崇敬墓誌

駒　駕　駙　駟　駈　魯

駒 魏皇甫驎墓誌　駒 唐潘師正碑　駒 唐文林郎張金剛墓誌　駒 唐故隋朝散大夫牛君夫人申好墓誌

駕 魏元保洛墓誌　駕 魏郭顯墓誌　駕 周寇熾墓誌　駕 北徐州劉道景造像碑陰　駕 唐爾朱逵墓誌

駙 唐汴州浚儀縣尉梁煥墓誌

駟 唐王緒母郭氏墓誌　駟 唐傅思諫墓誌

駈 魏元信墓誌

魯 漢鄐閣頌　魯 魏叔孫固墓誌　魯 魏李璧墓誌　魯 魏元湛妻薛慧命墓誌　魯 魏元液墓

魴　麩　黎

誌 魯 魏陳榮歡造像 魯 齊比丘惠揆造像記 魯 唐史氏趙夫人墓誌 魯 唐沈士公墓誌 魯
唐上騎都尉張德墓誌 魯 唐上柱國陳玄墓誌 魯 唐魯子謙墓誌

魴 唐右金吾冑曹參軍沈君夫人朱武姜墓誌

麩 唐夏侯璿前妻樊後妻董合葬墓誌

黎 漢孔宙碑 黎 漢校官碑 黎 漢韓勑後碑 黎 漢沛相楊統碑 黎 魏敬史君碑 黎
魏吳高黎墓誌 黎 魏元欽墓誌 黎 魏元澄妻馮令華墓誌 黎 魏奚真墓誌 黎 隋關明墓誌
黎 隋澧水石橋碑 黎 隋羊瑋墓誌 黎 唐景教流行中國碑 黎 隋故上儀同三司黎陽鎮將程鐘墓
誌 黎 唐樂高墓誌 黎 後燕崔遹墓誌

鼐 唐孔宣公碑 鼐 明登封郡主朱氏墓誌

齒 魏王僧墓誌 齒 魏元熾墓誌 齒 魏元欽墓誌 齒 魏王昌墓誌 齒 周曹恪碑銘

齒 隋田光山妻李氏墓誌 齒 隋張濤妻禮氏墓誌 齒 唐僧義福塔銘 齒 唐陳義墓誌 齒 唐張琮碑 齒 唐孔宣公碑 齒 唐車諤妻侯氏墓誌 齒 明處士于鏓配張氏墓誌 齒 明朱由杭妃黃氏墓誌

## 十六畫

儒 漢魯峻碑 儒 魏呂望表 儒 魏張猛龍碑 儒 魏元秀墓誌 儒 魏穆子巖墓誌 儒 齊鄭子尚墓誌 儒 唐張威貫夫人墓誌

儔 魏元凝妻陸順華墓誌 傳 隋宮人司寶陳氏墓誌 儔 隋荀夫人宋王豔墓誌 儔 隋梁邕墓誌 儔 唐楊贍墓誌 儔 唐王夫人墓誌

儕 魏閭伯昇墓誌

冀 魏曹真碑 冀 魏元誕墓誌 冀 魏元寧墓誌 冀 魏元悟墓誌 冀 魏尚書令文靜公李憲墓誌 冀 齊宇文妙儀墓誌 冀 齊高建妻王氏墓誌 冀 隋梁瓌墓誌 冀 隋隋明雲騰墓誌銘 冀 唐王頊夫人陳氏墓誌 冀 唐王仲建墓誌 冀 唐上柱國劉善寂墓誌 冀 唐恒州真定縣丞姚如衡墓誌 冀 唐冀州南宮縣尉邢德徽墓誌 冀 唐韓節墓誌 冀 唐王曉夫人崔氏墓誌 冀 唐皇甫德墓誌

勳 漢武梁祠畫像題字 勳 魏元襲墓誌 勳 魏元定墓誌 勳 魏張整墓誌 勳 周賀屯植墓誌

勳 隋周德墓誌

冪 唐前徐州録事參軍太原王庭玉夫人博陵崔金剛墓誌

凝 魏孝文帝弔比干文 凝 魏武昌王妃吐谷渾氏墓誌 凝 魏齊郡王妃常氏墓誌 凝 魏汝南太守寇演墓誌 凝 魏趙郡王元毓墓誌 凝 魏比丘僧智造像 凝 魏奚真墓誌 凝 魏元朗墓誌

凝 魏元平墓誌 凝 魏元崇業墓誌 凝 魏元始和墓誌 凝 魏元湛妃王令媛墓誌 凝 隋田光山妻李氏墓誌 凝 隋首山舍利塔銘 凝 隋曹海凝墓誌 凝 唐文林郎新喻縣丞胡儼墓誌 凝 唐亡宮九品墓誌 凝 唐通直郎守武榮州南安縣令王基墓誌

## 叡

叡 漢尚府君碑 叡 魏汝南太守寇演墓誌 叡 魏司馬景和妻墓誌 叡 魏太監劉華仁墓誌銘
叡 魏比丘僧智墓誌 叡 魏和邃墓誌 叡 魏元鑒墓誌 叡 魏兗州刺史元獻墓誌 叡
魏元液墓誌 叡 魏公孫猗墓誌 叡 魏李仲琁碑 叡 魏元毓墓誌 叡 齊劉碑造像 叡
齊高湝墓誌 叡 叡 隋造龍華碑 叡 隋翟突娑墓誌 叡 隋□弘秤墓誌 叡 唐隆闡禪師碑
叡 唐孫君夫人宋氏墓誌 叡 唐樊興碑 叡 唐孟夫人墓誌 叡 唐朝散大夫元勇墓誌 叡
唐王行果墓誌 叡 唐信王府士曹崔傑墓誌

## 器

器 魏劉玉墓誌 器 魏孝文帝弔比干文 器 魏司馬景妻墓誌 器 魏石育墓誌 器 魏唐
耀墓誌 器 魏元尚之墓誌 器 隋甯贙碑 器 隋陳叔榮墓誌 器 唐處士楊信墓誌 器 唐吏

郜常選張頵墓誌　器　唐楊佰隴墓誌　器　五代開平年穆公墓誌

噫　唐大中大夫使持節□□□房州刺史上柱國盧全操墓誌

噬　魏元融墓誌　噬　魏元顥墓誌　噬　齊泉城王劉悅墓誌　噬　唐張玄獬墓誌銘　噬　唐郭

寶墓誌　噬　唐汾陰縣丞李諝墓誌

嗷　魏元寧墓誌　嗷　隋王世琛墓誌

噩　唐景教流行中國碑

廩　魏元詮墓誌　廩　魏刁遵墓誌　廩　唐趙州司馬參軍趙晃墓誌　廩　唐南海神廟碑　廩

唐中大夫使持節江華郡太守上柱國和守陽墓誌　廩　唐東平郡鉅鹿縣主李璀墓誌　廩　唐南昇墓誌　廩

廨　褱　嶮　巇　嶲　幨

明少司馬臧公詠德碑

廨 唐相州林慮縣尉邢趙墓誌

褱 魏樂陵王元彥墓誌　褱 魏廉富及子天長造義井像記　褱 隋寇熾妻姜敬親墓誌　褱 唐文林郎夫人張氏墓誌　褱 唐恒山封禪銘　褱 唐京兆府涇陽縣尉范陽盧踐言墓誌　褱 唐僕射王進威墓誌

嶮 魏叔孫固墓誌

巇 唐宣威將軍守左金吾衛大將軍員外置同正員蘇思夫人范陽盧氏墓誌

嶲 唐左領軍衛執戟李品品墓誌　嶲 唐李弘墓誌

幨 五代推誠奉義翊戴功臣開府儀同三司檢校太師右金吾衛上將軍上柱國許國公王守恩墓誌

學　導

學漢武榮碑　學魏李仲琁修孔廟碑　學魏王誦妻元貴妃墓誌　學魏元均墓誌　學魏女尚書馮迎男墓誌　學魏元繼妃石婉墓誌　學魏元玕墓誌　學隋元均墓誌　學隋仲思那造橋碑　學隋荀夫人宋玉艷墓誌　學唐魏邈妻趙氏墓誌　學唐諸葛府君夫人韓氏墓誌　學唐王緒母鄭氏墓誌　學唐宣州參軍事許堅墓誌　學唐魏州莘縣尉太原王及夫人中山成氏墓誌　學唐通議大夫使持節興州諸軍事興州刺史上柱國劉寂墓誌　學唐洛陽縣尉竇寓墓誌

導漢繁陽令楊君碑　導漢衡方碑　導晉王浚妻華芳墓誌　導晉賈充妻郭槐柩銘　導苻秦廣武將軍□産碑　導魏楊大眼造像記　導魏孝文帝弔比干文　導魏陳天寶造像　導齊高僧護墓誌　導隋首山舍利塔記　導隋阮景暉造像記　導唐御史臺精舍碑

奮 東吴奮威將軍諸暨都鄉會稽孟城買地劵

奮 魏范式碑

奮 魏上尊號表

奮 魏中山王元熙墓誌

奮 魏呂望表

奮 魏南石窟寺碑銘

奮

奮 嵩高靈修寺碑

奮 隋諸葛子恒造像

奮 隋王世琛墓誌

奮 唐楊智積墓誌

奮 唐番禺府折衝都尉紇于丞基墓誌

奮 唐明威將軍守左領軍衛河南府金谷府折衝都尉上柱國王崇禮墓誌

奮 唐汝陰郡司法參軍姚希直墓誌

奮 唐趙王親事王智墓誌

奮 唐處士王顏墓誌

奮 明安軒及夫人王氏墓誌銘

嬙 魏女尚書王僧男墓誌

墼 漢永元六年宜世磚銘

壁 宋明雲憘墓誌

壁 佛說天公經

壁 唐郃公夫人馬氏墓誌

壁 元新建祖師行祠報恩碑記

壇 漢白石神君碑 壇 漢鄭固碑 壇 漢三公山碑 壇 隋范安貴墓誌 壇 隋翟突娑墓誌銘

壇 隋張達墓誌 壇 唐不空和尚碑 壇 隋故上儀同三司黎陽鎮將程鐘墓誌 壇 唐前懲州太守謝觀故夫人隴西縣君李紘墓誌

儌 漢武梁祠畫像題字 儌 唐文州刺史陳察墓誌

撿 唐東頭貢奉官銀青光祿大夫檢校左散騎常侍左千牛衛將軍韓漢臣墓誌 撿 唐金紫光祿大夫檢校尚書右僕射左監門衛將軍劉公贊墓誌

擁 周賀屯植墓誌 擁 隋澧水石橋碑 擁 唐嗣曹王李皐妃清河崔氏墓誌

檀 魏涼州刺史元維墓誌 檀 魏元繼妃石婉墓誌 檀 魏元顯墓誌 檀 魏元詳墓誌 檀

魏元遙墓誌
檀　魏元愔墓誌
檀　隋六品御女唐氏墓誌
擅　隋橋紹墓誌
檀　隋荀夫人宋玉艷墓誌
擅　唐□□翊衛陳思墓誌
擅　梁開平年穆珣墓誌

擇　魏義橋石像碑
擇　魏暉福寺碑
擇　隋宋永貴墓誌
擇　隋姚泰墓誌
擇　隋孔神通墓誌
檡　唐翟惠隱墓誌
摎　唐李府君夫人安平鄉君呂華墓誌
檡　唐文林郎路岩墓誌

操　宋爨龍顏碑
操　魏元始和墓誌
操　魏敬史君碑
操　魏司馬昇墓誌
操　魏王基墓誌
操　魏太監孟元華墓誌
操　魏秦洪墓誌
操　魏丘哲妻鮮于仲兒墓誌
操　魏元顯儁墓誌
操　魏元璨墓誌
操　魏司馬景和墓誌
操　魏元子永墓誌
操　魏元楨墓誌
操　隋甯贙碑
操　隋劉寶墓誌
操　隋荀君夫人宋氏墓誌
操　隋□突娑墓誌
操　唐太原王夫人墓誌
操　唐黃素墓…

誌

搽 唐張君夫人秦氏墓誌

搽 唐亡宮九品墓誌

搡 唐京兆府宜化府折衝攝右衛郎將橫野副使樊庭觀墓誌

擐 魏元遥墓誌

擐 唐李護墓誌

擒 齊元子邃墓誌

擒 齊徐徹墓誌

擔 魏建興郡端氏縣水碓昇合村邑子造像

擔 魏元順墓誌

擔 唐圭峰禪師碑

擔 唐張敞墓誌

擔 唐通議大夫使持節開州諸軍事開州刺史上柱國滎陽鄭訢墓誌

擔 唐處士張景之墓誌

據 魏西河王元悰墓誌

據 魏元均墓誌

據 魏張盧墓誌

據 齊法懃禪師塔銘

據 周守文妙儀墓誌

據 隋元鍾墓誌

據 唐常開墓誌

據 唐段瑋墓誌

氈 隋張濤妻禮氏墓誌

憑 魏寇憑墓誌　憑 隋楊居墓誌　憑 隋寇遵考墓誌　憑 隋郭王墓誌　憑 隋張伴墓誌

憑 隋扶溝縣令郭君墓誌　憑 南漢買地券　憑 唐曹州離狐縣益贊君故妻孫光墓誌　憑 唐涼國公府長史上騎都尉張達墓誌　憑 唐同州白水縣令下博孔元墓誌　憑 元玄真觀和婆婆修廟刻石

慭 魏青州刺史元遵墓誌　慭 魏金城郡主墓誌　慭 魏王基墓誌　慭 魏侯剛墓誌　慭 魏元液墓誌　慭 齊竇泰墓誌　慭 齊員外郎馬少敏墓誌　慭 隋張盈墓誌　慭 隋皇甫琛墓誌

慭 隋梁坦墓誌　慭 唐宋璟碑　慭 唐李仁德墓誌　慭 唐文林郎董本墓誌　慭 唐清河縣主簿左光胤墓誌　慭 唐濟南郡禹城縣令李庭訓墓誌　慭 唐鄭君夫人孫少雅墓誌　慭 唐上柱國高邈墓誌

憖 唐高達墓誌 憖 唐銀青光祿大夫使持節利州諸軍事行利州刺史崔玄籍墓誌 憖 唐吏部常選夏

侯璿前妻樊氏妻董合葬墓誌 憖 唐徵士平昌孟俊墓誌 憖 唐左領軍衛執戟李品品墓誌 憖 唐新城府

别將張翼墓誌 憖 唐朝議大夫壽州長史安陽邵承墓誌 憖 唐亳州臨溪縣丞趙瓊琰墓誌 憖 唐朝請郎

行河南府河清縣主簿左光胤墓誌 憖 宋恒農楊光贊墓誌

憙 隋護澤公寇遵考墓誌 憙 唐朝散大夫元勇墓誌

憩 唐成君吴夫人墓誌 憩 唐李三墓誌

憲 漢夏承碑 憲 魏顯祖嬪侯夫人墓誌 憲 魏陸紹墓誌 憲 大代華岳廟碑 憲 魏元茂墓

誌 憲 魏侯剛墓誌 憲 魏元愔墓誌 憲 魏元彬墓誌 憲 隋宋永貴墓誌 憲 唐幽州都

督參軍事朱憲墓誌 憲 唐鄭州長史鉅鹿魏盤墓誌 憲 唐張季戎墓誌銘 憲 唐桂州刺史孫成墓誌

憲 宋曲阜祖廟祭文

憺 唐右金吾胄參軍沈君夫人朱武姜墓誌 憺 唐前睦州建德縣尉蔡公浩故夫人段氏墓誌銘

憾 隋騰王子楊厲墓誌 憾 魏元恩墓誌

懈 北涼沮渠安周碑 懈 齊高建墓誌

懌 魏元懌墓誌

懍 宋明雲憘墓誌 懍 魏元珽墓誌 懍 魏元曜墓誌 懍 隋王弘墓誌 懍 隋屯田侍郎柳君夫人蕭氏墓誌 懍 唐銀青光祿大夫定州刺史上柱國爾朱義深墓誌 懍 唐于孝顯碑 懍 唐太中大

殪　殫　曆　曄　曇　曉

夫邕府都督陸思本故夫人河南元氏墓誌

殪 漢武梁祠畫像題字

殫 隋段模墓誌

曆 隋梁邕墓誌　曆 唐楊順墓誌　曆 唐張才墓誌　曆 唐京兆府奠化府折衝都尉車益墓誌

曄 唐處士張義墓誌　曄 唐朔方節度十將遊擊將軍左内率府率臧曄墓誌

曇 魏韓顯祖造像　曇 魏解伯都造像　曇 魏比丘僧智造像　曇 魏惠暈造像　曇 齊董洪達

造像　曇 齊比丘僧法明造像　曇 周邠道生造像

曉 漢楊君石門頌　曉 魏李璧墓誌　曉 魏元璨墓誌　曉 魏王僧墓誌　曉 魏王夫人元華

暨 遲 歙 整

光墓誌 曉 魏元周安墓誌 曉 魏元欽墓誌 曉 魏元顯魏墓誌銘 曉 隋鮑宮人墓誌 曉

隋豆盧寔墓誌 曉 魏汝南王元悅墓誌 曉 唐大中大夫隰州司馬慕容思廉墓誌 曉 唐李文獎墓誌銘

曉 唐紀茂重墓誌

暨 魏元楨墓誌 暨 魏于景墓誌 暨 齊元賢墓誌 暨 唐神和府折衝鄭法明夫人李氏墓誌

暨 唐淮南道采訪支使河東郡河東縣鄭宇墓誌 暨 清泰安關帝廟建殿題字

遲 漢景君碑

歙 唐□□門衛長史安定皇甫慎墓誌

整 魏樂安哀王元悅墓誌 整 魏元勰妻李媛華墓誌 整 魏元崇業墓誌 整 魏元禮之墓誌銘

整魏張整墓誌　整魏元楨墓誌　整魏王悅郭夫人墓誌　整周時珍墓誌　整隋郭達墓誌　整隋鄧昞墓誌　整唐柳尚善墓誌　整唐演公塔銘　整唐康君夫人曹氏墓誌　整唐處士王顏墓誌　整唐卜璀墓誌　整唐清河郡崔昴墓誌　整唐唐州長史劉密墓誌　整唐河陰縣主簿南陽張濬墓誌　整　整唐朝議大夫使持節伊州諸軍事伊州刺史上柱國衛義整墓誌　整唐朝議大夫行婺州武義縣令元玄慶墓誌　整唐河間邢君故夫人劉達墓誌　整唐處士張慶之墓誌　整唐大理評事鄭公夫人盧氏墓誌　整宋遂寧郡君趙氏墓誌

# 戰

戰漢曹全碑　戰晉好大王碑　戰周賀屯植墓誌　戰唐朝議郎新安郡婺源縣令上柱國范仙嶠墓誌銘

熹　熾　燁　燈　燎　燒　燕

熹 漢孔宙碑
熹 漢熹平殘碑
熹 漢三公山碑

熾 魏元鑽遠墓誌銘
熾 唐開府右尚令王仁則墓誌

燁 唐潞州屯留縣令温府君李夫人墓誌

燈 魏元均墓誌
燈 明司子忠淑人王氏墓誌

燎 唐左光禄大夫蔣國公屈突通墓誌
燎 唐薛王傅上柱國司馬銓墓誌

燒 漢西狹頌
燒 隋宮人房氏墓誌

燕 魏元讞妃馮會萇墓誌
燕 魏元端妻馮氏墓誌
燕 魏大中正長孫固墓誌
燕 齊叱列延慶妻爾朱元靜墓誌
燕 隋諸葛子恒造像
燕 隋□睦磚誌
燕 唐張敬銑墓誌
燕 唐通議大夫鄂州刺

燃 澠 澡 澥 澧 澤

史上柱國盧府君夫人清河郡房鹿娘墓誌

[燃] 唐宮人墓誌

[燃] 隋鄭道育暨夫人劉氏墓誌

[澠] 唐王行果墓誌 [澠] 唐通議大夫使持節寧州諸軍事寧州刺史上柱國裴撝墓誌 [澠] 唐朝請大夫尚書司勳郎中吉渾墓誌

[澡] 魏元顯墓誌 [澡] 隋郭達墓誌 [澡] 隋□韶墓誌 [澡] 隋□和墓誌

[澥] 唐洛汭府隊正董軸墓誌

[澧] 唐郢州參軍事胡寶墓誌

[澤] 漢景君碑 [澤] 晉好大王碑 [澤] 魏暉福寺碑 [澤] 魏元湛妻薛慧命墓誌 [澤] 魏赫連悅

墓誌

泽 魏正始朱榮生造像

澤 齊李琮墓誌

澤 隋北海縣令趙朗墓誌

澤 隋定州刺史暴永墓誌

澤 隋翟突娑墓誌

澤 隋□弘秤墓誌

澤 唐大智禪師碑

澤 唐處士□琳墓誌

澤 唐右戎衛翊衛徐買墓誌

澤 唐韓王府兵曹參軍延陵縣開國公陸紹墓誌

澤 唐彭州長史任城縣開國男贈使持節徐州諸軍事徐州刺史劉權墓誌

澤 唐左清道率府錄事參軍于公故夫人裴氏墓誌

澤 唐趙夫人李清禪墓誌

澤 唐上柱國成君墓誌

澹 魏元斌墓誌

澹 魏鄭道忠墓誌

澹 魏元融墓誌

澹 唐刑政墓誌

澹 唐魏法師碑

澹 唐周夫人墓誌

澹 唐文林郎新喻縣令胡儼墓誌

澹 唐祁讓墓誌

澹 唐故隋朝散大夫牛君夫人申妤墓誌

澹 唐文林郎支敬倫墓誌

澹 唐故隋上儀同三司朝散大夫右監門校尉王宣墓誌

澹

唐少府監織染署令太原王府君妻張法戒墓誌

**澹** 唐正議大夫使持節相州諸軍事守相州刺史上柱國河南賀蘭務溫墓誌

**澹** 唐處士樊端墓誌

**澹** 唐龍泉記刻石

**澹** 唐洛陽縣竇寓墓誌

**澹** 唐滎州長史薛君夫人柳氏墓誌

**激** 唐新使院石幢記

**激** 魏元肅墓誌

**濃** 魏女尚書迎男墓誌

**樵** 魏鄭道忠墓誌

**樵** 隋造龍華碑

**樵** 唐于孝顯碑

**樹** 漢郭泰碑

**樹** 魏于景墓誌

**樹** 魏元彥墓誌

**樹** 魏豐樂七帝二寺邑義造像

**樹** 齊劉碑造像記

**樹** 隋明質墓誌

**樹** 隋宗衛長史楊暢墓誌

**樹** 唐□長墓誌

**樹** 唐盧承業妻李灌頂

墓誌

尌 唐呼論縣開國公新林府果毅□陁墓誌

樹 唐番禺府折衝都尉紇干丞基墓誌

樹 唐王通墓誌

樹 唐荆州大都督府長林縣令騎都尉昌黎韓仁楷墓誌

橋 魏義橋石像碑

槗 魏元道墓誌

橋 齊竇泰墓誌

碻 隋仲思那造橋碑

橋 隋楊秀墓誌銘

𣚊 隋明雲騰墓誌

槖 唐易林鐵象碑

槖 宋朝散大夫尚書虞部郎中護軍司勳郎中太原王珣瑜墓誌

橘 隋明雲騰墓誌

橘 唐李智墓誌

橘 唐張鳳情墓誌

橘 唐處士妥弘敬墓誌

橛 魏牛橛造像記

機 漢孔彪碑陰

機 漢曹全碑

機 魏元公夫人薛氏墓誌

機 魏東平王元略墓誌

機 魏南

石窟寺碑
機 魏高道悅墓誌
機 魏王紹墓誌
機 魏王基墓誌
機 魏檀賓墓誌
機 齊法義優婆姨等造像頌
機 齊元賢墓誌
機 齊高僧護墓誌
機 隋段濟墓誌
機 隋寇熾妻姜敬親墓誌
機 隋陳常墓誌
機 隋陳叔明墓誌
機 隋張濬墓誌
機 唐處士張才墓誌
機 唐文林郎楊訓墓誌
機 唐朝請大夫行鼎州三原縣令盧行毅墓誌
機 唐冠軍大將軍行左豹韜衛翊府中郎將高玄墓誌
機 唐文林郎楊訓墓誌
機 唐張弘秀墓誌
機 唐處士申恭墓誌

横 魏皇甫驎墓誌
横 魏元彥墓誌
横 隋爾朱端墓誌
横 唐張沖兒墓誌
横 唐大達法師塔銘
横 唐朝議大夫行兗州龔業縣令上柱國程思義墓誌

獦 魏元緒墓誌
獦 魏高廣墓誌
獦 魏昭玄沙門大統僧令法師墓誌
獦 魏平南府功曹參軍

# 獨

元茂墓誌 獨 齊竇泰妻婁黑女墓誌 獨 齊徐之才墓誌 獨 隋蕭瑾墓誌 獨 唐故李虎墓誌銘

獨 唐盧玢墓誌

獨 魏秦洪墓誌 獨 魏梁州刺史元演墓誌 獨 魏寇憑墓誌 獨 魏穆亮妻尉太妃墓誌 獨 魏元公夫人薛氏墓誌 獨 魏元□妃吐谷渾氏墓誌 獨 周賀屯植墓誌 獨 隋孫龍伯造天宮義井記 獨 唐上騎尉王式墓誌 獨 唐通議大夫持節開州諸軍事開州刺史上柱國鄭訢墓誌 獨 唐益州導江縣主簿飛騎尉張行恭墓誌 獨 唐太常寺大樂令暢昉墓誌 獨 唐賈崇璋夫人陸氏墓誌 獨 唐泗州司馬苗善物墓誌

獨 唐楊智積墓誌 獨 唐阿育王寺住田碑 獨 唐段公夫人常氏墓誌 獨 明壽宮香泉武應光暨元配蘇氏繼室段氏緱氏秦氏合葬墓誌

| 瀝 魏女尚書王僧男墓誌 歷 魏出陽男高廣墓誌 歷 魏東安王太妃墓誌 歷 魏元始和墓誌銘 |
|---|
| 歷 魏馮邕妻元氏墓誌 歷 魏房悅墓誌 歷 唐史庭墓誌 歷 大周開府儀同三司太子太師致仕 |
| 蔡國公贈侍中宋彦筠墓誌 |
| 闚 魏孝文帝弔比干文 窺 魏司空穆泰墓誌 窺 魏相州刺史元端墓誌 窺 魏比丘尼統慈慶墓 |
| 誌 窺 齊李清爲李希宗造像 窺 齊李夫人崔宣華墓誌 窺 隋龍藏寺碑 窺 隋楊厲墓誌 |
| 窺 隋□睦磚誌 窺 唐處士張洛墓誌 |
| 窶 唐盧氏故夫人崔近墓誌銘 |
| 瘳 唐張才墓誌 |

瘴　璘　璞　璣　磨　磬

瘴 唐劉庭訓墓誌

璘 唐鄭恕己墓誌

璞 魏孝文帝弔比干文陰

璞 隋長陵縣令盧文構墓誌

璞 唐大夏縣主簿張弘墓誌

璣 漢鄭季宣碑

璣 魏吐谷渾璣墓誌

璣 魏張寧墓誌

璣 隋楊厲墓誌

璣

璣 唐中恭墓誌

璣 唐上騎都尉王式墓誌

璣 唐文林郎柱國張貴寬墓誌

磨 魏員外散騎侍郎元恩墓誌

磨 魏南青州刺史元暐之墓誌

磬 漢韓勑碑

磬 漢校官碑

磬 魏暉福寺碑

磬 魏韓法成造像

磬 魏元欽墓誌

磬

磬 魏元延明墓誌

磬 魏元顯儁墓誌

磬 隋范安貴墓誌

磬 隋韋略墓誌

甌 唐舒王府典軍王仁墓誌

甍 魏暉福寺碑　甍 齊邑義三百餘人造神碑尊像記　甍 齊高叡修寺碑　甍 齊趙州刺史南鄉縣子石信墓誌　甍 隋宋景造橋碑　甍 唐西廟堂碑

禦 魏敬史君碑　禦 魏元朗墓誌　禦 魏元恭墓誌　禦 魏元端墓誌　禦 隋伍道進墓誌

禦 隋王善來墓誌　禦 隋羊瑋墓誌　禦 唐文林郎路岩墓誌　禦 民國鄜州州判張子溫墓誌銘

穆 漢張遷碑　穆 漢魯峻碑　穆 晉爨寶子碑　穆 晉華芳墓誌　穆 秦廣武將軍碑　穆 魏牛橛造像記　穆 魏元演墓誌　穆 魏北海王妃李氏墓誌　穆 魏汝南太守寇演墓誌　穆 魏東平王元略墓誌

穆 魏元舉墓誌　穆 魏封昕墓誌　穆 魏郭顯墓誌　穆 魏高輝太夫人墓誌銘

穆 魏寇治墓誌 穆 魏姚伯多造像 穆 魏李挺墓誌 穆 魏穆亮墓誌 穆 魏元定墓誌

穆 魏張盧墓誌 穆 魏巨始光造像記 穆 魏元騰墓誌 穆 魏冀州刺史駙馬都尉高猛墓誌

穆 齊□弘墓誌 穆 齊赫連子悅妻閭炫墓誌 穆 周曹恪碑 穆 周賀屯植墓誌 穆 周張端姑墓誌

穆 隋元君墓誌 穆 隋昌國惠公寇奉叔墓誌 穆 隋董穆墓誌 穆 隋楊厲墓誌 穆 隋寇遵考墓誌

穆 隋□夫人王光墓誌 穆 隋翟突婆墓誌 穆 隋張軻墓誌 穆 隋主簿張濬墓誌

穆 唐處士張嶷墓誌 穆 唐靖千牟墓誌 穆 唐銀青光祿大夫定州刺史上柱國爾朱義深墓誌 穆 唐文林郎楊訓墓誌

穆 唐通議大夫鄂州刺史上柱國盧翊墓誌 穆 唐張元忠夫人令狐氏墓誌 穆 唐高應墓誌

穆 唐高君墓誌 穆 唐建陵縣令席泰墓誌 穆 宋贈殿中丞河南源嵩墓誌 穆 宋主

稺 積 盥 盧 膩 膴

客員外郎直集賢院 高平范貽孫墓誌 穆 明登封郡主 宋氏墓誌

稺 隋馬穉墓誌 穉 隋王衮墓誌 稺 宋向氏夫人墓誌

積 魏義橋石像碑 積 齊武平年堯峻妻獨狐氏墓誌 積 隋荀君夫人宋氏墓誌 積 唐劉裕墓誌

積 唐正議大夫上柱國巢縣開國男邕府長史周利貞墓誌

盥 唐張藥墓誌 盥 唐王君夫人李清禪墓誌

盧 漢韓勑碑陰 盧 魏元勰妃李瑗華墓誌 盧 隋張子初造像 盧 唐處士余當墓誌

膩 唐程邺造橋碑

膴 唐洛陽宮總監諸君夫人王氏墓誌

融 魏范式碑　融 魏皇甫驎墓誌　融 魏汝南太守寇演墓誌　融 魏秦洪墓誌　融 魏元簡墓誌

融 魏元融墓誌　融 齊臨淮王象碑　融 隋韋略墓誌　融 唐工部尚書崔泰之墓誌

融 唐鄭康成墓誌　融 唐唐遜故夫人柳婆歸墓誌　融 唐榮州長史薛君夫人柳舉墓誌銘　融 唐王鄉故夫人任氏墓誌

融 唐陪戎尉王德妻鮮于墓誌　融 唐左金吾引駕陳郡袁景恒墓誌　融 唐泗州司馬叔苗善物墓誌

融 唐王文成墓誌　融 唐源夫人墓誌　融 唐清河郡崔昴墓誌　融 梁桂陽王蕭融夫婦墓誌

螟 唐綿州刺史江夏李正卿墓誌　螟 唐查斌墓誌

翮 魏元液墓誌　翮 魏元遥墓誌　翮 魏元譿墓誌　翮 魏銀青光祿大夫于纂墓誌　翮 隋翟突娑墓誌

翮 唐滄州東光縣丞公士王進墓誌　翮 唐丘蘊墓誌　翮 唐衡水監丞王貞墓誌

翰 魏張玄墓誌 翰 魏高湛墓誌 翰 魏三級浮圖頌 翰 魏冀州刺史元珍墓誌 翰 魏乞伏寶墓誌 翰 魏兗州刺史元彌墓誌 翰 魏程哲碑 翰 齊王峻造像 翰 齊是連公妻邢夫人墓誌 翰 齊元賢墓誌 翰 隋甯贙碑 翰 唐游擊將軍康磨伽墓誌 翰 唐彭城劉氏龕像銘 翰 唐文林郎新喻縣丞胡儼墓誌 翰 唐處士□長墓誌 翰 唐劉德閏墓誌 翰 唐通議大夫使持節興州諸軍事興州刺史上柱國劉叡墓誌 翰 唐汴州浚儀縣梁煥墓誌 翰 唐鄭州長史鉅鹿魏懃墓誌 翰 唐故皇朝史誕墓誌 翰 唐前試左衛兵參軍裴孝仙墓誌 翰 唐李表墓誌 翰 唐峽州司馬張積墓誌 翰 唐右金吾衛翊衛宋運墓誌 翰 唐朱光宙墓誌

篤 漢朝侯小子碑 篤 魏昭玄沙門大統僧令法師墓誌 篤 魏高慶碑 篤 周曹恪碑 篤 隋尉

篚　篠　蔽　蕩

富娘墓誌　篤 隋寇遵考墓誌　篤 唐張獎墓誌

篚 唐濟瀆廟器具記

篠 唐王素臣墓誌

蔽 漢張遷碑　蔽 魏王誦墓誌　蔽 魏廣陽王妃墓誌　蔽 魏孝廉奚真墓誌　蔽 大代華岳廟碑　蔽 齊李清為李希宗造像記　蔽 齊雋敬碑　蔽 隋馮夫人盧璇芷墓誌　蔽 僞周楊順墓誌銘

蔽 唐恒山封禪銘　蔽 唐麟德元年殘造像　蔽 唐楊府君夫人烏氏墓誌　蔽 唐文林郎王貞墓誌銘

蔽 宋通仕郎行巴州司戶參軍華司法事范子舟墓誌

蕩 魏安康伯元均墓誌　蕩 魏元遥墓誌　蕩 隋皇甫深墓誌　蕩 唐湯陰縣主王府君墓誌

蕃 蕤 蕪 蕈

蕃 魏城陽王元鸞墓誌 蕃 魏元公夫人薛氏墓誌 蕃 魏元液墓誌 蕃 魏元凝妻陸順華墓誌

蕃 魏元悅墓誌 蕃 魏元襲墓誌 蕃 齊皇甫琳墓誌 蕃 隋謝岳墓誌 蕃 隋劉則墓誌

蕃 蕃 唐崔長先墓誌 蕃 唐文林郎上柱國董本墓誌

蕤 魏鄴縣男唐耀墓誌 蕤 魏涼州刺史元維墓誌 蕤 魏穆纂墓誌 蕤 隋蕭汎墓誌 蕤 偽周王貞墓

蕤 唐張府君夫人齊娥墓誌 蕤 唐嗣曹王李皐妃清河崔氏墓誌 蕤 唐陳州司馬慕容思廉墓誌

蕤 唐夏侯君前妻樊後妻董合葬墓誌

蕪 魏郭顯墓誌

蕈 隋馮夫人李玉婍墓誌

蕖 唐九品宫人墓誌

蕘 魏元毓墓誌

蕙 魏王基墓誌　蕙 唐張振墓誌

蕞 魏元伏寶墓誌

蕭 漢孔宙碑　蕭 漢武班碑　蕭 魏皇甫驎墓誌　蕭 魏涼州刺史元維墓誌　蕭 造交龍象碑

蕭 魏穆亮墓誌　蕭 魏兗州刺史元獮墓誌　蕭 魏元融妻盧蘭墓誌　蕭 魏高嶺修寺碑　蕭 隋騰王子楊厲墓誌

蕭 隋張軻墓誌　蕭 隋宫人三品樊氏墓誌　蕭 唐武騎尉張弘墓誌　蕭 唐楊君植造像

蕭 唐韓承墓誌　蕭 唐處士田君彥墓誌　蕭 唐河南處士樊端墓誌　蕭 唐陪戎尉王德

妻鮮于墓誌

蕭 唐張寬墓誌

蕭 唐王師墓誌

蕭 唐處士朱通墓誌

蕭 唐吳王府執仗張節墓誌

蕭 唐通直郎□行唐州錄事參軍王烈墓誌

蕭 唐冀州刺史息武君欽載墓誌

蕭 唐文林郎楊訓墓誌

蕭 唐處士崔德墓誌

蕭 唐孫師岐墓誌

蕭 唐處士奚弘敬墓誌

蕭 唐右翊衛清廟臺齋郎天官常選王豫墓誌

蕭 唐皇朝故潞州司法參軍秦佾墓誌

蕭 唐□錄事公蕭思一墓誌

蕭 唐正議大夫使持節都督嶲州諸軍事守嶲州刺史上柱國高陽縣開國男許樞墓誌

蕭 唐銀青光祿大夫和州刺史上柱國瑯琊縣開國伯顏謀道墓誌

蕭 唐吏部常選夏侯瑾前妻樊後妻董合葬墓誌

蕭 唐故汾州崇儒府折衝滎陽鄭仁穎墓誌銘

蕭 唐王留墓誌

蕭 唐王君故夫人任氏墓誌

蕭 楊吳天祐十二年殘墓誌

## 萑

萑 漢西鄉侯碑

萑 魏李憲墓誌

萑 隋新鄭縣令蕭瑾墓誌

藎 褰 褵 襁 縑 縛 縠 縣

藎 漢孔宙碑
藎 魏瀛州刺史元欽墓誌

褰 周賀屯植墓誌
褰 唐邊真墓誌

褵 隋荀夫人宋玉艷墓誌
褵 隋宮人司璽元氏墓誌
褵 隋宮人御女唐氏墓誌

襁 唐洛州河南縣南斌故妻高五子墓誌
襁 唐曹州冤句縣令李敬瑜墓誌

縑 魏韓顯宗墓誌
縑 隋程諧墓誌

縛 唐京兆府宣化府折衝攝右衛郎將橫野軍副使樊庭觀墓誌銘

縠 魏元譚墓誌
縠 魏高猛妻元瑛墓誌銘
縠 隋梁邕墓誌

縣 漢孔宙碑
縣 漢王稚子闕銘
縣 晉平昌郡安丘縣始平相散騎常侍孟府君墓誌
縣 魏司馬昇

# 縚 興

墓誌

**縣** 魏寇憑墓誌

**縣** 魏范思彥墓誌

**縣** 魏雋蒙娥等卅一人造像

**縣** 魏建光郡端氏縣水碓昇合村邑子造像

**縣** 齊石永興造像

**縣** 齊太守二年樂陵縣人李通梁造像

**縣** 周賀屯植墓誌

**縣** 隋員天威造像

**縣** 隋楊秀墓誌

**縣** 隋雍長墓誌

**縣** 隋蕭濱墓誌

**縣** 唐頓丘李公夫人劉氏墓誌

**縚** 唐相州刺史賀蘭務溫墓誌

**興** 漢張遷碑

**興** 漢魯峻碑

**興** 晉王興之墓誌

**興** 龍門畢法興造像題名

**興** 魏司馬昞墓誌

**興** 魏曲陽修德寺玉佛造像銘

**興** 魏孝文帝弔比干文

**興** 魏義橋石象碑

**興** 魏閭伯昇墓誌

**興** 魏王顯慶墓誌

**興** 魏高宗嬪耿壽姬墓誌

**興** 魏元欽墓誌

**興** 魏趙瑂墓誌

**興** 魏安樂王元悅墓誌

**興** 齊高僧護墓誌銘

**興** 唐幽州范縣令楊基墓誌

**興** 唐常開墓誌

**興** 唐銀青光祿大夫和州刺史上

罹　衡　臻

柱國瑯琊縣開國伯顏謀道墓誌

興 唐蘭陵蕭夫人墓誌

興 唐成王府參軍楊承倚墓誌

興 宋張釜璈璨泉題名

興 元新建祖師行祠報恩碑記

罹 唐張氏亡女墓誌

罹 唐王夫人墓誌

衡 魏高湛墓誌

衡 魏嵩高靈廟碑

衡 魏寇憑墓誌

衡 魏元舉墓誌

衡 魏奚真墓誌

衡 魏元鸞妃公孫甄生墓誌

衡 隋寗贙碑

衡 唐處士張鳳憐墓誌

衡 唐張才墓誌

衡 唐游擊將軍吳孝墓誌

衡 唐□君墓誌

衡 唐郟鄏府隊副梁方墓誌

衡 唐水衡監丞王貞墓誌

衡 唐京兆府真化府折衝都尉車益墓誌

衡 唐信州遂城府左果毅劉府君墓誌

臻 漢劉熊碑

臻 隋翟突娑墓誌

踰　賵　賴　豫

豫漢曹全碑　豫魏豫州刺史元珽墓誌　豫魏陽平王太妃李氏墓誌　豫魏饒陽男元遥墓誌　豫

魏北海王元詳墓誌　豫魏公孫猗墓誌　豫魏元子直墓誌　豫魏昭儀胡明相墓誌　豫魏元誨墓誌

豫隋尚書主客侍郎梁瓌墓誌　豫唐黔州洪杜縣丞張善妻夫人上官氏墓誌　豫唐瀛州文安縣令王

府君周故夫人薛氏墓誌銘　豫唐朝議大夫行兗州龔業縣令上柱國程思文墓誌

賴漢孔宙碑　賴魏于景墓誌　賴隋口和墓誌　賴唐尚書司勳郎中吉渾墓誌　賴唐澧

州司戶參軍卜元簡墓誌

賵魏元騰墓誌　賵周賀屯植墓誌　賵隋處士范高墓誌

踰齊傅華墓誌　踰唐瀛州文安縣令王德表墓誌　踰唐中書侍郎贈衛尉卿河內司馬府君夫人范陽郡

踵　踴　遲　導　遶

盧氏墓誌銘

踰 唐段公夫人常氏墓誌

踵 魏汝南太守寇演墓誌
踵 魏王僧墓誌
踵 魏王悅墓誌
踵 魏元朗墓誌
踵 魏鄭羲下碑

踴 唐王端墓誌

遲 漢韓勅碑
遲 漢三公山碑
遲 漢孔彪碑
遲 晋辟雍頌
遲 隋蕭翹墓誌
遲 隋賈珉墓誌
遲 唐張軫墓誌
遲 唐王積善墓誌
遲 唐管元惠碑
遲 唐左領軍衛郎將裴沙墓誌

導 魏中岳靈廟碑
導 魏元愔墓誌
導 齊董洪達墓誌
導 唐霍夫人墓誌
導 唐瑯將力士墓誌
導 唐陪戎尉王德妻鮮于墓誌
導 唐處士陳泰墓誌
導 唐王齊丘墓誌

遶 隋□靜墓誌

# 遷

漢孔宙碑
漢衡方碑
漢孔彪碑
漢景君碑
魏刁遵墓誌
魏司馬昇墓誌
魏義橋石像碑
魏孝文帝弔比干文
魏顯祖嬪侯夫人墓誌
魏元氏蘭夫人墓誌
魏故樂安王元悅墓誌
魏寇憑墓誌
魏元襲墓誌
魏李槩蘭墓誌
魏元恭墓誌
魏石育墓誌
魏叔孫固墓誌
魏元璨墓誌
魏元始和墓誌
魏寇胤哲墓誌
魏王悅郭夫人墓誌
魏高貞碑
齊姜纂造像
齊宋敬業崔海等人造像記
周時珍墓誌
隋楊秀墓誌
隋明雲騰墓誌
隋杜相夫造像記
隋元公墓誌
隋元公夫人姬氏墓誌
隋楊德墓誌
隋張伴墓誌
隋高虬墓誌
隋宮人徐氏墓誌
隋豆盧寔墓誌
隋卜仁墓誌
隋劉德墓誌
唐處士郭壽墓誌

遷 唐大智禪師碑
遷 唐姚暢墓誌
遷 唐嗣王李戢墓誌
遷 唐王君故夫人劉氏合葬墓誌銘
遷 唐畢遊江墓誌
遷 唐堅行禪師塔銘
遷 唐程元景墓誌
遷 唐張矩墓誌
遷 唐李輔光墓誌
遷 唐宛貞約墓誌
遷 唐開府右尚令王仁則墓誌
遷 唐沈士公墓誌
遷 唐王媛達墓誌銘
遷 唐亡宮九品墓誌
遷 唐亡宮九品墓誌
遷 唐洛陽縣王氏呂夫人墓誌
遷 唐處士王君墓誌銘
遷 唐處士崔德墓誌
遷 唐幕州刺史洛陽宮總監褚府君夫人臨沂縣君王氏墓誌
遷 唐朝議郎前行魏州司法參軍事上柱國元素墓誌
遷 唐洪州都督府兵曹參軍黃承緒墓誌
遷 唐通議大夫使持節寧州諸軍事寧州刺史上柱國裴撝墓誌
遷 唐襄州長史韋麟墓誌
遷 唐濟南郡禹城縣令李庭訓墓誌
遷 唐襄州襄陽縣尉同州馮翊縣丞瑯琊王鴻基墓誌
遷 唐縉雲郡司馬費崇琫夫人陸英墓誌
遷 唐北海郡守贈

# 選

秘書監江夏李邕墓誌　遷 唐連州桂陽縣主簿杜伕夫人隴西李氏墓誌　遷 唐河南府汜水縣丞邢倨夫人景氏墓誌

遷 唐前睦州建德縣尉蔡公浩故夫人段氏墓誌　遷 唐李氏故陳留郡夫人墓誌　遷 唐大漢故鴻臚少卿金紫光祿大夫檢校兵部尚書兼御史大夫上柱國□令圖墓誌　遷 唐樂高墓誌　遷 唐張夫人墓誌銘

遷 唐崔玄稳墓誌銘　遷 唐韓昂墓誌　遷 唐李嘉珍墓誌　遷 唐趙府君故董氏王氏合祔墓誌

遷 唐畢遊江墓誌　遷 唐管元惠碑　遷 唐梓州長史劉孝之墓誌　遷 唐三原縣令盧行穀墓誌銘

遷 唐晉陵郡別駕倪彬墓誌　遷 唐高士賈君夫人杜氏墓誌　遷 唐處士后節墓誌

選 魏范陽王元誨墓誌　選 魏元龍墓誌　選 唐夏侯思泰墓誌　選 唐文林郎新喻縣丞胡儼墓誌

選 明潞簡王朱翊墓誌　選 清張崑崖墓誌

遹 唐白羨墓誌

遺 漢景君碑　遺 漢韓勑碑側題名　遺 漢永壽三年山東嘉祥宋山畫像石題記　遺 魏唐耀墓誌

遺 隋羊瑋墓誌　遺 唐夫人竹氏墓誌　遺 唐左親衛長上校尉樂玉墓誌　遺 唐涼國公府長史上騎都尉張達墓誌

遺 唐孔桃栓墓誌　遺 唐河南慕容曉墓誌

遼 漢韓勑碑陰　遼 漢史晨後碑　遼 後秦遼東太守呂憲墓表　遼 魏公孫猗墓誌　遼 魏元愔墓誌

遼 魏皇甫驎墓誌　遼 隋豆盧寔墓誌　遼 隋呂胡墓誌　遼 唐蒲州虞鄉縣丞王安墓誌

遼 唐王德表墓誌　遼 唐蒲州虞鄉縣丞王安墓誌

諛 魏東平王元略墓誌

諜 唐中散大夫行澤州長史楊李正妻歸義縣韓令德墓誌　諜 唐潞州屯留縣令温府君夫人李氏墓誌　諜 唐詹事府司直孫公夫人隴西李氏墓誌　諜 唐李君彥夫人魏氏墓誌　諜 唐衢州司士參軍李君夫人獨狐氏墓誌

諝 唐游擊將軍上護軍坊州思臣府左果毅都尉暢善威墓誌

諤 唐故隋黄梅縣尉韓政墓誌

諧 唐延州敦化府兵曹參軍張士龍墓誌　諧 唐亡宮九品墓誌　諧 唐慕容麗墓誌

諫 唐開府右尚令王仁則墓誌　諫 唐右金吾胄參軍沈君夫人宋武姜墓誌

諱 漢衡方碑　諱 漢武榮碑　諱 漢鄭閣頌　諱 漢三老諱日記　諱 晉爨寶子碑　諱 晉華芳墓誌　諱 魏河間王元定墓誌　諱 魏高道悅墓誌　諱 魏太監孟元華墓誌　諱 魏青州刺史元道墓

# 諸 謀 謁

誌
諱 魏房悅墓誌
諱 隋段濟墓誌
諱 唐劉洪墓誌
諱 唐苑貞約墓誌
諱 唐洛陽縣淳俗鄉君劝夫人姬墓誌
諱 唐張弘秀墓誌
諱 唐梁郡喬崇敬墓誌
諱 唐太中大夫邕府都督陸思本故夫人河南元氏墓誌
諱 唐齊州禹城縣令隴西李庭訓夫人清河崔上真墓誌
諱 唐崔嚴墓誌
諱 唐邠府君夫人馬氏墓誌
諱
諱
諱 唐清河郡張寀墓誌
諱 梁開平年穆弘墓誌
諱 南漢光祿大夫曾參墓誌

彰 魏比丘道瓊記
諸 魏元定墓誌
諸 魏寇霄墓誌
諸 隋段濟墓誌

諜 漢校官碑
謀 隋正議大夫□繁墓誌

謁 漢曹全碑
謁 漢張壽碑
謁 漢魯峻碑
謁 漢鄐閣頌
謁 魏洛州刺史元廣墓誌
謁

謂　諲　靜　親

魏太監孟元華墓誌

謂 魏山徽墓誌

謂 魏叔孫固墓誌

謂 隋呂胡墓誌

謂 魏陳榮觀造像

謂 齊宋買造像

謂 周顏那朱等造像

謂 隋郭王墓誌

謂 隋宋仲墓

誌

謂 唐新城府別將張翼墓誌

謂 唐上開府董葵墓誌

謂 元照公塔記

謂 常岳等造像

諲 漢曹全碑

靜 漢衡方碑

靜 魏汝南太守寇演墓誌

靜 魏封令妃造像

靜 魏楊乾墓誌

靜 唐衢州別

駕王守贇墓誌

親 漢婁壽碑

親 吳谷朗碑

親 魏上黨王元天穆墓誌

親 齊感孝頌

親 齊李清為李希宗造

像記

親 齊平等寺碑

親 齊梁伽耶墓誌

親 隋寇奉叔墓誌

親 隋元仁宗墓誌

親 隋那盧夫

輯　輶　輸　辨　醑

人元買得墓誌

親 唐上柱國高邈墓誌

親 宋朝請郎致仕范暉墓誌

親 明涿州石經山苑公塔院碑

輯 漢白石神君碑

輯 隋甯贙碑

輯 唐□□大夫洛安郡長史上柱國趙懷璡墓誌

輶 魏廣川孝王元煥墓誌

輶 魏于祚妻和醜仁墓誌

輶 魏元融墓誌

輶 隋寇奉叔墓誌銘

輶 唐郭通墓誌

輶 唐處士董義墓誌

輸 唐朝散大夫使持節邠州刺史上柱國□守義墓誌

輸 唐撫州法曹參軍員外置隴西李濰墓誌

辨 漢景君碑

辨 漢郙閣頌

辨 魏傅母王遺女墓誌

辨 魏鉅平縣侯元欽神銘

辨 魏元瞻墓誌

辨 魏臨潼造像

辨 齊宋買造像

辨 齊高僧護墓誌

辨 唐樊興碑

醑 魏長孫士亮妻宋靈妃墓誌

鄰 錄 錙 錢 錫 闇 閻

鄰 齊堯俊妻獨孤氏墓誌

鄰 唐明威將軍守右鷹揚衛貴安府折衝都尉上柱國王建墓誌

錄 唐仁靜觀魏法師碑

錄 唐盧叔墓誌

錄 唐恒山封禪銘

錙 唐上儀同秦進儀墓誌

錙 唐晉祠銘

錙 唐高士廉墓誌

錙 唐蕭勝墓誌

錢 漢劉元臺買地券

錢 齊石永興造像

錫 魏樂安王元緒墓誌

錫 隋盧文機墓誌

錫 唐陪戎副尉韓懷墓誌

闇 齊高叡國妃敬氏墓誌

閻 魏洪寶造像

閻 常岳等造像

閻 梁惠光和尚舍利塔銘

閻 齊婁纂造像

閻 齊梁罷村邑子七十八人造浮圖記

閻 宋普濟禪院碑

閾 霍 霏 䨲 霓 隧 隨

| 閾 | 霍 | 霏 | 䨲 | 霓 | 隧 | 隨 |
|---|---|---|---|---|---|---|
| 閾 齊高建妻王氏墓誌 | 霍 魏江陽王元乂墓誌<br>霍 隋阮景暉造像 | 霏 隋主簿張濬墓誌 | 䨲 隋馬穉墓誌 | 霓 唐姚希南墓誌 | 隧 魏合邑廿人等造像 | 隨 漢景君碑<br>隨 漢楊君石門頌<br>隨 漢張遷碑<br>隨 魏王偃墓誌<br>隨 魏元融墓誌<br>隨 齊馬天祥造像<br>隨 隋楊秀墓誌<br>隨 隋張伻暨夫人東門氏墓誌<br>隨 唐阿史那忠碑<br>隨 唐王郅墓誌 |

險 雕 鑿 頭 頷 頹 頻

**隨** 唐禹城縣令李庭訓墓誌

**险** 唐段公夫人常氏墓誌

**雕** 魏三級浮圖頌

**鑿** 漢元初二年鑿刑徒磚文

**頭** 前燕馬遠越造墓磚銘

**頭** 齊静明造像

**鵮** 隋楊秀墓誌

**頹** 隋密長盛造橋碑

**頹** 隋宋仲墓誌

**頹** 唐兗公頌

**頻** 唐冀州棗强縣令贈隋州刺史裴同墓誌

**頻** 唐朝散大夫國子司業上柱國開休元墓誌

罵 駰 髺 餐 穎

穎 隋虎賁將軍鄧昞墓誌 穎 唐太子詹事源光墓誌 穎 唐禪大德塔銘 穎 唐大盧舍那像龕記

穎 唐洛陽縣王氏呂夫人墓誌 穎 唐李系墓誌 穎 唐將仕郎宋州虞城縣尉張君表墓誌 穎 晉博陵崔氏夫人墓誌 穎 宋朝散大夫試大理評事前行許州臨潁縣令祖仲宣墓誌 穎 宋朝奉郎行太常寺太祝雲騎石祖方墓誌

餐 唐道因法師碑 餐 唐王行滿書聖教序 餐 唐西廟堂碑 餐 唐安令節墓誌

髺 唐王楷墓誌

駰 唐張敬墓誌

罵 宋度支郎中姚府君夫人崇德縣君李氏墓誌

駢 鮑 鴒 鴟 鴑 黔 默

駢 唐何摩訶墓誌

鮑 鮑 靜明造像

鴒 唐高荊玉墓誌

鴟 漢景君碑 鴟 魏敬史君碑

鴑 魏元彧墓誌 鴑 唐王君妻梁氏墓誌 鴑 唐陳崇本墓誌 鴑 唐處士陳泰墓誌 鴑 唐鄉貢進士南陽郡張曄墓誌

黔 魏元楨墓誌 黔 魏張敬等造像 黚 唐雲麾將軍齊子墓誌 黔 唐廉州封山縣令爨古墓誌

默 魏齊郡王妃常氏墓誌 默 魏奚真墓誌 默 魏王僧墓誌 默 隋李則墓誌 默 隋□

# 龍

睦碑誌 默 隋杜乾緒造像 默 隋宋循墓誌 默 隋陳叔明墓誌 默 唐韓承墓誌 默 唐祖

氏夫人張朧墓誌 默 唐處士河東裴府君夫人祖氏墓誌

龍 漢韓勑碑 龍 漢白石神君碑 龍 北涼沮渠安周碑 龍 魏襄州築城碑 龍 魏廉

富及子天長造義井佛像記 驡 魏弔比干文 龍 魏吐谷渾璣墓誌 龍 魏元仙墓

誌 龍 魏郭顯墓誌 龍 魏李蕤墓誌 驡 魏司馬昞墓誌 龍 魏鎾潼造像 龍

齋李清為李希宗造像 龍 隋董美人墓誌 龍 隋龍藏寺碑 龍 隋關明墓誌 驡

隋謝岳墓誌 龍 隋馬穉墓誌 龍 偽周息邊惠墓誌 龍 唐大智禪師碑 龍 唐王通墓

誌 龍 唐皇甫府君墓誌 龍 唐忠武將軍德從弟李君孝夫人魏氏墓誌 龍 唐蒲州大

# 龜

都督府長林縣令騎都尉昌黎韓仁楷墓誌

龍 唐同州孝德府右果毅都尉東海于府君夫人王媛墓誌

龍 唐右翊衛清廟臺齋郎天官常選王豫墓誌

龍 唐大理正喬府君夫人長樂馮誠墓誌

龍 唐右威衛兵曹參軍王冷然墓誌

龍 五代推誠奉義翊戴功臣開府儀同三司檢校太師右金吾衛上將軍上柱國王守恩墓誌

龜 漢校官碑

龜 漢戚伯著碑

龜 漢熹平石經殘石

龜 漢劉平國摩崖

龜 晉好大王碑

龜 晉辟雍頌

龜 魏刁遵墓誌

龜 魏張猛龍碑

龜 魏嵩陽寺碑

龜 魏陽平王太妃李氏墓誌

龜 魏寇憑墓誌

龜 魏劉根造像

龜 魏敬史君碑

龜 魏穆亮妻尉太妃墓誌

龜 魏元珽妻穆夫人墓誌

龜 魏元周安墓誌

龜 魏慈香造像

龜 魏元悅墓誌

龜 魏趙阿歡造像

龜 魏三級浮圖頌

龜 魏比丘道璸記

龜 魏杜照賢造像

龜 魏元欽神銘

龜 魏任城文宣王妃馮墓誌

龜 魏元祐墓誌

龜 魏宕昌公暉福寺碑

龜 魏張滿墓誌

龜 魏于景墓誌

龜 魏元孟輝墓誌

龜 魏胡昭儀墓誌

龜 魏李璧墓誌

龜 魏高道悅墓誌

龜 魏王楨墓誌

龜 魏元譿墓誌

龜 魏元譚墓誌

龜 魏穆亮墓誌

龜 魏唐耀墓誌

龜 魏元肅墓誌

龜 魏侯剛墓誌

龜 魏樊子造像

龜 魏荀景墓誌

龜 魏比丘惠感造像

龜 魏建興郡端氏縣水碓并合村邑子造像

龜 魏元夔墓誌

龜 魏元新成妃李氏墓誌

龜 魏元彬墓誌

龜 魏元融墓誌

龜 魏兗州刺史□□□殘造像

龜 魏張复造像

龜 魏神龜三年四月八日清信士陳□造像記

龜 齊柴季蘭等卌人造像

龜 齊元賢墓誌

龜 齊唐邕寫經碑

龜 齊高劉二姓邑義造浮圖記

龜 齊劉僾仁墓誌 龜 齊邑義孫暉等卅人造像 龜 隋卞鑒墓誌 龜 隋太僕卿元公墓誌 龜

隋程諧墓誌 龜 隋苟夫人宋玉艷墓誌 龜 唐杜行方墓誌 龜 唐王君夫人劉氏墓誌 龜 唐劉

通墓誌 龜 唐王義和造像 龜 唐敬善寺石象銘 龜 唐李從證墓誌 龜 唐劉湊閏妻劉氏墓誌

龜 唐司馬興墓誌 龜 唐祁讓墓誌 龜 唐封泰墓誌 龜 唐段君夫人墓誌 龜 唐甯思眞

墓誌 龜 唐上谷侯夫人墓誌 龜 唐蕭貞亮墓誌 龜 唐周焦松墓誌 龜 唐高岑墓誌 龜 唐城

文縣尉盧復墓誌 龜 唐朱師墓誌 龜 唐范陽令楊基墓誌銘 龜 唐九成宮碑 龜 唐彭城幼

子墓誌 龜 唐張詵夫人墓誌 龜 唐詹事府司直張椅墓誌 龜 唐王通墓誌 龜 唐處士石節墓

誌 龜 唐秦愛墓誌 龜 唐幽州節度要籍祖君夫人楊氏墓誌 龜 唐光祿卿王訓墓誌 龜 唐能

政墓誌

龜 唐韓承墓誌

龜 唐處士張興墓誌

龜 唐孫紉寶墓誌

龜 唐騎都尉郭義本墓誌

龜 唐處士樂歸墓誌

龜 唐處士王韜墓誌

龜 唐陳守素妻李夫人墓誌

龜 唐沙州龍勒府果毅都尉張方墓誌

龜 唐宋夫人墓誌

龜 唐金鄉郡君韋氏墓誌

龜 唐處士王仲健墓誌

龜 唐韓承墓誌

龜 唐洛州司戶高纘墓誌

龜 唐杜師鄺墓誌

龜 唐留澤縣令郭邕墓誌

龜 唐滄俗鄉君劾夫人墓誌

龜 唐涿郡張夫人墓誌

龜 唐趙慶章墓誌

龜 唐孫公器墓誌

龜 唐幽州范縣令楊基墓誌

龜 唐處士王韜墓誌

龜 唐孟夫人墓誌

龜 唐故隋左龍驤驃騎王協墓誌

龜 唐濟州東阿縣尉趙爽墓誌

龜 唐濟州東阿縣尉趙爽墓誌

龜 唐洛汭府故隊正李表墓誌

龜 唐故隋井州司兵張義墓誌

龜 唐處士張伯龍墓誌

龜 唐右戎衛翊衛徐買墓誌

龜 唐□德□墓誌

龜 唐忠武將軍從弟李

君彥夫人魏氏墓誌 龜 唐左親衛長上校樂玉墓誌 龜 唐登仕郎丁范墓誌 龜 龜 唐洛汭府旅帥

上柱國韓郎墓誌 龜 唐樊氏六娘七娘九娘墓誌 龜 唐廉州封山縣令爨古墓誌 龜 唐張道墓誌

龜 唐處士張元墓誌 龜 唐處士崔德墓誌 龜 唐白州龍豪縣令呼延章墓誌 龜 唐正議大夫使

持節都督雋州諸軍事上柱國許公夫人王氏墓誌 龜 唐明威將軍守右鷹揚衛貴安府折衝都尉上柱國王建墓誌銘

龜 唐幕州刺史洛陽宮總監褚府君夫人臨沂縣君王氏墓誌 龜 唐岷州刺史張仁楚墓誌 龜 唐正議大

夫使持節都督姚宋等卅六州諸軍事守姚州刺史皇甫文備墓誌 龜 唐朝議郎行司儀寺長澤監王及德墓誌 龜

唐雍州美原縣丞王景之墓誌 龜 唐游擊將軍行華州永豐鎮副張淑子墓誌 龜 唐右軍衛沙州龍勒府果毅都

尉上柱國張方墓誌 龜 唐宣威將軍左驍衛河南府永嘉府折衝都尉上柱國王元墓誌 龜 唐四從伯中散大夫

檢校太子左贊善大夫李文姿墓誌

龜 唐前同州華池府別將李琦墓誌

龜 唐金鄉郡君夫人宋兆龔順儀墓誌

龜 唐東平郡壽張縣令盧合墓誌

龜 唐正議大夫守殿中監致仕上柱國王翼墓誌

龜 唐隴西李釣長女墓誌

龜 唐趙郡李懸墓誌

龜 唐河南府長水縣丞樂安孫幼寶墓誌

龜 五代貞明元年尊勝陁羅尼經幢

龜 宋王佛女磚銘

## 十七畫

優 魏小劍戎主元平墓誌

優 魏巨始光造像

優 魏翠伏龍造像

優 魏韓顯宗墓誌

優 隋元鍾墓誌

優 隋張濤妻禮氏墓誌

優 隋姚泰墓誌

優 唐馬君起造像

勵 隋宋敞墓誌

匵　屨　彌　嶷

匵 唐猗氏縣令高隆基墓誌

屨 唐亡宮□□墓誌

彌 漢韓勅碑　彌 漢張表碑　弥 魏覺法端造像　弥 魏王方略造須彌塔記　弥 魏朱永隆造像　弥 魏義橋石象碑　弥 魏昭玄沙門大統僧令法師墓誌　弥 魏李興造像　弥 齊韓永義造佛堪記　弥 齊房紹興造像　弥 隋李君瞢造像　彌 隋元禕墓誌　弥 唐御史中丞汀州刺史孫瑝妻李夫人墓誌銘

嶷 魏元毓墓誌　嶷 魏穆亮妻元洛神墓誌　嶷 魏高道悅墓誌　嶷 魏處士王基墓誌　嶷 魏王紹墓誌　嶷 魏太常少卿元璨墓誌　嶷 隋唐直墓誌　嶷 唐故隋朝散大夫牛君夫人申好墓誌

嶺　嶽　孺

嶷 唐韓承墓誌 嶷 唐銀青光祿大夫和州刺史上柱國瑯琊縣開國伯顏謀道墓誌 嶷 唐揚州揚子縣令崔光嗣墓誌 嶷 宋曹州乘氏縣令贈太子洗馬梁文獻墓誌

嶺 漢馬氏二十四娘符咒刻石 嶺 魏洪樂等造像 嶺 魏世宗嬪司馬顯姿墓誌 嶺 魏王悅墓誌

嶺 齊高嶺修寺碑 嶺 隋宮人典綵朱氏墓誌 嶺 唐處士梁方及夫人張氏墓誌 嶺 唐程某墓誌

嶽 漢衡方碑 嶽 漢白石神君碑 嶽 隋張壽墓誌 嶽 唐故隋并州司兵張義墓誌 嶽 唐幽州都督參軍朱憲墓誌 嶽 唐王明墓誌

孺 魏涼州刺史元維墓誌 孺 隋比丘尼修梵石室記 孺 唐蘭陵蕭夫人墓誌 孺 大周銀青光祿大夫檢校司空石金俊墓誌

嬪　嬰　嬴

嬪 晋王浚妻華芳墓誌 嬪 魏賈充妻郭槐柩銘 嬪 魏高宗嬪耿氏墓誌 嬪 魏于祚妻和醜仁墓誌

嬪 魏元謐妻馮會蓋墓誌 嬪 齊高叡國妃敬氏墓誌 嬪 唐處士申恭墓誌

嬰 漢永壽三年山東嘉祥宋山畫像石題記 嬰 宋明雲憘墓誌 嬰 魏司空穆泰墓誌 嬰 魏三級浮圖頌

嬰 隋張伻墓誌 嬰 唐隆闡禪師銘 嬰 唐魏邈妻趙氏墓誌 嬰 唐亡妻李氏墓誌 嬰 唐平百濟國碑

嬰 唐主簿夫郊墓誌 嬰 唐楊佰隴墓誌 嬰 唐張君妻魏夫人墓誌 嬰 唐吏部常選滎陽鄭公故夫人廣平宋練墓誌

嬰 唐尚輦直長崔公故夫人滎陽鄭敏墓誌 嬰 宋故河南郡君元氏墓誌銘

嬰 五代貞明元年尊勝陁難氏經幢

嬴 漢武梁祠畫像題字 嬴 魏鄯乾墓誌 嬴 齊司馬遵業墓誌 嬴 唐秦士寧妻王氏墓誌

# 壑

壑 魏張猛龍碑
壑 魏敬史君碑
壑 魏陸紹墓誌
壑 魏鉅平縣侯元欽神銘
壑 魏員外散騎侍郎元恩墓誌
壑 魏元瞻墓誌
壑 魏元悰墓誌
壑 魏叔孫協墓誌
壑 魏元昉墓誌
壑 魏元靈曜墓誌
壑 魏元宥墓誌
壑 魏昭玄沙門大統僧令法師墓誌
壑 齊趙道德墓誌銘
壑 齊李琮墓誌
壑 周神智造像
壑 隋蕭瑾墓誌
壑 隋車騎將軍翁朱端墓誌
壑 隋屯田侍郎柳君夫人蕭氏墓誌
壑 唐大泉寺三門記
壑 唐梁思亮墓誌
壑 唐夫人竹氏墓誌
壑 唐王元崇墓誌
壑 唐明州刺史韋墳墓誌
壑 唐張居士墓誌
壑 唐處士[]琳墓誌
壑 唐甘郎墓誌
壑 唐上柱國邊真墓誌
壑 唐翟惠隱墓誌
壑 唐李仁德墓誌
壑 唐小石橋碑
壑 唐皇甫相貴墓誌
壑 唐王朋墓誌
壑 唐吴廣碑
壑 唐處士井陰褒墓誌
壑 唐成金及夫人韓氏墓誌

壑 唐蕭處仁墓誌
壑 唐慕容麗墓誌
壑 唐監門校尉陳叔度墓誌
壑 唐解深墓誌
壑 唐信州遼城府左果毅劉府君墓誌
壑 唐通直郎行鴻臚掌客王感墓誌
壑 唐處士暴莊墓誌
壑 唐郭瓚墓誌
壑 唐亡宮人九品墓誌
壑 唐常德墓誌
壑 唐房有非墓誌
壑 唐孟州司馬孫公正墓誌銘
壑 唐隆州晉安縣令唐夫人杜淑墓誌
壑 唐陳訥喬墓誌
壑 唐李隆墓誌
壑 唐嶲州邛來張客墓誌
壑 唐王文曉墓誌
壑 唐□壽墓誌
壑 唐處士張亢墓誌
壑 唐原城府別將裴銑墓誌銘
壑 唐直羅縣丞張德操墓誌
壑 唐處士程碩墓誌
壑 唐朱行墓誌
壑 唐新鄉縣令王順孫墓誌
壑 唐張朧墓誌
壑 唐文林郎張剛墓誌
壑 唐內寺伯成忠墓誌
壑 唐故七品亡典餼宮人墓誌
壑 唐太原王孝義墓誌
壑 唐處士蘭達墓誌
壑 唐亡宮九品墓誌
壑 唐處士魯平穆碩墓誌

壓 唐何摩訶墓誌 壓 唐右金吾衛胄曹參軍沈齊文墓誌 壓 唐上騎都尉李琮墓誌 壓 唐處士崔

德墓誌 壓 唐康智墓誌 壓 唐朝請大夫行司禮寺主簿趙睿墓誌 壓 唐宣義郎行涇州陰盤縣尉騎

都尉周義墓誌 壓 唐處士爰弘敬墓誌 壓 唐興州司馬王游藝墓誌 壓 唐孝廉范陽盧燈墓誌 壓

唐順節夫人李氏墓誌 壓 唐信王府士曹崔傑墓誌 壓 唐韓昂墓誌 壓 梁石彥辭墓誌 壓 宋朝奉郎

尚書屯田員外郎上騎都尉南安焦宗古墓誌 壓 明司子忠淑人王氏墓誌

壓 魏傅母王遺女墓誌 壓 唐游擊將軍張淑子墓誌 壓 唐校尉陳公故夫人劉氏墓誌 壓 唐朝議郎

前行忻州定襄縣令上柱國張楚璋墓誌 壓 唐吏部常選楊品墓誌

徽 魏司馬景和妻墓誌 徽 魏元顥平妻王氏墓誌 徽 魏元鑒墓誌 徽 周賀屯植墓誌 徽

# 擊　擣　擬

徽 唐傷氏墓誌
徽 唐郭通墓誌
徽 唐文林郎新喻縣丞胡徽墓誌

擊 漢張表碑
擊 漢孔彪碑
擊 魏元徽墓誌
擊 魏唐耀墓誌
擊 魏檀賓墓誌
擊 魏魏靈藏造像
擊 魏元湛妻王令媛墓誌
擊 魏公孫略墓誌
擊 隋張受墓誌
擊 隋高緊墓誌
擊 唐李表墓誌
擊 唐游擊將軍吳孝墓誌
擊 唐端州石室記
擊 唐游擊將軍王伏生墓誌銘
擊 唐張素墓誌
擊 唐張振墓誌
擊 唐鄭法明夫人李氏墓誌
擊 唐冀州刺史息武君欽載墓誌
擊 唐明威將軍守右鷹揚衛貴安府折衝都尉上柱國王建墓誌
擊 唐游擊將軍行華州永豐鎮副張淑子墓誌

擣 齊道興造像記

擬 漢曹全碑
擬 魏爰真墓誌
擬 魏李擬墓誌
擬 齊法懃禪師塔銘
擬 周強獨樂為文

佛造像碑

擬 周李遷輝造像

擬 隋段模墓誌

擬 元玄真觀和婆婆修廟刻石

擯 唐朝散郎行蘊州嘉興尉談昕墓誌

擽 唐東鐵汝防御史都押衙張季戎墓誌

懃 魏乘乾太守宋虎墓誌

懃 魏元彥墓誌

懃 魏太監劉華仁墓誌

懇 隋鄧州舍利塔下銘

懇 唐契苾銘

應 魏杜文雅造像

應 魏皇甫驎墓誌

應 魏比丘道寶記

應 魏劉根造像

應 魏胡昭儀墓誌

應 大代華岳廟碑

應 魏元敷墓誌

應 魏李根造像

應 魏和邃墓誌

應 魏合邑廿人等造像

應 隋陳叔榮墓誌

應 唐傅思諫墓誌

應 明處士陸禮墓誌

應 民國鄜州州判張子溫墓誌

# 懋

懋 魏元斑墓誌
懋 魏楊亮妻尉太妃墓誌
懋 魏顯祖嬪侯氏墓誌
懋 魏元澄墓誌
懋 魏元廣墓誌
懋 齊堯峻墓誌
懋 隋馬穉心墓誌
懋 隋豆盧寔墓誌
懋 唐于孝顯碑
懋 唐盧承業妻李灌頂墓誌
懋 唐處士姚忠節墓誌
懋 唐上輕車都尉許行師墓誌
懋 唐吏部常選楊品墓誌
懋 清張雲谿墓誌

# 牆

牆 漢曹全碑
牆 漢史晨後碑
牆 漢武斑碑
牆 漢韓勑後碑
牆 魏蕭正表墓誌
牆 魏元徽墓誌
牆 魏元範妻鄭令妃墓誌
牆 魏公孫略墓誌
牆 齊比丘法明造像記
牆 齊房周陁墓誌
牆 齊暴誕墓誌
牆 隋甯贙碑
牆 隋盧文構墓誌
牆 隋吳嚴墓誌
牆 唐段志玄碑
牆 唐吳季子廟碑
牆 唐劉通墓誌
牆 唐曲阜文宣王新門記
牆 唐銀青光祿大夫行光祿少卿

上柱國渤海郡開國公高懲墓誌

牆 唐明威將軍王建墓誌

牆 唐張伽墓誌

牆 唐左領軍衛執戟李

品品墓誌

墻 梁惠光和尚塔記

毚 魏彭城武宣王妃李墓誌

斁 魏李憲墓誌

斁 隋寇遵考墓誌

斁 唐西廟堂碑

斁 宋朝奉郎行太常寺太祝雲騎尉石祖方

墓誌

斂 魏尒朱紹墓誌

斂 魏兗州刺史元瓛墓誌

斂 魏定州刺史元湛墓誌

斂 隋朝散大夫王世琛

墓誌

斂 隋劉則墓誌

斂 宋通仕郎行巴州司戶參軍兼司法事范子舟墓誌

斂 唐崔覺墓誌

戲 漢趙圉令碑

戲 齊房周陁墓誌

戲 唐劉德閏墓誌

戲 唐徵士平昌孟俊墓誌

戲 唐國

營　煥　燥　燦

子監丞李濟墓誌

戲 唐左千牛京兆府折衝右率府郎將李夢夫人楊氏墓誌

營 漢景君碑陰

萓 晉鄭舒夫人劉氏墓誌

帶 晉張朗碑

營 魏三級浮圖頌

營 魏李仲璇修孔廟碑

營 魏鄯乾墓誌

瞢 魏元鷙妃公孫甑生墓誌

營 魏樂安王元悅墓誌

營 齊魯文捨奇造像

營 齊房周陁墓誌

煥 唐京兆府折衝都尉宋莊墓誌

燥 漢鄐閣頌

燥 晉徐義墓誌

燦 唐安定胡質墓誌

燦 唐左千牛京兆府折衝右率府郎將李夢夫人楊氏墓誌

燦 明涿州石經山琬公塔院碑

燭 燮 瀰 濕 濛 濟

燭 魏元顥妃李元姜墓誌 燭 唐吏部常選王爽墓誌 燭 唐冠軍大將軍行左豹韜衛翊府中郎將高玄墓誌

燮 魏恒州大中正于景墓誌 燮 魏元欽墓誌 燮 魏元崇業墓誌 燮 魏元猷墓誌 燮 唐潘卿墓誌

瀰 唐齊郎墓誌

濕 漢鄐閣頌 濕 晉中書侍郎穎川潁陰荀岳暨夫人劉氏墓誌

濛 魏比丘法勝造像

濟 魏鞠彥雲墓誌 濟 魏陽城洪懋等造像 濟 魏元凝妻陸順華墓誌 濟 魏姚伯多造像 濟 魏齊郡王元祐造像 濟 魏元寶月墓誌 濟 魏鄭黝墓誌 濟 濟 魏元□妃吐谷渾氏墓誌 濟 魏高貞碑 濟 魏邑子廉富等木刻造像題記 濟 齊宋買造像 濟 齊大鴻臚趙州刺史李祖牧墓誌 濟

濤　灆　濬

周強獨樂造像 濟 隋仲思那造橋碑 濟 唐故夫人康氏墓誌 濟 唐殿中侍御史張翔墓誌 濟 唐[口]禕墓誌 濟 唐故段會墓誌銘 濟 金河東南路平陽府隰州永和縣可托村馮公墓誌 濟 元新建祖師行祠報恩碑記

濤 漢鄐閣頌 濤 漢孝女曹娥碑 濤 隋仲思那造橋碑 濤 隋張濤妻禮氏墓誌 濤 唐明威將軍守右鷹揚衛貴安府折衝都尉上柱國王建墓誌

灆 晉石勘墓誌 灆 魏陸紹墓誌 灆 魏元寧墓誌 灆 齊高潤墓誌

濬 魏鄯乾墓誌 濬 魏穆子岩墓誌 濬 唐武騎尉張弘墓誌 濬 唐劉玄豹夫人高氏墓誌 濬 唐孫公亡夫人李氏墓誌 濬 唐慶州長史李肅墓誌 濬 唐龐德威墓誌 濬 唐亡宮人九品墓誌 濬

唐蕭處仁墓誌　濬 唐昭武校尉任德墓誌　濬 唐大夏縣主簿張弘墓誌　濬 唐黃州行參軍韓仁師墓誌

濬 唐上柱國右武衛長史張成墓誌　濬 唐左□□□監察御史張夐墓誌　濬 唐河南府兵曹何敘墓誌

濬 唐□□□行冀州參軍張夲墓誌　濬 唐李克諧夫人河南紀于氏墓誌　濬 唐壽州司馬清河崔楨墓誌銘

濮 魏元延明墓誌　濮 唐甘郎墓誌　濮 唐李休墓誌

濱 唐滄州東光縣令許行夲夫人清河崔氏合葬墓誌

瀫 魏元爽墓誌　瀫 隋郭休墓誌　瀫 隋楊厲墓誌

檀 漢三公山碑　檀 魏比丘員光造像　檀 齊張起墓誌　檀 齊姜纂造像　檀 隋甯贙碑

檀 唐甯思真墓誌 檀 唐王師德造像 擅 唐神和府折衝鄭法明夫人李氏墓誌 擅 唐朝議大夫使持節伊州諸軍事伊州刺史上柱國衡義整墓誌 檀 唐孫師岐墓誌

檄 齊太尉府墨曹參軍梁伽耶墓誌 檄 隋梁邕墓誌 檄 齊劉雙仁墓誌

檐 齊牛景悅等造石浮圖記 檐 唐史信墓誌 檐 唐神寶寺碑 檐 唐文宣王新門記

櫝 隋燕王府錄事段夫人墓誌

檢 唐京兆府宣化府折衝攝右衛郎將横野軍副使樊庭觀墓誌 檢 元敕封英濟王石刻

檗 清孫霞卷銘

獲 漢武梁祠畫像題字 獲 魏比丘道寶記 獲 魏張貴興造像 獲 魏來令造像 獲 魏臣始光

造像

獲 齊比丘惠教造像記

獲 齊比丘惠煥造像

獲 齊武平年趙桃等造像

獲 齊張龍伯造像

獲 隋元禕墓誌

獲 隋□韶墓誌

獲 唐桑弯墓誌

獲 唐北岳府君碑

穫 唐右軍衛沙州龍勒府果毅都尉上柱國張方墓誌

竉 明登封郡王朱氏墓誌

療 隋永豐劉則墓誌

療 隋王世琛墓誌

療 隋曹海凝墓誌

璫 唐處士申恭墓誌

瓈 魏比丘道寶記

瓈 魏元顯儁墓誌

瓈 齊梁罷村邑子七十人造浮圖記

瓈 齊比丘惠瑍造像

瓈 隋馮夫人盧旋芷墓誌

瓈 隋右曉衛司騎參軍尉仁弘墓誌

瓈 唐中大夫守桂州刺史孫成墓誌

環 璲 磷 甑 矯 禪 瞥

環 隋荀夫人宋玉艷墓誌
環 隋陳叔明墓誌

璲 唐濟南郡禹城縣令李庭訓墓誌

磷 魏元順墓誌
磷 魏太監劉阿素墓誌
磷 魏劉玉
磷 唐玄武丞楊仁方墓誌

甑 唐陪戎副尉雒甑生墓誌

矯 魏元寶月墓誌
矯 魏元維墓誌
矯 魏秦洪墓誌
矯 齊李琮墓誌
矯 隋梁瓌墓誌

矯 隋韋略墓誌
矯 隋段威墓誌
矯 唐玄盼敬張明墓誌
矯 唐等慈寺碑

禪 唐杭州司戶呼延君夫人張氏墓誌

瞥 唐李從政墓誌

瞬 瞰 瞧 盪 膺 膻 膽

瞬 北涼沮渠安周碑　瞬 唐宣義郎周紹業墓誌

瞰 齊蘭陵忠武王碑　瞰 唐處士王顏墓誌

瞧 清泰安關帝廟建殿題字

盪 魏張猛龍碑　盪 魏王僧墓誌

膺 魏元湛妻王令媛墓誌　膺 魏王紹墓誌　膺 魏任城王元彝墓誌　膺 隋段模墓誌　膺

膺 隋范高墓誌　膺 唐冀州阜城縣令鄭豫夫人博陵崔氏合祔墓誌

膻 隋蔡夫人張貴男墓誌

膽 魏元邵墓誌　膽 周賀屯植墓誌　膽 隋盧文構墓誌　膽 隋王善來墓誌　膽 唐處士張元墓

誌

膽 唐處士陳泰墓誌

膽 唐莊州都督李敬墓誌

膽 唐□□明衛陳思墓誌

瞻 唐縉雲郡司馬賈崇璋夫人陸英墓誌

膽 唐鮮君夫人張氏墓誌

膽 唐鹽州利縣尉秦朗墓誌

膽 唐張夫人墓誌

膿 漢曹全碑

臂 魏于景墓誌

聯 魏敬史君碑

聯 魏侯太妃造像

聯 魏元斌墓誌

聯 魏元欽墓誌

聯 魏根法師碑

聯 魏北海王妃李氏墓誌

聯 魏寇臻墓誌

聯 魏元暉墓誌

聯 魏貴華恭夫人墓誌

聯 魏元夫人元孟輝墓誌

聯 魏豫州刺史司馬悅墓誌

聯 魏元子邃墓誌

聯 隋卞鑒墓誌

聯 唐郎官石柱記

聯 唐太府寺主簿楊迥墓誌

聯 唐常德墓誌

聯 唐皇甫夫人張氏墓誌

聯 唐將仕郎

蔣洽墓誌

## 聰

聰 唐處士妥弘敬墓誌

聰 漢張遷表頌

聰 漢甘陵相□博殘碑

聰 魏賈充妻郭槐柩銘

聰 魏江陽王次妃墓誌

聰 魏李挺墓誌

聰 魏高輝太夫人墓誌

聰 魏馮邕妻元氏墓誌

聰 魏元煥墓誌

聰 齊天保□圖子造像

聰 齊天保□定殘造像

聰 隋孟顯碑

聰 隋爾朱敞墓誌

聰 隋蕭瑾墓誌

聰 偽鄭義安郡夫人元氏墓誌

聰 唐房逸墓誌

聰 唐縉雲郡司馬賈崇璋夫人陸英墓誌

聰 明王孝子室人牛氏墓誌

## 聲

聲 漢孔宙碑

聲 漢熹平殘碑

聲 魏秦洪墓誌

聲 魏兗州刺史唐使君墓誌

聲

聲 魏元悅墓誌

聲 魏寇憑墓誌

聲 魏武昌王妃吐谷渾氏墓誌

聲 魏司馬昇墓誌

聳　虧

聲 魏唐耀墓誌
聲 魏元維墓誌
聲 魏王悅墓誌
聲 魏元曜墓誌
聲 魏元盤……緒墓誌
聲 魏郭顯墓誌
聲 魏元誘妻薛伯徽墓誌
聲 魏張祖造像
聲 魏雍州刺史李挺墓誌銘
聲 齊董洪達造像
聲 齊梁伽耶墓誌
聲 隋韋匡伯墓誌
聲 隋張業墓誌
聲 隋劉則墓誌銘
聲 唐康武通墓誌
聲 唐隆闡禪師碑
聲 唐玄武丞相仁方墓誌
聲 唐裴夫人墓誌
聲 唐封州司馬董力墓誌

聳 魏元誘墓誌
聳 魏穆纂墓誌
聳 魏元虔墓誌
聳 魏元端墓誌
聳 隋張濬墓誌
聳 隋張壽墓誌
聳 唐清水縣男李璿墓誌

虧 漢景君碑
虧 魏公孫猗墓誌
虧 魏王夫人元華光墓誌
虧 齊魏懿墓誌
虧 隋造龍華……

碑

虧 隋楊厲墓誌

虧 隋段濟墓誌

虧 隋張囧墓誌

虧 隋宮人典采

隋張□墓誌

隋姜氏墓誌

虧 唐鄭賓妻崔氏墓誌

虧 唐祖氏夫人張朧墓誌

虧 唐處士崔德墓誌

虧 唐桂州都督府倉曹許義誠墓誌

虧 唐蔡崇敏墓誌

虧 唐張夫人墓誌

虧 唐洛陽縣記室參軍樂恭墓誌

虧 唐騎都尉郭義本墓誌

虧 唐潘智昭墓誌

虧 唐張夫人墓誌

虧 唐六合縣尉王則墓誌

虧 唐王嘉墓誌

虧 唐飛騎尉申屠義墓誌

虧 唐上柱國孫惠及夫人李氏墓誌

虧 唐申州羅山縣令王素臣墓誌

虧 唐樂延宗墓誌

# 羲

羲 大代華嶽廟碑

羲 齊高叡修寺碑

羲 周華岳銘

羲 周華岳頌

羲 唐道因法師碑

羲 唐贈綿州司馬白義寶墓誌

羲 元密州三皇廟記

螭 魏冀州刺史駙馬都尉高猛墓誌 螭 魏孝文帝弔比干文 螭 唐徐通墓誌

螻 唐亡宮墓誌銘七品

螽 魏司馬景和妻墓誌 螽 唐清河郡夫人張氏墓誌

蟃 漢楊君石門頌

翳 魏皇內司墓誌 翳 魏奚真墓誌 翳 魏伏君妻咎氏墓誌 翳 齊邑師道略造像 翳 隋嚴元貴墓誌 翳 隋宮人采女田氏墓誌 翳 隋劉明墓誌 翳 唐崇政鄉君齊夫人墓誌 翳 唐處士王韜墓誌 翳 唐遼東郡公泉男生墓誌 翳 唐朝議郎前行薛王府兵曹參軍上柱國太原王令墓誌 翳 唐東都留守左衛飛騎尉上輕車都尉寧慶牧上黨樊氏夫人合祔墓誌 翳 唐金紫光祿大夫檢校司徒使持節單州諸軍事單

州刺史趙鳳墓誌

翳 唐張道墓誌

篡 唐李戢妃鄭氏墓誌

箢 唐范陽盧氏夫人墓誌

簋 魏瀛州刺史元歆墓誌

簋 唐處士崔德墓誌

薄 唐大法師行記

薄 唐護軍李遠墓誌

薦

薦 漢史晨後碑

薦 漢孔彪碑

薦 魏臨淮王元彧墓誌

薦 齊李清爲李希宗文子造像

薦 隋唐直墓誌

薦 唐高望府果毅王敬墓誌

薦 唐隴西成紀郡李夫人墓誌

薦 唐瀛州文安縣令王德表墓誌

薦 唐河陽縣丞龐夷遠妻李氏墓誌

薑 齊靜明造像

薇 魏笱景墓誌

藴 魏齊郡王元祐墓誌 藴 魏穆纂墓誌 藴 魏元勰妃李媛華墓誌

薪 魏溫泉頌 薪 唐魏州華縣尉太原王養及夫人中山成氏墓誌 薪 唐隴西李賓墓誌

薤 魏公孫略墓誌 薤 齊堯峻妻獨孤氏墓誌 薤 隋□世琛墓誌 薤 隋高虯墓誌 薤 隋韋匡伯墓誌 薤 唐上谷侯夫人墓誌 薤 唐南和縣令□彥墓誌 薤 唐王元崇墓誌 薤 唐鄭玄果墓誌

薤 唐許洛仁妻墓誌 薤 唐樊興碑 薤 唐張矩墓誌 薤 唐李才仁墓誌 薤 唐王操墓誌

薤 唐盧玢墓誌 薤 唐杜秀墓誌 薤 唐故馬舉墓誌銘 薤 唐吳王府騎曹參軍張明墓誌銘

蕪 唐處士崔德墓誌
蕪 唐仇道及夫人袁氏墓誌
蕪 唐□忠墓誌
蕪 唐贈綿州司馬曲義寶墓誌
蕪 唐文林郎路岩墓誌
蕪 唐天水趙氏夫人范氏墓誌
蕪 唐處士張徽墓誌
蕪 唐樂永墓誌
蕪 唐孟玄墓誌
蕪 隋上儀同三司黎陽鎮將程鍾墓誌
蕪 唐霍夫人墓誌
蕪 唐舒王府典軍王仁墓誌
蕪 唐亡宮六品墓誌
蕪 唐處士崔德墓誌
蕪 唐太原王乾福墓誌
蕪 唐明威將軍守右鷹揚衛貴安府折衝都尉上柱國王建墓誌
蕪 唐朝散大夫上柱國潁州汝陰縣令史待賓墓誌
蕪 唐寧遠將軍行左威衛左司階上柱國太原王元泰墓誌
蕪 唐閭丘氏夫人墓誌

薊 晉王浚妻華芳墓誌
薊 魏司空王誦墓誌

薛 唐右軍衛沙州龍勒府果毅都尉上柱國張方墓誌

薨 漢甘陵相□博殘碑 薨 漢司徒袁安碑 薨 魏饒陽男元遥墓誌 薨 魏武昌王妃吐谷渾氏墓誌

薨 魏顯祖嬪侯夫人墓誌 薨 魏翟揚碑 薨 魏穆紹墓誌 薨 魏元始和墓誌 薨 魏元禮之墓誌

薨 魏高宗夫人于氏墓誌 薨 魏唐耀墓誌 薨 魏悅墓誌 薨 魏元尚之墓誌 薨 魏張整墓誌

薨 魏元鑒墓誌 薨 魏太監孟元華墓誌 薨 齊張起墓誌 薨 隋馮夫人李玉婍墓誌

薨 隋郭世昌墓誌 薨 隋張禮墓誌 薨 隋羊本墓誌 薨 隋韓祐墓誌 薨 隋暴永墓誌

薨 唐楊義妻王氏墓誌 薨 唐文林郎王貞墓誌 薨 唐信州玉山縣令盧則墓誌 薨 唐右千牛府鎧曹參軍□且墓誌

薨 唐常德墓誌 薨 遼北大王墓誌 薨 遼趙德鈞及妻種氏墓誌

襄 漢孔宙碑陰 襄 漢尹宙碑 襄 魏元珍墓誌 襄 魏元伏寶墓誌 襄 魏涼州長史王昌墓

誌　褰 齊宋顯伯造像記　寒 唐遼陽公泉男生墓誌　褰 唐處士張師墓誌　褰 唐錄事公蕭思一墓誌

縫　縫 唐同州孝德府右果毅都尉東海于府君夫人太原王媛墓誌

縮　縮 周王令猥造像碑

縱　縱 宋爨龍顏碑　縱 齊董洪達造像　縱 齊永明五年秦僧猛買地券　縱 隋范安貴墓誌　縱 唐焦松墓誌　従 唐中散大夫守荊州大都督南陽鄧森墓誌

縵　縵 唐孔桃栓墓誌

縶　縶 魏元遵墓誌　縶 隋韋略墓誌

縷 唐楊氏馬夫人墓誌

摠 漢皇女殘碑　楤 魏闞勝誦德碑　摠 魏雍州刺史元固墓誌　揔 魏暉福寺碑　揔 魏冀州刺史元昭墓誌　揔 大代華岳廟碑　緦 魏元暉墓誌　揌 魏元子正墓誌　揔 齊墨曹參軍梁伽耶墓誌　揌 齊高貼墓誌　櫘 隋修七帝寺彌勒像記　摠 隋鄭夫人墓誌　揔 隋內承奉劉則墓誌銘

揌 隋阮景暉造像　㧾 隋寇遵考墓誌　搃 隋甯贙碑　撚　揔 隋梁瓌墓誌　緫 唐趙義本墓誌　揔 唐左光祿大夫段瓌墓誌　揔 唐于孝顯碑　揔 唐景教碑　揔 唐還少林寺碑　總 唐王頊夫人陳氏墓誌　惣 唐圭峰禪師碑　緫 唐魏思德造像　傯 唐驍騎尉皇甫璧墓誌　惣 唐涇州陰盤縣尉周義墓誌　揔 唐延王府戶曹丁韶墓誌　揔 唐常州司法參軍柳君太夫人杜氏墓誌　揔 明錦衣衛

績 繁 繂 緊 繆 繇

舍人小溪吉天倫暨配孺人劉氏墓誌

⿰扌息 清張雲谿墓誌

績 漢沛相楊統碑

績 隋劉則墓誌

績 唐驍騎尉皇甫璧墓誌

績 唐杜慶墓誌

繁 魏定州刺史元湛墓誌

繁 隋荀夫人宋玉艷墓誌

繁 明司子忠淑人王氏墓誌

繂 唐成夫人墓誌

緊 隋王袞墓誌

緊 唐敬善寺石像銘

緊 唐隴西董氏內弟墓誌

緊 唐張安生墓誌

緊 唐處士王韜墓誌

緊 唐前安樂州兵曹參軍□□□德譽墓誌

繆 齊武陽令張君妻蘊夫人等墓誌

繆 隋張固妻蘊恒墓誌

繇 漢西狹頌

繇 唐李靖碑

繦 糞 糟 糠 舉

繦 魏敬史君碑

糞 齊道興造像

糞 隋諸葛子恒造像

糞 唐吏部常選王爽墓誌

糞 唐王才墓誌

糞 唐王養及夫人成氏墓誌

糟 唐徵士朝散大夫許州司馬楊孝衡墓誌

糠 大漢鴻臚少卿金紫光祿大夫檢校兵部尚書兼御史大夫上柱國□令圖墓誌

舉 漢韓勑碑陰

舉 宋趙希仁九曜石題名

舉 魏司馬景和妻墓誌

舉 魏劉玉墓誌

舉 魏李仲璇修孔廟碑

舉 魏鄯乾墓誌

舉 魏寇霄墓誌

舉 魏元融妃盧氏墓誌

舉 魏高廣墓誌

舉 齊宋顯伯造塔銘

舉 隋張伏敬墓誌

舉 隋張鳳舉墓誌

舉 隋謝岳墓誌

舉 張僧國等

造像

擧 唐尚書司勳郎中吉渾墓誌

擧 唐楊藝墓誌

擧 唐文林郎新喻縣丞胡儼墓誌

擧 唐傅思諫墓誌

擧 唐銀青光祿大夫守工部尚書贈荊州大都督崔泰之墓誌

擧 唐朝議郎行蒲州桑泉縣丞輕車都尉□路墓誌

擧 唐司農主簿盧友度墓誌

擧 唐漢陽郡吳府君墓誌

擧 唐北丘妙英造像

擧 清泰安關帝廟建殿題字

磬 漢婁壽碑

磬 隋唐該墓誌

磬 隋□和墓誌

磬 唐鄭恕己墓誌

磬 唐嗣曹王李戢墓誌

磬 唐吳廣碑

磬 唐湯陰縣主王府君墓誌

磬 唐清河郡崔勗墓誌

臨 苻秦廣武將軍□產碑

臨 魏王偃墓誌

臨 魏源磨耶壙誌

臨 魏帥僧達等造像記

臨 魏關勝誦德碑

臨 魏皇甫驎墓誌

臨 魏暉福寺碑

臨 魏王紹墓誌

臨 魏丘哲墓誌

臨

臨 魏劉賢墓誌 臨 齊宋買造像 臨 隋窓長盛造橋碑 臨 隋□鐘葵墓誌 臨 隋宫人劉氏墓誌 臨 宴袞題魏李苞通閣道摩崖 臨 唐朝議大夫南郭生墓誌 临 唐□建達墓誌 臨 明登仕郎直隸兩嶺關巡檢孔彰墓誌 臨 明吴良墓誌

豳 魏樂陵王元彥墓誌 豳 魏青州刺史元湛墓誌 豳 周賀屯植墓誌 豳 隋孟顯達碑 豳 唐韋頊墓誌

豪 魏魏靈藏造像 豪 魏呂望表 豪 魏女尚書王僧男墓誌 豪 魏元繼妃石婉墓誌 豪 魏元斅墓誌

貌 魏上黨王元天穆墓誌 貌 隋中穆墓誌 貌 隋陳叔明墓誌 貌 隋宋永貴墓誌 貌 唐汾陰縣丞李諝墓誌 貌 唐右金吾衛胄曹參軍沈齊文墓誌 貌 唐右龍武軍翊府中郎高德墓誌 貌 大周

賻 賾 蹇 蹈 蹊 趨

北京飛勝五軍都指揮使銀青光祿大夫檢校司空石金俊妻河南郡太夫人元氏墓誌

賻 魏韓顯宗墓誌
賻 魏元遙墓誌
賻 周賀屯植墓誌

賾 魏奚真墓誌
賾 隋宋循墓誌
賾 唐朝請郎行河南府河清縣主簿左光胤墓誌

蹇 隋呂胡墓誌

蹈 魏元顯魏墓誌
蹈 魏山徽墓誌
蹈 魏元廣墓誌
蹈 魏孝文帝弔比干文陰
蹈 隋劉多墓誌
蹈 隋宮人賈氏墓誌

蹊 唐宮人墓誌
蹊 唐使持節文州諸軍事文州刺史陳黎墓誌

趨 漢西狹頌
趨 漢孝女曹娥碑
趨 魏李憲墓誌
趨 魏王誦墓誌
趨 魏秦州刺史尚書左

僕射元爽墓誌
趨 魏元悰墓誌
趨 魏劉懿墓誌
趨 齊侍中赫連子悅墓誌
趨 隋薛保興墓誌
趨 隋□靜墓誌
趨 唐昭仁寺碑
趨 唐太樂令楊昉墓誌
趨 唐大夏縣主張弘墓誌
趨 唐盧承業墓誌
趨 唐幽州范縣令楊基墓誌
趨 唐明威將軍守左領軍衛河南府金谷府折衝都尉上柱國太原王崇禮墓誌
趨 唐太子左諭德裴咸墓誌
趨 元馮公祜墓誌
遽 魏乞伏寶墓誌
遽 魏山徽墓誌
遽 魏郭顯墓誌
遽 魏孝文帝弔比干文
遽 魏元鑽遠墓誌
遽 齊臨淮王象碑
遽 齊泉郡王劉悅墓誌
遽 隋張盈妻蕭氏墓誌
遽 隋杜夫人鄭善妃墓誌
遽 隋寇熾妻姜敬親墓誌
遽 隋陳叔榮墓誌
遽 唐段蹟夫人墓誌
遽 唐奉車都尉段瑋墓誌
遽 唐蒲江縣令蕭慎墓誌
遽 唐陪戎校尉趙巨墓誌
遽 唐楊達墓誌
遽 唐故田夫人墓誌

避 唐六品亡宫誌銘　避 唐錄事公蕭思一墓誌

避 魏寇霄墓誌　避 唐崔孝公墓誌

邀 魏元遙墓誌　邀 唐京兆府宣化府折衝攝右衛郎將橫野軍副使樊庭觀墓誌

邁 魏趙郡王元毓墓誌　邁 魏王紹墓誌　邁 魏兗州刺史元彬墓誌　邁 唐董文善墓誌

還 漢曹全碑　還 晉好大王碑　還 魏元均墓誌　還 魏太和元年郭孟貞地劵　還 齊宋敬業造像記

還 齊張龍伯兄弟造像　還 齊比丘法朗造像　還 周強獨樂為文帝造像記　還 隋寗贙碑

還 隋鄧昞墓誌　還 隋內承奉劉則墓誌　還 唐獨孤仁政碑　還 唐邊惠墓誌　還 唐唐州長史劉崟墓誌

還 唐義豐縣開國男崔宜之墓誌　還 唐大弘道觀主故三洞法師侯敬忠墓誌

邅 魏郭顯墓誌
邅 魏元固墓誌

謯 魏秦州刺史元寶月墓誌
謯 齊房周陁墓誌
謯 隋段濟墓誌
謯 唐上柱國劉善寂墓誌

謏 晋杜謏碑

謗 齊朱岱林墓誌
謗 宋金紫光祿大夫檢校司空左衛將軍□吴元載墓誌

謙 魏敬史君碑
謙 魏嵩高靈廟碑
謙 魏丘哲妻鮮于仲兒墓誌
謙 隋張達墓誌
謙 唐七品亡典餘宫人墓誌

謚 漢衡方碑
謚 魏宜陽王元寶建墓誌
謚 魏華山王元鷙墓誌
謚 魏元天穆墓誌
謚 魏元偃墓誌

謚 魏李挺墓誌
謚 魏元昭墓誌
謚 魏元璨墓誌
謚 魏元顥墓誌
謚 魏元楨墓誌

## 講 謠 覬 覯

謚 魏寇治墓誌 謚 齊襄城郡王高淯墓誌 謚 齊赫連子悅墓誌 謚 周賀屯植墓誌 謚 隋昌國惠

公寇奉叔墓誌 謚 隋寇嶠妻薛氏墓誌 謚 隋蕭瑒墓誌 謚 隋段濟墓誌 謚 唐元結墓誌

講 漢武榮碑 講 漢婁壽碑 講 魏孔羨碑 講 魏李憲墓誌 講 唐劉密墓誌 講 唐右

臺殿中侍御史王齊丘墓誌

謠 魏呂望表 謠 魏廣平王元悌墓誌 謠 魏元伏寶墓誌 謠 周賀屯植墓誌 謠 隋范安貴墓誌

謠 唐處士王寶墓誌

覬 漢孔宙碑陰 覬 魏楊元覬造像

覯 唐信王府士曹崔傑墓誌

輿 魏王僧墓誌

輿 魏元固墓誌

輿 魏元懷墓誌

輿 唐永嘉府隊副張羊墓誌

輿 唐鄧州刺史封公故夫人李氏墓誌

輿 魏太姬崔夫人墓誌銘

轂 魏華山王元鷙墓誌

轂 魏李挺墓誌

轂 魏雍州刺史李挺墓誌

轂 齊竇泰墓誌

轂 隋段濟墓誌

轂 隋王夫人成公墓誌

轂 隋劉則墓誌

轂 隋通事舍人長孫仁并夫人陸氏墓誌

轅 魏孔羡碑

轅 魏元端墓誌

轅 魏陸紹墓誌

轅 唐司御率府翊衛張敬玄墓誌

轅 唐梁郡喬榮敬墓誌

醜 魏于景墓誌

醜 魏范令暉造像

谿 漢郙閣頌 嵠 魏呂望表 谿 唐盧承業妻李灌頂墓誌

谿 魏小劍戍主元平墓誌 豁 隋韋略墓誌 豁 唐朝散郎守内寺伯飛騎尉成忠墓誌 豁 唐朝議郎行吉州盧陵縣令上柱國李智墓誌 豁 唐敦煌范崇禮墓誌

鍔 唐王明墓誌

鑒 魏沙門僧璨造像 鑒 魏李謀墓誌 鑒 魏元始和墓誌 鑒 大代華嶽廟碑 鑒 魏李璧墓誌 鑒 魏元湛妻薛慧命墓誌 鑒 魏陳蔡歡造像 鑒 隋田光山妻李氏墓誌 鑒 唐康仁德墓誌

鑒 唐□衛勳衛上護軍楊越墓誌 鑒 唐驍騎尉皇甫璧墓誌 鑒 唐常開墓誌 鑒 唐河南處士樊端墓誌 鑒 唐朝散大夫綏州别駕劉君故夫人范陽縣君張君墓誌 鑒 大周金紫光禄大夫檢校司徒使持節單

鋮 鍾 闇 闈 閼 闌

州刺史趙鳳墓誌

鋮 唐長城縣尉李公夫人裴氏墓誌

鍾 魏元均墓誌

鍾 唐幽州范縣令楊基墓誌

闇 魏臨淮王元彧墓誌

闇 唐寧州刺史裴撝墓誌

闈 魏金城郡主墓誌

闈 魏閭伯昇墓誌

闈 魏和邃墓誌

闈 魏顯祖嬪侯骨氏墓誌

闈 隋段濟墓誌

闈 偽鄭邢盧夫人元買得墓誌

閼 唐龍游縣尉索義弘墓誌

闌 唐黔州石城縣主簿鄭遵墓誌

闃 唐孫君夫人宋氏墓誌

闉 魏元羽墓誌
闉 隋寇奉叔墓誌
闉 隋李盛墓誌

霜 魏元鸞墓誌
霜 魏寧平伯于纂墓誌
霜 齊元賢墓誌

霞 魏根法師碑
霞 魏天柱山東堪石室銘
霞 魏元秀墓誌
霞 魏暉福寺碑
霞 魏穆亮墓誌
霞 齊高潤墓誌
霞 隋宋景造橋記
霞 唐劉仕備墓誌
霞 唐崔長先墓誌
霞 唐王宗郭夫人墓誌
霞 唐大夏縣主薄張弘墓誌
霞 唐曲阜文宣王新廟記
霞 唐徐德墓誌
霞 唐裴夫人墓誌
霞 唐處士尚武夫妻張氏墓誌
霞 唐處士王君墓誌

隸 漢楊淮碑
隸 漢魯峻碑
隸 漢夏承碑
隸 魏義橋石像碑
隸 魏傅母王遺女墓誌
隸

魏寇憑墓誌 𨽻魏孝昌石窟寺碑 𨽻魏元顯墓誌 𨽻魏貴華王普賢墓誌 𨽻齊李琮墓誌

𨽻齊感孝頌碑 𨽻隋□和墓誌 𨽻唐大達法師塔銘 𨽻唐處士費德茂墓誌 𨽻唐麟

趾觀三洞大德張法師墓誌 𨽻唐鄧州長史楊孝真墓誌 隸唐登仕郎丁范墓誌 𨽻唐大洞法師齊國田

仙蘂墓誌 𨽻唐東京大弘道觀三洞先生張尊師玄宮墓誌 𨽻唐聖武觀故女道士馬凌虛墓誌 𨽻宋廣

平宋可度墓誌 隸元張弘綱墓誌 隸明逸民陳平洲墓誌

隮唐同州孝德府右果毅都尉東海于府君夫人太原王媛墓誌

隰魏義橋石像碑 隰隋主簿張濬墓誌 隰唐文林郎仵思德墓誌

隱漢衡方碑 隱梁瘞鶴銘 隱魏郭顯墓誌 隱魏青州刺史元湛墓誌 隱魏比丘僧略造

像
隱 魏元靈曜墓誌
隱 魏賈瑾墓誌
隱 魏高舉墓誌
隱 常岳等造像
隱 唐孔子廟堂碑
隱 唐王仲建墓誌
隱 唐翟惠隱造像
隱 唐泗州刺史趙本質妻溫氏墓誌
隱 唐文林郎楊訓墓誌
隱 唐處士范陽盧調墓誌
隱 唐錦州刺史趙潔墓誌
隱 唐杜孚墓誌

雖 漢張遷碑
雖 晋徐夫人管洛墓誌
雖 北涼沮渠安周碑
雖 魏王僧墓誌
雖 魏張猛龍碑
雖 魏內司楊氏墓誌
雖 魏淮南王元顯墓誌
雖 魏西陽男高廣墓誌
雖 魏唸淵墓誌
雖 魏韓顯宗墓誌
雖 魏元端墓誌
雖 魏元恩墓誌
雖 魏口芳墓誌
雖 魏元演墓誌
雖 魏臨淮造像
雖 魏康富及子天長造義井佛像記
雖 魏高貞碑
雖 周曹恪碑
雖 唐張朗墓誌
雖 偽周劉基墓誌
雖 唐左光胤墓誌
雖 唐郭夫人華嚴墓誌
雖 唐薛剛墓

馘　鞠　韓　餞　駸　駿

誌

雖 唐王瑱墓誌

雖 宋右班殿直朱勳墓誌

馘 唐左監門衛大將軍太原白知禮墓誌

鞠 晋王浚妻華芳墓誌

鞠 魏和邃墓誌

鞠 隋梁邕墓誌

韓 漢楊淮碑

韓 漢韓仁銘

韓 三國蕩寇將軍李苞開閣道題記

韓 魏韓顯宗墓誌

韓 隋馬

稱妻張姜墓誌

韓 趙傳等造像

韓 清方履籛墓誌

餞 隋楊厲墓誌

餞 唐李玄靖碑

駸 唐孫師岐墓誌

駿 魏元欽墓誌

駿 魏劉懿墓誌

駿 隋唐該墓誌

駿 唐張綱墓誌

駿 唐皇甫君墓誌

駿 宋錢忠懿王墓誌

騁 魏吳郡王蕭正表墓誌 騁 魏元朗墓誌 騁 魏叔孫固墓誌 騁 隋張濬墓誌 騁 隋張壽墓誌 騁 唐李文墓誌 騁 唐韓王府錄事參軍李辯墓誌 騁 唐梁州城固縣令渤海封揆墓誌

騃 唐衡州耒陽縣尉隴西李述墓誌

駉 唐朝議郎行辰州司倉參軍事屈突伯起墓誌

鮮 魏江陽王元乂墓誌 鮮 魏李挺墓誌 鮮 魏比丘道瓊記 鮮 魏善家寺住持惠慶造像 鮮 齊比丘惠瑍造像記

鴻 漢景君碑陰 鴻 魏范式碑 鴻 魏富平伯于纂墓誌 鴻 鴻 魏元朗墓誌 鴻 唐處

士張義墓誌　鴻 唐韓承墓誌　鴻 唐張府君夫人齊娥墓誌　鴻 唐忠武將軍從弟李君彥夫人魏氏墓誌

鴻 唐處士王鎬墓誌　鴻 唐上騎都尉姚思玄墓誌

黱 唐潞州禮會府果毅王客墓誌

黛 魏元毓墓誌　黛 唐隴西李夫人墓誌

點 魏青州刺史元湛墓誌

點 唐揚州揚子縣令崔光嗣墓誌

黏 唐上輕車都尉樊廉墓誌

黻 宋爨龍顏碑　黻 魏元顥妻李元姜墓誌　黻 魏管寧碑　黻 齊高叡修寺碑　黻 齊堯峻墓

黿

誌 獻周强獨樂等造像記 獻隋高緊墓誌 獻隋張盈妻蕭餝性墓誌 獻隋洛州從事郭寵墓

誌 獻隋正議大夫□緊墓誌 獻唐饒陽男房基墓誌 獻唐李護墓誌 獻唐兗州瑕丘縣丞馬

君夫人董氏墓誌 獻唐李敬墓誌 獻唐西朝堂碑 獻唐始州黄安縣令傅交益墓誌 獻唐靖

千年墓誌 獻唐處士廣平穆碩墓誌 獻唐吳王府執仗張節墓誌 獻唐銀青光祿大夫和州刺史上柱國

瑯琊縣開國伯顏謀道墓誌 獻唐右金吾衛翊衛宋運墓誌 獻唐李如願墓誌 獻唐清河郡張通墓誌

獻唐織染署令王君妻張氏墓誌 獻唐奉車都尉段瑋墓誌 獻唐齊府參軍尹貞幹墓誌 獻唐張

允墓誌

黿魏鉅平縣侯元欽墓誌 黿齊太府卿元賢墓誌 黿唐王義和造像 黿唐陝西高陵縣東渭橋記

齋

䶒唐乙速孤昭祐碑

𥙊漢鄭縣齋祠園畫像題字　斎魏中岳靈廟碑　𧝎魏比丘僧智造像　齋魏邑子廿七人造像記

齋魏趙洪祚造像　斎魏巨始光造像　齋魏趙俊然百人造像　齋魏張復達造像　齋魏李次等全邑百人造石像碑頌

齋魏法儀趙法祚造像　齋齊董洪達造像　齋　齋齊梁罷村邑子七十人造浮圖記

齋齊董伏恩造像　齌齊造丈八大像記　齋齊比丘僧誓等廿七人造像　齋齊馮暉賓造像

齋齊比丘法顯等五十人造像　齋齊習延超等造像　齋齊程元洛殘造像　齌隋密長盛造橋碑

齋隋開皇九年洛陽出土殘造像　齌唐梁夔墓誌　𪗉唐圭峰禪師碑　齌唐趙義本墓誌

齋唐豆盧君夫人梁氏墓誌　齌唐趙義墓誌　齌唐傅思諫墓誌　斎唐段公故夫人常氏墓誌銘

齓漢曹全碑　齔漢朝侯小子碑　齔魏司空公元瞻墓誌　齔魏傅母王遺女墓誌　齓漢鮮于璜碑

齔魏清水太守楊乾墓誌　齔魏元馗墓誌　齓魏元壽安墓誌　齔魏兗州刺史元獮墓誌

齔魏元夫人趙光墓誌　齔魏元瞻墓誌　齔魏元舉墓誌　齓隋程諧墓誌　齓隋王仲墓誌

齓唐趙妻鞠墓誌　齓唐長安縣尉柴氏妻范陽盧氏墓誌　齓唐朝議郎行忻州定襄縣令張楚璋墓誌

齓宋朝散大夫試大理評事前行許州臨潁縣令祖仲宣墓誌

## 十八畫

叢魏安豐王妃馮氏墓誌　叢魏元湛妃王令媛墓誌　叢齊毛叉擢造像　叢隋平安郡守謝岳墓誌

叢隋呂胡墓誌　叢隋陳叔明墓誌　叢唐李元軌墓誌　叢唐彌勒像碑　叢唐尉遲汾

狀嵩高靈廟碑 叢 唐王操墓誌 叢 晏袤題漢門通褒斜道摩崖 叢 唐護軍李遠墓誌 叢 唐文

林郎路岩墓誌 叢 唐鄭州中牟縣主簿楊軌墓誌 叢 唐洛陽樂師墓誌

嚙 唐恐龍刻石

巂 唐張客墓誌 巂 唐正議大夫使持節嶲州刺史上柱國高陽縣開國男許公夫人王氏墓誌 巂 唐錄

事公蕭思一墓誌 巂 唐左領軍衛執戟李品品墓誌

彝 漢孔宙碑 彝 漢劉熊碑 彝 晉當利里社殘碑 彝 梁蕭憺碑 彝 魏郡中正寇品墓誌銘

彝 魏潁川太守元襲墓誌 彝 魏刁遵墓誌 彝 魏元詮墓誌 彝 魏元順墓誌 彝 魏元

楨墓誌 彝 魏王紹墓誌 彝 唐游擊將軍吳孝墓誌 彝 唐曲阜新修文宣王廟記 彝 唐左衛翊

嫡　嫕　壘　擲

衛裴夫人李氏墓誌

**彝** 唐康州長史劉㟧墓誌

**彝** 唐汴州浚儀縣梁煥墓誌

**彝** 唐正議大夫使持節相州諸軍事守相州刺史上柱國賀蘭山墓誌

**嫡** 周張滿澤妻郝氏墓誌

**嫕** 唐大節之女墓誌

**嫕** 唐前徐州錄事參軍太原王庭玉故夫人博陵崔金剛墓誌

**嫕** 唐朝議郎前行薛王府兵曹參軍上柱國王令墓誌

**嫕** 唐前揚府參軍孫公夫人李氏墓誌

**嫕** 唐劉公夫人楊珽墓誌

**嫕** 唐京兆韋夫人墓誌

**壘** 唐左戎衛右郎將古君夫人丘妻煥德墓誌

**擲** 唐南州刺史杜擧墓誌

擾 漢樊敏碑

擿 隋元公墓誌

𤢆 魏元欽墓誌

懱 魏元瞻墓誌

爵 漢夏承碑 爵 魏司馬昇墓誌 爵 魏劉懿墓誌 爵 魏元誨墓誌 爵 魏侍中太宰武昭王元天穆墓誌 爵 魏元詮墓誌 爵 魏元廣墓誌 爵 魏姚伯多造像 爵 魏翟揚碑 爵 魏石育墓誌 爵 魏韓顯宗墓誌 爵 魏元湛妻薛慧命墓誌 爵 魏赫連悅墓誌 爵 魏元端妻馮氏墓誌

爵 魏公孫略墓誌 爵 齊朱曇思造像 爵 齊竇泰墓誌 爵 齊高百年妃斛律氏墓誌 爵 齊元

# 斷

子邃墓誌　爵　隋常岳墓誌　爵　唐李彬妻墓誌　爵　唐青州司倉參軍趙克廉墓誌　爵　唐太子詹事源

光乘墓誌　爵　唐楚州鹽城縣令王惠忠墓誌　爵　大晉光祿大夫檢校尚書左僕射行司農卿上柱國河澗縣開國男

邢德昭墓誌

斷　漢楊君石門頌　斷　漢劉平國摩崖　斷　北涼沮渠安周碑　斷　魏關勝誦德碑　斷　魏汶山侯

吐谷渾璣墓誌　斷　魏廣陽王元湛墓誌　斷　常岳造像　斷　魏元倪墓誌　斷　魏敬使君碑　斷

魏公孫略墓誌　斷　隋豆盧寔墓誌　斷　隋仲思那造橋碑　斷　隋寇遵考墓誌　斷　唐柳君太夫人杜氏

墓誌　斷　唐信法寺碑　斷　唐圭峰法師碑　斷　斷　斷　晏袤題漢開通褒斜道摩崖　斷

唐劉庭訓墓誌　斷　唐處士王韜墓誌　斷　唐李君夫人墓誌　斷　唐騎都尉郭義本墓誌　斷　唐王

媛達墓誌 斷唐李府君夫人安平鄉君品華墓誌 斷唐皇甫府君墓誌 斷唐張道墓誌 斷唐上

柱國李起宗墓誌 斷唐文林郎彭城劉胡墓誌 斷唐大理寺評事封無遣墓誌 斷唐銀青光祿大夫和

州刺史上柱國瑯琊縣開國伯顏謀道墓誌 斷唐京兆府宣化府折衝攝右衛郎將檀野軍副使樊庭觀墓誌 斷

唐朝請大夫尚書司勳郎中古渾墓誌

殯魏吴高黎墓誌 殯魏源磨耶墓誌 殯魏楊範墓誌 殯齊法懃禪師塔銘 殯隋筵嶠妻

薛氏墓誌 殯隋郭王墓誌 殯隋王榮墓誌 殯唐薛剛墓誌 殯唐周義墓誌 殯唐賈

璇墓誌 殯唐洛州上柱國秦府君及妻張夫人墓誌

曙齊太尉府墨曹參軍梁伽耶墓誌 曙隋陳叔明墓誌

曜　歟　戴　瀉　瀑

曜 魏秦洪墓誌　曜 魏恒州刺史韓震墓誌陰　曜 齊牛景悅造像　曜 隋薛保興墓誌　曜 隋馮夫人李玉婍墓誌

歟 魏犇陰太守寇偘墓誌　歟 隋宮人卜氏墓誌　歟 隋宮人劉氏墓誌　歟 唐田志承墓誌銘　歟 唐張才墓誌　歟 唐李志墓誌　歟 唐常開墓誌

戴 漢戴子碑銘　戴 洛陽南郊漢刑徒墓磚　戴 齊劉雙仁墓誌　戴 齊冠軍將軍陽昕墓誌　戴 唐王行寶造像記　戴 唐新鄉縣令王順孫墓誌

瀉 魏張寧墓誌　瀉 魏貴華王普賢墓誌　瀉 齊定國寺碑

瀑 唐絳州夏縣丞張弘墓誌

瀍 瀐 檯 檳 檻 獵

瀍 魏元夫人趙光墓誌 瀍 魏元願平妻王氏墓誌 瀍 魏元賜妻王氏墓誌 瀍 魏寞真墓誌

瀐 晉爨寶子碑

檯 唐王端墓誌

檳 唐上柱國姜寂墓誌

檻 唐處士王顔墓誌

獵 魏蕭正表墓誌 獵 魏元襲墓誌 獵 魏元徽墓誌 獵 魏元顯墓誌 獵 魏李憲墓誌

獵 魏處士王基墓誌 獵 隋張波墓誌 獵 唐處士王顔墓誌 獵 唐西廟堂碑 獵 唐盧玢墓誌

獵 唐太原王孝義墓誌 獵 唐孫師岐墓誌 獵 唐石默啜墓誌 獵 唐隆州晉安縣令唐夫人

# 歸

杜淑墓誌 　歸 唐登仕郎丁範墓誌

歸 漢夏承碑 歸 漢張遷碑 歸 漢孔龢碑 歸 漢楊淮表 歸 漢景君碑 歸 漢無極山碑

歸 漢許阿瞿畫像碑 歸 漢永壽三年山東嘉祥宋山畫像石題記 歸 晉爨寶子碑 歸 晉好大王碑

歸 後梁天保年張世寶等卅人造像 歸 魏敬史君碑 歸 魏孝文帝弔比干文 歸 魏嵩陽寺碑

歸 魏呂望表 歸 魏陽城洪懋等造像 歸 魏皇甫驎墓誌 歸 魏比丘僧智造像 歸 魏僮揚碑

歸 魏寇霄墓誌 歸 魏世宗嬪司馬顯姿墓誌 歸 魏元誨墓誌 歸 魏梁州刺史康雲墓誌

歸 魏定州刺史元湛墓誌 歸 魏叔孫固墓誌 歸 魏臨潼造像 歸 魏李次等全邑百人造石像碑

歸 魏邑子郭嵩等木刻造像題記 歸 齊張世寶卅餘人造磚天宮記 歸 齊元賢墓誌 歸 頌

齊傅醜傅聖頭等造像 **歸** 齊天保八年造像 **歸** 齊乾明元年造像 **歸** 齊宋買造像 **歸** 齊比丘惠瑍造像 **歸** 齊高建妻王氏墓誌 **歸** 周聖母寺造像 **歸** 周華岳頌 **歸** 隋楊厲墓誌 **歸** 隋員天威造像 **歸** 隋宮人丁氏墓誌 **歸** 隋陳叔榮墓誌 **歸** 隋唐該墓誌 **歸** 隋王始興十七人造像 **歸** 隋梁邕墓誌 **歸** 隋宮人司仗程氏墓誌 **歸** 隋元仁宗墓誌 **歸** 唐道因法師碑 **歸** 唐袁弘毅墓誌 **歸** 唐李戢妃鄭氏墓誌 **歸** 唐通直郎行鴻臚掌客王感墓誌 **歸** 唐四鎮節度判官崔夐墓誌 **歸** 唐鄧夫人墓誌 **歸** 唐李系墓誌 **歸** 唐處士張夫人梁氏墓誌 **歸** 唐上護軍朝議郎行邛州蒲江縣令蕭慎墓誌 **歸** 唐董夫人任氏墓誌 **歸** 唐東宮千牛右衛勛一府校尉房仁懸墓誌 **歸** 唐王夫人相兒墓誌 **歸** 唐處士索行墓誌 **歸** 唐封州司馬董力墓誌 **歸** 唐韓王府兵曹參軍延陵縣開國公陸紹

墓誌

歸 唐常州無錫縣令楊陶墓誌

歸 唐廉州封山縣令爨玄墓誌

歸 唐朝散大夫行左春坊藥藏郎上柱國張金才墓誌

歸 唐朝散大夫行左春坊藥藏郎上柱國張金才墓誌

歸 唐行慶州弘化縣尉上騎都尉楊懷禎之靈柩

歸 唐田志承墓誌

歸 唐宮人墓誌

歸 唐口建達墓誌

歸 唐朝議大夫行兗州龔業縣令上柱國程思文墓誌

歸 唐左衛勳一府勳衛上柱國元思亮墓誌

歸 唐亡宮六品墓誌

歸 唐許州扶溝縣主簿滎陽鄭道妻李夫人墓誌

歸 唐右臺殿中侍郎史王齊丘墓誌

歸 唐右衛勳衛弘農楊公故夫人垣氏墓誌

歸 唐幽府士曹參軍孟禍墓誌

歸 唐朝請大夫尚書司勳郎中吉渾墓誌

歸 唐吏部常選滎陽鄭瑨墓誌

歸 唐宣義郎行左衛騎曹參軍崔夐墓誌

歸 明七姬墓誌

歸 清張雲谿墓誌

竄 魏檀賓墓誌

竄 魏司空公元瞻墓誌

竄 隋羊瑋墓誌

竄 唐楊智積墓誌

竄 唐并州司

兵張義墓誌 竄 唐大理評事贈左贊善大夫江夏李翹墓誌 竄 大周北京飛勝五軍都指揮使銀青光祿大夫檢校司空石金俊墓誌 竄 宋內殿崇班充真定府定州路都總管司走馬承受公事魏侯墓誌 竄 明洛陽遺孝張振墓誌

竅 魏孝文帝弔比干文 竅 唐宗聖觀碑

壇 唐河南府新安縣令張旻墓誌

癘 唐京兆府涇陽縣尉范陽盧踐言墓誌 癘 唐邢品夫人景氏墓誌

癒 唐左千牛京兆府折衝右率府郎將李夔夫人楊氏墓誌

壁 吳禪國山碑 壁 魏穎川太守元襲墓誌 壁 魏元子永墓誌 壁 唐清河房有非汲郡尚夫人誌

璿　瓀　曒　甕　禮

璿 魏敬史君碑　璿 唐于孝顯碑　璿 唐鄭準墓誌　璿 唐昭仁寺碑　璿 唐冀州參軍張□夲墓誌　璿 唐銀青光祿大夫守工部尚書贈荊州大都督清河郡開國公崔泰之墓誌　璿 唐左千牛京兆府折衛右率府郎將李夸夫人楊氏墓誌　璿 明夏叔度墓誌

瓀 隋王夫人成公墓誌

曒 漢西鄉侯碑　曒 魏舞陰寇品墓誌

甕 唐太常寺太祝范陽盧直墓誌

禮 漢孔廟置百石卒史碑　禮 漢景君碑　禮 漢史晨奏銘　禮 魏張猛龍碑　禮 魏嵩高靈廟碑　禮 魏杜文雅造像　礼 魏高貞碑　禮 魏元□妃吐谷渾氏墓誌　禮 魏王僧墓誌　禮 魏元

祐妻常季繁墓誌
礼 魏穆紹墓誌
礼 魏定州刺史元湛墓誌
礼 魏富平伯于纂墓誌
禮 齊劉碑造像
禮 周賀屯植墓誌
禮 隋段模墓誌
禮 隋馬少敏墓誌
禮 隋張伴墓誌
禮 隋筱織妻姜敬親墓誌
禮 隋田光山妻李氏墓誌
礼 隋宮人蕭氏墓誌
禮 隋宮人徐氏墓誌
礼 隋宮人司計劉氏墓誌
禮 隋息州梁安郡守侯肇墓誌
禮 唐紀泰山銘
禮 唐程某墓誌
禮 唐隴西李嘉珍墓誌
禮 唐馬珍□墓誌
禮 唐處士范義墓誌
禮 唐汲郡呂行端墓誌
禮 唐鄧州參軍事胡寶墓誌
禮 唐玄武丞相仁方墓誌
禮 唐亡宮九品墓誌
禮 唐亡宮九品誌石
禮 唐許州司馬楊孝弼墓誌
禮 唐中大夫安南都護府都護上柱國杜忠良墓誌
禮 唐太府丞兼通事舍人左遷潤州司士參軍源府君夫人清河崔氏墓誌
禮 唐大弘道主三洞法師侯敬忠墓誌
禮 唐恒州真定縣丞姚如衡

墓誌

穡 唐正議大夫檢校太子詹事上柱國魏府君中山張氏夫人墓誌

穡 漢封龍山碑

穡 漢三公山碑

穡 魏元欽墓誌

穡 隋爾朱敞墓誌

穡 唐中大夫使持節江華郡諸軍事江華郡太守上柱國和守陽墓誌

穢 漢魯峻碑

穢 魏孝文帝弔比干文

穢 魏王僧墓誌

穢 隋劉寶墓誌

穠 唐張府君夫人齊娥墓誌

穠 唐新城郡樊太君墓誌

穠 唐七宮五品誌文一首

瞻 魏鄭羲下碑

瞻 魏高貞碑

瞻 魏雍州刺史元固墓誌

瞻 魏來安王太妃墓誌

瞻 魏鉅平縣侯元欽墓誌

瞻 魏陽城洪懋等造像

瞻 魏元瞻墓誌

瞻 魏高樨夫人墓誌

瞻 魏元悅妃馮季華墓誌

瞻 魏元肅墓誌

瞻 魏元楨墓誌

瞻 魏伏夫人昝雙仁墓誌

瞻 齊朱曇思等造

像 瞻 齊暴誕墓誌 瞻 齊比丘僧道政造像 瞻 齊毛叉擢造像 瞻 隋宮人蕭氏墓誌 瞻

隋洛州南和縣澧水橋後碑 瞻 隋□順墓誌 瞻 隋□敦墓誌 瞻 隋盧文構墓誌 瞻 隋宋仲墓

誌 瞻 隋李則墓誌 瞻 唐楊士達墓誌 瞻 唐上騎都尉王素墓誌 瞻 唐康留買墓誌 瞻

唐翟惠隱墓誌 瞻 唐史信墓誌 瞻 唐孫君幼女墓誌 瞻 唐于孝顯碑 瞻 唐敬善寺石像記

瞻 唐游縣尉索義弘墓誌 瞻 唐處士王顔墓誌 瞻 唐旌德縣尉李紳墓誌 瞻 唐史信墓誌

瞻 唐張矩墓誌 瞻 唐蒲州虞鄉縣丞王安墓誌 瞻 唐左宗衛大都督楊士達墓誌 瞻 唐徐德墓

誌 瞻 唐張善墓誌 瞻 唐上開府董葵墓誌 瞻 唐封州司馬董力墓誌 瞻 唐神和府折衝鄭法

明夫人李氏墓誌 瞻 唐南陽白水張貞墓誌 瞻 唐康智墓誌 瞻 唐瀛州文安縣令王府君周夫人薛

氏墓誌　瞻 唐同州白水縣令下博孔元墓誌　瞻 唐朝議大夫行婺州武義縣令元玄慶墓誌　瞻 唐南

陽居士韓神墓誌　瞻 唐朝議郎前行忻州定襄縣令上柱國張楚璋墓誌　瞻 唐金明縣令上柱國張惠則墓誌

瞻 唐縉雲郡司馬費崇璋夫人陸英墓誌　瞻 唐梁義方墓誌　瞻 唐程某墓誌　瞻 唐京兆□恩道

墓誌　瞻 唐恒王府典軍王景秀墓誌　瞻 唐秦明墓誌　瞻 唐諱恢墓誌　瞻 唐王君會及妻楊氏

墓誌　瞻 唐陸大亨墓誌　瞻 唐安重遇墓誌　瞻 唐處士王顧墓誌　瞻 唐王明墓誌

監 隋諸葛子恒造像　監 唐盧伯卿墓誌　監 唐同州華池府別將李琦墓誌

聶 魏比丘尼慧承造像　聶 隋比丘尼慈曇造像題名

職 漢賢良方正殘石　職 漢鮮于璜碑　職 魏龍驤將軍元引墓誌　職 魏元子正墓誌　職

蟠 蟬 蟲 蟒 䗲 翹

職 魏于景墓誌 職 魏元悰墓誌 職 魏元悌墓誌 職 魏持節袁州刺史唐使君墓誌 職 隋韓

祐墓誌 職 唐長孫氏墓誌 職 唐崔孝公墓誌 職 唐張玄衍墓誌 耽 明武略將軍潘德墓誌

蟠 唐大聖真觀楊法師生墓誌

蟬 唐居士張振墓誌 蟬 唐吏部常選中山張顏墓誌 蟬 梁王慕韶墓誌

蟲 唐張才墓誌 蟲 唐侯僧達墓誌

蟒 蟒 梁貞明元年尊勝陁羅尼經幢

䗲 唐文林郎王貞墓誌

翹 魏元颺妻王氏墓誌 翹 魏元液墓誌 翹 齊鄭子尚墓誌 翹 唐贈秘書監李邕墓誌

翻 翻 翼 簞 簧

翻 漢山東棗莊市出土東漢紀年碑 翻 魏孝文帝弔比干文 翻 隋主簿張濬墓誌 翻 隋翟突娑墓誌

翻 唐故隋左龍驤驃騎王協墓誌 翻 唐許士瑜墓誌

飜 北涼沮渠安周碑 飜 魏王僧墓誌 飜 魏張盧墓誌 飜 魏元尚之墓誌 飜 魏秦洪墓誌銘

翼 魏范式碑 翼 魏張玄墓誌 翼 魏兗州刺史元猘墓誌 翼 馮宣盂寶等殘造像題名 翼

唐王夫人墓誌 翼 唐洛陽縣王氏呂夫人墓誌 翼 宋金紫光祿大夫檢校司空左衛將軍吴元載墓誌

簞 唐故夫人張肅墓誌

簧 隋張伻墓誌 簧 宋金紫光祿大夫檢校司空左衛將軍吴元載墓誌

簪 隋虎賁郎將關明墓誌 簪 隋盧文機墓誌 簪 隋馬稚墓誌 簪 隋張禮墓誌 簪 隋陳叔榮墓誌

簪 隋宮人楊氏墓誌 簪 唐薛君夫人柳氏墓誌 簪 唐龍游縣尉索義弘墓誌

簫 唐文林郎彭城劉胡墓誌 簫 唐岷州刺史張仁楚墓誌

簋 唐處士崔德墓誌

薊 魏建城侯山徽墓誌

舊 漢白石神君碑 舊 漢曹全碑 舊 漢張遷碑 舊 漢韓勑碑 舊 魏石門銘 舊 魏高貞碑

舊 魏元祜妃常季繁墓誌 舊 魏齊郡王元祐墓誌 舊 魏元譚墓誌 舊 魏于祚妻和醜仁墓誌

舊 魏元誕墓誌 舊 魏寧遠將軍程延貴墓誌 舊 隋蕭瑒墓誌 舊 隋口韶墓誌 舊 隋王

# 薩

兗墓誌

舊 唐西道縣令劉攬墓誌

舊 唐鴻慶寺碑

舊 唐吳廣碑

舊 唐白慶先墓誌

舊 唐高君達墓誌

舊 唐右戎衛翊衛徐買墓誌

舊 唐魏州莘縣尉太原王養及夫人中山成氏墓誌

舊 唐亡宮五品誌文

舊 唐少府監織染署令太原王府君妻張法戒墓誌

舊 唐潞州屯留縣令溫府君李夫人墓誌

舊 唐左羽林軍長史姚重曒墓誌

舊 唐右威衛將軍上柱國王景曜墓誌

舊 唐泉州龍溪縣尉李君墓誌

舊 唐濟南郡禹城縣令李庭訓墓誌

舊 唐鴻臚少卿貶明州司馬北平陽濟墓誌

舊 唐國子祭酒致仕包府君陳墓誌

舊 唐錦州刺史江夏李正卿墓誌

舊 清泰安關帝廟建殿題字

舊 中華民國鄭州州判張子溫墓誌

薩 魏劉雙造像

薩 魏彭城王元勰墓誌

薩 齊韓永義造佛龕銘

薩 齊比丘惠瑍等造像

薩 隋□太妻夏樹造像

薩 佛說觀世音經

薩

薩 唐傳惠簡造像

薩 程元洛殘造像

## 藍

藍 魏豫州刺史元瑚墓誌 藍 魏元襲墓誌 藍 齊諸葛始興造像 藍 齊高叡國妃敬氏墓誌

藍 隋宮人司計劉氏墓誌

## 藏

藏 漢衡方碑 藏 漢永壽三年山東嘉祥宋山畫像石題記 藏 魏趙州刺史南鄉縣子石信墓誌 藏 齊法朗造像 藏 齊楊娥造像 藏 隋宮人常泰夫人房氏墓誌 藏 隋成公□墓誌 臧 唐劉夫人楊氏墓誌 臧 唐景教流行碑 藏 唐馬君起造像記 臧 唐宣德郎通事舍人高傭墓誌 藏 大周金紫光祿大夫檢校尚書右僕射左監門衛將軍劉光贊墓誌 藏 唐泉州龍溪縣尉李君墓誌 藏 唐宣節尉張萬壽墓誌 藏 唐張思鼎墓誌 藏 唐皇甫府君墓誌

## 藁

藁 唐遼東郡公泉男生墓誌

藐　　禬　　襟　　繪

藐 漢武榮碑　藐 魏元魏妃李瑗華墓誌　藐 魏穆紹墓誌　藐 隋□和墓誌　藐 唐文安縣主墓誌

藐 唐文林郎王君夫人墓誌

禬 隋比丘尼修梵石室墓誌　禬 唐管元惠碑　禬 唐太府卿真定公許緒墓誌　禬 唐水衡監丞王貞墓誌

禬 唐韓王府兵曹參軍延陵縣開國公陸紹墓誌　禬 唐通議大夫使持節寧州諸軍事寧州刺史上柱國裴撝墓誌

禬　禬 唐皇五從叔祖故衢州司士參軍李濤墓誌　禬 唐管元惠墓誌　禬 唐崔韶墓誌

襟 魏元徽墓誌　襟 魏元遥墓誌　襟 齊徐徹墓誌　襟 隋任軌墓誌　襟 唐左翊衛金谷府司馬權開善墓誌

繪 元新建祖師行祠報恩碑記

繞 唐大中大夫隰州司馬慕容思兼墓誌

繡 魏內司楊氏墓誌 繡 魏元壽安墓誌 繡 魏元毓墓誌 繡 魏第一品張安姬墓誌 繡 魏馮邕妻元氏墓誌 繡 魏穆子岩墓誌 繡 隋主簿張濬墓誌 繡 隋騰王子楊厲墓誌 繡 隋劉相墓誌 繡 隋程諧墓誌 繡 唐并州司兵張義墓誌 繡 唐曲阜文宣王廟記 繡 唐故隋并州司兵張義墓誌 繡 唐王大劍墓誌 繡 唐處士□長墓誌 繡 唐宣州涇縣尉杜府君故夫人孫氏墓誌 繡 唐中散大夫守荊州大司馬上柱國南陽劉森墓誌

繐 唐朝散郎行蘇州嘉興尉談昕墓誌

繜 魏散騎侍郎汝陽王元賥墓誌 繜 隋陳叔榮墓誌 繜 唐房寶子墓誌 繜 唐許士端墓誌 繜

覆 贅 贜 觴 軀

覆 唐崔夫人墓誌

覆 魏李超墓誌

覆 魏桑乾太守宋虎墓誌

覆 魏元端墓誌

覆 魏元始和墓誌

覆 魏丘哲妻鮮于仲兒墓誌

覆 魏元顯墓誌

覆 齊宋敬業造像

覆 隋修七帝二寺碑

覆 唐幽州范縣令楊基墓誌

覆 唐右龍武將軍張德墓誌

覆 唐峽州司馬張積墓誌

贅 漢華山廟碑

贅 魏元子正墓誌

贅 唐九成宮碑

贜 唐朝奉郎尚書司門員外郎柱國任孚墓誌

觴 魏東平王元略墓誌

觴 魏汝山侯吐谷渾璣墓誌

觴 北齊武平獨孤氏墓誌

觴 隋宮人陳氏墓誌銘

軀 魏路文助造像

軀 魏孫寶憘造像

軀 魏張道果造像記

軀 魏康富及子天長造義井佛像記

軀 魏崔承宗造像 軀 齊陽赤齊等造像 軀 齊法義卅人造像 軀 齊賈墱村邑義母人等造像記

軀 齊賈乾德造像 坵 齊太寧二年樂陵縣人李道梁造像 軀 齊高昌縣劉思祖造像 軀 北徐州劉道景造像

軀 齊比丘尼惠遠為亡姊造像 軀 齊邑義道偽等七十八人造像 軀 隋張峻母桓造像 軀 隋傅

朗振造像記 軀 隋張恆為亡夫張遵義造像 軀 陳介祺為郭娘造觀音像 軀 王昕造像造 軀

常岳等造像 軀 唐處士任通墓誌 軀 唐惠仁寶任韵良造像 軀 唐雲麾將軍宋儼墓誌

蹔 魏寇憑墓誌 蹔 隋宋仲墓誌 蹔 隋張達墓誌

蹕 魏元彝墓誌 蹕 魏元順墓誌 蹕 魏孝文帝弔比干文陰

蹟 隋明雲騰墓誌 蹟 隋嚴元貴墓誌 蹟 唐左光胤墓誌 蹟 唐左親衛長上校尉樂玉墓誌

# 蹤

蹤 晉辟雍頌　蹤 魏王僧墓誌　蹤 魏元簡墓誌　蹤 魏青州刺史元湛墓誌　蹤 魏巨始光造像　蹤 魏康富及子天長造義井佛像記　蹤 魏樂子菩造像碑　蹤 齊比丘惠瑍造像　蹤 齊□私墓誌　蹤 齊吐列延慶妻尒朱元靜墓誌　蹤 隋唐該墓誌　蹤 唐游石室新記　蹤 唐交州都督府參軍樊玄紀墓誌

# 邃

邃 魏元凝妻陸順華墓誌　邃 齊諸葛始興造像　邃 隋北海縣令趙朗墓誌　邃 隋梁邕墓誌　邃 隋尒朱端墓誌　邃 唐關道愛墓誌　邃 唐左衛率府翊衛王歲墓誌　邃 唐上騎都尉姚君玄墓誌

# 邇

邇 魏鉅平縣侯元欽神銘　邇 魏元融墓誌　邇 魏巨始光造像　邇 魏范陽王元誨墓誌　邇 隋嚴元貴墓誌

邈 謫 謨 謬 謹 醫

邈 魏寇品墓誌
邈 齊高建妻王氏墓誌
邈 隋□順墓誌
邈 唐張藥墓誌
邈 唐王郢墓誌
邈 唐陪戎副尉安度墓誌
邈 唐靖千年墓誌
邈 唐上騎都尉姚思玄墓誌

謫 唐游擊將軍左領軍衛京兆府折衝都尉長上內員奉宋莊墓誌
謫 唐撫州法曹參軍員外置隴西李滙墓誌

謨 漢景君碑
謨 漢張遷碑
謨 魏韓顯宗墓誌
謨 齊元賢墓誌
謨 隋段濟墓誌

謬 魏巨始光造像

謹 晉王浚妻華芳墓誌
謹 魏高宗嬪耿壽姬墓誌
謹 魏元偃墓誌
謹 隋□夫人王光墓誌銘
謹 隋宮人陳花樹墓誌銘

醫 唐清河縣主簿左光胤墓誌

# 轉

轉 魏元懌墓誌　轉 魏劉顏磚誌　轉 魏元鸞墓誌　轉 隋張軻墓誌　轉 隋唐該墓誌

轉 唐王訓墓誌　轉 唐康君夫人曹氏墓誌

# 醫

醫 漢楊淮表　醫 漢溫泉頌　醫 魏義橋石像碑　醫 魏宮一品張安姬墓誌　醫 魏吐谷渾璣墓誌

醫 隋王世琛墓誌　毉 唐張懷文墓誌　毉 唐劉遵禮墓誌　毉 唐韓寶才墓誌　毉 唐鄭君夫人孫少雅墓誌

毉 唐龍游擊尉索義弘墓誌　毉 唐定州刺史朱義琛墓誌　毉 唐仙州別駕張仁方墓誌　醫 唐楊義妻王氏墓誌

毉 唐裴氏室女琪墓誌　毉 唐朝散大夫行左春坊藥藏郎上柱國張金才墓誌　醫 唐正議大夫使持節相州諸軍事守相州刺史上柱國河南賀蘭山墓誌

醫 唐太子舍人敬昭道墓誌　醫 唐穎川陳商夫人魯郡南氏墓誌　毉 唐揚州海陵縣丞張觀墓誌　毉 唐宣武軍節度押衙柳延宗墓誌　醫 宋全紫光

祿大夫檢校司空左衛將軍吳元載墓誌
醨 明夏叔度墓誌
醨 魏東阿縣公元順墓誌

釐 魏孔羨碑
釐 魏青州刺史元遵墓誌
釐 魏吳郡王蕭正表墓誌
釐 魏元譚墓誌
釐 魏檀賓墓誌
釐 魏于景墓誌
釐 魏元襲墓誌
釐 魏元鑒墓誌
釐 魏九級浮圖
釐 造交龍碑象記
釐 齊宜陽□太妃傅華墓誌
釐 周强獨樂為文帝造像
釐 隋梁瓌墓誌
釐 隋陳叔榮墓誌
釐 隋劉明墓誌
釐 唐盧承業墓誌
釐 唐田夫人墓誌
釐 唐故府君栢善德夫人仵氏墓誌
釐 唐處士張景之墓誌
釐 唐齊朗墓誌
釐 唐鄭州中牟縣主簿楊軌墓誌
釐 唐文林郎王君夫人墓誌
釐 唐右威衛錄事參軍孟君妻劉氏墓誌

鄷　豐　鎦　鎮　闔

鄷 唐驍騎尉皇甫璧墓誌

豐 漢夏承碑 豐 漢史晨奏銘 豐 漢郙閣頌 豐 漢孔宙碑 豐 魏嵩岳靈廟碑 豐 魏楊豐生造像

豐 魏元崇業墓誌 豐 魏程榮造像 豐 齊劉碑造像 豐 齊靜明造像 豐 齊張龍伯兄弟造像

豐 隋宮人豆盧氏墓誌 豐 唐鴻慶寺碑 豐 唐齊州禹城縣令隴西李庭訓夫人清河崔上真墓誌

鎦 明洛陽遺老張振墓誌

鎮 漢衡方碑 鎮 魏廣陽王元湛墓誌 鎮 魏貴華恭夫人墓誌 鎮 魏元演墓誌 鎮 魏吐谷渾璣墓誌

鎮 魏叔孫協墓誌 鎮 魏元偃墓誌 鎮 齊石永興造像 鎮 齊蘭陵忠武王肅碑 鎮 隋段模墓誌

闔 漢孔彪碑 闔 魏房悅墓誌 闔 隋寇奉叔墓誌 闔 唐李君夫人墓誌

# 闕

闕 漢史晨奏銘

闕 宋爨龍顏碑

闕 魏魏靈藏造像

闕 魏北海王元詳墓誌

闕 魏元波墓誌

闕 魏元遒墓誌

闕 魏道恭造像

闕 魏元端墓誌

闕 魏石育墓誌

闕 魏元仙墓誌

闕 魏定州刺史元湛墓誌

闕 隋龍山公墓誌

闕 隋修七帝二寺碑

闕 唐李從証墓誌銘

闕 唐大泉寺三門記

闕 唐諸葛府君夫人韓氏墓誌

闕 唐還少林寺神王勅碑銘

闕 唐劉寶墓誌

闕 唐伊闕佛龕碑

闕 唐七宮五品誌文

闕 唐七宮六品誌石

闕 唐七宮人墓誌

闕 唐禹城縣令李庭訓墓誌

闕 唐昭成觀大德張尊師墓誌

闕 唐伊川刺史衛義整墓誌

闕 唐張師儒墓誌

闕 唐李和墓誌

闕 唐故隋奉車都尉姑臧段璋墓誌

闕 唐處士左祐墓誌

闕 唐右金吾衛胄曹參軍沈齊文墓誌

闕 唐常州無錫縣令楊陶墓誌

闕 唐宮人墓誌

闕 唐僕射王進威墓誌

霧 唐蒲州河東縣令李徽墓誌 霧 唐太原王君墓誌

隳 隋張濤妻禮氏墓誌 隳 唐盧知宗妻鄭夫人墓誌

雙 魏呂望表 雙 魏三級浮圖頌 雙 魏廉富及子天長造義井佛像記 雙 魏劉雙造像 雙

齊陽赤齋造像 雙 齊家賈造像 雙 齊孟阿妃造像 雙 隋啟法寺碑 雙 隋王始興等廿七人造像

雙 隋張元象造像 雙 唐處士吳弘敬墓誌 雙 唐皇甫府君墓誌 雙 唐洛州王師墓誌

雛 晋魏雛墓誌 雛 魏元子正墓誌 雛 齊高建墓誌 雛 齊高貼墓誌 雛 隋尔朱敞墓誌

雛 隋羊瑋墓誌 雛 隋長陵縣令盧文構墓誌 雛 唐韓承墓誌 雛 唐張威夫人墓誌 雛

唐朝議郎行益州大都督府士曹李延祐墓誌 雛 唐義豐縣開國男崔宜之墓誌 雛 唐王固己墓誌 雛 唐蔣

雞　䧳　雞

雞 楚賓夫人于氏墓誌　雞 宋金紫光祿大夫檢校司空左衛將軍吴元載墓誌

雞 晉好大王碑　雞 魏元襲墓誌　雞 魏劉玉墓誌　雞 隋徐之才墓誌　雞 隋段濟墓誌

雞 唐處士張義墓誌

䧳 唐皇朝潞州司法秦脩墓誌

雞 漢王當買地券　雞 魏奚真墓誌　雞 齊法義卅人造像　雞 隋明雲騰墓誌　鶏 唐鄭旻墓誌

鶏 唐玄武丞楊仁方墓誌　鶏 唐王鄉故任夫人墓誌　雞 唐處士口長墓誌　鶏 唐白州龍豪縣令呼延章墓誌

鶏 唐新鄭縣令劉文墓誌　鶏 唐樊浮丘李夫人墓誌　雞 唐楚州鹽城縣令王惠忠墓誌

雞 唐織染署令王君妻張氏墓誌　鶏 唐儒林郎守陳州司兵參軍鄭憬墓誌

顏　題　顒　鞢　鞭　鞮　韙

顔 晋鄧休碑　顔 魏元數墓誌　顔 魏穆纂墓誌　顔 齊比丘惠璵造像　顔 齊中狩造像

顔 周保定年梁顯業等造浮圖銘　顔 唐亡宮九品墓誌　顔 唐盧調墓誌　顔 唐李夫人墓誌銘

題 魏源磨耶墓誌　題 隋正議大夫伍道進墓誌　題 唐朱遠墓誌

顒 唐崔守約墓誌

鞢 宋西頭貢奉官閤門祇候監西京都鹽院吴元吉墓誌

鞭 魏傅母杜法真墓誌　鞭 齊泉城王劉悅墓誌

鞮 魏元保洛墓誌

韙 隋孔神通墓誌

馥 魏宮內大監劉阿素墓誌

馥 魏房悅墓誌

馥 魏天僧墓誌

馥 魏元□妃吐谷渾氏墓誌銘

馥 隋主簿張濬墓誌

馥 隋宮人徐氏墓誌

馥 隋陳叔榮墓誌

馥 唐張泉墓誌

颺 漢張表碑

颺 魏北海王元詳墓誌

⿱衍食 唐洛陽霍夫人墓誌

餘 漢甘陵相□博殘碑

魏 魏孔羨碑

魏 宋爨龍顏碑

魏 魏慈香造像

魏 魏元颺妻王夫人墓誌

魏 魏元氏趙夫人墓誌

魏 魏元燮造像

魏 魏張輔國墓誌

魏 魏元偃墓誌

魏 魏元繼妻石婉墓誌

魏 魏太監孟元華墓誌

魏 魏比丘法盛造像

魏 魏趙洪祚造像

魏 魏元珽墓誌

魏 魏楊氏墓誌

# 騎

魏 魏曲陽修德寺玉佛造像銘 魏 魏尼慈香慧政題字 魏 魏常山鮑世□造像 魏 魏高貞碑 魏

魏楊翬碑 魏 魏大儒管寧碑 魏 魏鎮遠將軍洛州騎兵參軍常煥造五級浮圖銘 魏 齊張起墓誌 魏

隋楊厲墓誌 魏 隋申穆墓誌 魏 隋□墮夫人趙氏墓誌 魏 隋橋紹墓誌 魏 唐于孝顯碑

魏 唐吳粲墓誌 魏 唐王進墓誌 魏 唐韓王府兵曹參軍延陵縣開國公陸紹墓誌 魏 唐程某墓誌

魏 唐張仲賓墓誌 魏 唐中大夫使持節江華郡諸軍事江華郡太守上柱國和守陽墓誌

騎 騎 魏元融墓誌 騎 魏唐耀墓誌 騎 隋羊瑋墓誌 騎 隋□爽墓誌 騎 唐銀青光

祿大夫和州刺史上柱國瑯琊縣開國伯顏謀道墓誌 騎 唐宣義郎行左衛騎曹參軍攝監察御史崔夐墓誌

騏 唐上柱國李起宗墓誌

鯁 唐相州刺史袁公瑜墓誌

鯉 漢馬氏二十四娘符咒刻石

鯉 唐王夫人墓誌

麐 唐瀛州文安縣令王府君周故夫人薛氏墓誌

麐 隋裴逸墓誌

黠 唐武騎尉張弘墓誌

鼂 漢楊君石門頌

鼂 魏三級浮圖頌

鼂 唐沈士公墓誌

齕 唐天德軍攝團練判官太原府參軍蕭錄墓誌

## 十九畫

儵魏汾州刺史元彬墓誌　儵魏張滿墓誌　儵魏叔孫固墓誌　儵魏寇治墓誌　儵齊法

義優婆姨等造像頌　儵齊姜纂造像　儵隋明雲騰墓誌　儵隋宮人司賈氏墓誌　儵隋程諧墓

誌　儵隋宮人三品樊氏墓誌　儵隋鮑宮人墓誌　儵隋宮人六品何氏墓誌　儵隋宮人司仗郭

氏墓誌　儵魏高猛妻元瑛墓誌　儵唐陪戎副尉安度墓誌　儵唐神和府折衝鄭法明夫人李氏墓誌

儵唐南州刺史杜舉墓誌　儵唐新城府別將張翼墓誌

勳明錦衣衛舍人小溪吉天倫暨配孺人劉氏合葬墓誌

壞漢史晨後碑　壞唐延王府户曹丁敬墓誌

壟魏李夫人柴蘭墓誌　壟魏李蕤墓誌　壟魏元均墓誌　壟魏王悅墓誌　壟齊李祖牧

夫人宋氏墓誌 龍 齊李清爲李希宗造像 龍 隋甯贊碑 龍 隋宮人司飾丁氏墓誌 龍 隋宮人六

品□□墓誌 壠 唐朝請郎行石州方山縣令騎都尉申守墓誌

鄉 唐朝散郎行內府局令上騎尉王文詮造像

庬 唐右臺殿中侍御史王巘丘墓誌 瘫 唐劉府君夫人張十一娘墓誌

廬 漢韓勑碑側題名 廬 漢衡方碑 蘆 魏元睟墓誌 廬 魏邢巒妻元純陁墓誌 廬

魏元宥墓誌 廬 魏元疑妻陸順華墓誌 廬 隋倉部侍郎辛衡卿墓誌 廬 唐靖千年墓誌 廬 唐驍

騎尉皇甫璧墓誌 廬 唐處士餘當墓誌 蘆 唐房君夫人耿氏墓誌

寶 漢夏承碑 寶 魏范式碑 寶 魏孫寶憘造像記 寶 魏南安王楨墓誌 寶 寶 魏寶

幢準提像銘

寶 魏上官胡仁等摩崖造像

寶 齊道興造像

寶 齊逢略造像

寶 齊朱曇思造像

寶 周賀屯植墓誌

寶 隋唐該墓誌

寶 隋張儉墓誌

寶 隋王袞墓誌

寶 隋□順墓誌

寶 隋上儀同三司黎陽鎮將程鐘墓誌

寶 唐蔣王内人安太清造像

寶 唐永王府錄事參軍盧自省墓誌

寶 唐高士哲人河東裴處璡墓誌

寵 隋范安貴墓誌

寵 隋張濤妻禮氏墓誌

寵 唐處士張海墓誌

寵 唐河内郡武德縣令楊岌墓誌

籠 齊鄭道昭五言詩

⿰忄憲 唐黄州總管陽城縣丞王君夫人陰客墓誌

攀 魏刁遵墓誌

攀 魏檀賓墓誌

攀 魏乞伏寶墓誌

攀 齊堯峻妻吐谷渾墓誌

攀 隋張濬墓

誌

攀 隋楊厲墓誌 攀 隋張囧妻蘇恒墓誌 攀 唐河東王夫人墓誌 攀 唐張君政墓誌 攀 唐裴寬墓誌 攀 唐宣威將軍左驍衛河南府永嘉府折衝都尉上柱國王元墓誌 攀 唐韓王府兵曹陸紹墓誌 攀 唐高望府果毅王敬墓誌 攀 唐都總監丞張公夫人吉氏墓誌 攀 唐管城縣令楊璡墓誌 攀 唐楊子縣令崔君夫人盧氏墓誌 攀 唐魏州莘縣尉王君夫人成氏墓誌 攀 唐虞城縣尉張表墓誌 攀 唐左春坊藥藏郎張金才墓誌 攀 唐魏州莘縣尉太原王養及夫人中山成氏墓誌銘 攀 唐幽府士曹參軍孟裕墓誌 樊 唐皇甫賓亡楊麗墓誌 攀 唐韓王府兵曹參軍延陵縣開國公陸紹墓誌

攏 隋裴逸墓誌

懷 漢景君碑陰 懷 漢曹全碑 懷 漢曹全碑 懷 漢武梁祠畫像題字 懷 魏魏靈藏造像記

懷 魏張猛龍碑 懷 魏比丘僧智造像 懷 魏昭玄沙門大統僧令法師墓誌 懷 齊高百年墓誌

懷 齊上洛縣男元子邃墓誌 懷 隋元鍾墓誌 懷 隋劉多墓誌 懷 隋張伏敬墓誌 懷 隋任軌墓誌 懷 隋王通墓誌 懷 隋王紱仙墓誌 懷 唐杜君妻崔素墓誌 懷 唐翟惠隱墓誌 懷 唐周遠貞墓誌 懷 唐孟氏麻夫人銘 懷 唐處士那彥褒墓誌 懷 唐黔州石城縣主簿鄭邁墓誌 懷 唐朔方節度十將游擊將軍左內率府率臧曄墓誌

⿰忄憲 唐正議大夫使持節都督巂州諸軍事守巂州刺史上柱國許公夫人琅琊郡君王氏墓誌

賴 唐中大夫安南都護府長史權攝副都護上柱國杜忠良墓誌

懵 唐正議大夫使持節相州諸軍事守相州刺史上柱國賀蘭山墓誌

牘 魏李壁墓誌　牘 唐文林郎張金剛墓誌

曠 唐儒林郎王令墓誌

瀚 魏溫泉頌　瀚 魏閭伯昇墓誌　瀚 齊高僧護墓誌　瀚 唐渭州刺史將作少匠孟玄一墓誌　瀚 唐襄州長史韋鱗墓誌

瀛 魏安樂王元詮墓誌　瀛 魏汝陽王元睟墓誌　瀛 魏冀州刺史元昭墓誌　瀛 魏冀州刺史敷城縣公劉懿墓誌　瀛 魏元乂墓誌　瀛 魏元暉墓誌　瀛 魏長孫士亮妻宋靈妃墓誌　瀛 魏穆紹墓誌　瀛 魏元壽安墓誌　瀛 魏定州刺史元湛墓誌　瀛 齊高叡修寺碑　瀛 齊暴誕墓誌　瀛 齊高湝墓誌　瀛 齊竇泰墓誌　瀛 齊天柱山摩崖　瀛 隋羊本墓誌　瀛 隋寇遵考墓誌　瀛

瀦　瀜　灉　櫛

隋洛州南和縣灃水橋後碑　瀛 隋劉則墓誌　瀛 隋劉珍墓誌　瀛 唐閻好問墓誌　瀛 唐處士張叡墓誌　瀛 唐太府卿真定郡公許緒墓誌　瀛 唐同州白水縣令下博孔元墓誌　瀛 唐忠州司馬婁君夫人墓誌　瀛 唐萬年縣尉孔長寧墓誌　瀛 唐涼王府功曹參軍于偃墓誌　瀛 唐瀛州河間縣令樂建墓誌　瀛 唐新安縣令張旻墓誌　瀛 唐王和墓誌　瀛 唐朔州順義軍節院使張君墓誌

瀦 唐宣州參軍許堅墓誌

瀜 唐權氏殤子墓誌

灉 魏孝文帝弔比干文　灉 唐平陽郡故敬覺墓誌

櫛 梁蕭憺碑　櫛 唐亳州錄事參軍博陵崔公趙郡李夫人墓誌

斞 元馮公祐墓誌

獸 漢三公山碑 獸 漢武氏石室祥瑞圖題字 獸 漢桐柏廟碑 獸 漢武梁祠畫像題字

獸 漢仙人唐公房碑 獸 魏韓顯祖造像 獸 齊牛景悅造像 獸 齊宋顯伯造塔銘 獸 齊宋顯伯造像 獸 隋密長盛造橋碑 獸 唐游石室新記 獸 唐處士張海墓誌 獸 唐劉庭訓墓誌銘

獸 唐安令節墓誌 獸 唐上騎都尉掌思明墓誌 獸 唐朝請大夫鄧州穰縣令上護軍南玄暕墓誌 獸 唐中散大夫使持節臺州諸軍事守臺州刺史上柱國陳皆墓誌

竈 魏雍州刺史李挺墓誌 竈 隋段濟墓誌 竈 隋馬穉心墓誌 竈 唐龍德感墓誌 竈 元照公塔銘

璽 漢景君碑 璽 漢白石神君碑後題字 璽 前燕馬遠越造墓磚銘 璽 魏孝文帝弔比干文碑陰

璽 魏元譿妃馮會長墓誌

璽 隋楊居墓誌

瓈 唐般若波羅蜜多心經

瓈 宋張釜第一山題名

瓊 晉中書侍郎荀岳墓誌

瓊 魏皇甫驎墓誌

瓊 魏張玄墓誌

瓊 魏汝南太守寇演墓誌

瓊 魏安豐王妃馮氏墓誌

瓊 魏樂陵王元彥墓誌

瓊 魏中山王元熙墓誌

瓊 魏元顯儁墓誌

瓊 魏兗州刺史元彌墓誌

瓊 魏王紹墓誌

瓊 魏元斁墓誌

瓊 魏李洪演造像

瓊 魏奚眞墓誌

瓊 魏元颺墓誌

瓊 魏富平伯于纂墓誌

瓊 魏元恩墓誌

瓊 魏元欽墓誌

瓊 魏司馬悅墓誌

瓊 隋董美人墓誌

瓊 隋主簿張濬墓誌

瓊 隋蕭濱墓誌

瓊 隋宮人常泰夫人房氏墓誌

瓊 隋楊居墓誌

瓊 隋楊暢墓誌

瓊 隋劉明墓誌

瓊 隋宮人侯氏墓誌

瓊 隋盧文構墓誌 瓊 隋張儉墓誌 瓊 隋馬穉妻張姜墓誌銘 瓊 隋宮人六品御女唐氏墓誌

瓊 唐王夫人墓誌 瓊 唐張逸墓誌 瓊 唐邊真墓誌 瓊 唐宴石淙詩 瓊 唐楊智積墓誌

瓊 唐王積善墓誌 瓊 唐隴西趙摩墓誌 瓊 唐故隋并州司馬張義墓誌 瓊 唐崔銑夫人高漆娘墓誌 瓊 唐王惠墓誌 瓊 唐四從伯中散大夫檢校太子左贊善大夫李文契墓誌 瓊 唐處士淳于君夫人陳恭墓誌 瓊 唐儒林郎王令墓誌 瓊 唐彭義墓誌 瓊 宋同州酬唱詩 瓊 明處士韓敬合葬墓誌

礙 魏石門銘 礙 唐神寶寺碑

疆 漢楊君石門銘 壃 魏臨淮王元彧墓誌 壃 魏韓震墓誌 壃 魏恆州刺史元譚墓誌 疆 魏唐耀墓誌 壃 隋嚴元貴墓誌 壃 隋甯贙碑 疆 唐朔州順義軍節院使張君墓誌 壃 唐□□□

行冀州參軍張本墓誌
彊 唐上柱國處士段仲垣墓誌
彊 唐冀州南宮縣尉邢德璥墓誌

疇 魏王基墓誌
疇 齊元子遂墓誌
疇 隋蕭翹墓誌
疇 唐張琮碑
疇 唐史氏趙夫人墓誌

疇 唐大智禪師碑
疇 唐亡宮九品誌石
疇 唐亡宮九品誌石
疇 唐亡宮八品誌石
疇 唐亡宮九品墓誌
疇 唐亡宮九品墓誌
疇 唐大理正喬府君夫人馮誠墓誌
疇 唐□壽墓誌銘

禰 唐京兆府渭南縣尉張時譽墓誌

禱 漢無極山碑
禱 唐景教流行中國碑
禱 唐晉祠銘
禱 唐李玄靖碑
禱 唐衛義夫人渤海高氏墓誌
禱 元山西洪洞縣義旺村中鎮廟地震碑

積 魏王基碑

## 臘

臘 漢張遷碑

臘 漢□通封記

臘 苻秦廣武將軍□產碑

臘 魏鍾蓋世造像

臘 魏高猛妻元瑛墓誌

臘 齊法懃禪師塔銘

臘 齊道興造像并疾方

臘 齊曹敬遠造像

臘 唐白水令孔元墓誌

臘 唐處士崔德墓誌

臘 唐上柱國李起墓誌

臘 唐左衛勳一府衛元思亮墓誌

臘 唐故府君柏善德夫人仵氏墓誌

## 羶

羶 唐朝散大夫光祿卿致仕上柱國崔廷墓誌

## 羹

羹 魏鉅平縣侯元欽墓誌

羹 魏元遒墓誌

羹 唐楚州司馬柏歸秦墓誌

羹 唐韋敏妻李氏墓誌

羹 元御服碑

羹 清濰縣城隍廟碑

## 羸

羸 魏司空王誦墓誌

羸 魏李挺墓誌

羸 魏元均之墓誌

羸 寶梁經

羸 唐神策軍碑

羸 唐亡妣尊夫人楊氏墓誌

羸 唐薛義墓誌

蟻 蠅 蟾 翾 翽 簷

蟻 魏鍾盞世造像 䗩 唐鄭府司馬杜才墓誌

蠅 唐處士左祐墓誌

蟾 唐神和府折衝鄭法明夫人李氏墓誌 蟾 唐宮人墓誌 蟾 唐宮人墓誌 蟾 唐七宮五品誌

蟾 唐七宮六品志石首文一 蟾 唐隴西李氏墓誌

翾 魏王基墓誌

翽 魏高貞碑

簷 魏張猛龍碑 簷 魏邑義赫連子悅五百餘人造像 簷 魏奚真墓誌 簷 齊高嶺修寺廟碑

簷 隋主簿張濬墓誌 簷 唐大泉寺三門記 簷 唐文宣王廟新門記 簷 唐王□通墓誌 簷

唐太宗書温泉銘

簿 魏元玕墓誌
簿 魏韓震墓誌
簿 隋盧文構墓誌
簿 隋李盛墓誌
簿 吴尋陽公主墓誌銘

籀 唐處士王顧墓誌
籀 唐宣義郎周紹業墓誌

藜 唐張君政墓誌

藝 漢張壽碑
藝 漢孔龢碑
藝 魏元始和墓誌
藝 魏冀州刺史元珍墓誌
藝 魏汶山侯吐谷渾璣墓誌
藝 魏內司楊氏墓誌
藝 魏潁川太守元襲墓誌
藝 魏張寧墓誌
藝 魏韓震墓誌
藝 魏穆亮妻元洛神墓誌
藝 魏青州刺史元湛墓誌
藝 魏王紹墓誌
藝 北齊逢哲墓誌銘
藝 齊劉碑造像
藝 隋甯贊碑
藝 隋梁邕墓誌
藝 隋韓祐墓誌
藝 隋息州梁安郡守侯

肇墓誌

藝 隋鄧昞墓誌

藝 隋劉明墓誌

藝 唐錦州博士張武墓誌

藝 唐玄武丞楊仁方墓誌銘

藝 唐秦愛墓誌

藝 唐秦士寧妻王氏墓誌

藝 唐衛州新鄉縣令王順孫墓誌

藝 唐左衛翊衛沈浩禕墓誌

藝 唐朝議郎行益州大都督府士曹參軍事李延祐墓誌

藥 唐賈崇璋夫人陸氏墓誌

藩 唐呂德夫人陳氏墓誌

藩 唐封邱縣令白知新墓誌

藩 唐上開府董葵墓誌

藩 唐王達墓誌

藩 唐上開府董葵墓誌

藪 魏范式碑

藪 晋頌雍頌

藪 魏嵩高靈廟碑

藪 魏元秀墓誌

藪 齊房周陁墓誌

藪 齊朱岱林墓誌

藪 唐梁郡喬崇敬墓誌

藪 唐處士張才墓誌

藪 唐潞州禮會府果毅王客墓誌

藕 隋宮人蕭氏墓誌銘

襦 魏高貞碑

繩 魏臨淮王元彧墓誌

繩 魏三級浮圖頌

繩 魏張敬造石柱像碑

繩 魏高道悅墓誌

繩 周華岳頌

繩 隋豆盧寔墓誌

繩 唐李文墓誌

繩 唐洛陽縣淳俗鄉君劾姬墓誌

繩 唐潁川陳處士夫人甯氏墓誌

繩 唐何載墓誌

繫 魏李挺墓誌

繫 周寇胤哲墓誌

繫 唐朝議郎前行薛王府兵曹參軍上柱國太原王令墓誌

繭 魏三級浮圖頌

繭 魏叔孫固墓誌

繭 隋孔河陽都尉墓誌

繭 隋宮人沈氏墓誌

繭 隋陳禎明年謝孝璋墓誌

繹 魏長孫士亮妻宋靈妃墓誌 繹 唐李弘裕墓誌 繹 唐紀泰山銘

繯 齊元子邃墓誌

羅 齊雋敬碑 羅 周賀屯植墓誌 羅 隋阮景暉造像 羅 隋蕭瑾墓誌 羅 唐陪戎副尉羅甑生墓誌 羅 後唐堯山縣宣務鄉第一尊羅漢記 羅 元張弘綱墓誌 羅 明宋克書七姬誌

斅 唐劉粲墓誌 斅 唐雋州刺史許樞墓誌 斅 大周金紫光祿大夫檢校尚書右僕射左監門衛將軍劉光贊墓誌

贈 宋臨海郡太君鐔氏墓誌

贊 魏齊郡王妃常氏墓誌 贊 魏宕昌公暉福寺碑 贊 魏比丘尼統慈慶墓誌 贊 魏穆亮墓誌

賛 魏王悅墓誌 賛 隋楊暢墓誌 賛 唐魏州莘縣尉太原王養及夫人中山成氏墓誌

蹻 唐忠武將軍行左領軍衛郎將裴沙墓誌

邊 宋爨龍顏碑 邊 北涼沮渠安周碑 邊 魏刁遵墓誌 邊 魏敬史君碑 邊 魏石門銘

邊 魏曲陽脩德寺玉佛造像銘 邊 魏邊定光造像題字 邊 魏比丘員光造像 邊 魏淮南王元顯墓誌

邊 魏王僧歡墓誌 邊 魏司馬昞墓誌 邊 魏汝南太守寇演墓誌 邊 魏鄭羲下碑 邊 魏冀州刺史元昭墓誌 邊 魏比丘惠暈造像 邊 魏丘指墓誌 邊 魏奚智墓誌 邊 魏元寧墓誌

邊 魏張復進造像 邊 魏司馬悅墓誌 邊 齊比丘法朗造像 邊 齊牛景悅等造石浮圖記 邊 齊阿鹿交村郭京周等造像記 邊 齊道胐造像記 邊 齊朱氏邑人造像 邊 齊唐邕寫經碑 邊 齊董

# 譎

洪達造像

邊 齊高劉二姓邑義造浮圖記 邊 齊張智寶造像 邊 齊徐徹墓誌 邊 齊姜纂造像

邊 齊邑義道偽等七十八人造像 邊 齊法義兄弟八十人建妙塔銘 邊 齊徂徠山暎佛崖刻經 邊

隋姚佰兒造像 邊 隋昌國惠公寇奉叔墓誌 邊 隋□弘枰墓誌 邊 隋張伏敬墓誌 邊 隋雍長墓誌

邊 隋馬穉墓誌 邊 隋范安貴墓誌 邊 隋尒朱敞墓誌 邊 唐游擊將軍康摩伽墓誌 邊 唐蕭

元昚造像 邊 唐張君政墓誌 邊 唐洛汭府隊正李表墓誌 邊 唐鄭玄果墓誌 邊 唐上柱國陳玄墓誌

邊 唐前飛騎尉楊達墓誌 邊 唐京兆府宜化府折衝攝右衛郎將檔野軍副使樊庭觀墓誌 邊 唐張敞墓誌

邊 唐汝陰郡司法參軍姚希直墓誌 邊 元張弘綱墓誌

譎 魏元譚墓誌 譎 隋龍藏寺碑 譎 隋段濟墓誌 譎 唐左光祿大夫段瓌墓誌

譏 北涼沮渠安周碑

譏 魏楊乾墓誌

譏 唐龐德威墓誌

識 漢楊君石門頌

識 晉張朗碑

識 魏東安王太妃墓誌

識 魏檀賓墓誌

識 魏元懌墓誌

識 魏閻伯昇墓誌

識 魏元天穆墓誌

識 魏司馬景和妻墓誌

識 魏江陽王元繼墓誌

識 齊感孝頌

識 隋呂胡墓誌

識 隋豆盧通造彌勒像記

識 隋首山舍利塔銘

識 唐中大夫楚州刺史鄧府君夫人太原王氏太原郡君之銘誌

譚 漢樊敏碑

譚 魏元廣墓誌

譚 隋王始興等七十人造像

譚 唐梁思亮墓誌

譚 明涿州石經山琬公塔院碑

觀 魏尹靜妙造像

觀 隋趙朗墓誌

觀 隋馬少敏墓誌

觀 唐磚塔銘

轍 魏元維墓誌
轍 魏叔孫固墓誌
轍 魏乞伏寶墓誌
轍 齊元賢墓誌
轍 齊齊滄二州刺史高建墓誌
轍 唐臨清縣令琅琊王君妻李氏墓誌

辭 漢華山廟碑
辭 漢孔宙碑
辭 漢楊君石門頌
辭 漢孔龢碑
辭 漢樊敏碑
辭 漢武梁祠畫像題字
辭 吳谷朗碑
辭 晉任城孫夫人碑
辭 梁王慕韶墓誌
辭 魏元颺妻王夫人墓誌
辭 魏孝文帝弔比干文
辭 魏比丘道寶記
辭 魏公孫猗墓誌
辭 魏彭城王元勰墓誌
辭 魏丘哲墓誌
辭 魏元顯墓誌
辭 魏兗州刺史元彌墓誌
辭 魏元恩墓誌
辭 魏元湛妻薛慧命墓誌
辭 魏吐谷渾璣墓誌
辭 魏元顥妻李元姜墓誌
辭 魏元楨墓誌
辭 魏相州刺史元端墓誌
辭 魏洛州刺史李頤墓誌
辭 齊崔頠墓誌
辭 齊天統四年明玉珍墓誌
辭 隋羊君墓誌

辭 隋滕王子楊厲墓誌
辭 隋宮人賈氏墓誌
辭 隋盧文構墓誌
辭 隋范高墓誌
辭 隋張濤妻禮氏墓誌
辭
辭 隋王杳仁墓誌
辭 唐李謙墓誌
辭 唐定州長史李謙墓誌
辭 唐不空和尚碑
辭 唐定城尉屈燈墓誌
辭 唐諸永思墓誌
辭 唐孟弘敏及夫人李氏合祔墓誌
辭 唐弘農郡楊君墓誌
辭 唐陪戎尉王德故妻鮮于墓誌
辭 唐汾州崇儒府折衝滎陽鄭仁穎墓誌
辭 唐朝議郎行弋陽郡定城尉上柱國屈登墓誌
辭 唐吏部常選中山張頵墓誌
辭 宋故朝奉郎行太常寺太祝雲騎尉石祖方墓誌
辭 明處士陸禮墓誌
辭 清張雲谿墓誌
辭 清張弘綱墓誌

艷 唐洛陽縣淳俗鄉君劾夫人姬墓誌
艷 唐太府卿真定郡公許緒墓誌

鑠 魏汝陽王元賥墓誌

# 鏑 鏗 鏘 鏡 鏤

鏑 魏元融墓誌
鏑 唐勝州都督王珖墓誌

鏗 魏廣川孝王元煥墓誌

鏘 魏廣川孝王元煥墓誌
鏘 魏郭顯墓誌
鏘 魏秦洪墓誌
鏘 魏唐耀墓誌
鏘 唐文林郎新喻縣丞胡儼墓誌

鏡 魏元□妃吐谷渾氏墓誌
鏡 魏叔孫協墓誌
鏡 唐文林郎新喻縣丞胡儼墓誌

鏤 漢張表碑
鏤 魏李蘭墓誌
鏤 魏元誕墓誌
鏤 魏兗州刺史元瑚墓誌
鏤 魏陳榮歡墓誌
鏤 魏平東將軍濟州刺史長寧穆公墓誌
鏤 齊宋買造像
鏤 齊姜纂墓誌
鏤 齊雋敬碑
鏤 齊比丘惠瑍造像
鏤 隋楊秀墓誌
鏤 隋范高墓誌

鏕　鬪　闗　霧

鏕 魏秦洪墓誌

鬪 魏元遥墓誌　鬪 唐游擊將軍臧曄墓誌

闗 漢鄐閣頌　闗 晉房宣碑　闗 前燕馬遠越造墓磚　闗 魏皇甫驎墓誌　闗 魏朱永隆造像記

闗 魏江陽王元乂墓誌　闗 齊左馮翊太守□□李世孫合宗造四面像　闗 北齊邢多等五十人造像記

闗 隋元英墓誌　闗 隋梁邕墓誌　闗 隋馮夫人李玉婍墓誌　闗 唐陸豊妻胡氏墓誌　闗 唐車謂妻侯氏墓誌　闗 唐潞州司士參軍□志遠誌文　闗 唐清泰安關帝廟建殿題字　闗 唐褒信公馬神威墓誌　闗 楊吴李濤墓誌

霧 齊元賢墓誌　霧 隋盧文構墓誌　霧 唐康留買墓誌　霧 唐幽州范縣令楊基墓誌

霤 唐左監門衛大將軍太原白知禮墓誌

隴 魏章武王元融墓誌
隴 齊天統四年明玉珍墓誌
隴 唐許州長葛縣丞李辦墓誌

離 漢中平四年墓門題字
離 漢曹全碑
離 漢三公山碑
離 漢楊孟元畫像石墓題字
離 漢永壽三年山東嘉祥宋山畫像石題記
離 魏七兵尚書寇治墓誌
離 魏杜文雅等造像
離 魏南石窟寺碑
離 魏朱金今造像記
離 魏楊纂墓誌
離 魏熙平元年三月卅六日□□孫氏造像
離 齊保定元年殘造像
離 隋李頌萬造像記
離 隋弘秤墓誌
離 唐潞州襄垣縣令裴嗣宗墓誌
離 唐處士宋感及夫人甘氏墓誌
離 唐成王府參軍楊承脩墓誌
離 唐鄧州長史楊孝真墓誌

難 魏李憲墓誌
難 魏元朗墓誌
難 魏楊充墓誌
難 魏王基墓誌
難 魏第一品張安

姬墓誌

𦟍 周賀屯植墓誌　蘺 隋張達墓誌　雖 唐宗聖觀碑　蘺 唐蒲州河東縣令李徵墓誌

難 明壽宮香泉武應光暨元配蘇氏繼室段氏維氏秦氏合葬墓誌　雛 明步兵少校新安梁文炳墓誌　鸝 民國梁耀漢烈士紀念碑

靡 魏三級浮圖頌

顏 漢史晨後碑　顏 漢夏承碑　顏 梁程虔墓誌　顏 魏靈藏造像　顏 魏王法現造像記

顏 魏封令妃造像　顏 魏臨潼造像　顏　顏 魏合邑廿人等造像　顏 魏佛弟子張道明造像

顏 魏崔承宗造像　顏 魏賈景等造像　顏 魏王法觀造像　顏 齊雋敬碑　顏 齊張龍伯造像

顏 齊高叡修寺碑　顏 齊比丘惠承造像　顏 齊張伯龍造像　顏 齊中狩造像　顏 齊孟元洪

造像

顛 齊姜瑞雲造像

顛 齊石濟周造像

顛 齊徐之才墓誌

顛 齊秦應伽造像

顛 齊天統魏顯明造像

顛 周佛弟子一百二十八人造像碑

顛 隋許曇納造像

顛 隋張儉墓誌

顛 唐東莞藏洪幹等造佛堂記

顛 唐僧惠簡造像

顛 唐許□造像

顛 唐朝議郎行鄭州管城令上柱國楊璡墓誌

顛 魏程哲碑

顛 隋張濤妻禮氏墓誌

顛 漢景君碑

顛 漢石門頌

顛 晉張郎碑

巔 魏孝文皇帝弔比干文

巔 魏李璖蘭墓誌銘

顛 唐圭峰禪師碑

顛 唐王太妃墓誌

類 漢白石神君碑

類 魏受禪表

類 晉成晃碑

類 苻秦鄧太尉祠碑

類 魏比丘員光造像

類 魏王銀堂造像記

類 魏杜文雅造像

類 魏李仲琁修孔廟碑

類 魏馬振拜造像

類 魏張

貴興造像 類 魏王法現造像 類 魏賈良造像 類 齊姚景郭度哲四十人等造像 類 齊是連公夫人邢阿光墓誌 類 齊比丘尼慧造像 累 齊楊娥墓誌 類 隋姜明墓誌 類 隋劉多墓誌 類 隋豆盧寔墓誌銘 類 隋鄧州舍利塔下銘 類 隋荀夫人宋玉豔墓誌 類 隋范高墓誌 類 隋梁環墓誌 類 隋呂胡墓誌 類 唐邕州都督陸君夫人元氏墓誌 類 唐幽州范縣令楊基墓誌 類 唐絳州夏縣丞張弘墓誌 類 唐上開府董葵墓誌 類 唐朝請郎行石州方山縣令騎都尉申守墓誌 類 唐太中大夫邕府都督陸思本故夫人南元氏墓誌

## 韜

韜 北涼沮渠安周碑 韜 魏穆亮妻尉太妃墓誌 韜 魏皇甫驎墓誌 韜 隋楊秀墓誌 韜 唐王晟墓誌 韜 唐處士李繼叔墓誌 韜 唐處士索行墓誌 韜 唐劉濬墓誌 韜 唐張温墓誌

韶 唐岐州岐山府果毅安思節墓誌

韶 唐河南慕容曉墓誌

韶 宋河南郡君元氏墓誌

韻 魏兗州刺史元猶墓誌

韻 魏李挺妻墓誌

韻 唐郭通墓誌

韻 唐成金及夫人韓氏墓誌

颻 魏孝文帝弔比干文

颻 隋宮人常泰夫人房氏墓誌

駿 唐文林郎上柱國董本墓誌

駿 唐贈游擊將軍董嘉斤墓誌

鯢 魏敬史君碑

鯢 魏元融墓誌

鯢 齊高建墓誌

鯢 齊徐徹墓誌

鯤 隋郭達墓誌

鯨 魏楊大眼造像

鯨 魏敬史君碑

鯨 唐趙德令墓誌

鯨 唐上柱國李起宗墓誌

鶬 唐文林郎王貞墓誌

鵄 齊皇甫琳墓誌

鵄 唐上柱國邊真墓誌

鵬 唐義豐縣開國男崔宜之墓誌

鵬 唐兵部常選張孝節墓誌

鵬 唐門下訪錄事張相墓誌

鵬 大周金紫光祿大夫檢校尚書右僕射左監門衛將軍劉光贊墓誌

鶂 唐昌黎韓綬墓誌

鵷 唐新城郡樊太君墓誌

鵷 唐朱貞墓誌

鵾 唐徐德墓誌

麓 魏冀州刺史駙馬都尉高猛墓誌

麓 唐前徐州錄事參軍太原王庭玉故夫人博陵崔金剛墓誌

麓 唐常州武進縣尉王府君夫人武功蘇氏墓誌

麓 遼趙匡禹墓誌

麓 清泰安關帝廟建殿題字

麗　麒　麴　黼

麗 漢張遷碑　麗 漢封龍山碑　麗 魏孝文帝弔比干文　麗 魏元鑽遠墓誌　麗 齊比丘惠瑍造像

麗 隋陽瑾墓誌　麗 隋王夫人成公墓誌　麗 隋范高墓誌　麗 唐法澄法師塔誌　麗 唐張振墓誌

麗 唐衛州司馬王善通墓誌　麗 唐七品亡宮誌文　麗 唐八品亡宮誌文　麗 遼馬直溫妻張氏墓誌

麗 唐蔡浩夫人段氏墓誌

麒 唐冀州刺史息武君墓誌

麴 魏城陽康王元壽安妃墓誌　麴 魏城陽康王元壽安妃墓誌　麴 唐趙□□妻麴氏墓誌　麴 清馬君生墓誌

黼 晉辟雍頌　黼 魏胡昭儀墓誌　黼 魏晉州刺史元信墓誌　黼 齊高叡修寺碑　黼 周趙智侃墓誌

黼 隋郭寵墓誌　黼 唐張琮碑　黼 唐王郅妻崔氏墓誌　黼 唐李□敬墓誌　黼 唐南陽白

水張貞墓誌

鼮 唐河南府洛陽縣尉孫備墓誌

鼮 唐韓王府兵曹參軍延陵縣開國公陸紹墓誌

## 二十畫

勸 魏劉根造像
勸 齊董洪達造像
勸 齊楊紹邑造像
勸 齊馮暉賓造像
勸 隋常景造像
勸 隋趙明墓誌
勸 唐嗣曹王李皐妃清河崔氏墓誌
勸 明奉直大夫山西絳州知州毓一朱佳鼇墓誌

嚳 魏岐州刺史張寧墓誌
嚳 唐中大夫上柱國行婺州東陽縣令桑貞墓誌

嚴 漢樊敏碑
嚴 魏嵩高靈廟碑
嚴 魏張猛龍碑
嚴 魏安定王造像記
嚴 魏寧陵公主墓誌
嚴 魏王僧墓誌
嚴 魏蕭正表墓誌
嚴 魏元彧墓誌
嚴 魏穆亮妻元洛神墓誌
嚴

廮　巉　孽　孃

嚴 魏元周安墓誌　嚴 魏吴樹造像　嚴 魏李挺妻墓誌　嚴 齊元賢墓誌　嚴 齊宋買造像　嚴 隋張暉造像　嚴 隋□欽墓誌　嚴 隋宫人司言楊氏墓誌　嚴 隋蕭瑾墓誌　嚴 隋吴嚴墓誌　嚴 唐大達法師塔銘　嚴 唐袁弘毅墓誌　嚴 唐右武翊衛徐買墓誌　嚴 唐神和府折衝鄭法明夫人李氏墓誌　嚴 唐河南府洛陽縣錄事樂安蔣敏故妻清河張氏墓誌　嚴 遼北大王墓誌

廮 唐趙郡廮陶縣令□□墓誌

巉 魏張猛龍碑　巉 唐關道愛墓誌　巉 唐程隲墓誌　巉 唐夫人長孫氏墓誌　巉 明華山碑

孽 唐張琮碑　孽 唐太原縣開國男王素墓誌

孃 齊象主法念造像

孀 魏任城王元彝墓誌 孀 隋張伻暨夫人東門氏墓誌

壤 魏元思墓誌 壤 齊張起墓誌 壤 隋曹海凝墓誌 壤 隋□夫人王光墓誌 壤 隋梁坦墓

誌 壤 唐翟惠隱墓誌 壤 唐冠軍大將軍行左豹韜衛翊府中郎將高玄墓誌 壤 唐成金及夫人韓氏墓誌

壤 唐安南都護府長史杜忠良墓誌 壤 唐張敞墓誌 壤 唐程某墓誌 壤 唐張休光墓誌

懸 魏西河王元悰墓誌 懸 唐韓承墓誌

懺 魏楊大眼造像

曦 魏涼州刺史元維墓誌 曦 魏暉福寺碑 曦 魏秦洪墓誌 曦 魏元楨墓誌 曦 魏霍

揚碑 曦 齊宋敬業雀海等造像 曦 唐□忠墓誌 曦 宋六宅副使銀青光祿大夫檢校太子賓客王甫墓

誌銘

淪 明處士于鎰配張氏墓誌

瀴 齊毛叉擢造像　瀴 唐張振墓誌

犧 漢白石神君碑　犧 隋太僕卿元公墓誌　犧 唐趙知慎墓誌　犧 唐李護墓誌　犧 唐處士王通墓誌　犧 唐河間邢君故夫人劉達墓誌　犧 唐驃騎將軍孫遷墓誌　犧 唐陳歲墓誌

獻 漢史晨後碑　獻 梁程虔墓誌　獻 魏鄭道昭論經書詩　獻 魏穆亮墓誌　獻 魏元[illegible]墓誌　獻 魏元湛妻王令媛墓誌　獻 魏韓顯祖造像　獻 魏高宗嬪耿壽姬墓誌　獻 魏顯祖嬪侯氏墓誌　獻 魏韓法成造像　獻 魏相州刺史元端墓誌　獻 齊董洪達造像　獻 齊高建妻王氏墓誌銘

鬳 隋劉猛進墓誌 鬳 唐紀泰山銘 鬳 唐遼東郡公泉男生墓誌 鬳 唐元城府别將裴銑墓誌銘

鬳 唐趙夫人李清禪墓誌 鬳 唐西門珍墓誌 鬳 唐韓文潘夫人墓誌 鬳 唐宣威將軍左驍衛河南府永嘉府折衝都尉上柱國王元墓誌 鬳 唐京兆府宣化府折衝攝右衛郎將檀野軍副使樊庭觀墓誌銘 鬳 唐明威將軍守左領軍衛河南府金谷府折衝都尉上柱國太原王崇禮墓誌

鬳 宋恒農楊光贊墓誌

賨 周賀屯植墓誌

礪 魏高貞碑 礪 魏桑乾太守宋虎墓誌 礪 周賀屯植墓誌 礪 隋豆盧寔墓誌 礪 隋高緊墓誌銘

臚 隋陳叔明墓誌 臚 隋高嗣墓誌 臚 唐鴻臚卿致仕贈工部尚書琅琊支公長女鍊師墓誌

耀 魏元液墓誌 耀 唐燕懷玉造像 耀 唐亡宮人九品墓誌

籌 魏石門銘
籌 魏爰真墓誌
籌 魏叔孫固墓誌
籌 隋楊秀墓誌
籌 唐文林郎夫人張氏墓誌
籌 唐陝州司戶張君陳夫人墓誌
籌 唐侍君太夫人張曜墓誌
籌 唐上騎都尉掌思明墓誌
籌 唐夫人張氏墓誌
籌 唐嚴籌墓誌
籌 唐瀛州文安縣令王府君固夫人薛氏墓誌

籍 魏韓顯宗墓誌
籍 唐衛州司馬王善通墓誌
籍 唐穎川郡司戶韋元逸故夫人□□□郡李氏墓誌
籍 民國梁耀漢烈士紀念碑

藹 魏元彥墓誌
藹 魏元譚墓誌
藹 魏元尚之墓誌
藹 魏蘇屯墓誌
藹 魏馮邕妻元氏墓誌
藹 齊高獻國妃敬氏墓誌
藹 隋上儀同三司黎陽鎮將程鍾墓誌

藻 魏涼州刺史元維墓誌
藻 魏司空王誦墓誌
藻 魏南石窟寺碑
藻 魏太尉府諮議參軍元弼

藋　檡　蘂　蘆　蘇

墓誌

藻 齊楊紹邑造像　藻 隋薛保興墓誌　藻 唐段蹟夫人墓誌　藻 唐處士尚武夫妻張氏墓誌

藻 唐王卿夫人任氏墓誌

藋 唐魏法師碑

檡 魏冀州刺史元晧墓誌　檡 魏元禎墓誌

蘂 隋董美人墓誌

蘆 魏元朗墓誌

蘇 魏司空王誦墓誌　蘇 齊蘇慈造像　蘇 隋范高墓誌　蘇 隋明質墓誌　蘇 唐張公佐墓誌

蘇 唐劉夫人墓誌　蘇 宋金紫光祿大夫檢校司空左衛將軍吳元載墓誌

蘊 唐張伽墓誌　蘊 唐梁郡喬崇敬墓誌

蘅 唐處士張鳳憐墓誌

蘋 唐太中大夫筮府都督陸恩本故夫人河南元氏墓誌

臞 唐隴西成紀郡李夫人墓誌

襪 隋張志相妻潘善利墓誌

繼 漢曹全碑　繼 漢楊君石門頌　繼 漢尹宙碑　繼 魏中岳嵩陽寺碑　繼 魏水相江陽王元繼墓誌　繼 魏比丘道寶記　繼 魏元愕墓誌　継 魏高貞碑　継 魏齊諸葛始興造像　継 隋阮景暉等造像　継 隋張喬墓誌　繼 隋陳叔明墓誌　継 唐檢校司徒蕭處墓誌　継 唐上騎都尉李琮墓

誌　**继**　唐張才墓誌　**繼**　明司子忠淑人王氏墓誌　**繼**　明壽宮香泉武應光暨元配蘇氏繼室段氏緱氏秦

氏合葬墓誌　**繼**　中華民國步兵少校張君錚墓誌

**瞿**　唐清河崔税十六女墓誌

**贍**　魏貴華恭夫人墓誌　**贍**　齊暴誕墓誌　**贍**　周曹恪碑　**贍**　隋張業墓誌　**贍**　隋元鍾墓誌

**贍**　隋曹植碑　**贍**　唐張維岳碑　**贍**　唐處士劉通墓誌　**贍**　唐索崇墓誌　**贍**　唐東宮門大夫

長孫家慶墓誌　**贍**　唐舒王府典軍王仁墓誌　**贍**　唐幽州都督府參軍朱憲墓誌　**贍**　唐朝請郎行石州方山縣

令騎都尉中守墓誌　**贍**　唐正議大夫使持節都督雋州諸軍事守雋州刺史上柱國許摳墓誌　**贍**　唐雋州邛丞張

客墓誌　**贍**　唐臨清驛長孫氏造像碑　**贍**　唐安令節墓誌　**贍**　唐太中大夫邕府都督陸思本墓誌　**贍**

贏　觸　釋

唐吳興郡長城縣尉李公故夫人河東裴氏墓誌

贍 唐朝散郎行河南虞鄉縣尉李翼墓誌

贍 唐東都留守左衛飛騎都尉上輕車都尉曹慶墓誌

贏 唐京兆府渭南縣尉張時譽墓誌

觸 魏程哲碑

觸 唐諸葛府君夫人韓氏墓誌

觸 明王季子室人牛氏墓誌

釋 漢張遷碑

釋 魏平乾虎造像

釋 魏比丘法僧造像

釋 魏比丘惠榮造像

釋 魏元寧墓誌

釋 魏蘇屯墓誌

釋 魏李洪演造像

釋 魏比丘靜度墓誌

釋 魏田寄和造像

釋 齊李清報德像碑

釋 齊比丘法景造像

釋 隋張峻母桓造像

釋 隋王衮墓誌

釋 隋高緊墓誌

釋 隋□靜墓誌

釋 唐處士□琳墓誌

釋 唐劉裕墓誌

釋 唐京兆府宣化府折衝攝右衛郎將

横野軍副使樊庭觀墓誌

[illegible] 佛說天公經

躁 唐王進墓誌

躅 唐翟惠隱墓誌

躅 唐延王府戶曹丁韶墓誌

躆 宋朝散大夫試大理評事前行許州臨潁縣令祖仲宣墓誌

躄 魏宮一品張安姬墓誌

譬 魏王誦墓誌

譬 隋馮夫人李玉婍墓誌

議 隋陳叔明墓誌

議 隋寇遵考墓誌

覺 魏穆纂墓誌

覺 魏孝文帝弔比干文

覺 魏康富及子天長造義井佛像記

覺 魏比丘惠詮為

弟子李興造像
覺 齊夏侯顯穆造像
覺 齊宋買造像
覺 齊□□殘造像
覺 唐文林郎新喻縣丞胡儼墓誌
覺 唐文林郎路岩墓誌
覺 唐韋均造像
覺 大周故輸城効議功臣光祿大夫檢校太保前行寧洲刺史袁彥進墓誌

轘 唐管元惠碑

闖 魏元融妃盧貴蘭墓誌

闡 魏吐谷渾璣墓誌
闡 魏寇演墓誌
闡 魏邑子六十人造像
闡 隋曹海凝墓誌

露 魏元凝妻陸順華墓誌
露 齊堯峻妻獨孤氏墓誌
露 隋李則墓誌
露 隋襄國郡贊治辛本墓誌
露 隋王榮墓誌
露 隋董美人墓誌
露 隋□順墓誌
露 唐曹明照墓誌
露 唐宣義郎

周紀業墓誌 露 唐亡宫四品墓誌 露 唐管思禮墓記 露 唐蒲州猗縣令□隆基墓誌 露 唐湯陰縣主王府君墓誌

飄 魏張寧墓誌 飄 齊牛景悅等造石浮圖記 飄 唐郭君夫人楊氏墓誌 飄 唐周夫人墓誌銘

飄 唐妬神頌 飄 唐成金及夫人韓氏墓誌

⿰婁頁 明錦衣舍人小溪吉天倫暨配孺人劉氏妻氏墓誌

馨 漢封龍山碑 馨 魏孔羨碑 馨 梁程虔墓誌 馨 魏元廣墓誌 馨 魏元端妻馮氏墓誌

馨 魏元定墓誌 馨 魏元維墓誌 馨 魏元景略妻蘭將墓誌 馨 魏元定墓誌 馨 周賀屯植墓誌 馨 齊房周陁墓誌 馨 民國梁耀漢烈士紀念碑

隲　　騰　　騶

隲 隋徐智竦墓誌 隲 隋尒朱端墓誌 隲 唐姚思忠墓誌 隲 唐定州唐縣丞柳正礭墓誌 隲 唐岷州刺史張仁楚墓誌

騰 晉爨寶子碑 騰 魏石像碑 騰 魏義橋石像碑 騰 魏孫秋生造像 騰 魏王偃墓誌 騰 魏彭城武宣王妃李氏墓誌 騰 魏寇憑墓誌 騰 魏金城郡主墓誌 騰 魏康富及子天長造義井佛像記 騰 魏元顯魏墓誌 騰 魏李蘭墓誌 騰 魏富平伯于纂墓誌 騰 魏解伯都造像 騰 魏樂子善造像碑 騰 齊侯海墓誌 騰 齊李清為李希宗造像 騰 唐處士郭壽墓誌 騰 唐嵩高寺碑 騰 唐楊藝墓誌 騰 唐靖干年墓誌 騰 唐七尼八品墓誌

騶 漢韓勑碑 騶 晉辟雍頌 騶 魏冀州刺史元昀墓誌 騶 唐右勳衛周君平墓誌 騶 唐岱岳觀題名

騷　騮　騠　鶩　鶡　鷗　鴞

騷 漢景君碑 騷 魏元鑽遠墓誌 騷 隋□順墓誌 騷 唐張騷墓誌 騷 唐貝州臨清縣令王宏墓誌 騷 唐鄭州中牟縣主簿楊軌墓誌

騮 唐右軍衛沙州龍勒府果毅都尉上柱國張方墓誌 騮 大晋光祿大夫檢校尚書河間縣開國男邢德的墓誌

騠 唐上騎都尉李琮墓誌

鶩 唐張溫墓誌

鶡 唐番禺府折衝都尉上柱國平棘縣開國公紇干丞基墓誌 鶡 唐朝散郎行薛王府國令上輕車都督張嘉福墓誌

鷗 唐處士張禮墓誌 鷗 唐王文起墓誌 鷗 唐銀青光祿大夫利州刺史崔公夫人李氏墓誌

鴞 唐王大劍墓誌

鹹　黨　⿰齒廷　齬　齡

鹹 唐麓山寺碑

黨 魏上黨王元天穆墓誌
黨 魏桑乾太守宋虎墓誌
黨 魏崇慶寺張法師碑
黨 齊李琮墓誌
黨 隋□順墓誌
黨 隋□□墓誌
黨 唐張婆墓誌

⿰齒廷 唐刑部郎中定州司馬辛驥墓誌

齬 唐郭寶墓誌

齡 晉沛相張朗碑
齡 魏河間王元定墓誌
齡 魏汾州刺史元彬墓誌
齡
齡 魏汝陽王元賥墓誌
齡 魏三級浮圖頌
齡 魏始平公造像
齡 魏刁遵墓誌
齡
齡 魏伏夫人咎雙仁墓誌
齡
齡 魏元斅墓誌
齡 魏元端妻馮氏墓誌
齡 魏于祚妻和醜仁墓誌
齡 魏高宗夫人于氏墓誌
齡

齡 魏司馬悅墓誌
齡 魏崔永宗墓誌
齡 齊比丘尼僧智等造像
齡 周大督陽林伯長孫夫人羅氏墓誌銘
齡 隋薛寶興墓誌
齡 隋陳常墓誌
齡 隋宮人司飾程氏墓誌
齡 唐李毛仁造浮圖碑
齡 唐張興墓誌
齡 唐光祿寺少卿王子麟墓誌
齡 唐蔡浩夫人段氏墓誌
齡 唐邠府君夫人馬氏墓誌
齡 唐廣平郡宋氏夫人墓誌
齡 唐路基妻河東解氏墓誌
齡 唐黔州洪杜縣丞張善弁夫人上官氏墓誌
齡 唐虢州閿鄉縣丞孫恭墓誌
齡 唐劉德閏墓誌
齡 唐宮人墓誌
齡 唐朝請大夫行鼎州三原縣令盧行毅墓誌
齡 唐廣平郡宋氏夫人墓誌
齡 明吳立齋墓誌

## 齠

齠 魏元固墓誌
齠 魏兗州刺史元珝墓誌
齠 隋蕭翹墓誌
齠 隋翟突娑墓誌
齠 隋程諧墓誌
齠 隋王仲墓誌
齠 唐趙□□妻魏氏墓誌
齠 唐東宮千牛右衛勳一府校尉房仁愻墓誌

齠 唐王蕙墓誌
齠 唐洛陽縣記室參軍樂恭墓誌
齠 唐處士張景之墓誌

## 二十一畫

豐 魏長孫士亮妻宋靈妃墓誌
豐 唐等慈寺碑
豐 唐陽平郡路府君及夫人陳氏墓誌

儷 魏元顥妃李元姜墓誌
儷 齊王憐妻趙氏墓誌
儷 隋常景墓誌
儷 隋羊本墓誌

屬 漢曹全碑
屬 漢西狹頌
屬 秦廣武將軍碑
屬 魏義橋石像碑
屬 魏劉洛真造像
屬 魏元顥墓誌
屬 魏高道悅墓誌
屬 魏元朗墓誌
屬 魏穆紹墓誌
屬 魏高貞碑
屬 魏張祖墓誌
屬 魏清信士輔蘭德造像
屬 魏唐小虎造像
屬 齊董洪達造像
屬 齊張僧寶造像記
屬 齊諸維那四十人造太子像
屬 齊皇甫琳墓誌
屬 齊唯那張洪慶等三十五人造像
屬 齊倉

州陽□縣夫人造像
屬 隋首山舍利塔銘
屬 隋王弘墓誌
屬 隋賈珉墓誌
屬 隋佛弟子王蘭□造像
屬 唐會福寺主造像
屬 唐檀野軍副使樊庭觀墓誌
屬 唐成金及夫人韓氏墓誌
屬 唐上柱國劉善寂墓誌
屬 唐太常寺太樂令暢昉墓誌
屬 唐齊州禹城縣令李庭訓夫人崔氏墓誌
屬 清馬君生墓誌

囂 齊宇文貞造像

嚼 唐上柱國處士段仲垣墓誌

携 漢三公山碑
攜 漢淮源廟碑
擕 漢張壽碑
携 晉爨寶子碑
攜 唐開成石經穀梁

攜 遼馬直溫妻張氏墓誌

攝　懼　懾　殲

攝 北涼沮渠安周碑　攝 魏寇演墓誌　攝 魏韓顯宗墓誌　攝 魏李挺墓誌　攝 齊劉碑造像記

懼 魏源磨耶壙記　懼 魏元融墓誌　懼 隋鄭道育墓誌　懼 唐左光祿大夫段瑗墓誌　懼 唐皇甫府君墓誌　懼 唐王明墓誌

懼 魏銀青光祿大夫于纂墓誌　懼 唐處士王歆墓誌

懾 唐右軍衛沙州龍勒府果毅都尉上柱國張方墓誌　懾 唐朝議郎前行忻州定襄縣令上柱國張楚璋墓誌銘

殲 魏趙郡王元毓墓誌　殲 魏元氏趙夫人墓誌　殲 魏寇憑墓誌　殲 魏高道悅墓誌　殲 唐亡宮九品墓誌石　殲 唐朝議大夫□京苑總監上柱國姚懰墓誌　殲 唐亡宮七品墓誌　殲 唐亡宮九品墓

誌

殲 唐河東裴鎬墓誌

曩 齊暴誕墓誌 曩 隋劉則墓誌 曩 隋裴逸墓誌 曩 唐隨求陀羅尼經幢 曩 唐恐龍刻石

曩 唐處士申恭墓誌 曩 唐萬州司法參軍王韶墓誌 曩 唐織染署令王君妻張氏墓誌 曩 明散官安軒及夫人王氏墓誌

瀍 漢無極山碑 瀍 隋馬少敏墓誌 瀍 隋鄧州舍利塔銘 瀍 明涿州石經山琬公塔院碑

灌 魏元頵平妻王氏墓誌 灌 唐王緒母郭氏墓誌 灌 唐鄧州司倉張舒墓誌 灌 唐游擊將軍行華州永豐鎮副張淑子墓誌 灌 清泰安關帝廟建殿題字

欃 魏叔孫固墓誌 欃 魏元均墓誌 欃 唐張通墓誌

瓔　蠟　蠡　蠢　籀

瓔 魏元遙妻誌　瓔 魏三級浮圖頌　瓔 隋張伻墓誌　瓔 唐奚盧巴經幢　瓔 唐杜山威造像

瓔 梁貞明元年尊勝陁羅尼經幢

蠟 魏江陽王元乂墓誌　蠟 齊道興造像

蠡 齊李清為李希宗造像　蠡 隋王世琛墓誌

蠢 魏閻杜僧惠朗造像　蠢 魏鉅平縣侯元欽墓誌　蠢 魏杜景暉造像　蠢 魏元朗墓誌　蠢 齊劉碑造像　蠢 齊軌禪師造像　蠢 齊孟阿妃造像　蠢 隋李君瑩造像　蠢 唐閻甘園藏陝西造像十六種之一　蠢 唐樂君考墓誌

籀 魏樂安王妃馮墓誌　籀 唐處士王顏墓誌　籀 唐等慈寺碑

藼 蘩 蘭 襯 纘 纏

藼 隋口順墓誌 藼 唐呂思禮墓誌

蘩 魏城門校尉元騰墓誌

蘭 魏比丘道瓚記 蘭 魏王紹墓誌 蘭 魏元詮墓誌 蘭 魏丘哲墓誌 蘭 魏寇演墓誌

蘭 魏元暐墓誌 蘭 隋皇甫深墓誌 蘭 唐申恭墓誌 蘭 唐南川縣主墓誌 蘭 唐亡宮八品墓誌 蘭 唐皇甫賓之妻楊麗墓誌

襯 明涿州石經山琬公塔院碑

纘 魏兗州刺史元猛墓誌 纘 唐何摩訶墓誌

纏 魏女尚書馮女郎墓誌 纏 魏青州刺史元湛墓誌 纏 魏王夫人元華光墓誌 纏 魏元天穆

墓誌

纏 魏皇甫驎墓誌

纏 魏姚伯多造像

纏 隋昌國惠公寇奉叔墓誌

纏 隋龍藏寺碑

纏 隋首山舍利塔銘

纏 隋董美人墓誌

纏 隋通事舍人長孫仁墓誌

纏 唐皇甫府君墓誌

纏 唐處士王韶墓誌

纏 唐忠武將軍行左領軍衛郎將裴沙墓誌

纏 唐泉州龍溪縣尉李君墓誌

纏 唐汲郡呂行端墓誌

纏 唐鄭宇墓誌

纏 唐董文善墓誌

纏 唐王夫人墓誌

糲 漢婁壽碑

臟 唐管元惠墓誌

臟 唐朝議大夫行兗州龔業縣令上柱國程思義墓誌

躋 魏七兵尚書寇治墓誌

躋 唐朱陽縣開國男代郡和智全墓誌

躋 唐朝請大夫陳護墓誌

躍 魏姚伯多造像

躍 魏杜文雅造像

護 魏鄭長猷造像　護 魏比丘僧護造像　護 魏寇憑墓誌　護 魏寇偘墓誌　護 唐詹事司直張椅墓誌

護 隋寇熾妻姜敬親墓誌　護 隋元禕墓誌　護 唐姚仲文經幢　護 唐□建達墓誌

護 唐朝議大夫使持節資州諸軍事守資州刺史上柱國元希古墓誌　護 唐鴻臚少卿貶明州司馬北平陽濟墓誌

護 宋建雄軍節度判官朝議大夫檢校戶部尚書閻光度墓誌　護 明承德郎順天府通判洛濱墓誌

譽 魏王昌墓誌　譽 魏于祚妻和醜仁墓誌　譽 魏穆亮墓誌　譽 魏元端妻馮氏墓誌　譽

譽 魏王悅妻郭夫人墓誌　譽 齊石信墓誌　譽 齊梁伽耶墓誌　譽 隋陳常墓誌　譽 唐處士張海墓

譽 唐田志承墓誌　譽 唐大理寺評事封無遺墓誌

覽 漢張遷碑　覽 漢魯峻碑　覽 魏楊大眼造像　覽 魏馮邕妻元氏墓誌　覽 魏司空公領雍州刺

史元暉墓誌　攬魏元鑽遠墓誌　攬魏元謐妃馮會萇墓誌　攬魏元繼妃石婉墓誌　攬齊宋買造像　攬隋阮景暉造像　攬隋伍道進墓誌　攬隋楊秀墓誌　覽隋宮人尚食劉氏墓誌　覽唐兗公頌

攀明王璽墓石誥命符

辯魏和邃墓誌　辯魏元維墓誌　辯魏元珽妻穆玉容墓誌　辯周慧辯造像　辯隋李君譽造像　辯隋阮景暉造像　辯隋劉相墓誌　辯隋宮人楊氏墓誌　辯隋鄧日□墓誌　辯唐郎官石柱記　辯唐吳僧統碑　辯唐太原王孝義墓誌　辯唐□□□行冀州參軍張本墓誌

鐫齊鼂水村五十人造像　鐫周賀屯植墓誌　鐫唐邢均墓誌

鐵 魏冀州刺史元昭墓誌 鐵 魏元欽墓誌 鐵 魏公孫略墓誌 鐵 隋楊秀墓誌 鐵 隋明質墓誌 鐵 隋宋仲墓誌 鐵 唐左監門長上弘農楊計墓誌 鐵 清灘縣城隍廟碑

鐸 漢曹全碑 鐸 齊宋敬業造像

闢 魏元誘墓誌 闢 唐君禕墓誌 闢 唐北平田在卞墓誌

闥 魏冀州刺史元壽墓誌 闥 魏兗州刺史元猻墓誌 闥 唐李壽墓誌

霸 漢魯峻碑 霸 宋爨龍顏碑 霸 魏孝文帝弔比干文 霸 魏赫連悅墓誌 霸 齊徐徹墓誌

霸 周賀屯植墓誌 霸 隋豆盧寔墓誌 霸 隋曹植碑 霸 隋段威墓誌 霸 唐王太貞墓誌銘

霸 唐長孫氏墓誌 霸 唐路基妻河東解氏墓誌 霸 唐處士范重明墓誌 霸 唐皇朝潞州司法秦脩墓

顧

誌銘

[variant] 唐上殤姚氏墓誌

顧 漢樊敏碑

顧 魏孝文皇帝弔比干文

顧 魏乞伏寶墓誌

顧 魏元朗墓誌

顧 魏傅母杜法真墓誌

顧 魏賈景等造像

顧 齊靜明造像

顧 齊徐之才墓誌

顧 齊叱列延慶妻尒朱元靜墓誌

顧 隋宮人蕭氏墓誌

顧 隋朝散大夫王世琛墓誌

顧 造交龍碑像記

顧 唐鬱林觀碑

顧 唐諸葛府君夫人韓氏墓誌

顧 唐河陰縣主簿南陽張濬墓誌

顧 唐冀州棗強縣令贈隋州刺史裴同墓誌銘

顧 唐龍泉記刻石

顧 唐張溫墓誌

飆

飆 魏樂安王妃馮氏墓誌

飆 魏潁川太守元襲墓誌

飆 齊比丘僧曇造像

飆 隋段威墓誌

飆 唐魏法師碑

飆 唐仇道夫人袁墓誌

饋 唐夫人高氏墓誌 饋 唐處士王仲建墓誌 饋 唐定遠將軍守左衛嬀泉府左果毅都尉陳秀墓誌銘

饌 明孺人李氏墓誌

饍 隋宫人司饍賈氏墓誌

饑 漢孔彪碑 饑 唐王積善墓誌

鬖 唐兖公頌

鬘 隋張儉墓誌 鬘 隋杜夫人鄭善妃墓誌

驂 魏元睟墓誌 驂 魏乞伏寶墓誌 驂 魏穆紹墓誌 驂 齊彭城王攸造寺功德碑 驂 唐田君夫人桑氏墓誌 驂 唐處士王韜墓誌

驃　驅　驄　鰥　鶯

驃 魏韓顯叔造像
驃 魏元羽墓誌
驃 魏穆亮妻元洛神墓誌
驃 周賀屯植墓誌
驃 隋薛保興墓誌
驃 隋□爽墓誌

驅 唐信州遵城府左果毅劉府君墓誌

驄 魏恒州大中正于景墓誌
驄 魏公孫略墓誌
驄 唐朝散郎守內寺伯飛騎尉成忠墓誌

鰥 漢曹全碑
鰥 漢熹平石經殘石
鰥 漢武梁祠畫像題字
鰥 魏房悅墓誌
鰥 隋元公墓誌
鰥 唐陳守素妻李夫人墓誌

鸎 唐安宜縣令王君夫人劉氏墓誌
鸎 唐朝議大夫使持節伊州刺史衛義整墓誌
鸎 唐朝散郎行薛王府國令上輕車都督張嘉福墓誌
鸎 唐曹州刺史杜昭烈墓誌
鸎 唐高夔墓誌

鶴　　鶵　鵜　鷇

鶴 魏元液墓誌

鶴 齊比丘惠璵造像

鶴 隋董美人墓誌

鶴 隋尔朱端墓誌

鶴 隋宮人六品□氏墓誌

鶴 唐慕容知禮墓誌

鶴 唐大智禪師碑

鶴 唐哥舒季通葬馬銘

鶴 唐敬善寺石像銘

鶴 唐處士張興墓誌

鶴 唐處士張義墓誌

鶴 唐幽州范縣令楊基墓誌

鶴 唐韓王府兵曹參軍延陵縣開國公陸紹墓誌

鶴 唐朝議大夫使持節伊州刺史上柱國衛義整墓誌

鶴 唐四從伯中散大夫檢校太子左贊善大夫李文獎墓誌

鶴 唐王君會及妻楊氏造像

鶴 唐東光縣令許行本墓誌

鶵 唐右衛率府親府親衛上騎都尉王杰墓誌

鵜 魏元略墓誌

鵜 齊堯峻墓誌

鵜 唐高荊王墓誌

鷇 唐劉濬墓誌

魔 隋造龍華碑

黯 唐處士張海墓誌

黯 唐宮人墓誌

黯 唐宮人墓誌

黯 唐周夫人墓誌

齎 唐李靖碑

韜 漢仙人唐公房碑

韜 魏元湛妻薛慧命墓誌

韓 唐朱行墓誌

# 二十二畫

儻 隋董美人墓誌

儻 隋唐該墓誌

儻 隋梁邕墓誌

儻 唐楊順墓誌

儼 漢永壽三年山東嘉祥宋山畫像石題記

儼 宋明曇憘墓誌

儼 魏陸紹墓誌

儼 魏公孫猗墓誌

儼 魏青州刺史元湛墓誌 儼 隋主簿張濬墓誌 儼 唐周夫人墓誌

囊 漢樊敏碑 囊 魏元子正墓誌 囊 齊劉雙仁墓誌 囊 齊鄭子尚墓誌 囊 齊儁敬碑 囊 齊等慈寺殘造塔記 囊 隋右翊大將軍張壽墓誌 囊 隋呂胡墓誌 囊 唐皇甫誕碑 囊 唐道因法師碑 囊 唐張玄弼墓誌 囊 唐鄭法明夫人李氏墓誌 囊 唐賀玄道墓誌

囅 明錦衣衛舍人小溪吉天倫暨配孺人劉氏婁氏合葬墓誌

彎 隋王世琛墓誌 彎 唐靖策墓誌

巒 魏李蕖蘭墓誌

巔 魏太姬崔夫人墓誌 巔 齊赫連子悅墓誌 巔 隋張志相妻潘善利墓誌 巔 唐張君造彌勒像文

## ⿰巾羅 孋 孌 懿

巔 唐梁郡喬崇敬墓誌

羅 唐邊氏夫人墓誌

孋 唐前試左衛兵參軍裴孝仙墓誌

孌 唐故劉夫人墓誌

懿 漢衡方碑 懿 漢夏承碑 懿 漢張遷碑 懿 漢曹全碑 懿 漢魯峻碑 懿 漢楊震碑銘

懿 漢淮源廟碑 懿 漢張壽碑 懿 漢孔宙碑 懿 魏孔羨碑 懿 梁高寶子墓誌 懿 魏闕

勝頌德碑 懿 魏比丘道瓚記 懿 魏太尉穆亮墓誌 懿 魏瀛州刺史元欽墓誌 懿 魏東平王元略

墓誌 懿 魏宕昌公暉福寺碑 懿 魏元欽墓誌 懿 魏于祚妻和醜仁墓誌 懿 魏世宗嬪李氏墓誌

懿 魏王僧墓誌
懿 魏寗想墓誌
懿 魏南石窟寺碑
懿 魏元鑒墓誌
懿 魏元瞻墓誌
懿 魏元緒墓誌
懿 隋寇奉叔墓誌
懿 隋張軻墓誌
懿 隋蕭瑾墓誌
懿 隋宋仲墓誌
懿 隋劉則墓誌
懿 隋姜明墓誌
懿 隋梁坦墓誌
懿 唐高岑墓誌
懿 唐王郢墓誌
懿 唐楊佰隴墓誌
懿 唐張振墓誌
懿 唐處士尚武夫妻張氏墓誌
懿 唐司御率府翊衛張敬玄墓誌
懿 唐吳王府騎曹參軍張信墓誌
懿 唐右軍衛沙州龍勒府果毅都尉上柱國張方墓誌
懿 唐兗州瑕丘縣主簿馬君夫人天水董氏墓誌
懿 唐扶風馬惟良及夫人王氏墓誌
懿 唐段會墓誌
懿 唐范陽令楊基墓誌
懿 唐京兆府涇陽縣尉范陽盧踐言墓誌

# 歡

歡 魏孫秋生造像
歡 魏公孫猗墓誌
歡 魏李渠蘭墓誌
歡 魏比丘僧智造像
歡 魏馬振拜

造像

歡 齊江阿歡造像　歡 周曹恪碑　歡 隋常景墓誌　歡 隋王成墓誌　歡 唐袁氏柳夫人墓誌

歡 唐宣威將軍左驍衛河南永嘉府折衝都尉上柱國王元墓誌

歡 唐游擊將軍左領軍衛京兆府折衝都尉長上內貢奉宋莊墓誌

歡 元龍興寺長明燈錢記

歡 明錦衣衛舍人小溪吉天倫暨配孺人劉氏合葬墓誌

爟 隋張壽墓誌

灑 魏唐耀墓誌　灑 魏長孫士亮妻宋靈妃墓誌　灑 魏孝文帝弔比干文陰　灑 唐比干公三教道場文

灑 唐恐龍刻石　灑 唐登仕郎丁范墓誌　灑 遼馬直溫妻張氏墓誌

灘 魏陸紹墓誌　灘 周時珍墓誌

權 漢張遷表頌　權 魏元子直墓誌　權 魏元遥墓誌　權 魏皇甫驎墓誌　權 魏元瞻墓誌

權 魏元恭墓誌 權 魏李挺妻墓誌 權 齊感孝頌 權 齊員外郎馬少敏墓誌 權 隋杜夫人
鄭善妃 權 隋崔上師妻墓誌 權 封依德墓誌 權 隋元仁宗墓誌 權 唐武懷亮墓誌 權 唐文林郎王君
夫人墓誌 權 唐邊東泉男生墓誌 權 唐承奉郎雲騎尉行并州錄事朱照墓誌 權 唐前徐州錄事參軍太原
王庭玉故夫人博陵崔金剛墓誌 權 唐僕射王進威墓誌

## 竊

竊 漢建寧殘碑 竊 魏孝文帝弔比干文 竊 魏司馬悦墓誌 竊 魏江陽王元乂墓誌 竊 魏任
城宣王太妃馮氏墓誌 竊 魏雋男蒙娥等卌一人造像 竊 大代華岳廟碑 竊 魏于景墓誌 竊 齊李
清為李希宗造像 竊 齊梁子彥墓誌 竊 齊徐徹墓誌 竊 隋甯贙碑 竊 隋田光山妻李氏墓誌
竊 唐工部尚書崔泰之墓誌 竊 唐石州刺史劉穆墓誌 竊 唐魏邈妻趙氏墓誌 竊 唐二品宮人墓

癭　競　瓗

誌銘

竊 唐燕太妃墓誌

竊 唐阿育王寺住田碑

竊 唐夫人郝氏墓誌

竊 唐大智禪師義福開山之銘

竊 唐處士康拾墓誌

竊 唐尚書左僕射吳君夫人曹氏墓誌

竊 唐七品亡典饌宮人墓誌

竊 唐上開府董葵墓誌

竊 唐銀青光祿大夫守工部尚書崔泰之墓誌

竊 唐朝散郎行薛王府國令上輕車都督張嘉福墓誌

竊 五代贈尚書右僕射隴西牛孝恭墓誌

竊 五代夏縣景福寺重修塔銘

竊 元張弘綱墓誌

癭 魏楊乾墓誌

競 魏鄭羲碑

競 魏根法師碑

競 魏郭顯墓誌

競 魏元龍墓誌

競 魏閭伯昇墓誌銘

競 魏薛孝通墓誌

瓗 佛說觀世音經

璀　襬　褕　穰　疊　聽　聾

璀 魏穆子巖墓誌 璀 唐涼王府功曹參軍于偃墓誌

襬 唐王志造像

褕 唐處士雀德墓誌

穰 魏彭城武宣王妃李氏墓誌

疊 唐何摩訶墓誌

聽 漢孔宙碑 聽 漢楊孟文頌 聽 漢白石神君碑 聽 漢無極山碑 聽 隋伏波將軍典衛令劉相墓誌 聽 唐述聖頌 聽 唐張軫墓誌

聾 齊道興造像 聾 齊彭城王攸造寺功德碑

蠹魏冀州刺史元壽安墓誌 蠹魏吳郡王蕭正表墓誌 蠹隋寶泰寺碑

籯唐裴寬墓誌 籯唐李文墓誌 籯唐王修福墓誌 籯唐濟南府禹城縣令李庭訓墓誌

籟隋羊瑋墓誌

虆唐護軍李遠墓誌

龔魏元祐墓誌 龔魏閭伯昇墓誌 龔魏富平伯于纂墓誌 龔齊法懃禪師塔銘 龔齊明玉珍墓誌 龔隋任軌墓誌 龔隋尒朱端墓誌 龔隋郭寵墓誌 龔隋段模墓誌 龔隋劉多墓誌 龔唐處士王楨墓誌 龔唐處士趙軌墓誌 龔唐九品宮人墓誌 龔唐處士朱通墓誌 龔唐皇朝潞州司法秦脩墓誌 龔唐宣德郎通事舍人高偹墓誌

羈 贖 躓 躕 讀 轊 轡

羈 唐田君夫人桑氏墓誌

贖 魏元恩墓誌 贖 魏公孫猗墓誌

躓 魏傅母王遺女墓誌 躓 魏元懌墓誌

躕 隋荀夫人宋玉艷墓誌 躕 唐潘師正碑

讀 元馮公祐墓誌

轊 唐樊浮丘夫人李氏墓誌

轡 漢夏承碑 轡 北涼沮渠安周碑 轡 魏孝文帝弔比干文 轡 魏李超墓誌 轡 魏石門銘

轡 魏江陽王元乂墓誌 轡 魏郭顯墓誌 轡 魏尒朱紹墓誌 轡 魏李蕤墓誌 轡 魏元孟輝

墓誌 戀 齊司馬遵業墓誌 戀 隋元公墓誌 戀 隋宋仲墓誌 戀 隋陳叔明墓誌 戀 隋賈珉墓誌 戀 唐于孝顯墓誌 戀 唐處士田君墓誌 戀 唐王明墓誌 戀 唐文林郎楊訓墓誌

鑄 魏元暉墓誌 鑄 魏元固墓誌 鑄 隋惠鬱造像 鑄 唐文林郎彭城劉胡墓誌

霾 魏元賥墓誌

霽 唐劉夫人墓誌

響 魏比丘道瓊記 響 魏員外散騎侍郎元恩墓誌 響 魏山徽墓誌 響 魏元凝妻陸順華墓誌

飋 隋趙朗墓誌 飋 隋□和墓誌 飋 隋元禕墓誌 飋 隋宮人侯氏墓誌 飋 隋羊本墓誌銘

饗　　饘　　驍　　驎　　驕

饗 魏韓震墓誌

饘 唐趙□□妻魏氏墓誌

驍 魏元融墓誌 驍 魏元靈曜墓誌 驍 魏元始和墓誌 驍 魏元龍墓誌 驍 周開府儀同賀屯植墓誌 驍 驍 唐驍騎將軍皇甫璧墓誌 驍 唐游擊將軍行華州永豐鎮副張淑子墓誌 驍 唐栢受玉墓誌 驍 唐陝西司戶張君妻陳夫人墓誌

驎 漢景君碑 驎 宋爨龍顏碑 驎 宋爨龍顏碑 驎 魏寇憑墓誌 驎 魏高貞碑 驎 唐樊氏六娘七娘九娘墓誌 驎 唐阿育王寺住田碑

驕 安徽亳縣漢墓磚 驕 魏元顥墓誌 驕 齊高獻國妃敬氏墓誌

鷞 唐晋州崔邑縣令楊純墓誌

鼲 唐夫人宋五娘墓誌

鼲 唐登仕郎丁范墓誌

龔 漢韓勑碑陰

龔 魏元襲墓誌

龔 魏元悌墓誌

龕 齊氾水縣造塔銘

龕 齊法懂造像

龕 唐李三娘造像

龕 唐牛氏象龕銘

龕 唐西京海寺法僧惠蘭造像

## 二十三畫

巖 魏皇甫驎墓誌

巖 魏闞勝誦德碑

巖 魏孝文帝弔比干文

巖 魏蕭正表墓誌

巖 魏王偃墓誌

巖 魏元順墓誌

巖 魏安定王造像

巖 魏秦洪墓誌

巖 齊靜明造像

巖 齊李清報

德像碑　巖常岳等造像記　巖隋梁邕墓誌　巖唐戴令言墓誌　巖唐河陰縣主簿南陽張濬墓誌

巖唐張知秀墓誌　巖唐太宗書溫泉銘

巘北涼沮渠安周碑　巘魏南石窟寺碑　巘唐翟惠隱墓誌　巘唐孫山監錄事成德墓誌　巘

唐處士崔德墓誌

夔漢繁陽令楊君碑　夔魏上尊號表　夔齊魏懿墓誌　夔隋蘇威妻宇文氏墓誌　夔

唐等慈寺碑　夔唐李靖碑　夔唐大德寺碑　夔唐顏惟貞家廟碑　夔唐樊興碑　夔唐趙

郡李彰墓誌　夔唐王元崇墓誌　夔唐高夔墓誌　夔唐左親衛長上校尉欒玉墓誌　夔唐信州玉

山縣令盧則墓誌　夔唐朝請大夫行司禮寺主簿趙睿墓誌　夔唐朝請郎行石州方山縣令騎都尉申守墓誌

# 戀 曬 亹 欑 欒 玃

夔 唐□□□行冀州參軍張本墓誌

夔 唐東都留守左衛飛騎尉上輕車都尉曹慶上黨樊氏夫人合祔墓誌銘

夔 唐東南面招討副使寧江軍節度觀察處置方鄴墓誌

夔 遼張儉墓誌

夔 民國梁耀漢烈士紀念碑

戀 魏張敬等造像

戀 唐玄武丞楊仁方墓誌

戀 魏元恩墓誌

曬 唐奚虛已經幢

亹

亹 魏元暐墓誌

亹 魏元壽安墓誌

亹 魏元維墓誌

亹 唐延王府户曹丁韶墓誌

欑 魏元祐妃常季繁墓誌

欑 唐司户桓銳墓誌

欒 唐文林郎上柱國董本墓誌

欒 唐前徐州録事參軍太原王庭王夫人崔金剛墓誌

玃 唐郭寶墓誌

瓚 魏比丘道瓚記

蠱 唐岐州岐山府果毅安思節墓誌

蠲 唐東平郡壽張縣令盧合墓誌

籤 隋馬穉妻張姜墓誌
籤 唐上騎都尉王素墓誌
籤 唐雍州美原縣丞王景之墓誌

纓 宋爨龍顏碑
纓 魏鞠彥雲墓誌
纓 魏根法師碑
纓 魏司馬昇墓誌
纓 魏元寧墓誌

纓 魏丘哲墓誌
纓 魏元詮墓誌
纓 魏王昌墓誌
纓 魏王昭墓誌
纓 穆儁敬碑銘

纓 隋宋永貴墓誌
纓 隋李則墓誌
纓 唐楊夫人合葬殘墓誌
纓 唐裴鏡民墓誌
纓 唐張元獬墓誌

纓 唐梁嘉運墓誌
纓 唐翟惠隱墓誌
纓 唐樂永墓誌
纓 唐樂君彥墓誌
纓 唐裴

氏墓誌

纓 唐單信墓誌

纓 唐洛陽縣王氏呂夫人墓誌

纓 唐太中大夫邕府都督陸思本夫人元氏墓誌

## 繞

繞 齊臨淮王像碑

繞 隋寇奉叔墓誌

繞 隋元夫人崔暹墓誌

繞 隋元公夫人姬氏墓誌

繞 隋馬穉墓誌

繞 唐孔子廟堂碑

繞 唐王慕墓誌

繞 唐金花府司馬張達墓誌

繞 唐向徹及妻韓氏墓誌

繞 唐何載墓誌

繞 唐陳納囊墓誌

繞 唐王文騰夫人趙氏墓誌

繞 唐魏州莘縣尉太原王養及夫人成氏墓誌

繞 唐潘鄉墓誌

繞 唐王怡墓誌

繞 唐撫州法曹參軍員外郎置隴西李滙墓誌

繞 唐工部尚書琅耶支公長女鍊師墓誌

## 纕

纕 唐故府君栢善德夫人仵氏墓誌

纕 唐朝請大夫尚書司勳郎中吉渾墓誌

纕 唐朝散大夫同州長史京兆韋公人孫婉墓誌

纖 唐潁川陳處士夫人甯氏墓誌 纖 清孫霞苓墓誌

贙 唐楊智積墓誌 贙 唐上騎都尉姚思玄墓誌

邐 唐恒山封禪銘

變 漢史晨奏銘 變 晉司馬芳碑 變 魏傅母杜法真墓誌 變 魏康富及子天長造義井佛像記

變 魏太和元年紀年郭孟貞地券 變 魏上官胡仁等摩崖造像 變 魏平州刺史元崇業墓誌 變 唐貝州臨清縣令王宏墓誌 變 唐文林郎張金剛墓誌 變 唐衛州司馬王善通墓誌 變 唐清河張氏墓誌

變 唐楊瞻墓誌 變 唐伊州刺史衛義整墓誌 變 唐李政墓誌 變 唐左衛勳一府勳衛元思亮墓誌 變 唐滄州東光縣令許行本夫人崔氏合葬墓誌 變 齊宋買造像 變 齊比丘惠瑍造像 變

醼 鑠 鑣 靨 飜

隋楊厲墓誌 變 隋徐智竦墓誌陰 變 唐劉夫人楊氏墓誌 變 唐康留買墓誌 變 唐文林郎王貞墓誌 變 唐賈楚墓誌 變 唐劉全淑墓誌 變 唐處士范陽盧調墓誌 變 唐飛騎尉上輕車都尉曹夔故樊氏夫人合祔墓誌

醼 齊武陽令張君妻蘇夫人等墓誌 醼 隋段模墓誌

鑠 漢鮮于璜碑 鑠 魏山暉墓誌

鑣 唐南陽白水張貞墓誌 鑣 唐恒王府典軍王景秀墓誌 鑣 唐雋州刺史許公夫人琅琊郡君王氏墓誌銘

靨 唐游騎將軍左武威衛永嘉府左果毅都尉孫阿貴夫人竹氏墓誌

飜 北涼沮渠安周碑 飜 齊楊絲邑造像

髓 隋尉氏女墓誌　髓 唐朝請郎行太原府文水縣尉裴誼墓誌　髓 唐朝議郎使持節光州諸軍事守光州刺史李濬墓誌

體 漢景君碑　體 漢張遷碑　體 晉故沛國相張朗墓誌　體 魏秦洪墓誌　躰 魏武昌王妃吐谷渾氏墓誌　體 魏元璨墓誌　體 魏王基墓誌　體 魏元融妻盧貴蘭墓誌　體 齊阿奔齊造像　躰 齊家敬業造像　體 齊法義優婆姨等造像　體 魏秦州刺史元寶月墓誌　體 魏合邑廿人等造像　體 隋張伴墓誌　體 隋高嗣墓誌　體 隋□知秤墓誌　體 唐恒州真定縣丞姚如衡墓誌

驗 魏范陽王元誨墓誌　驗 魏奚真墓誌　驗 隋劉則墓誌　驗 唐處士宋感及夫人甘氏墓誌銘　驗 唐司御率府翊衛張敬玄墓誌　驗 唐衢州蕭言思墓誌　驗 唐故尚藥奉御蔣府君夫人劉令淑墓誌銘

驗 宋鄭州衙內指揮使銀青光祿大夫檢校工部尚書安崇禮墓誌 驗 明郡庠生韓鐘璣暨節母朱氏合葬墓誌

驗 唐六品亡宮墓誌

驚 魏元則墓誌 驚 唐處士張海墓誌 驚 唐樊氏六娘七娘九娘墓誌 驚 唐亡尼八品墓誌

驚 唐朝散大夫行左春坊藥藏郎上柱國張金才墓誌 驚 唐處士陳泰墓誌 驚 唐贈游擊將軍董嘉斤墓誌

驚 唐八品亡宮誌文

顯 漢魯峻碑陰 顯 晉沛國相張朗墓誌 顯 宋爨龍顏碑 顯 龍門呂顯樹造像題名 顯 魏比丘道瓊記

顯 魏李謀墓誌 顯 魏元始和墓誌 顯 魏郭顯墓誌 顯 魏王昌墓誌 顯 魏關西十州臺文郭顯墓誌

顯 魏邑子席高等木刻造像題記 顯 齊申豹造像 顯 周強獨樂為文帝造

像記

顯 周賀屯植墓誌

顯 隋馬穉心墓誌

顯 唐永直府隊副張爭墓誌

顯 唐上開府董葵墓誌銘

顯 唐處士尚武夫妻墓誌

顯 唐前□衛勛衛上護軍楊越墓誌

顯 唐游擊將軍宋莊墓誌

顯 唐寧州刺史袁孝進墓誌

鱗 魏元順墓誌

鱗 魏元暐墓誌

鱗 魏庫富及子天長造義井佛像記

鱗 唐華州永豐鎮副張叔子墓誌

鱗 唐張思言墓誌

鱗 唐夫人宋五娘墓誌

鱗 唐朝請大夫行鄧州穰縣令南玄暕墓誌

鱗 唐魏州莘縣尉太原王養及夫人成氏墓誌

鱗 唐襄州谷城縣主簿路玄墓誌

鱗 唐相州刺史上柱國賀蘭山墓誌銘

鸖 唐李□及夫人張氏墓誌

鷺 魏元彧墓誌

鷺 唐朝請大夫行陳州司馬上輕車都尉公士成循墓誌

麟 漢鳳凰騏麟碑　麟 漢孔宙碑陰　麟 漢武梁祠畫像題字　麟 漢韓勑碑　麟 魏元融墓誌

麟 魏元悅墓誌　麟 魏元曜墓誌　麟 唐東都掖庭宮司簿王氏墓誌　麟 唐陪戎尉王德妻鮮于墓誌

麟 唐邊師墓誌　麟 唐河間邢君政夫人劉達墓誌　麟 唐七宮九品墓誌　麟 唐孔桃栓墓誌

麟 唐樊氏六娘七娘九娘墓誌

鼇 陳謝彥璋墓誌　鼇 魏敬史君碑　鼇 魏元子直墓誌　鼇 齊宋顯伯造塔銘　鼇 隋澧水石橋碑

鼇 隋修七帝寺碑　鼇 唐王法墓誌　鼇 唐李靖碑　鼇 唐龐德威墓誌　鼇 唐昭仁寺碑

鼇 唐綿州博士張武墓誌　鼇 唐劉德潤墓誌　鼇 唐上騎都尉李琮墓誌　鼇 唐上柱國李起宗墓誌

鼇 唐岷州刺史張仁楚墓誌

鼷 ⿱兔⿰兔兔 囑 灞 灡 蠶 蠹

鼷 唐銀青光祿大夫定州刺史上柱國宋朱義深墓誌 鼷 唐龔邱縣令程思義墓誌

## 二十四畫

⿱兔⿰兔兔 唐游擊將軍高望府果毅王敬墓誌

囑 明錦衣舍人小溪吉天倫暨配孺人劉氏婁氏合葬墓誌

灞 齊竇泰墓誌 灞 隋楊秀墓誌

灡 魏穆光墓誌 灡 魏元澄妻馮令華墓誌 灡 唐張振墓誌

蠶 漢衡方碑 蠶 魏受禪表 蠶 魏三級浮圖頌 蠶 魏始平文貞公國太妃盧氏墓誌

蠹 齊開府長史李穎墓誌 蠹 唐李繼叔墓誌 蠹 唐許州司馬楊孝獬墓誌 蠹 唐郤才墓誌

邊　羈　衢　蠹　讒　讓

邊 漢韓勑碑 邊 漢校官碑 邊 唐濟瀆廟器具記 邊 唐七宮六品墓誌

羈 漢張遷表頌 羈 魏涇州刺史奚康生造寺碑 羈 唐貝州臨清縣令王宏墓誌 羈 元張弘綱墓誌

衢 魏饒陽王元遙墓誌 衢 魏蔡洪像碑 衢 齊元子邃墓誌 衢 隋仲思那造橋碑 衢 隋處士范高墓誌 衢 唐王明墓誌

蠹 隋□和墓誌 蠹 隋中散大夫□公靜墓誌 蠹 唐泉州龍溪縣尉李君墓誌

讒 魏恒州大中正于景墓誌 讒 魏大監孟元華墓誌 讒 齊朱岱林墓誌 讒 隋曹植碑

讓 魏杜文雅造像 讓 魏元維墓誌 讓 魏元遥墓誌 讓 魏高貞碑 讓 魏元鑒妃吐谷渾墓誌

# 靈

讓 周賀屯植墓誌銘　讓 隋宮人五品程氏墓誌　讓 隋暴永墓誌　讓 隋徐智竦墓誌陰　讓 周賀屯植墓誌　讓 隋□德將墓誌　讓 唐不空和尚碑

靈 漢景君碑陰　靈 漢楊君石門頌　靈 漢王稚子闕　靈 漢三公山碑　靈 漢韓勅碑銘

靈 漢武梁祠題榮字　靈 晉當利里社殘碑　靈 苻秦廣武將軍□産碑　靈 南朝宋爨龍顏碑

靈 魏龍門靈資像題字　靈 魏元公夫人薛氏墓誌　靈 魏太尉公為孝文皇帝造像　靈 魏寇憑墓誌

靈 魏世宗嬪司馬氏墓誌　靈 魏金城郡君墓誌　靈 魏皇內司墓誌　靈　靈 魏廉富及子天長造義井佛像記

靈 魏程哲碑　靈 魏元寧造像　靈 魏杜文雅造像　靈 魏陽城洪懋造像

靈 魏嵩岳靈廟碑　靈 魏闞勝誦德碑　靈 魏王僧墓誌　靈 魏杜文雅造像　靈 魏李洪演造像

靈 魏崔混墓誌 靈 魏高宗文成皇帝嬪耿氏墓誌 靈 魏杜安遷造像記 靈 魏桑乾太守宋虎墓誌

靈 魏元始和墓誌 靈 魏元維墓誌 靈 魏元倖墓誌 靈 魏元誘妻薛伯徽墓誌 靈 魏元獼墓誌

靈 魏元廣墓誌 靈 魏寇霄墓誌 靈 魏元華盧令媛墓誌 靈 魏穆亮墓誌 靈 魏元肅墓誌

靈 魏賈景墓誌 靈 魏王夫人元華光墓誌 靈 魏長孫士亮妻宋靈妃墓誌 靈 魏符盛胡夫人墓誌

靈 魏李次等全邑百人造石像碑額 靈 魏高猛妻元瑛墓誌 靈 魏賈良等造像 靈 魏元公夫人薛氏墓誌

靈 齊牛景悅造石浮圖記 靈 齊宋買造像 靈 齊姜纂造像 靈 齊朱氏邑人造像

靈 靈 齊比丘惠瑛造像 靈 齊武平五年殘造塔記 靈 齊法義優婆姨等造像 靈 齊宋顯伯造塔銘

靈 齊毛叉擢造像 靈 周李進輝造像 靈 周賀屯植墓誌 靈 隋啓長盛造橋碑 靈

隋羊本墓誌 靈 隋劉淵墓誌 靈 隋孔神通墓誌 靈 隋嚴元貴墓誌 靈 隋信州舍利塔下銘 靈 隋董美人墓誌 靈 隋楊德墓誌 靈 隋寇奉叔墓誌 靈 隋翟突娑墓誌 靈 隋張禮墓誌

靈 隋杜乾緒造像記 靈 隋樊敬賢等七十人造像 靈 唐楊內則墓誌 靈 唐左光祿大夫段瑗墓誌

靈 唐王君妻梁氏墓誌 靈 唐太原王府君墓誌 靈 唐周公祠碑 靈 唐大泉寺三門記 靈 唐景教流行中國碑 靈 靈 周合村長幼造像 靈 唐李定品靈廟文 靈 唐周夫人墓誌 靈 唐史氏趙夫人墓誌

靈 唐李謇墓誌 靈 唐張君夫人秦氏墓誌 靈 唐任紫宸墓誌 靈 唐程某墓誌 靈 唐安定參軍陸豐妻胡氏墓誌 靈 唐文林郎楊訓墓誌 靈 唐鄭州長史魏懿墓誌 靈 唐張貴墓誌 靈 唐潞州屯留縣令溫君夫人李氏墓誌

靈 唐李顗及夫人張氏墓誌 靈 唐諱悏墓誌 靈 唐劉祐 靈

唐貝州臨清縣令王宏墓誌 靈 唐宣節尉張萬善墓誌 靈 唐故隋左龍驤驃騎王協墓誌 靈 唐隴西趙

夫人墓誌 靈 唐宣義郎周紹業墓誌 靈 唐徐德墓誌 靈 唐游擊將軍高望府果毅王敬墓誌 靈

唐彭城劉夫人墓誌 靈 唐驍騎尉皇甫璧墓誌 靈 唐張思言墓誌 靈 唐故隋上儀同三司朝散大夫右監

門校尉王宣墓誌 靈 唐上開府董葵墓誌 靈 唐曹州離狐縣丞蓋蕃墓誌 靈 靈 唐處士左祜墓

誌 靈 唐常州無錫縣令楊陶墓誌 靈 唐文林郎楊訓墓誌 靈 唐孫師岐墓誌 靈 唐朝請郎行石

州方山縣令騎都尉申守墓誌 靈 唐上騎都尉姚思玄墓誌 靈 唐故中大夫行蜀州長史上柱國鄭知賢墓誌銘

靈 唐通直郎行鴻臚掌客王感墓誌 靈 唐吳王府騎曹參軍張信墓誌 靈 唐潞州屯留縣令溫府君夫人

李氏墓誌 靈 唐信安縣主元思玄墓誌 靈 唐襄州谷城縣主簿路玄墓誌 靈 唐和州刺史上柱國顏謀道墓

誌 霊 唐通直郎前行延州都督府士曹參軍事長孫昉墓誌 霊 唐楊氏墓誌 霊 梁貞明元年尊勝陁難民經幢

韈 唐李壽墓誌

韤 唐幽州范縣令楊基墓誌

飀 魏李挺墓誌 飀 唐鄭氏及孫夫人墓誌 飀 唐録事公蕭思一墓誌

鬢 魏元朗墓誌 鬢 魏張寧墓誌 鬢 唐京兆府宣化府折衝攝右衛郎將横野軍副使樊庭觀墓誌

驟 魏元璽曜墓誌 驟 魏元宥墓誌 驟 魏穆亮妻尉太妃墓誌

鱣 唐孔桃栓墓誌

鷹 苻秦廣武將軍□産碑

鷹 唐祖氏夫人張隴墓誌

鷹 唐左驍衛金義墓誌

鷹 唐左戎衛右郎將古君夫人匹婁氏墓誌

鸇 隋王弘墓誌

鷺 魏高貞碑

鹽 漢武梁祠畫像題字

鹽 魏司空穆泰墓誌

鹽 魏江陽王元乂墓誌

鹽 魏元宥墓誌

鹽 魏高盛碑

鹽 魏元夌墓誌

鹽 齊道興造像

鹽 隋宮人尚食劉氏墓誌

鹽 隋范安貴墓誌銘

鹽 唐王頊夫人陳氏墓誌

鹽 唐楊氏夫人合葬墓誌

鹽 唐臨河縣尉張遊藝墓誌

鹽 唐汝南公主墓誌

鹽 唐楊百隴墓誌

鹽 唐裴氏室女墓誌

鹽 唐京兆府折衝右率府郎將李君夫人楊氏墓誌

鹽 唐朝議郎行吉州廬陵縣令上柱國李智墓誌

鹽 唐宣義郎行左衛騎曹參軍攝監察御史崔覔墓誌

鹽 唐知鹽鐵轉運鹽城監事殿中侍御史盧伯卿墓誌

鹽 唐宣州宣城縣府范陽盧宏并夫人崔氏墓誌

鹽 唐監察御史里行孫虬側室杜姬人墓誌

塩 唐河府梁鹽使韓匡圖墓誌

壛 清鄭啟墓誌

鼉 唐張道墓誌

二十五畫

厅 元萬榮縣太趙村稷王廟舞廳石□

灣 唐南海神廟碑

蠻 漢衡方碑

蠻 漢張遷碑

蠻 宋爨龍顏碑

蠻 梁天保年劉子瑞墓誌

蠻 魏李顧樹造像

蠻 魏穆纂墓誌

蠻 魏比丘僧智造像

蠻 魏冀州刺史駙馬都尉高猛墓誌

蠻 魏寇演墓誌

蠻 齊比丘惠瑍造像

蠻 周王妙暉造像

蠻 隋密長盛造橋碑

蠻 唐吏部常選內負奉竹敬敬墓誌銘

臠 宋金紫光祿大夫檢校司空左衛將軍吳元載墓誌

觿 魏司空王誦墓誌

觿 魏元彝墓誌

觿 魏唐耀墓誌

觿 魏兗州刺史元彌墓誌

觿 魏元則墓誌

觿 唐韓承墓誌

觿 唐冠軍大將軍行左屯衛翊府中郎將翟銑墓誌

觿 唐孝廉寇鈞墓誌銘

躡 魏涼州刺史元維墓誌

躡 魏李挺墓誌

躡 魏白實中興寺碑

躡 魏唐雲墓誌

躡 齊元賢墓誌

躡 隋劉則墓誌

# 觀

觀 漢三公山碑 觀 梁桂陽國太妃王慕韶墓誌 觀 魏鄭羲碑 觀 魏汝陽王元賥墓誌 觀 魏比丘僧智造像 觀 魏元融墓誌 觀 魏道觀造玉像記 觀 魏寧朔將軍□□造像 觀 齊秦應伽造像 觀 陳有祺藏鄭娘造觀音像 觀 隋宮人尚食劉氏墓誌 觀 隋王弘墓誌 觀 隋陽瑾墓誌 觀 唐鄭尊師墓誌 觀 唐祁讓墓誌 觀 唐掌思明墓誌 觀 唐大弘道觀主三洞法師侯敬忠誌文 觀 明奉直大夫山西絳州知州毓一朱佳齡墓誌

# 舋

舋 魏孝文帝弔比干文 舋 魏李挺墓誌 舋 魏富平伯于纂墓誌 舋 魏元襲墓誌 舋 魏于景墓誌 舋 魏平陽縣公元恭墓誌 舋 魏元熙墓誌 舋 魏元恭墓誌 舋 魏西陽男高廣墓誌 舋 魏元均墓誌 舋 魏元寶月墓誌 舋 齊高建墓誌 舋 齊徐徹墓誌 舋 齊泉郡王劉悅

墓誌

疊 齊堯峻墓誌

疊 周寇熾墓誌

疊 隋翟突娑墓誌

疊 唐張懿墓誌

疊 唐處士王顏墓誌

疊 唐楊行禕墓誌

疊 唐處士張仁墓誌

疊 唐陪戎校尉趙臣墓誌

疊 唐樊氏六娘七娘九娘墓誌

疊 唐天授二年趙王親事洛州王智通墓誌

疊 唐吳廣碑

疊 唐朝議郎前行曹州司法參軍上柱國李宏墓誌

鑰 唐法藏禪師塔銘

鬣 齊感孝頌

鬣 唐尚書司勳郎中吉渾墓誌

鬣 唐劉元起墓誌

鬣 唐元復業墓誌

鬣 唐張思言墓誌

鬣 唐處士索行墓誌

鬣 唐吳王府執仗張節墓誌

鬣 唐冀州南宮縣尉武騎尉邢璥墓誌銘

鬣 唐康智墓誌

鬣 唐右翊衛清廟臺齋郎天官常選王豫墓誌

鬣 唐鄧州刺史封公故夫人常精進墓

誌

驪 唐朝請大夫尚書司勳郎中吉渾墓誌

驪 唐右龍武軍翊府中郎高德墓誌

驪 唐汝陰郡司法參軍姚希直墓誌

驪 唐宣義郎行左衛騎曹參軍崔夐墓誌

驪 唐詹事府司直孫公夫人李氏墓誌

驪 唐廣平郡宋氏夫人墓誌

驪 唐向清墓誌

驪 唐元復業墓誌

驪 唐峽州司馬張積墓誌

驪 唐信州遠城府左果毅劉府君墓誌

驪 唐安重遇墓誌

驪 唐承奉郎吳績墓誌

驪 唐索達墓誌

驪 唐劉濬墓誌

驪 元答里麻世禮墓誌

驪 明奉直大夫山西絳州知州毓一朱佳齡墓誌

驪 唐樊興碑

驪 唐張振墓誌

驪 唐崔銳夫人高漆娘墓誌

鸎 唐曹州冤句縣令李敬瑜墓誌

黌 隋主簿張濬墓誌

鼂 魏元欽墓誌 鼂 齊唐邕寫經碑 鼂 齊暴誕墓誌 鼂 唐李靖碑 鼂 唐燕太妃墓誌銘

鼂 唐昭仁寺碑 鼂 唐陝西高陵縣東渭橋記

## 二十六畫

矚 魏南石窟寺碑 矚 魏高輝太夫人墓誌 矚 齊比丘惠瑍造像 矚 唐始安郡太守慈源縣侯徐綜墓誌

穮 漢竇憲碑 穮 晏袤題魏李苞通閣道摩崖 穮 唐沈士公墓誌 穮 唐中大夫守晉陵陵別駕千乘倪彬墓誌 穮 明涿州石經山璁公塔院碑

籯 唐朝請大夫陳護墓誌 籯 唐王楷墓誌 籯 唐潞州襄垣縣令裴嗣宗墓誌 籯 唐張覺墓誌

嬴 唐金州刺史鄭夫人盧氏墓誌　嬴 唐王朋墓誌　嬴 唐濟南郡禹城縣令李庭訓墓誌　嬴 明散官安軒孫澤暨配孺人王氏合葬墓誌

讚 魏司馬昇墓誌　讚 魏寇偘墓誌　讚 魏兗州刺史元猻墓誌　讚 魏太常少卿元璨墓誌

鑴 魏東平王元略墓誌　鑴 北周法師張□妙碑　鑴 唐魏州莘縣尉王君夫人成氏墓誌　鑴 唐處士王儉墓誌銘

驪 魏高貞碑

黶 唐處士李英墓誌　黶 唐左親衛長上校尉樂玉墓誌

## 二十七畫

繫 唐兗公頌

讜 魏元順墓誌 讜 隋豆盧寔墓誌

鑽 齊雋敬碑

鑾 唐明威將軍河南府金谷府折衝都尉王榮禮墓誌

驤 宋爨龍顏碑 驤 魏司馬昞墓誌 驤 魏樂安王元緒墓誌 驤 魏桑乾太守宋虎墓誌 驤 魏元悛墓誌 驤 魏元寧墓誌 驤 魏張整墓誌 驤 魏高貞碑 驤 魏元獬墓誌 驤 隋卞鑒墓誌

驥 魏赫連悅墓誌 驥 齊徐徹墓誌 驥 唐韓王府録事參軍李辯墓誌 驥 唐瀛州河澗縣令樂建墓誌 驥 唐上柱國李起宗墓誌 驥 唐游擊將軍張淑子墓誌 驥 唐朝請郎行司農寺大倉丞騎都尉劉慎墓誌

# 二十八畫

躪 魏元榮業墓誌

鑿 漢鄐閣頌

鑿 漢楊君石門頌

鑿 魏石門銘

鑿 魏元維墓誌

鑿 齊高叡修寺碑

鑿 齊叱列延慶妻尒朱元靜墓誌

鑿 隋窓長盛造橋碑

鑿 隋雍長墓誌

鑿 隋陳常墓誌

鑿 隋韋略墓誌

鑿 洛州河南縣思順坊老幼等普婦法界敬造彌勒像碑

鑿 唐李氏再修功德記

鑿 唐臧希晏碑

鑿 唐等慈寺碑

鑿 唐九成宮碑

鑿

鑿 晏袤題漢開通褒斜道摩崖

鑿 唐幽州范縣令楊基墓誌

鑿 唐張貞墓誌

鑿 唐處士河東柳佋墓誌

鑿 唐上騎都尉王式墓誌

鑿 唐涼國公府長史上騎都尉張達墓誌

鑿 唐田在下墓誌

驩 唐處士陳泰墓誌　驩 唐張道墓誌

鸚 唐登仕郎丁范墓誌　鸚 唐中散大夫守荊州大都督大司馬上柱國鄧森墓誌

## 二十九畫

爨 晉爨寶子碑　爨 宋爨龍顏碑　爨 宋爨龍顏碑　爨 魏溫泉頌　爨 魏□□殘墓誌銘

爨 魏元鑽遠墓誌　爨 齊法義兄弟八十人建妙塔銘　爨 唐爨端墓誌　爨 唐廉州封山縣令爨古墓誌

爨 唐爨古墓誌　爨 唐中大夫上柱國行婺州東陽縣令桑貞墓誌　爨 宋魏陽郡中氏墓誌

驪 唐遼東郡公泉男產墓誌

鸛 唐上柱國劉善寂墓誌

# 鬱

鬱 魏七兵尚書寇治墓誌

鬱 魏雍州刺史元固墓誌

鬱 魏元宥墓誌

鬱 魏王夫人元華光墓誌

鬱 魏銀青光祿大夫于纂墓誌

鬱 魏石育墓誌

鬱 魏張玄墓誌

鬱 周賀屯植墓誌銘

鬱 隋段模墓誌

鬱 隋王弘墓誌

鬱 隋呂胡墓誌

鬱 隋宮人三品樊氏墓誌

鬱 唐文德寺造像碑

鬱 唐神寶寺碑

鬱 唐王慶墓誌

鬱 唐君禕墓誌

鬱 唐慶州弘化縣令張皎墓誌

鬱 唐高君達墓誌

鬱 唐平陽路夫人墓誌

鬱 唐處士淳于府君之夫人陳恭墓誌

鬱 唐南州刺史杜舉墓誌

鬱 唐文林郎楊訓墓誌

鬱 唐滄州東光縣丞公士王進墓誌

鬱 唐宣威將軍王元墓誌

鬱 唐中大夫行定州長史上柱國李謙墓誌

鬱 唐□□門衛長史安定皇甫慎墓誌

鬱 唐文安郡文安縣尉太原王府君夫人李氏墓誌

鬱 唐冀州南宮縣尉邢德瑊墓誌

鬱 唐處士馮于君夫人陳氏墓誌

鬱 唐梓

州通泉縣令王君夫人姜氏墓誌

鬱 唐李如願墓誌

鬱 唐王慶墓誌

鬱 唐處士王儉墓誌

鬱 唐蕭思一墓誌

鬱 唐處士韓志墓誌

鬱 唐吳達墓誌

鬱 唐趙成墓誌

鬱 唐張素墓誌

鬱 唐左領軍衛執戟李品品墓誌

鬱 唐楊君夫人杜芬墓誌

鬱 唐成金及夫人韓氏墓誌

## 三十畫

鸞 魏比丘僧智造像

鸞 魏元鸞墓誌

鸞 齊董洪達造像

鸞 隋董夫人衛美墓誌

鸞 隋張達墓誌

鸞 唐劉漢潤妻楊氏墓誌

鸞 唐幽州范縣令楊基墓誌

鸞 唐滄州東光縣令許行本夫人清河崔氏合葬墓誌

鸞 唐尚藥奉御蔣府君夫人劉令淑墓誌

鸞 明王延信同室人劉氏墓誌

鸞 明書辦宮李尚仁墓誌銘

# 筆畫檢字表

| 字 | 頁 |
|---|---|
| **一畫** | |
| 乙 | 一 |
| **二畫** | |
| 九 | 一 |
| 乃 | 一 |
| 八 | 一 |
| 卜 | 一 |
| 人 | 二 |
| **三畫** | |
| 万 | 二 |
| 丈 | 二 |
| 三 | 二 |
| 凡 | 二 |
| 久 | 二 |
| 乞 | 三 |
| 也 | 三 |
| 于 | 三 |
| 亡 | 三 |
| 勺 | 三 |
| 口 | 三 |
| 弓 | 三 |
| 山 | 四 |
| 子 | 四 |
| 女 | 四 |
| 土 | 四 |
| 才 | 四 |
| **四畫** | |
| 不 | 四 |
| 中 | 五 |
| 丹 | 五 |
| 之 | 五 |
| 五 | 五 |
| 亢 | 五 |
| 仁 | 五 |
| 仄 | 六 |
| 仇 | 六 |
| 今 | 六 |
| 仍 | 六 |
| 仏 | 六 |
| 公 | 六 |
| 分 | 六 |
| 兮 | 七 |
| 允 | 七 |
| 元 | 七 |
| 切 | 七 |
| 刈 | 七 |
| 化 | 八 |
| 匹 | 八 |
| 凶 | 八 |
| 升 | 八 |
| 友 | 九 |
| 屯 | 九 |
| 天 | 九 |
| 夫 | 九 |
| 夭 | 九 |
| 壬 | 一〇 |
| 尤 | 一〇 |
| 巴 | 一〇 |
| 式 | 一〇 |
| 引 | 一〇 |
| 心 | 一〇 |
| 方 | 一一 |
| 斤 | 一一 |
| 比 | 一一 |
| 曰 | 一一 |
| 月 | 一一 |
| 文 | 一一 |
| 支 | 一一 |
| 斗 | 一一 |
| 无 | 一二 |
| 殳 | 一二 |
| 毛 | 一二 |
| 氏 | 一二 |
| 水 | 一二 |
| 火 | 一三 |
| 爪 | 一三 |
| 父 | 一三 |
| 片 | 一三 |
| 牙 | 一三 |
| 犬 | 一三 |
| 王 | 一三 |
| **五畫** | |
| 且 | 一四 |
| 丕 | 一四 |
| 世 | 一四 |
| 丘 | 一四 |
| 丙 | 一四 |
| 丱 | 一四 |
| 主 | 一五 |
| 乎 | 一五 |
| 乏 | 一五 |
| 仗 | 一五 |
| 仙 | 一五 |
| 仡 | 一五 |
| 代 | 一六 |
| 令 | 一六 |
| 以 | 一六 |
| 兄 | 一六 |
| 冉 | 一六 |
| 刋 | 一六 |
| 功 | 一七 |
| 北 | 一七 |
| 匜 | 一七 |
| 卯 | 一七 |
| 冬 | 一八 |
| 去 | 一八 |
| 句 | 一八 |
| 叩 | 一八 |
| 叫 | 一八 |
| 可 | 一八 |
| 史 | 一九 |
| 右 | 一九 |
| 司 | 一九 |
| 四 | 一九 |
| 外 | 一九 |
| 央 | 二〇 |
| 孕 | 二〇 |
| 宄 | 二〇 |
| 尼 | 二〇 |
| 左 | 二〇 |
| 巧 | 二一 |
| 市 | 二一 |
| 布 | 二一 |
| 尒 | 二一 |
| 平 | 二一 |
| 幼 | 二一 |
| 弘 | 二二 |
| 打 | 二二 |
| 必 | 二二 |
| 戊 | 二二 |
| 旦 | 二三 |
| 未 | 二三 |
| 本 | 二三 |
| 正 | 二三 |
| 母 | 二三 |
| 民 | 二三 |
| 永 | 二四 |
| 犯 | 二四 |
| 玉 | 二四 |
| 瓦 | 二四 |
| 甘 | 二四 |
| 用 | 二五 |
| 甲 | 二五 |
| 申 | 二五 |

| 伏 | 伊 | 伉 | 企 | 任 | 仲 | 仰 | 亦 | 亥 | 交 | 自 | 丞 | 六畫 | 禾 | 生 | 矢 | 石 | 玄 | 穴 | 瓜 |
|---|---|---|---|---|---|---|---|---|---|---|---|---|---|---|---|---|---|---|---|
| 二九 | 二八 | 二八 | 二八 | 二八 | 二八 | 二七 | 二七 | 二七 | 二七 | 二六 | 二六 |  | 二六 | 二六 | 二六 | 二五 | 二五 | 二五 | 二五 |

| 向 | 名 | 合 | 列 | 同 | 危 | 印 | 匡 | 匠 | 冰 | 再 | 册 | 光 | 先 | 兑 | 兆 | 充 | 共 | 全 | 休 |
|---|---|---|---|---|---|---|---|---|---|---|---|---|---|---|---|---|---|---|---|
| 三三 | 三三 | 三三 | 三三 | 三三 | 三三 | 三二 | 三二 | 三二 | 三二 | 三一 | 三一 | 三一 | 三〇 | 三〇 | 三〇 | 二九 | 二九 | 二九 | 二九 |

| 守 | 宇 | 宅 | 妄 | 妃 | 好 | 奸 | 夷 | 多 | 夙 | 地 | 圯 | 在 | 如 | 字 | 屹 | 因 | 吊 | 吏 | 后 |
|---|---|---|---|---|---|---|---|---|---|---|---|---|---|---|---|---|---|---|---|
| 三八 | 三八 | 三八 | 三八 | 三七 | 三七 | 三七 | 三六 | 三六 | 三五 | 三五 | 三五 | 三五 | 三五 | 三四 | 三四 | 三四 | 三四 | 三四 | 三三 |

| 死 | 此 | 次 | 朽 | 朵 | 朱 | 污 | 有 | 曳 | 曲 | 旭 | 早 | 扣 | 收 | 戎 | 戌 | 州 | 式 | 年 | 安 |
|---|---|---|---|---|---|---|---|---|---|---|---|---|---|---|---|---|---|---|---|
| 四四 | 四四 | 四四 | 四三 | 四三 | 四三 | 四三 | 四二 | 四二 | 四二 | 四二 | 四一 | 四一 | 四〇 | 四〇 | 四〇 | 四〇 | 三九 | 三九 | 三八 |

| 艾 | 色 | 舟 | 舛 | 至 | 臼 | 臣 | 聿 | 网 | 羽 | 而 | 肉 | 考 | 老 | 缶 | 牟 | 牝 | 汝 | 汱 | 汎 |
|---|---|---|---|---|---|---|---|---|---|---|---|---|---|---|---|---|---|---|---|
| 四八 | 四八 | 四七 | 四七 | 四七 | 四七 | 四七 | 四七 | 四七 | 四六 | 四六 | 四六 | 四五 | 四五 | 四五 | 四五 | 四五 | 四五 | 四五 | 四四 |

| 作 | 初 | 兵 | 免 | 克 | 佞 | 佛 | 佐 | 低 | 位 | 但 | 伽 | 似 | 伯 | 亨 | 七畫 | 邙 | 西 | 行 | 血 |
|---|---|---|---|---|---|---|---|---|---|---|---|---|---|---|---|---|---|---|---|
| 五二 | 五二 | 五二 | 五一 | 五一 | 五一 | 五一 | 五〇 | 五〇 | 五〇 | 五〇 | 五〇 | 五〇 | 五〇 | 五〇 |  | 四九 | 四九 | 四八 | 四八 |

| 吾 | 弃 | 岜 | 岑 | 岌 | 局 | 尾 | 吴 | 含 | 否 | 吠 | 君 | 冶 | 卵 | 匣 | 甸 | 劬 | 劭 | 助 | 别 |
|---|---|---|---|---|---|---|---|---|---|---|---|---|---|---|---|---|---|---|---|
| 五六 | 五六 | 五六 | 五六 | 五五 | 五五 | 五五 | 五五 | 五四 | 五四 | 五四 | 五三 | 五三 | 五三 | 五三 | 五三 | 五二 | 五二 | 五二 | 五二 |

| 巡 | 岐 | 岊 | 宏 | 孝 | 孛 | 姒 | 妝 | 妖 | 妒 | 壯 | 坑 | 坐 | 均 | 圻 | 夾 | 尨 | 宋 | 吹 | 呂 |
|---|---|---|---|---|---|---|---|---|---|---|---|---|---|---|---|---|---|---|---|
| 五九 | 五九 | 五九 | 五九 | 五八 | 五八 | 五八 | 五八 | 五八 | 五八 | 五七 | 五七 | 五七 | 五七 | 五七 | 五六 | 五六 | 五六 | 五六 | 五六 |

## 八畫

**九畫**

勁 一二六　勃 一二六　勅 一二七　勇 一二七　勉 一二七　冑 一二七　冒 一二七　冠 一二七　厚 一二八　卻 一二九　即 一二九　南 一二九　叙 一二九　咨 一三〇　咷 一三〇　咸 一三〇　咽 一三〇　哀 一三〇　品 一三一　哉 一三一

度 一三二　客 一三三　宣 一三三　室 一三三　宦 一三三　峙 一三三　峗 一三四　帝 一三四　帥 一三四　封 一三四　奏 一三四　奐 一三四　契 一三五　奔 一三五　奕 一三五　姚 一三六　姜 一三六　姨 一三六　姪 一三六　姬 一三六

姻 一三七　姿 一三七　威 一三八　垢 一三八　幽 一三八　建 一三九　廻 一三九　待 一三九　徊 一三九　律 一四〇　後 一四〇　彥 一四〇　拜 一四一　拭 一四一　拯 一四一　拾 一四二　持 一四二　掛 一四二　指 一四二　按 一四二

挑 一四二　拽 一四三　思 一四三　急 一四三　怨 一四三　恠 一四三　恢 一四三　恤 一四四　恨 一四四　恒 一四四　爰 一四四　扁 一四四　扃 一四四　殃 一四五　殄 一四五　施 一四五　[illegible] 一四五　毗 一四六　眢 一四六　星 一四六

映 一四六　昏 一四七　春 一四七　是 一四七　昶 一四七　曷 一四七　故 一四八　段 一四八　炬 一四八　泉 一四八　洎 一四九　洛 一四九　洞 一四九　洟 一四九　洪 一五〇　洮 一五〇　洼 一五〇　洽 一五〇　派 一五〇　流 一五〇

枯 一五一　枵 一五一　柄 一五一　柒 一五一　染 一五一　柔 一五一　柝 一五二　柢 一五二　柩 一五二　柬 一五三　柱 一五三　柳 一五三　柵 一五四　牲 一五四　癸 一五四　癹 一五四　穿 一五四　突 一五五　窀 一五五　疫 一五五

珊 一五五　珍 一五五　皇 一五六　皆 一五六　皈 一五六　瓮 一五六　矜 一五六　祆 一五七　祈 一五七　祉 一五七　秋 一五七　科 一五七　秔 一五七　界 一五八　畏 一五八　甚 一五八　相 一五八　盼 一五八　省 一五九　眄 一五九

眇 一五九　眉 一五九　看 一五九　盈 一五九　胄 一六〇　背 一六〇　胙 一六一　胡 一六一　胤 一六一　胥 一六二　郵 一六二　者 一六二　虐 一六二　美 一六三　虺 一六三　苑 一六三　苒 一六四　苗 一六四　若 一六四　苦 一六四

**十畫**

浸 二〇二
浹 二〇二
涅 二〇二
涇 二〇二
涉 二〇二
涌 二〇三
涕 二〇三
涗 二〇三
栓 二〇三
栖 二〇三
校 二〇三
根 二〇三
格 二〇四
栽 二〇四
桀 二〇四
桂 二〇四
桃 二〇四
桑 二〇五
特 二〇五
狹 二〇五

离 二〇六
[illegible] 二〇六
窊 二〇六
窈 二〇六
窆 二〇六
疹 二〇七
疾 二〇七
珩 二〇七
珪 二〇七
班 二〇七
珮 二〇八
砥 二〇八
皋 二〇八
矩 二〇九
祐 二〇九
祔 二〇九
祖 二〇九
祇 二一〇
祚 二一〇
神 二一〇

祠 二一一
秘 二一一
秼 二一一
秩 二一一
秦 二一一
留 二一一
畝 二一三
真 二一三
皆 二一三
益 二一四
胸 二一四
能 二一四
脂 二一五
胅 二一五
屻 二一五
耻 二一五
耿 二一五
臭 二一五
耆 二一六
虔 二一六

蚤 二一六
翁 二一七
笄 二一七
笑 二一七
芻 二一七
茝 二一七
茫 二一八
玆 二一八
茵 二一八
茶 二一八
茹 二一八
荀 二一九
荃 二一九
荊 二一九
草 二一九
荒 二一九
航 二二〇
般 二二〇
衮 二二〇
衰 二二一

衷 二二一
袁 二二一
衾 二二一
袖 二二二
袪 二二二
被 二二二
納 二二二
純 二二二
紘 二二二
紙 二二三
級 二二三
紛 二二三
素 二二三
索 二二三
紊 二二三
料 二二三
耕 二二四
耘 二二四
缺 二二四
豹 二二四

豺 二二四
財 二二五
躬 二二五
起 二二五
迷 二二六
追 二二六
迹 二二六
退 二二六
逃 二二六
逆 二二七
逅 二二七
迺 二二七
訖 二二七
託 二二七
軒 二二七
酌 二二七
酒 二二八
邕 二二八
郗 二二八
郎 二二八

郡 二二八
豈 二二八
釜 二二九
針 二二九
陛 二二九
陝 二三〇
陟 二三〇
除 二三〇
骨 二三〇
[illegible] 二三〇
鬲 二三〇
鬼 二三一
馬 二三一
高 二三一

十一畫

乾 二三一
倆 二三二
偃 二三二
假 二三三
偈 二三四

偉 二三四
偏 二三四
停 二三四
健 二三四
偶 二三四
偷 二三四
兜 二三五
凰 二三五
副 二三五
剪 二三五
勒 二三五
動 二三五
勖 二三六
匐 二三六
匿 二三六
區 二三六
務 二三六
冕 二三七
参 二三八
唯 二三九

售 二三九
唳 二三九
唾 二四〇
啄 二四〇
商 二四〇
問 二四〇
啟 二四〇
國 二四一
張 二四二
庵 二四二
庶 二四二
康 二四二
庸 二四三
宿 二四三
寂 二四三
寄 二四四
寅 二四四
密 二四五
寇 二四五
崇 二四六

崑 二四六
崔 二四七
崖 二四七
崤 二四七
崩 二四七
崗 二四七
帶 二四八
常 二四八
孰 二四八
將 二四八
專 二四九
尉 二四九
婁 二四九
婆 二五〇
婉 二五〇
婕 二五〇
婚 二五〇
婦 二五〇
婞 二五〇
域 二五一

執 二五一
基 二五一
堂 二五一
堅 二五一
堇 二五二
㙈 二五二
得 二五二
徒 二五二
從 二五三
御 二五四
徘 二五四
彩 二五四
彪 二五四
彫 二五五
巢 二五五
捨 二五五
捷 二五五
授 二五六
排 二五六
掖 二五七

掛 二五七
探 二五七
控 二五七
掩 二五七
掬 二五七
毫 二五七
悉 二五八
悊 二五八
悠 二五八
患 二五八
悵 二五八
悼 二五九
悽 二五九
惇 二五九
惋 二五九
悴 二五九
旋 二五九
旌 二六〇
族 二六一
既 二六二

晚 二六二
晝 二六三
晞 二六三
晦 二六三
晧 二六三
晨 二六三
曹 二六三
曼 二六四
望 二六四
爽 二六五
欲 二六六
欷 二六六
教 二六六
敏 二六六
救 二六七
敖 二六七
敗 二六七
殺 二六七
戚 二六八
戛 二六九

烹 二六九
烽 二六九
焉 二六九
涯 二七一
液 二七一
涵 二七二
涼 二七二
涿 二七二
淄 二七二
淆 二七二
淑 二七二
淒 二七三
淚 二七三
淇 二七四
淪 二七四
淫 二七四
淮 二七四
深 二七四
淵 二七五
清 二七六

淹 二七六
淺 二七七
添 二七七
桴 二七七
梁 二七七
梓 二七八
條 二七八
梟 二七八
梭 二七九
械 二七九
梳 二七九
梵 二七九
斛 二七九
斜 二八〇
牽 二八〇
猗 二八〇
猛 二八〇
痊 二八一
瓠 二八一
窕 二八一

痊 二八一
竟 二八一
率 二八一
斑 二八二
琁 二八二
理 二八二
琊 二八二
研 二八三
晈 二八三
產 二八三
祥 二八三
祧 二八三
祭 二八三
移 二八四
畢 二八四
略 二八四
甜 二八五
眷 二八五
眺 二八五
眼 二八五

| 莫 | 茣 | 莞 | 莊 | 茶 | 第 | 笥 | 笙 | 習 | 羞 | 虜 | 處 | 聊 | 聆 | 聃 | 脫 | 脩 | 脣 | 齘 | 盛 |
| 二九〇 | 二九〇 | 二九〇 | 二八九 | 二八九 | 二八九 | 二八九 | 二八九 | 二八九 | 二八八 | 二八八 | 二八八 | 二八七 | 二八七 | 二八七 | 二八七 | 二八六 | 二八六 | 二八六 | 二八五 |

| | | | | | | | | | | | | | | | | | | | |
|---|---|---|---|---|---|---|---|---|---|---|---|---|---|---|---|---|---|---|---|
| 春 | 組 | 絃 | 終 | 紽 | 緋 | 紹 | 紵 | 紱 | 累 | 紫 | 紞 | 袴 | 袤 | 袁 | 船 | 舲 | 莆 | 菱 | 莚 |
| 二九三 | 二九三 | 二九三 | 二九三 | 二九二 | 二九二 | 二九二 | 二九二 | 二九二 | 二九一 | 二九一 | 二九一 | 二九一 | 二九一 | 二九一 | 二九〇 | 二九〇 | 二九〇 | 二九〇 | 二九〇 |

| | | | | | | | | | | | | | | | | | | | |
|---|---|---|---|---|---|---|---|---|---|---|---|---|---|---|---|---|---|---|---|
| 許 | 設 | 連 | 逢 | 逡 | 造 | 速 | 逝 | 通 | 逖 | 逕 | 途 | 逍 | 逐 | 趾 | 跌 | 躬 | 貫 | 貪 | 術 |
| 二九七 | 二九七 | 二九七 | 二九六 | 二九六 | 二九六 | 二九六 | 二九五 | 二九五 | 二九五 | 二九五 | 二九五 | 二九五 | 二九四 | 二九四 | 二九四 | 二九四 | 二九四 | 二九四 | 二九四 |

| | | | | | | | | | | | | | | | | | | | |
|---|---|---|---|---|---|---|---|---|---|---|---|---|---|---|---|---|---|---|---|
| 飢 | 頃 | 頂 | 馗 | 陸 | 陷 | 陶 | 陵 | 陳 | 陰 | 雪 | 閉 | 釵 | 赦 | 郵 | 郷 | 郭 | 部 | 野 | 規 |
| 三〇二 | 三〇二 | 三〇一 | 三〇一 | 三〇一 | 三〇〇 | 三〇〇 | 三〇〇 | 二九九 | 二九九 | 二九九 | 二九九 | 二九九 | 二九八 | 二九八 | 二九八 | 二九八 | 二九八 | 二九七 | 二九七 |

| | | | | | | | | | | | | | | | 十二畫 | | | | |
|---|---|---|---|---|---|---|---|---|---|---|---|---|---|---|---|---|---|---|---|
| 啻 | 博 | 卿 | 厦 | 厥 | 勞 | 勝 | 創 | 割 | 凱 | 備 | 傘 | 傑 | 傍 | 傳 | | 麥 | 鹿 | 鳥 | 魚 |
| 三〇八 | 三〇八 | 三〇八 | 三〇八 | 三〇七 | 三〇七 | 三〇六 | 三〇六 | 三〇六 | 三〇六 | 三〇四 | 三〇四 | 三〇三 | 三〇三 | 三〇三 | | 三〇三 | 三〇二 | 三〇二 | 三〇二 |

| | | | | | | | | | | | | | | | | | | | |
|---|---|---|---|---|---|---|---|---|---|---|---|---|---|---|---|---|---|---|---|
| 峻 | 寔 | 寓 | 寒 | 寐 | 寍 | 富 | 塞 | 庚 | 弑 | 弼 | 强 | 單 | 喬 | 喪 | 喻 | 喝 | 喜 | 喚 | 善 |
| 三一五 | 三一四 | 三一四 | 三一四 | 三一三 | 三一三 | 三一三 | 三一二 | 三一二 | 三一二 | 三一一 | 三一一 | 三一一 | 三一〇 | 三一〇 | 三一〇 | 三〇九 | 三〇九 | 三〇九 | 三〇八 |

| | | | | | | | | | | | | | | | | | | | |
|---|---|---|---|---|---|---|---|---|---|---|---|---|---|---|---|---|---|---|---|
| 巉 | 堮 | 壼 | 壹 | 報 | 堰 | 堡 | 堯 | 堪 | 缼 | 鼻 | 奠 | 奐 | 尋 | 尊 | 就 | 幄 | 幃 | 稭 | 崿 |
| 三二一 | 三二一 | 三二〇 | 三一九 | 三一九 | 三一九 | 三一九 | 三一八 | 三一八 | 三一八 | 三一八 | 三一八 | 三一八 | 三一六 | 三一六 | 三一五 | 三一五 | 三一五 | 三一五 | 三一五 |

| | | | | | | | | | | | | | | | | | | | |
|---|---|---|---|---|---|---|---|---|---|---|---|---|---|---|---|---|---|---|---|
| 惡 | 惠 | 惑 | 悲 | 掾 | 援 | 揮 | 揭 | 揜 | 換 | 揚 | 揖 | 插 | 揆 | 掌 | 彭 | 循 | 復 | 徧 | 幾 |
| 三二五 | 三二五 | 三二五 | 三二五 | 三二五 | 三二四 | 三二四 | 三二四 | 三二四 | 三二四 | 三二四 | 三二三 | 三二三 | 三二三 | 三二三 | 三二三 | 三二二 | 三二二 | 三二二 | 三二一 |

惰 三二六
惱 三二六
惇 三二六
愉 三二六
愕 三二六
愜 三二七
斯 三二七
扉 三二七
殗 三二七
残 三二七
殌 三二七
旒 三二八
猥 三二八
猨 三二八
猶 三二九
普 三二九
景 三二九
晢 三二九
晷 三二九
智 三三〇

曾 三三〇
替 三三一
最 三三一
朝 三三一
朞 三三一
鼓 三三二
欽 三三二
欻 三三二
敝 三三二
敞 三三二
敢 三三二
散 三三二
敦 三三三
戟 三三三
焜 三三四
焚 三三四
無 三三四
焰 三三五
然 三三五
爲 三三六

渙 三三六
減 三三六
渝 三三七
渟 三三七
渠 三三七
渡 三三七
渤 三三八
温 三三八
渭 三三八
渴 三三九
游 三三九
湛 三三九
測 三四〇
湮 三四〇
湝 三四〇
棄 三四〇
棗 三四〇
棘 三四一
棟 三四一
棣 三四二

棨 三四二
森 三四二
棲 三四二
棺 三四二
椒 三四三
畢 三四三
犂 三四三
犀 三四三
疏 三四三
登 三四四
发 三四四
窗 三四五
痛 三四五
竣 三四六
竦 三四六
琛 三四六
琢 三四六
琬 三四六
琴 三四六
硤 三四七

稍 三四七
短 三四七
甥 三四七
祲 三四七
稀 三四七
程 三四八
婺 三四八
媚 三四八
媛 三四八
畯 三四九
異 三四九
番 三四九
畫 三四九
睇 三四九
盛 三四九
衆 三五〇
舒 三五〇
耋 三五一
虚 三五一
虜 三五一

蛩 三五二
翔 三五二
筆 三五二
等 三五二
筋 三五三
策 三五三
莽 三五三
菊 三五三
菌 三五四
菏 三五四
菩 三五四
華 三五四
菱 三五六
菴 三五六
菽 三五六
萃 三五七
萊 三五七
萇 三五七
萌 三五七
萎 三五七

蓮 三五七
裁 三五七
裂 三五八
裕 三五八
補 三五八
絶 三五八
結 三五八
絡 三五八
絢 三五八
統 三五九
絲 三五九
絳 三五九
粟 三五九
粢 三五九
粵 三六〇
舄 三六一
覃 三六一
舜 三六一
象 三六一
貂 三六二

貯 三六二
貳 三六二
貺 三六三
費 三六三
貽 三六三
賀 三六三
貴 三六四
貿 三六四
觚 三六四
跋 三六四
跎 三六五
超 三六五
越 三六五
逮 三六五
進 三六六
逶 三六六
逵 三六六
逸 三六六
訴 三六七
診 三六七

## 十三畫

| 字 | 頁 |
|---|---|
| 璁 | 五四三 |
| 璅 | 五四三 |
| 確 | 五四三 |
| 磁 | 五四三 |
| 磊 | 五四三 |
| 磐 | 五四三 |
| 磔 | 五四四 |
| 皞 | 五四四 |
| 稷 | 五四四 |
| 稼 | 五四四 |
| 稽 | 五四五 |
| 穀 | 五四五 |
| 畿 | 五四六 |
| 瞑 | 五四六 |
| 盤 | 五四六 |
| 膚 | 五四六 |
| 膝 | 五四七 |
| 膢 | 五四七 |
| 膠 | 五四七 |
| 膓 | 五四八 |

| 字 | 頁 |
|---|---|
| 虢 | 五四八 |
| 羯 | 五四八 |
| 蝎 | 五四八 |
| 蝨 | 五四八 |
| 蝟 | 五四八 |
| 蝣 | 五四八 |
| 蝶 | 五四九 |
| 翦 | 五四九 |
| 翩 | 五四九 |
| 箭 | 五四九 |
| 箴 | 五四九 |
| 節 | 五四九 |
| 範 | 五四九 |
| 篆 | 五五〇 |
| 篇 | 五五〇 |
| 築 | 五五〇 |
| 篋 | 五五〇 |
| 蓓 | 五五一 |
| 蓬 | 五五一 |
| 蓮 | 五五一 |

| 字 | 頁 |
|---|---|
| 蓼 | 五五一 |
| 蔑 | 五五一 |
| 蔓 | 五五二 |
| 蔘 | 五五二 |
| 蔔 | 五五二 |
| 蔚 | 五五三 |
| 蔣 | 五五三 |
| 蔭 | 五五三 |
| 蔕 | 五五三 |
| 褒 | 五五三 |
| 緝 | 五五四 |
| 締 | 五五四 |
| 緣 | 五五四 |
| 編 | 五五五 |
| 緩 | 五五五 |
| 緬 | 五五五 |
| 緱 | 五五五 |
| 練 | 五五五 |
| 耦 | 五五五 |
| 署 | 五五五 |

| 字 | 頁 |
|---|---|
| 罷 | 五五五 |
| 衝 | 五五六 |
| 衛 | 五五六 |
| 賙 | 五五六 |
| 賚 | 五五六 |
| 賜 | 五五七 |
| 賢 | 五五七 |
| 賤 | 五五七 |
| 賦 | 五五八 |
| 質 | 五五八 |
| 踐 | 五五八 |
| 踟 | 五五九 |
| 趣 | 五五九 |
| 適 | 五五九 |
| 遭 | 五五九 |
| 遯 | 五五九 |
| 談 | 五五九 |
| 諍 | 五六〇 |
| 論 | 五六〇 |
| 諐 | 五六〇 |

| 字 | 頁 |
|---|---|
| 輜 | 五六〇 |
| 輝 | 五六〇 |
| 輟 | 五六〇 |
| 輩 | 五六〇 |
| 輪 | 五六一 |
| 輬 | 五六一 |
| 醇 | 五六一 |
| 醉 | 五六一 |
| 鄧 | 五六一 |
| 鄭 | 五六一 |
| 鄯 | 五六二 |
| 鄰 | 五六二 |
| 鋏 | 五六三 |
| 鋒 | 五六三 |
| 鋪 | 五六三 |
| 闐 | 五六三 |
| 閭 | 五六三 |
| 閱 | 五六三 |
| 霄 | 五六四 |
| 霆 | 五六四 |

| 字 | 頁 |
|---|---|
| 震 | 五六四 |
| 頤 | 五六四 |
| 鞍 | 五六五 |
| 鞏 | 五六五 |
| 養 | 五六五 |
| 餘 | 五六五 |
| 髮 | 五六五 |
| 髯 | 五六六 |
| 髴 | 五六六 |
| 髻 | 五六六 |
| 魄 | 五六六 |
| 駐 | 五六六 |
| 駒 | 五六七 |
| 駕 | 五六七 |
| 駙 | 五六七 |
| 駟 | 五六七 |
| 駔 | 五六七 |
| 魯 | 五六七 |
| 魴 | 五六八 |
| 麩 | 五六八 |

| 字 | 頁 |
|---|---|
| 黎 | 五六八 |
| 鼐 | 五六九 |
| 齒 | 五六九 |

**十六畫**

| 字 | 頁 |
|---|---|
| 儒 | 五六九 |
| 儔 | 五七〇 |
| 儕 | 五七〇 |
| 冀 | 五七〇 |
| 勳 | 五七一 |
| 冪 | 五七一 |
| 凝 | 五七一 |
| 叡 | 五七二 |
| 器 | 五七二 |
| 噫 | 五七三 |
| 噬 | 五七三 |
| 噭 | 五七三 |
| 噩 | 五七三 |
| 廩 | 五七三 |
| 廨 | 五七四 |
| 寰 | 五七四 |

| 字 | 頁 |
|---|---|
| 嶮 | 五七四 |
| [illegible] | 五七四 |
| 嶲 | 五七四 |
| 幨 | 五七四 |
| 學 | 五七五 |
| 導 | 五七五 |
| 奮 | 五七六 |
| 嬙 | 五七六 |
| 墼 | 五七六 |
| 壁 | 五七六 |
| 壇 | 五七七 |
| 徼 | 五七七 |
| 撿 | 五七七 |
| 擁 | 五七七 |
| 擅 | 五七七 |
| 擇 | 五七八 |
| 操 | 五七八 |
| 擐 | 五七九 |
| 擒 | 五七九 |
| 擔 | 五七九 |

齕 七一五

## 十九畫

儵 七一六
勷 七一六
壞 七一六
壟 七一六
鄉 七一七
龐 七一七
廬 七一七
寶 七一七
寵 七一八
巃 七一八
憓 七一八
攀 七一八
攏 七一九
懷 七一九
懤 七二〇
懶 七二〇
懵 七二〇
牘 七二一
曠 七二一
瀚 七二一
瀛 七二一
瀦 七二二
瀜 七二二
瀅 七二二
櫛 七二二
斢 七二三
獸 七二三
竈 七二三
璽 七二三
瓈 七二四
瓊 七二四
礙 七二五
疆 七二五
疇 七二六
禰 七二六
禱 七二六
積 七二六
臘 七二七
羶 七二七
羹 七二七
羸 七二七
蟻 七二八
蠅 七二八
蟾 七二八
翾 七二八
翽 七二八
簷 七二八
簿 七二九
籀 七二九
藜 七二九
藝 七二九
藥 七三〇
藩 七三〇
藪 七三〇
藕 七三一
襦 七三一
繩 七三一
繫 七三一
繭 七三一
繹 七三二
糫 七三二
羅 七三二
覈 七三二
贈 七三二
贊 七三二
蹻 七三三
邊 七三三
譎 七三四
譏 七三五
識 七三五
譚 七三五
覼 七三五
轍 七三六
辭 七三六
艷 七三七
鏁 七三七
鏑 七三八
鏗 七三八
鏘 七三八
鏡 七三八
鏤 七三九
鏕 七三九
鬪 七三九
關 七三九
霧 七三九
霤 七四〇
隴 七四〇
離 七四〇
難 七四〇
靡 七四一
願 七四一
顙 七四二
顛 七四二
類 七四二
韜 七四三
韻 七四四
飀 七四四
鬷 七四四
鯢 七四四
鯤 七四四
鯨 七四四
鵲 七四四
鶉 七四五
鵬 七四五
鶂 七四五
鶬 七四五
鶡 七四五
麓 七四五
麗 七四六
麒 七四六
麴 七四六
黼 七四六
鬣 七四七

## 二十畫

勸 七四七
礜 七四七
嚴 七四七
廮 七四八
巉 七四八
孽 七四八
孃 七四八
孀 七四九
壤 七四九
懸 七四九
懺 七四九
曦 七四九
瀹 七五〇
瀴 七五〇
犧 七五〇
獻 七五〇
竇 七五一
礪 七五一
臚 七五一
耀 七五一
籌 七五二
籍 七五二
藹 七五二
藻 七五二
藿 七五三
蘀 七五三
蘂 七五三
蘆 七五三
蘇 七五三
蘊 七五四
蘅 七五四
蘋 七五四
艧 七五四
襪 七五四
繼 七五四
罌 七五五
贍 七五五
贏 七五六
觸 七五六
釋 七五六
躁 七五七
躅 七五七
躆 七五七
躄 七五七

# 後記

本人酷嗜金石碑刻，自上世紀七十年代開始，與秦公先生共同編寫了《碑別字新編》（一九八四年由文物出版社出版）、《廣碑別字》（一九九五年由國際文化出版公司出版）等書。在編寫過程中得到了啓功先生、董壽平先生的熱情鼓勵和悉心指點，并寫了序言。啓功先生還題寫了書名。三十餘年過去了，彈指一揮間。

近些年來，許多熱心的讀者和朋友來電，來信詢問有關《廣碑別字》一書之事，難得的是還提出了些有益的建議，指出了不足之處。如有些文字書寫有誤，排列次序顛倒、缺頁等等，希望再版時能得到糾正。

如今三位先生均已仙逝，我有責任把這項工作繼續完善，報答厚愛，以慰三位先生在天之靈。遂將《廣碑別字》進行了重新修訂和整理，并加入了一些新内容，歷經兩年的努力。并承文物出版社有關領導的大力支，持得以出版；蘇士澍先生在百忙工作之中，還爲為此書寫了序言，在此表示衷心的感謝。

由於本人才疏學淺，仍難免存有謬誤，望讀者不吝嘉惠賜教。

刘大新

二〇一五年六月